青少年幸福的影响机制及培育路径研究

张艳红 著

中国社会科学出版社

图书在版编目（CIP）数据

青少年幸福的影响机制及培育路径研究／张艳红著．—北京：中国社会科学出版社，2022.5
ISBN 978-7-5203-9962-3

Ⅰ.①青⋯　Ⅱ.①张⋯　Ⅲ.①青少年—幸福—研究　Ⅳ.①G444

中国版本图书馆CIP数据核字（2022）第049401号

出 版 人	赵剑英
责任编辑	刘　艳
责任校对	陈　晨
责任印制	戴　宽

出　　版	中国社会科学出版社
社　　址	北京鼓楼西大街甲158号
邮　　编	100720
网　　址	http://www.csspw.cn
发 行 部	010-84083685
门 市 部	010-84029450
经　　销	新华书店及其他书店

印刷装订	北京君升印刷有限公司
版　　次	2022年5月第1版
印　　次	2022年5月第1次印刷

开　　本	710×1000　1/16
印　　张	21.25
插　　页	2
字　　数	329千字
定　　价	118.00元

凡购买中国社会科学出版社图书，如有质量问题请与本社营销中心联系调换
电话：010-84083683
版权所有　侵权必究

序

青少年期作为从童年期到成年期的转折期,是生理和心理发展的关键时期。青少年生理、认知、情绪都在发生变化,容易出现各种心理、情绪问题。青少年内外部失调以及急剧的社会变迁,都给当代青少年的心理健康和幸福带来巨大影响。当代青少年是实现中国梦的坚强后盾和储备力量,青少年的健康成长是一个国家健康持续发展的决定因素之一。目前,青少年的心理健康研究主要从病理学和积极心理学两个视角去开展。积极心理学视角认为积极情感并不完全是消极情感的对立面,幸福并不等于没有心理疾病,而是直接反映人类追求美好生活的愿望。幸福是基于多主体评价,其载体既可以是个人,也可以是群体或者整个社会;而幸福感的载体往往是个人,是从个人视角考察其对幸福的体验程度与感知水平。本书是从积极心理学视角考察青少年个体对幸福的体验程度与感知水平。

本书按照"一条主线、两个目标、三大板块、四个问题"的思路构建基本框架,即围绕"描述、预测与培育"这条逻辑主线;以为政府制定促进青少年健康成长政策提供依据和为学校、家长及青少年提供提升青少年幸福感的建议与措施为目标;以理论探讨、实证研究及对策开发三大板块为框架来系统深入地回答四个关键性问题:青少年幸福的内涵是什么?当代青少年的幸福感具有什么特点和规律?青少年幸福的影响机制是怎样?如何培育青少年的幸福?

通过呈现的青少年幸福的研究内容,我们会看到本书有这样一些特点:其一,系统论述了幸福感的不同研究取向,并挖掘青少年总体幸福感概念;构建了包含总体幸福感(即涵盖快乐与意义、主观与客观、个人与社会不同指标)、总体幸福指数与具体生活满意度多方面指标的青少年幸福评价体系。其二,首次提出了青少年幸福感影响机制综合作用模型。该理论从个体内外两个层面,压力、支持、认知、动力、行为、控制六大系统来揭示青少年幸福感的影响来源以及作用机制,它是对青少年幸福感影响机制的整合与阐释。其三,首次开发了青少年幸福培育路径的双螺旋模型,即双系统五路径。外部的支持系统包括学校、同伴与家庭支持三条路径,内部的控制系统包括积极人格塑造与乐观调节习得两条路径。该模型形象地解释了幸福培育路径的动态作用模式。其四,为我国政府制定保护青少年健康发展权益、提升幸福感的相关政策提供科学依据。青少年幸福感研究是对现代教育最高要求和终极目标的践行。培养幸福的感受能力、培养和谐健全的幸福人格等都是增强青少年幸福感的本质要求。因此青少年幸福感的研究有利于良好教育的践行与探索,为国家基础教育改革提供依据与实证支撑。其五,为学校、家长及青少年三方提供提升青少年幸福感的建议和措施。幸福培育的五路径表明,教师与家长在尽可能地为青少年提供支持系统的同时,进行积极人格培育与调节方式训练更是至关重要,对青少年个体、家长、学校都具有较强的指导性和针对性。其六,有利于服务国家社会心理服务体系建设,深入推进社会治理。青少年作为未来社会发展的中坚力量,是国家的重要社会群体,培育青少年自尊自信、健康阳光的社会心态,实现青少年的幸福感,正是对国家加强社会心理服务体系建设要求的响应。青少年幸福培育正是国家社会心理服务体系建设的重要内容,可以为社会心态培育、心理服务、社会治理提供参考与借鉴。

这本书是张艳红博士主持的国家社会科学基金项目"积极心理学视角下青少年幸福的影响机制及培育路径研究"的结题成果,在研究内容与研究方法上进行了一定的创新,取得了一定的成果,但也存在一些值得进一步思考的问题:第一,在对幸福概念的界定上,从中国人文化心理倾向性出发,在集体主义文化中,幸福的标准是否与西方个人主义文化标准不同?第二,对青少年幸福感产生长期影响的要素是什么?

积极心理学家所持的信念是,每个人身上都有美好、善良的种子,通过科学研究可以了解与探索这些美好的特质的培育与发展原理，最终找到过上一个幸福而有意义人生的路径。希望这本书的出版能帮助青少年更好地发挥自身潜能、培育积极特质、增强积极向上的心理能量。

中国心理学会积极心理学专业委员会主任

许　燕

2021年7月9日

前　言

当今的青少年是物质基础较为丰盈的一代，是自我凸显与个性张扬的一代，是面临挑战、背负压力的一代，是多元文化、多重价值观交互影响的一代，是智能时代下科技与传统共舞的一代，也是奋进勇敢与彷徨迷惘同伴的一代，更是自我容易迷失、心理容易受伤的一代。面对种种心理问题，心理学上有两种研究视角：一种是心理病理视角，这种视角主要关注人的弱点，引发了对人类"阴暗面"的大量探索；另一种便是积极心理学视角，积极心理学的主要使命在于帮助人类追求幸福，让所有人的生活更有意义以及识别与培养天赋。它不同于咨询心理学主要服务于存在心理障碍的人群，积极心理学的服务对象是所有人群。积极心理学视角认为积极情感并不完全是消极情感的对立面，幸福并不等于没有心理疾病，而是直接反映人类追求美好生活的愿望。

当代青少年作为实现中国梦的坚强后盾和储备力量，他们的健康成长是一个国家健康持续发展的决定因素之一。青少年的幸福感是青少年自我发展的重要心理动因之一，理解幸福、培育幸福是青少年身心健康全面发展的重要途径。从古至今，幸福早已从伦理学的追问扩展为心理学、社会学、教育学、经济学、政治学等诸多学科的研究主题。笔者试图从积极心理学的视角来考察青少年个体对幸福的体验程度、感知水平及其影响机制与培育路径。

本书按照"一条主线、两个目标、三大板块、四个问题"的思路构建其基本框架，其主要内容包括青少年幸福感研究的理论基础、青少年幸福感的研究进展与总体设计、青少年幸福感现状考察与特点分析、青少年幸福感的影响机制研究、青少年幸福感的培育路径以及青少年幸福感研究的结论及展望六个章节。

在第一章青少年幸福感研究的理论基础部分中，笔者在阐释青少年幸福感相关理论的基础上，从不同取向和层面对幸福感的内涵及其特点进行了分析和探讨。"幸福"出现了以"快乐论"为哲学基础的主观幸福感（Subjective Well-being，SWB）、以"实现论"为基础的心理幸福感（Psychological Well-being，PWB）及关心个体对社会的贡献和融合视角的社会幸福感（Social Well-being，SWB）。在整合这三种取向的基础上，对总体幸福感（General Well-Being，GWB）进行了界定。

第二章青少年幸福感的研究进展部分梳理了青少年幸福感研究现状，沿着主观、心理与社会幸福感三者融合的思路，从快乐与意义、主观与客观、个人与社会不同指标去评价与测量个体的总体幸福感。结合青少年的学习生活实际，构建了包括总体幸福感、总体幸福指数与具体生活满意度三个方面的青少年幸福评价指标。

第三章青少年幸福感现状考察与特点分析部分采取整群随机抽样法，以全国东北、中部、西南14所学校的5249名中学生为研究对象，采用问卷调查考察了青少年幸福感现状与特点。结果发现：青少年的总体幸福感处于中等偏下水平，青少年的幸福指数处于中等偏上水平，具体生活满意度中，由高到低依次为家庭满意度、学校满意度、环境满意度、友谊满意度、自由满意度，学业满意度。总体而言，青少年幸福状况不容乐观：幸福感的平均水平不高，低幸福感青少年比例较大，表明青少年的幸福状况还有很大的提升空间。青少年总体幸福感在人格类型上的特点表现为：（1）严谨性、宜人性、外向性和开放性人格与青少年幸福感呈正相关关系，神经质人格与青少年幸福感呈负相关关系。（2）严谨性、宜人性、外向性和开放性可以正向预测青少年的幸福感，神经质可以负向预测青少年的幸福感，即人格类型为严谨性、宜人性、外向性或开放性的青少年幸福感更高，而人格类型为神经质的青少年幸福感更低。

第四章青少年幸福感的影响机制研究部分采取问卷调查与相关分析、回归分析与中介效应检验方式，提出了青少年幸福感影响机制综合作用模型，它从个体行为及其结果的控制源角度出发，包括内外两个系统，青少年幸福感正是在内外系统综合作用下的结果。模型指出，外部的压力与支持两大系统既可以直接对幸福感产生影响，又会对青少年个体内部系统产生作用。内部系统的动力、认知、行为、控制系统既直接作用于青少年幸福感，又可以成为其影响幸福感的中介机制。内外情境、认知、行为等要素在动力、控制与支持系统的应对调节与缓冲下共同作用于青少年幸福感。青少年个体的各子系统之间既可以直接作用于青少年幸福感，又可以合力对其产生影响。

第五章青少年幸福感的培育路径研究部分针对当前青少年幸福还有很大提升空间的现状以及青少年幸福感影响机制的研究结果，提出了青少年幸福培育路径的双螺旋模型。该模型从内外两层面囊括了青少年幸福培育的控制系统与支持系统两大系统（分别对应内部与外部）的五大路径，五大路径分别为：（1）积累优势，培养积极的人格模式；（2）应对变化，升级乐观的调节方式；（3）注重温情，建构良好的家庭网络；（4）珍视益友，缔结良性的同伴关系；（5）润物育人，打造优质的学校环境。控制系统包括前两条路径，支持系统包括后三条路径。控制系统与支持系统既可以独立提升幸福感，也会交互共同作用于幸福感，从而促进青少年的幸福感呈螺旋上升态势。

第六章的内容主要包括青少年幸福感的研究结论、存在的问题以及对未来研究的展望。

幸福是一个神秘无比却又充满困惑的千古难题，自古以来，人类就从未停止过对幸福的探索和追问。希望本书的出版能有助于提升青少年的心理健康程度，培育其性格优势，增强其心理能量，更好地发挥其内在潜能。在面对生活的挫折与坎坷、艰难与困苦时，他们可以更加强大，从而更加积极地去探索人生的价值与意义。

由于作者的水平有限，恳请广大读者就拙作提出宝贵意见！

目 录

绪 论 ………………………………………………………………（1）

第一章 青少年幸福感研究的理论基础 ………………………（4）
  第一节 核心概念界定 ……………………………………（4）
    一 不同文化中的幸福含义 …………………………（4）
    二 幸福感的含义与特点 ……………………………（10）
  第二节 青少年幸福感的相关理论 ………………………（20）
    一 积极心理学 ………………………………………（20）
    二 布朗芬布伦纳的人类发展生态学模型 …………（21）
    三 自我决定模型 ……………………………………（24）
    四 目标模型 …………………………………………（25）
    五 社会比较理论 ……………………………………（25）
    六 评价理论 …………………………………………（26）
    七 期望值理论 ………………………………………（26）

第二章 青少年幸福感的研究进展与总体设计 ………………（28）
  第一节 青少年幸福感的研究现状与分析 ………………（28）
    一 青少年幸福感的测量 ……………………………（28）
    二 青少年幸福感的影响因素 ………………………（39）
  第二节 青少年幸福感研究的总体设计 …………………（91）
    一 问题提出 …………………………………………（91）

  二 研究设计 ·· (96)
  三 研究意义 ·· (97)
  四 研究创新点 ··· (99)

第三章 青少年幸福感现状考察与特点分析 ························· (101)
 第一节 青少年幸福感的现状描述 ······························· (104)
  一 研究对象 ·· (104)
  二 研究工具 ·· (106)
  三 研究程序 ·· (107)
  四 数据处理 ·· (108)
  五 研究结果 ·· (108)
  六 研究结论 ·· (137)
 第二节 青少年幸福感的人格特点分析 ·························· (138)
  一 研究对象 ·· (138)
  二 研究工具 ·· (138)
  三 研究程序 ·· (139)
  四 数据处理 ·· (139)
  五 研究结果 ·· (139)
  六 研究结论 ·· (144)

第四章 青少年幸福感的影响机制研究 ···························· (145)
 第一节 青少年幸福感影响机制综合作用模型建构 ············ (145)
  一 青少年幸福感影响机制综合模型的内容构成 ············ (145)
  二 青少年幸福感影响机制综合模型的作用关系 ············ (147)
 第二节 压力系统对青少年幸福感的影响 ······················· (148)
  一 生活事件 ·· (148)
  二 考试压力 ·· (158)
  三 同伴欺负 ·· (169)
 第三节 支持系统对青少年幸福感的影响 ······················· (180)

一　同伴关系 …………………………………………… (180)
　　二　亲子依恋 …………………………………………… (191)
　　三　感知班级氛围 ……………………………………… (196)
　　四　学校认同 …………………………………………… (203)
　第四节　认知系统对青少年幸福感的影响 ………………… (210)
　　一　自尊 ………………………………………………… (210)
　　二　学业自我效能感 …………………………………… (221)
　第五节　行为系统对青少年幸福感的影响 ………………… (229)
　　一　亲社会行为 ………………………………………… (229)
　　二　体育锻炼 …………………………………………… (239)
　　三　网络社交 …………………………………………… (249)
　第六节　动力系统对青少年幸福感的影响 ………………… (256)
　　一　引言 ………………………………………………… (256)
　　二　研究方法 …………………………………………… (260)
　　三　结果 ………………………………………………… (262)
　　四　讨论 ………………………………………………… (263)
　　五　结论 ………………………………………………… (265)
　第七节　控制系统对青少年幸福感的影响 ………………… (265)
　　一　坚毅、希望 ………………………………………… (265)
　　二　感恩 ………………………………………………… (276)

第五章　青少年幸福感的培育路径研究 ……………………… (286)
　第一节　培育青少年幸福感的内部系统：控制系统 ……… (287)
　　一　路径一：积累优势，培养积极的人格模式 ……… (287)
　　二　路径二：应对变化，升级乐观的调节方式 ……… (294)
　第二节　培育青少年幸福感的外部系统：社会支持系统 … (300)
　　一　路径三：注重温情，建构良好的家庭网络 ……… (300)
　　二　路径四：珍视益友，缔结良性的同伴关系 ……… (304)
　　三　路径五：润物育人，打造优质的学校环境 ……… (308)

第六章 青少年幸福感研究的结论及展望 (313)
第一节 青少年幸福感的研究结论 (313)
一 总体幸福感的概念与测量 (313)
二 青少年幸福感的现状与特点 (313)
三 青少年幸福感的影响机制 (314)
四 青少年幸福感的培育路径 (317)
第二节 幸福感研究展望 (319)
一 存在的问题 (319)
二 研究展望 (319)

参考文献 (321)

后 记 (326)

绪　　论

习近平总书记在党的十九大报告中指出，青年兴则国家兴，青年强则国家强。青年梦是中国梦的重要组成部分，而当代青少年是实现中国梦的坚强后盾和储备力量。青少年的健康成长是一个国家健康持续发展的决定因素之一。

青少年的英文表述为 adolescence，其含义是"发育、成长、长为成年人"。青少年期就是从幼稚的儿童期走向日渐成熟的成年期。这个过渡，不仅仅意味着生理上的变化，更代表着心理、活动、规范、适应、社会等方面的发展与成熟。因此，只有把生物学、心理学和社会学等学科的知识结合起来，才能正确理解"青少年"。林崇德指出，西方心理学界一般把青少年期界定为从青春发育期开始直至完成大学学业这一阶段，即十一二岁至二十一二岁，大致相当于人生整个发展历程中的第二个十年。我国心理学界一般把青少年期界定为十一二岁至十七八岁这一发展时期，相当于中学教育阶段。其中，十一二岁至十四五岁这一阶段为少年期，又称青春期；十四五岁至十七八岁称为青年初期。①

人是社会中人，青少年的成长一定会打上社会变迁的烙印。社会的转型、全球化的日益深入，东西方文化的交融均对青少年发展产生了巨大影响。主要表现：第一，物质生活的丰富影响着青少年的价值观。对于当今青少年来说，当代既是最好的时候，也是最坏的时候。他们拥有更长的生命和更奢侈的享受——电视机、计算机、卫星、太空旅游、网络购物等，

---

① 何先友：《青少年发展与教育心理学》，高等教育出版社 2016 年版。

这在以前是根本不可想象的。物质生活的丰富也导致许多青少年不像老一辈那样懂得珍惜来之不易的生活。同时，当代社会发展产生的贫富差距使得青少年产生攀比、嫉妒、自卑等一系列的心理问题。第二，多元文化的冲突使得青少年变得迷惘与不适。随着全球化浪潮的来袭，不同文化间或冲突或融合日益常态化。黄梓航、敬一鸣等对社会历史变迁过程中的文化变迁和心理变化进行研究发现，中国个人主义逐渐提升，而集体主义则不断衰落。① 在多元文化背景下，青少年的人生观与价值观也必然受到影响。当今的青少年更注重个性的表达与张扬，更注重平等、效率，更讲究自主、自我。但是，多元文化、多种观念同时充斥其间，也会给青少年带来迷惘与不适。第三，传统的应试教育使得学生缺乏自我探索的空间与机会。虽然教育改革在不断地深入开展，但教育体制仍然存在弊端。应试教育下单一的考评指标和机制与培养青少年良好品格与综合能力之间脱离，繁重的作业负担，限制了学生有创造性探索的空间，从而也使之失去了自我探索、自我发展的关键期。第四，激烈的社会环境使得亲子关系变得疏离与淡漠。社会的激烈竞争使得父母忙于工作，而无暇关注孩子的身心发展。很多父母为了生计，从农村走向城市，农村留守儿童因与父母分离，缺少家长的关爱而出现心理问题。第五，信息化背景下，青少年一方面享受着科技带来的便捷，另一方面也出现人际交往淡化、心理日渐封闭的现象。在当今的时代，网络已经深入到千家万户。电脑、iPad、手机等电子产品唾手可得，青少年自控力有限，一味沉迷网络世界，不仅使得青少年日益孤僻、缺乏正常交往，还容易出现价值观迷失等问题。

由此可见，当今的青少年是物质基础较为丰盈的一代，是自我凸显与个性张扬的一代，是面临挑战、背负压力的一代，是多元文化、多重价值观交互影响的一代，是智能时代下科技与传统共舞的一代，也是奋进勇敢与彷徨迷惘同伴的一代，更是自我容易迷失、心理容易受伤的一代。面对种种心理问题，心理学上有两种研究视角：一种是心理病理视角，这种视

---

① 黄梓航、敬一鸣等：《个人主义上升，集体主义式微？——全球文化变迁与民众心理变化》，《心理科学进展》2018年第11期。

角主要关注人的弱点,引发了对人类"阴暗面"的大量探索;另一种便是积极心理学视角,积极心理学的主要使命在于帮助人类追求幸福,让所有人的生活更有意义以及识别与培养天赋。它不同于咨询心理学主要服务于存在心理障碍的人群,积极心理学的服务对象是所有人群。

世界卫生组织在1948年把健康定义为"健康不仅仅是治愈了疾病,而且是体格、精神与社会适应能力完全处于良好的状态"。同样,心理健康也并不是治愈心理疾病,而是积极能量的增强。与传统心理学相比,积极心理学的革新理念在于从疾病模式转向健康模式。如果说传统心理学研究更多的是关于如何从"-1"到"0",那么积极心理学关注的就是如何从"0"到"1"。正如"积极心理学之父"塞利格曼所言:"我们传统的做法(心理治疗)如同在悬崖下放置急救车,去拯救那些掉落山坡的人,但是积极教育所做的事情是在山上放置护栏,防止人们从山上掉下去。"[①]仅仅只是问题出现了,赶紧堵,堵住了一个漏洞,另一个漏洞又出现,所以青少年的问题之堤绝不能只靠堵。要想"上医治未病"以及"防患于未然",最关键的思路在于从提升青少年的心理免疫力着手,让他们变得更强大和更富有创造力,让他们的巨大潜能得以发挥,通过增强青少年的正向、积极、阳光的心理能量来预防心理问题的发生,并促使心理疾病自然疗愈。这应该是一个更值得推崇的视角。幸福正是积极心理学三大类研究中的重要一类,而且现代教育的最高要求和终极目标便是实现学生的幸福。基于这样的背景,本书开始关注青少年的幸福感,希望通过对青少年幸福感的考察与探索,让他们开启预防与自助的积极道路,开启积极应对、解决问题的能量之路。

---

① 曾光、赵昱鲲:《幸福的科学:积极心理学在教育中的应用》,人民邮电出版社2018年版。

第一章

青少年幸福感研究的理论基础

第一节 核心概念界定

幸福是一个神秘无比却又充满困惑的千古难题。自古以来，人类就从未停止过对幸福的探索和追问。古今中外，虽然许多思想家都对幸福的概念描述过，但是对幸福的界定却众说纷纭。康德曾感叹道："幸福的概念如此模糊，以致人人都想得到它，却谁也不能对自己所决意追求或选择的东西，表达清楚、条理一贯。"波兰哲学家亚当·沙夫虽然对幸福理论进行了集中探讨，但他却认为想要对幸福下精确的定义是痴人说梦。尽管对幸福本质的描述异常艰难，却依然阻挡不了人们对幸福思考与追求的极大热情。虽然每个人有自己幸福的理由，但相同的是每个人都把对幸福的追求作为自己的终生目标。时代不同、文化迥异、生活环境的差别、不同的人生经历都会令人在看待幸福的问题上有着不一样的感受体会、理解角度。从古至今，从东到西，幸福早已从伦理学的追问扩展为心理学、社会学、教育学、经济学、政治学等诸多学科的研究主题。

一 不同文化中的幸福含义

（一）西方文化中的幸福含义

那么，究竟什么是幸福？它是一种状况、一种感觉，还是一种态度、一种意向，抑或是一种特质、一种能力？历史上几乎所有的重要人物都对幸福的本质进行过探讨。随着20世纪西方哲学界普遍将幸福与肉体的快乐以及由此而处的心境联结起来，幸福的探讨开始出现在心理学的视野中。在描绘幸福时，更多的哲学家开始使用"愿望"、"享受"、"满足"等词汇。

英语中的幸福多用"Happiness"，其形容词为Happy，在心理学学科中，合成词"Well-being"则是更科学规范化的学术用语，"良好的存在"是其直译的含义，意思即健康、快乐的状态，新英汉词典将其解释为"健康、幸福、福利"。

人类在对幸福孜孜以求的进程中，纷纷思考人类以何种方式存在、表现为什么样的存在内容、存在的意义又何在？这种对人生、对生活的探究表现在理论形态上，就是幸福思想的演变史。先哲们对幸福的争论，主要表现在以伊壁鸠鲁为代表的快乐论与以亚里士多德为代表的实现论这两类。快乐论与实现论试图从不同侧面来理解与解释幸福的本质，也成为了积极心理学主观幸福感与心理幸福感研究取向的理论源泉。

1. 快乐论

快乐论（Hedonic）的核心主题是"快乐即幸福"。伊壁鸠鲁（Epicurus）是快乐论的开山鼻祖，但他也是继承与发展了古希腊时期的德莫克利特的思想。德莫克利特指出，人的自然本性决定了追求幸福、逃离痛苦是人一切活动的出发点。节制即适中，可以让人获得幸福。伊壁鸠鲁一脉相承地认为追求快乐、享受幸福是个体的终极目标。他不仅对精神快乐与肉体快乐进行了区分，还主张痛苦与快乐是相互依存又互相转化的一对矛盾体。路德维希·费尔巴哈则将幸福的感觉论发扬光大。在他看来，幸福是生物的健康状态，是他们强健、安乐的一种状态，幸福和生命紧密联系。所以，费尔巴哈强调对生命以及维持生命的物质生活的注重。生活的本质与核心就是追求幸福、实现幸福，而幸福的内容来源于生活，是对现实生活的映射。

杰里米·边沁开创的功利主义（Utilitarianism）主张，人追求快乐、逃避痛苦的本能是自然所赋予的。19世纪英国著名的功利主义哲学家约翰·斯图亚特·穆勒坚持边沁的最大多数人幸福的功利原则，调和了个人幸福和社会幸福的矛盾。对快乐论进行了修正与补充，指出作为一种心境的快乐就等同于幸福，快乐不仅有量的不同，还有质的区别。人们获得快乐的次数多少就是快乐的数量，获得快乐的价值大小即为快乐的质量。一般而言，理性主义更注重快乐的价值，更强调快乐的质量，而经验论者则注重快乐体验的次数，认为体验次数越多就越幸福。同时，他认为，精神上的快乐才是高质量的快乐。

从经验的角度出发，快乐论把自然属性看作人的本性，趋利避害、趋乐避苦自然也就成为了推动人活动的动力。但同时，快乐论也指出这种自然属性并不意味着鼓动人们一味去追求私欲、感官上的满足。他们也强调，感官上的快乐是短暂的，只有心灵的快乐才能长久，只有精神生活的幸福才是持久的。在伊壁鸠鲁看来，灵魂健康与享受幸福是哲学的目的，他所倡导的快乐主义是一种有节制的精神快乐，而无限制地放纵自己，满足无尽的私欲，一味沉溺于享受这些都不是快乐的人生。沿着"快乐即幸福"的快乐论幸福论出发，存在感性快乐派和理性快乐派这两种理念，它们无论在幸福的存在目的、生活情趣乃至人生态度以及思想路线上都截然不同。感性快乐派强调感官的快乐；理性快乐派反对只追求感官上的满足，认为这是低级意义的，推崇对富有更高级意义的精神快乐的追求。快乐论的取向后来也成为了主观幸福感研究的理论基础。

2. 实现论

在快乐论占据现代幸福感研究的主流之时，很多哲学家对快乐即为幸福的标准却提出了异议，其中尤以亚里士多德为代表，实现论应运而生。实现论（Eudaimonic）认为，幸福不是主观的，而应是客观的，是一种自我成就、自我完善、自我潜能的开发直至自我的实现。亚里士多德在很早的时候就提出了幸福在于人的自我实现、自我完善的观点，他的理论被称为幸福论（Eudaemonism）。他以"幸福是合于德性的现实活动"这个观点为中心，对幸福的德性内涵以及实现幸福的条件与方法进行了探索。在亚里士多德看来，享乐主义的快乐是庸俗的，会深受欲望的桎梏。充分发挥自身的功能，直至完善的境界，这才是实现者的积极功能，这样的人才是幸福的人。为了与Happienss有所区别，他用Eudaimonia表示"幸福"。Happienss更多指的是心理上的主观快乐，而Eudaimonia的含义则与"人类的兴旺"更类似。"至善就是幸福"便是亚里士多德的一个非常著名的观点,人类终极的目标在于至善。如何达到这个至善? 唯有不断地奋斗,不断调整,直到拥有最完美的善,也就获得了幸福。他的幸福观以追求理性为主导的目标为核心,体现出了现实主义与人本主义的特色,基于这点,他的幸福论又称为"完善论"或"自我实现论"(Self-realizationism)。

亚里士多德幸福论的主要内容在于"幸福为心灵的活动"。他认为,快乐虽然也属于幸福,但它不能等同于幸福。快乐必须要有理性的支配,才能达到幸福的状态,单纯地追求快乐不是幸福。在合乎德性的现实活动中,思辨是最大的幸福,是理智的灵魂最高贵的部分。幸福是一种现实活动,而不是一种品质。这种现实活动,一定是有理性原则做指导的。人们想要达到至善,想要幸福,需要排除一切困难,在困苦的环境下,向着崇高的目标,充分开发自己最大的功能,努力前行,即使栉风沐雨也在所不惜。为了成为"完善的人"而不断开发自身的功能。他鼓励人们应该为伟大的目标、崇高的事业去努力,在向目标达成的过程中体验到的生活即为幸福。幸福是人生的最高目标,是合乎德性的活动实现,能者的功能会把优秀的德性加之于他的功能之上。他的这种德性幸福论还结合了实践的、现实活动的观点。所以,幸福的真谛正在于幸福不仅是一种情感上的体验,而且还是在理性原则指导下一种充分发挥德性功能的现实活动,是一种有意义的实践,促进人的潜能的挖掘与开发,有利于完整人格的塑造,从而促进人的全面发展。

之后 Fromm 延伸了亚里士多德的观点,认为满足主观感官需要或者愿望所带来的只是短暂的快乐,而发展愿望的实现给人带来的进步与成长才会产生真正的幸福。为什么幸福与快乐是两个不同的词汇? 就在于它们的内涵不同。幸福这个词语的价值在于强调了实现与发展。与强调快乐即幸福的快乐论不同的是,实现论强调意义与成长,这也是心理幸福感的思想基础。

快乐论宣称快乐是生命中最高或最内在的好处,人们应追求更可能多的快乐与尽可能少的痛苦。他们认为"人类行为是由确保快乐和避免痛苦的欲望决定的"。在享乐主义心理学家看来,幸福被认为与主观幸福感研究取向的概念等同。这取决于个体在一段时间内的快乐和痛苦经历。对主观幸福感的评估是正面影响超过负面影响（即影响平衡）以及基于个人自我选择标准的生活满意度。有研究者认为，当代西方幸福的主流观点基本上是享乐主义的。另一方面，实现论认为，只有当人类实现自己的潜能而不是通过追求由良好感受或满足身体需求而产生的快乐时，人们才能过上美好的生活。亚里士多德就果断地拒绝把享乐主义作为实现幸福的一种方式，他认为"最庸俗的来说，许多似乎将幸福视为快乐，因此他们也喜欢满足的生活。在这里，他们看起来完全是奴隶，因为他们决定的生活是放牧动物的生活"。实现论是一种符合美德的活动，它关注的是一个人潜力和能力的实现，强调自尊、生活意义、乐观主义、个人表达、活动享受和自主性等特征。其中一些价值观与西方主导的个人主义精神相一致。

简而言之，快乐论主要基于积极的情感与享乐平衡来界定幸福与美好生活的概念。当代西方文化和西方心理学理论也主要围绕此取向来研究幸福。而实现论主要集中在个人主义的美德上，如自我决定、自主、自尊、掌控和控制。因此，这两种幸福观念的主要区别在于，快乐论以愉悦与积极情感为前提，而实现论以美德、技能和积极功能为出发点。

（二）我国文化中的幸福含义

在中国文化中"幸福"是个新词，用以表达人们的愿望与祈求的是"福"字。"福"这个概念不仅具有多面性，如用于日常表达、人名，也用于仪式祈福中，而且也具有多种含义，如"好运"、"美好"、"幸福"等的含义。在我国的文化中，幸福既是一种生活方式也是一种心灵体验。与"Happienss"把幸福定义为一个与外隔绝的独立个体的自我认同与满意不同的是，"福"把个体的满意度与非个人因素相连，同时，集体与制度的和谐也与个体的幸福相连。中国人从生存和文化的各个方面都强调幸福的重要性。

与西方学者相比较而言，我国古代的思想家们有关幸福的观点与见解稍显零散，以各自的思想观念居多。[1] 儒家、道教、佛教等思想对我国人

---

[1] 张艳红、佐斌：《幸福及其实现的社会心理学分析》，《湘潭大学学报》2011年第2期。

民的思维和行为方式产生了深远的影响。其中，儒家思想被认为是许多东亚文化所共有的传统思想体系的根源，尽管这些地区的人们受到道教和佛教等其他文化传统不同程度的影响。①

1. 儒学

儒家思想主张人道或善良。认为社会和人际关系的美德有助于社会和谐。社会关系尤其是家庭关系在儒家思想中具有很高的价值，和谐是个人和社会生活的重要目标。在和谐的生活方式中，行为源于个体对其他人关系的感知，而不是私人意志、情感或需求。儒家思想不是强化和增强个体自我，而是强调自我修养、自我征服和自律的重要性。同时，自我修养的目的不是与社会脱离，而是获得社会美德，修身是为了与他人和谐相处。

儒家思想中的主要美德本质上是社会性的。仁慈、正义和礼仪这三种主导美德是人际关系调节取向的，其他重要的美德包括智慧、可信赖、孝顺、适度和尽职尽责。仁慈被认为是使生活变得美好的主要美德。

总而言之，儒家思想把生活描绘成一种内在和外在和谐的生活。例如，拥有一个充满温暖力量的家庭，成员之间互相关爱，一起面对困难和逆境，不断提升家庭满意感。通过美德追求、自我约束、保持与他人和世界的友好联系，可以实现这种美好的生活。儒家观念中的幸福强调的不是快乐与积极情绪，而是为了美德甘于自我控制、奉献甚至牺牲。

2. 道教

道教认为道是永恒的真理，是调节人类自然和生命的原则。在道教中，美德通常包括与道一致的行为。道家的理想是回归真实而简单的生活方式，它主张无为的行动原则，即自发而为、顺意而为。

道教认为世界通过阴和阳两个相反的两极的相互作用来运转，也就是说，所有的事物都存在两极性，两极相互联系、互相补充。例如，没有邪恶，善良就不会存在。因此，我们应该接受任何事物的两极，比如幸福和不幸、成功和失败。如果不能坦然接受就会导致痛苦。了解快乐和不快乐

---

① Joshanloo, M., "Eastern Conceptualizations of Happiness: Fundamental Differences with Western Views", *Journal of Happiness Studies*, Vol. 15, 2014.

如何相互补充、相互依赖是理解幸福的关键。当痛苦和快乐被认为是必不可少的时候，对幸福的理解就会产生变化。道教主张我们应以平和的心态来接受宇宙的变化模式。

同时，道教高度重视满足与安宁的心态，这种心态被认为是对道家基本原则理解与接受的结果。如果一个人跟随道，不过度追寻，当一个极（例如，幸福）超过另一个极（例如，痛苦），能够接受这种变化以及正面和负面共存的模式。这种无为以及适中的原则便会给人的内心带来平静与满足感。

3. 佛教

佛教认为任何拥有明确边界的永久自我的概念不仅是一种幻觉，而且也是不幸的主要根源。自我利益和自私是思想不成熟的表现；相反，自我放弃会导致无限的爱和同情，并消除诸如愤怒和仇恨等破坏性心态。佛教认为，幸福不应该从外在中寻求，比如，物质上、身体上、人际关系上的快乐；相反，它应该是从内心来感知。真正的幸福和心灵有关。

通往真正幸福道路上的主要障碍是渴望和厌恶机制所带来的痛苦，对非法欲望的渴望带来了厌恶。当我们渴望一些令人愉快的东西时，我们倾向于拒绝其相反的东西。佛教认为，人们通常会对外部刺激的渴望或对外部刺激的厌恶做出反应，如果能跨出这种惯常反应，那么人们就可以获得真正的自由与和平。佛教主张一种不依赖于任何外在或内在愉悦刺激的幸福状态。在该理念中，快乐和幸福之间没有直接关系。快乐是暂时的，通常以自我为中心，这可能使我们自私，有时会与他人的幸福感相冲突。

佛教观念中的幸福感是基于心理平衡和满足，我们与他人是一体的，越是关心他人幸福的个体，自己的幸福感就越大。通过承担其他人的痛苦，可以摧毁我们自己遭受痛苦的原因。这些表明，佛教的最终目标不是个人的幸福，而是将所有众生从痛苦中解放出来。佛教理解的幸福并不一定与苦难、与悲伤不相容，痛苦反而可能是有益的，当人们将不利情况进行转化后，痛苦或障碍就是有益于幸福的。

二 幸福感的含义与特点

现代心理科学的发展使得"幸福"这个古老的哲学话题得以纳入科

学实证的视野,已有文献并未对幸福与幸福感两个概念做出明确区分,彭怡、陈红认为,幸福与幸福感是两个截然不同的概念。幸福是基于多个主体做判断,是社会性的评价,可以是自己的、他人的、群体的抑或是社会的,所以幸福的载体是多重的;而幸福感是基于主体感知,是主观评价,其载体往往是个人,也就是指个体对幸福的体验程度与感知水平。① 本书的研究限定在幸福感范畴内,从幸福感层面,以心理学视角来考察青少年个体对幸福的体验程度与感知水平。

(一)主观幸福感的含义与特点

1. 主观幸福感的含义

19世纪50年代后期,主观幸福感(Subjective Well-Being,SWB)一词开始出现,它反映了人们的生活质量,而政府后来也将这一指标作为社会稳定性及公共政策制定的参照之一。学术界主要从认知、情绪以及两者的结合方面对主观幸福感的概念进行界定。Bradburn认为主观幸福感来源于正性情感(也叫积极情绪)和负性情感(也叫消极情绪)的平衡,正性情感体验到的频率大于负性情感时,主观幸福感就会产生。Diener等人认为,主观幸福感表现了人们对其生活状况的评估,这一看法的哲学基础为快乐论。快乐主义心理学家倾向于关注广义的包括生理和心理的愉悦,他们认为幸福感由主观快乐构成,重视广泛的关于生活中好的与不好的事件判断以及由此产生的愉快的而不是不愉快的体验。

主观幸福感已成为积极心理学的重要内容,有很多学者对主观幸福感进行了界定。例如,佟月认为主观幸福感是个体以自定的标准来评估自己当前的生活满意度与期望满意度之间的差距的私人化的指标。② 段建华认为主观幸福感包括两部分:生活满意度和情感平衡。生活满意度是个体对自己生活状态的综合评价;情感平衡包括积极情感和消极情感,两种情感

---

① 彭怡、陈红:《基于整合视角的幸福感内涵研析与重构》,《心理科学进展》2010年第7期。

② 佟月:《小学生主观幸福感的影响因素及提升对策研究》,硕士学位论文,渤海大学,2017年。

相互独立，积极情感的频率比消极情感多时，个体的主观幸福感就高。①

心理学家 Diener 对主观幸福感（Subjective Well-being，SWB）的定义是当前学界比较认可的概念，即主观幸福感是评价者根据自定的标准对其生活质量的整体性评估，这个评估由评价者本人的主观感受与评估来决定，而不受外在客观标准的影响。②

2. 主观幸福感的要素

Diener 指出主观幸福感的结构由积极情感、消极情感和生活满意度这三个要素构成。生活满意度是个体对生活幸福程度的总体判断，积极情感是指愉快、高兴和轻松等积极的情绪体验，消极情感则是指抑郁、悲伤和焦虑等消极的情绪体验。在这里，主观幸福感同时包含认知与情绪两种成分，其中积极情绪和消极情绪是两个相对独立的维度，而生活满意度既包括整体生活满意度也包括具体领域的生活满意度。Diener 等提出主观幸福感的结构和内容见表 1-1。

表 1-1　　　　　　　　　幸福感的结构和内容

情绪方面		认知方面	
积极情绪	消极情绪	整体生活满意度	具体生活满意度
欢喜	羞愧	想要改变生活	工作满意度
振奋	悲伤	对目前生活的满意度	家庭满意度
满意	焦虑、担忧	对过去生活的满意度	健康状况
骄傲	气愤	对未来生活的满意度	经济状况
爱	压力、紧张	重视他人对自己生活的看法	自我
幸福	忧郁		所属群体
极乐	嫉妒		

---

① 李雪丽：《留守初中生积极心理品质、社会支持和主观幸福感的关系研究》，硕士学位论文，广西师范大学，2017 年。
② Diener, E., "Subjective Well-being", *Psychological Bulletin*, Vol. 95, No. 3, 1984.

有研究者对主观幸福感情绪成分的两大组成部分——积极情绪和消极情绪的关系进行了深入探讨。首先，大量研究表明，尽管从一段时间来看，积极情绪和消极情绪是相互独立的，但在特定时刻二者并不是相互独立的。其次，两种情绪的长期平均水平（强度和频率的共同作用结果）相关程度较低，但是控制了情绪强度后，两种情绪呈较高的负相关。最后，两种情绪在发生频率上并不独立，即积极情绪越多，消极情绪越少，反之亦然。研究表明，个体似乎更倾向于将积极情绪看作主观幸福感的决定因素，而主观幸福感的判断主要是根据愉快情绪的频率，而不是情绪强度。

此外，研究者还探讨了主观幸福感两大维度之间的关系，指出生活满意度与情绪维度并不是孤立的，而是存在着一定的关联。它们可以共同负荷于一个主观幸福感因子，同时它们又可以被区分开来，其变化趋势并不完全一致，且与不同的因素有关。Suh等对来自61个国家的62446名被试的研究发现，在个体主义文化下，情绪与生活满意度相关显著，对于生活满意度，情绪是比社会规范更有利的预测因素；而在集体主义文化下，情绪与社会规范对生活满意度的预测作用相同。

3. 主观幸福感的特点

（1）主观性

主观幸福感的评判是个人按照自己制定的标准进行的，评价过程取决于个人的标准，因此评价过程各不相同。在评价中，每个个体对幸福感的理解都是不同的，因此评价标准存在差异，即便评价指标相同，由于个人对每个指标所分配的权重也是不同的，因此得到的结果极有可能也是不同的，所以说主观幸福感的评价结果具有主观性。

（2）外显性

主观幸福感主要指个体对生活满意度与情绪的评价，这两方面通常是易于感知、判断和权衡的。情绪虽然是一种内部的主观体验，但情绪的表达总需要借助一定的表现形式，比如，通过眼部肌肉、颜面肌肉、口部肌肉的变化呈现出来的面部表情，以及身体表情与手势表情，还有语调表情，这些都是观察者可以觉察情绪表达者情绪的线索与提示。个体对生活满意与否,也可能会通过情绪加以辅助表达。所以,主观幸福感具有一定的外显性。

(3) 波动性

人们的生活满意度总会受到积极和消极生活事件的影响,如果在某一时期个体遭遇了消极事件,特别是重大事故,如失去某位亲人,那么在这个时期其生活满意度会相对较低。如果在某一时期有喜事降临,那么其生活满意度会相对较高。但这种评价随后又会被另一生活事件所抵消。所以,人们对生活满意度的评价具有即时性,易根据当前或近段时间状态来做出评价。另一方面,情绪本身具有波动性、变化性,也导致了主观幸福感的波动。

(二) 心理幸福感的含义与特点

1. 心理幸福感的含义

心理幸福感来源于亚里士多德提出的幸福论(Eudaemonism)或自我实现论(Self-realizationism)。由于他强调幸福是人的一种完善自己的活动,因此他的幸福论又被称为完善论(Perfectionism)。围绕着"幸福是合于德性的现实活动"这个中心命题,亚里士多德探索了"至善"和幸福的德性含义,以及达到"至善"和幸福的条件、途径和方法。在亚里士多德看来,幸福是人的幸福,是心灵的活动,仅仅追求快乐的行为不是幸福。幸福需要"至善",即通过德性的活动达到的各个具体的善累积而成。幸福存在于为了崇高目标去奋斗的过程中,体现在克服一切困难,发挥自己的最大能量。研究者们就心理幸福感的结构没有达成一致看法,他们以不同的理论为基础,建构了心理幸福感的结构理论。

(1) Ryff 的六因素结构

Ryff 从实现论出发来探讨幸福感。他指出主观幸福感对情感的过分强调是不对的,因为对情感的测量不能清楚地阐释幸福感的含义。他认为幸福感是努力表现完美的真实潜力。Ryff 等人在总结心理学理论的基础上,提炼出了心理幸福感的六维模型。沿着发展心理学的视角,借鉴 Buhler 的基本生活趋势理论(basic life tendencies)、Neugarten 的人格改变理论(personality changes)与 Erikson 的心理社会阶段理论(psychosocial stages），主张健康（wellness）是一个贯穿生活的发展轨迹。并且，在参考 Allport 对成熟（maturity）的界定、Maslow 的自我实现（self-actualization）概念的界定、Jung 对个性化（individuation）的说明以及 Rogers 对健全人的描述的基础上，他们提炼出其中所共有的六种要素：自我接受（self-acceptance）、个人成长（personal growth）、生活目标（purpose in life）、良好关系（positive relation with others）、环境控制（environment master）、独立自主（autonomy）。其中，拥有良好关系与追求生活目标是这六个维度当中最重要的两个因子。

自我接受是指个体对自我持有一种积极态度，了解自己的优势，但也不否认自己的劣势，接受自我多方面的品性。个人成长指的是敢于尝试新鲜经验，积极发掘自我潜能，看到自己行为的进步、成长和扩展，更多感受到自己知识和效率的变化，实现自我潜力。生活目标指的是生活有目标和方向，体会到过去、现在和将来的生活意义，对生活充满信念和热爱之情。良好关系指的是与他人建立积极良好的人际关系，与他人有强烈的感情和亲密感，懂得人际关系的给予和获得。环境控制指个体有掌控外在环境的感觉，能有效利用环境提供的机会，控制复杂的外界活动，适时地选择和创造适合个人需要和价值的关系。独立自主指的是个体具有自我决定和独立性，能抵制自我思考或行动的社会压力，用自我的标准评价自己，调节行为。[①]

（2）Waterman 的"个人展现"

Waterman 认为，快乐是享乐主义的解释，而幸福感关系到人们与真实自我的协调一致。人们从事体现深层价值的活动，全身心投入便会有幸福的体验。Waterman 把幸福区分为个人表现（personal expressiveness）的幸福与尽情享乐（hedonic enjoyment）的幸福这两种。前一种是指个人全身心投入到活动中时，充分发挥自己的潜能，进行自我展现，从而促进自我实现的体验，这是一种自我实现的愉悦感、充实感；后一种是在活动的

[①] 姚棚：《积极心理取向的团体辅导对大学生幸福感干预研究》，硕士学位论文，南昌大学，2016 年。

过程中自己生活或者心理需要得以满足的体验。

（3）Ryan 和 Deci 的自我决定理论

Ryan 和 Deci 提出的自我决定理论（Self-Determination Theory，SDT）也是一个以实现论作为理论来源的幸福感理论模型。该理论对幸福的界定一方面包括自我实现的内容，另一方面也包括对自我实现意义与途径的探讨。在 Deci 看来，自我决定不仅是个体的一种能力，它还是个体的一种需要。人们拥有一种基本的、内在的自我决定的倾向性，这种倾向性引导人们从事他们感兴趣的、有益于能力发展的行为，并且使人们能够灵活地适应社会环境。

表1-2 从感知路径及表现特征两个角度对心理幸福感的内涵进行分析，可以一窥心理幸福感的主要特点。

表1-2　　　　　　　　　心理幸福感内涵解析

作者	年份	内涵	维度	表现特征
Ryff，Keys	1995	通过发挥潜能努力达到完美的体验	发挥潜能	完全精神性，持久体验
Ryan	2000	心理幸福感的定义一方面包括自我实现，另一方面试图指明自我实现的意义及途径	自我实现	完全精神性，持久体验
Riediger	2006	心理幸福感是个体内在积极精神概念的整合，促使个体拥有一种积极的生活态度，充满活力，与个体基本需要是一致的	积极精神整合个体需要	完全精神性，持久体验
张陆、佐斌	2007	由实现论演化而来，幸福并不只是情感上的体验，更应该关注个人潜能的实现，应以客观的标准来评定个人的幸福	潜能实现	完全精神性，持久体验
Waterman	2008	与真实自我的协调一致，发生在人们从事于深层价值观最匹配的活动中，是一种全身心的投入	自我实现	完全精神性，持久体验
Wood 等	2009	关注人们潜能的同时，还注重个人与外界积极的交互作用方式	潜能实现、与外界的交互作用	完全精神性，持久体验

总之，心理幸福感以实现论为哲学基础，凸显人的潜能实现，具体表现为重视积极自尊、良好的关系、生活目标明确、社会服务参与的意义，

它不同于以快乐论为哲学基础的主观幸福感概念模型。

2. 心理幸福感的特点

（1）内在性

与主观幸福感相比，心理幸福感是一种内在的，对人们有意义的，且能帮助人们提高自身能力、实现潜能的概念。学者认为心理幸福感与真实自我的协调一致，发生在人们从事与深层价值观最匹配的活动中，是一种全身心的投入。它主要关注个体在实现自己目标过程中的意义及挑战，并发挥潜能，实现自我，而这些活动的完成往往与内在精神或价值观相互匹配。其表现形式往往是完全精神性的，主要关注个体的内在体验。

（2）稳定性

主观幸福感更多地属于即时体验，而心理幸福感是一种持久性体验，是一种对精神成就的体验。追求的是个人的意义与潜能的实现，这种体验与实现是一个循序渐进的过程，并非一日之功，持续时间较长，不大会跟随时间有非常大的浮动性，因此表现出了相对的稳定性。

（3）延展性

心理幸福感是心理层面上一个比较全面的衡量指标，它涵盖自主、个人成长、自我接受、生活目的及意义、控制和良好友谊六个方面的评价与判断，是一个多元化指标，与主观幸福感的即时体验相比，心理幸福感较为平和，具有延展性，能持续影响个体的幸福体验。

（三）社会幸福感的含义

Keyes认为每个个体都是处在社会与集体中，因此抛开社会谈幸福感也是不够全面的，而主观幸福感和心理幸福感都是强调自我对幸福感的感受，偏向于自我主义而忽视了个体需要面对的社会问题，由此他提出了社会幸福感（Social Well-being，SWB）。他将社会幸福感划分为五个维度：社会整合、社会贡献、社会认同、社会实现和社会和谐。[①] 并解释如下：社会整合，个体对于他们所属的社会和集体的归属感以及关系质量的评估。拥有良好社会整合的人，能与集体中他人和睦相处得到彼此信任，感

---

① Keyes, C. L. M., "Social Well-being", *Social Psychology Quarterly*, Vol. 61, 1998.

受到生活在集体中的价值。社会贡献，对个体社会价值的评估，它包括个体相信自己对社会的重要性和为社会创造价值的信念，体现个体的价值是被社会所认可的，感受到社会重视自己的贡献。社会认同，个体在集体社会中形成自我的品质和性格，并对社会的性质和价值形态等进行评价和感知，形成对社会整体的评判。社会实现对社会发展现状、潜能和轨迹正确判断并充满信心，可以通过法律规范和公民行为的约束让民众感知。社会和谐，是个体对社会整体生活质量、组织功能及其运作的感知，个体能理解社会发展的原因及周边发生的事情，对社会保持一种客观而积极的态度，认为他们的生活是有意义的，对世界的认知也属于社会和谐研究的内容。[1]

目前为止，社会幸福感没有统一的定义，但大多数研究者认为社会幸福感与个体的社会评估有紧密联系，是探讨个体心理健康的关键，对提高人们心理健康水平有着十分重要的意义。[2]

（四）主观幸福感与心理幸福感整合

Vittersø、Søholt 和 Hetland 进一步将主观幸福感与心理幸福感整合，提出幸福的功能模型（见图1-1），认为幸福包括快乐主义的幸福（hedonic well-being）和实现论的幸福（eudaimonic well-being）两种要素，快乐主义的幸福等同于快乐和幸福，而实现论的幸福是心理需求和想法的实现。快乐主义的幸福被认为是对两极（如好的—坏的、快乐的—悲伤的、令人愉快的—令人不快的、满意的—不满意的）的主观体验和评价的总称。与快乐主义的平衡机制不同，实现论的幸福反映的是所感知到的顺意，即使在平衡稍微扰乱的情况下。在此模型中，快乐主义的倾向对平衡与同化所产生的感觉具有作用，另外，实现论的倾向对轻微干扰和适应所产生的感觉产生调节作用。图1-1表明了：第一，平衡/同化是快乐主义感觉的主要原因（粗箭头所示），尽管平衡同样会对实现感觉在某种程度

---

[1] 姚棚：《积极心理取向的团体辅导对大学生幸福感干预研究》，硕士学位论文，南昌大学，2016年。

[2] 姚若松、郭梦诗：《社会支持对大学生社会幸福感的影响——希望的中介作用》，《心理学探新》2018年第2期。

上产生影响（细箭头所示）。第二，适应调节和平衡的轻微扰乱是实现论的感觉的主要原因（粗箭头），虽然这种状态同样在某种程度上会对快乐的感觉产生作用（细箭头）。快乐的倾向在平衡/同化和主观的感觉之间起作用，而实现的情绪调节着轻微扰乱/适应和主观感觉，箭头直接从环境特点指向主观感受的因果路径。最终，快乐的和实现的感觉在某种程度上共同变化，即使它们概念上有差异。①

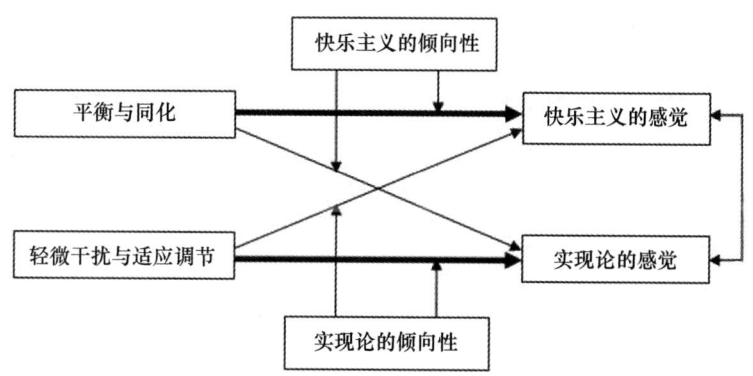

图1-1　幸福的快乐主义和实现论要素

（五）总体幸福感的界定

综上所述，本书将总体幸福感界定为既包括评价者根据自定的标准对其生活质量的整体性评估而产生的体验，也包括那些不以自己主观意志为转移的自我完善、自我实现、自我成就，还包括个体对自己与他人、集体、社会之间关系质量以及对其生活环境和社会功能的自我评估。当个体有较高的生活满意度，且积极情感多于消极情感时；当人的心理机能处于良好状态，人的潜能得以充分实现时（具体来说，即重视积极的自尊、社会服务、生活目的、友好关系的普遍意义）；当个体能融入社会，感觉到归属感、认同感、贡献感、实现感以及和谐感时，他都能体验到幸福。

---

① Vitterso, J., Søholt, Y., Hetland, A., Thoresen, I. A., & Røysamb, E., "Was Hercules Happy? Some Answers from a Functional Model of Human Well-being", *Social Indicators Research*, Vol. 95, 2010.

第二节　青少年幸福感的相关理论

一　积极心理学

"二战"后，犯罪、毒品泛滥、婚姻危机等各种心理问题成为了心理学的研究重心，心理学正在变成一门类似于病理学性质的学科。这种转移背离了心理学存在的本意，因为它导致了"很多心理学家几乎不知道正常人怎么样在良好的条件下能获得自己应有的幸福"。20世纪末，在美国当代著名心理学家塞利格曼（Martin E. P. Seligman）的发起下，在西方兴起一股重要的心理学力量——积极心理学（Positive Psychology）。

在塞利格曼的倡导下，积极心理学作为一个新的领域得以迅速发展。积极心理学的研究对象不是有心理疾病的人，而是那些人群中最卓越、最优秀、最成功、最善良的人。积极心理学家想要知道，是什么让一些人跌倒了七次却仍然有第八次爬起来的力量，是什么让一些人最终能够实现人生的理想，他们身上有哪些可以研究并值得学习的地方？

不同于咨询心理学主要服务于存在心理障碍的人群，积极心理学的服务对象是所有人群。在我们的社会中，大部分人群都是心理健康的人群，对于他们要如何提升心理能量，提升心理健康程度，活得更加富足、有意义与有价值感，积极心理学会给予相应的基于实证研究的指导。

塞利格曼等人提出，积极心理学研究的问题包括积极的主观体验（幸福、愉悦、感激、成就）、积极的人格特质（个性力量、天分、兴趣、价值）、积极的人际关系、积极的组织（家庭、学校、商业机构、社区和整个社会）与积极的社会制度五大类。另一位积极心理学的奠基人克里斯托弗·彼得森（Christopher Peterson）总结积极心理学时说道："积极心理学是一门研究生命从开始到结束的各个阶段的学科，它着重研究那些使得生命更有价值和更有意义的东西。它旨在回答一个问题，即如果我们不想挥霍我们的生命，我们该做些什么？"

诚然，积极心理学并不是快乐心理学，也不是心灵鸡汤，更不是成功学。积极心理学家深刻地理解，我们的生命存在着许许多多的不如意、艰难、困苦甚至是苦难。

积极心理学相信，每个人身上都有美好、善良的种子，而积极心理学家通过科学研究去了解与探索这些美好的特质要怎样才能被培育、怎样才能被发展、开发后又要怎样保持，最终找到我们要怎样才能过上一个幸福而有意义的人生的答案。幸福、有意义的人生是一个结果，积极心理学家的工作就是要用科学的方法去发现得到这个结果的原因是什么，以及如何用科学的方法去"栽培"这些原因。[1]

只看到自己行动中好的一面，只看到他人行动中坏的一面，这是人类的通病。只证明人类体验的积极或消极一面没有太大价值。只关注世界好的（或坏的）方面很有诱惑力，但这不是真正的科学，在倡导积极心理学时一定不能犯这样的错误。遵循病理学模型的心理学家对一些人在特定生活时段的描述相当准确，他们能帮助出现特定问题的心理病人。但是，病理学取向的倡导者对人类的描绘是不完整的。未来的心理学家必须发展综合性取向，同时考察人们的弱点和优点。但是，我们还没有做到这一点，因此，我们还需要全面发展和探索积极心理学及其实践。[2]

二 布朗芬布伦纳的人类发展生态学模型

美国心理学家布朗芬布伦纳（U. Bronenbeaie，1917—2005）提出了一种揭示个体与周围相互作用的宏观发展理论，即人类发展生态学模型（见图1-2）。该理论强调个体嵌套在各种环境中，这些环境系统与个体相互发生作用并对个体的发展产生影响。

在生态系统理论之前的研究者虽然也认为个体的发展会受到环境的影响，但是没有对个体发展的环境做出明确且详细的描述，而布朗芬布伦纳扩展了对环境的认识，把环境看成是互相关联的从内向外的一层包一层的

---

[1] 曾光、赵昱鲲：《幸福的科学：积极心理学在教育中的应用》，人民邮电出版社2018年版。

[2] ［美］C. R. 斯奈德、沙恩·洛佩斯：《积极心理学：探索人类优势的科学与实践》，王彦、席居哲、王艳梅译，人民邮电出版社2013年版。

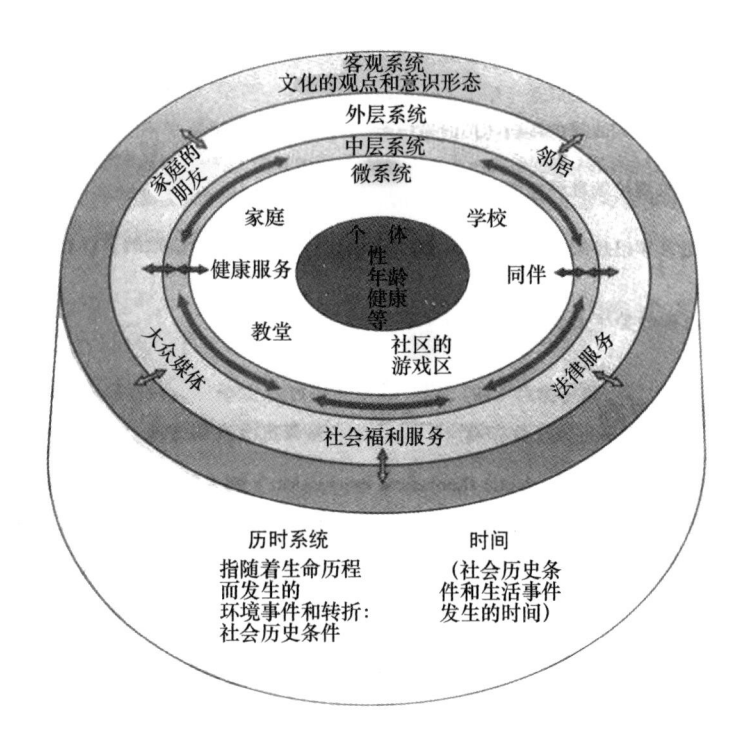

图 1-2 布朗芬布伦纳提出的发展生态系统理论图

结构系统，每一个嵌套在下一个结构中，就如同俄罗斯套娃一般，每一层（或每一个水平）环境都对心理发展有重要影响。布朗芬布伦纳的人类发展生态学模型包括四个系统，即微观系统、中间系统、外层系统和宏观系统。后来，随着研究的逐断深入，以及受到其他理论观点，尤其是艾尔德的人类发展生活历程理论的影响，布朗芬布伦纳又在其模型中增加了一个时间维度和一个生物因素。

(一) 微观系统 (micosystem)

微观系统处于环境最内层的系统，它是指个体直接接触的环境以及环境相互作用的模式，包括家庭、同伴群体、学校以及邻居等。布朗芬布伦纳特别强调每一水平的环境与人的关系都是双向的和交互的。换句话说，成人影响着儿童的反应，而儿童本身的生物和社会特征（如生理属性、思维方式和性格等）也影响着成人的行为。

（二）中间系统（mesosystem）

中间系统是指个体直接参与的微观系统之间的联系和相互影响。例如，一个孩子学习成绩的好坏，不仅取决于他自身的努力和在班级中的表现，也是其父母参与学校生活以及学业学习渗透入家庭的结果。由此，若能在多种情况下观察个体的行为，就能获得有关青少年发展的更全面的信息。微观系统和中间系统可以相互强化，或者发挥相反的影响。如果中间系统和微观系统的基本价值观有分歧，那么就可能造成困扰。

（三）外层系统（exosystem）

外层系统是指青少年生活的社会环境，如父母的职业和工作单位、亲戚朋友等。这些社会组织或人物并没有跟儿童发生直接的关系，但影响儿童最接近的环境，如父母所在单位的效益如何会影响父母的收入，从而影响父母对孩子的教育投资，而儿童在家庭的情感关系可能会受到父母是否喜欢其工作的影响。

（四）宏观系统（macrosystem）

宏观系统是生态系统的最外层，它不是指特定的社会组织或机构，而是指社会文化价值观、风俗、法律及其他文化资源，实际上是一个广阔的意识形态。宏观系统并不直接满足儿童的需要，但为较内层的各个环境系统提供支持。它规定如何对待儿童、教给儿童什么以及儿童应该努力的目标。当然，在不同的文化（或亚文化和社会阶层）中，这些观念是不同的，但是它们都在很大程度上影响着儿童在家庭、学校、社区和其他直接或间接影响儿童的机构中获得的经验，如在反对体罚儿童、提倡以非暴力方式解决人际冲突的文化（宏观系统）中的家庭（微观系统），虐待儿童的概率也很低。

根据布朗芬布伦纳的观点，环境并非是按固定方式始终如一地影响着儿童的静态的力量。相反，它是动态的、不断变化的，布朗芬布伦纳称之为"动态变化系统"。儿童在成长过程中，其生活的生态小环境在不断地拓宽，这种转变为个人的历史翻开了新的一页，成为发展的新起点。例如，儿童升学、弟妹诞生、毕业就业、父母离异等重大事件都改变了人所生活的环境。

（五）历时系统（chronosystem）

布朗芬布伦纳把生态系统的时间维度称为"历时系统",是指个体的生活环境及其相应的种种心理特征随时间推移所具有的变化性及其相应的恒定性。影响人成长的环境生活事件的变化可能是由外部引起的,也可能是由儿童本人引起的,因为儿童可以选择、更改和创造许多他们自己的环境和经历。他们做出什么样的选择既取决于他个人的条件,如年龄、体力、智力、人格特征等,也取决于在环境中可能获得的机遇。因此,在布朗芬布伦纳的理论中,发展既不受情境环境控制,也不受内部倾向所驱动。相反,人既是环境的产物又是环境的创造者,这两者构成了一个交互影响的网络系统。

（六）生物因素（biological factors）

布朗芬布伦纳后来在其理论模型中又增加了一个生物因素,因此又将其理论称为生物生态学理论（Bio-ecological Theroy）。他指出,如果我们能够将不同的领域——生物、认知、情绪、社会和文化联系起来研究,将更有利于推进对人类发展规律的认识和探讨。[①]

三 自我决定模型

Ryan、Sheldon、Kasser 和 Deci 提出了自我决定模型（Self-Decision Theory,SDT）,该模型认为个体有不断整合自我和完善自我的积极动机,当外界环境可以提供给个体所需的支持时,这种动机就会驱使个体与环境进行互动从而提升自我。自我决定理论是一个囊括人格和动机的宏观理论,具体分为认知评价理论（Cognitive Evaluation Theory,CET）、有机整合理论（Organismic Integration Theory,OIT）、因果定向理论（Causality Orientations Theory,COT）、基本心理需求理论（Basic Psychological Needs Theory,BPNT）和目标内容理论（Goal Content Theory,GCT）这五个分支理论。自我决定理论认为人有自主需要、关联需要和胜任需要三种基本心理需要,这三种心理需要得到满足时个体的发展才会朝向积极的方面,当

---

① 何先友:《青少年发展与教育心理学》,高等教育出版社2016年版。

基本心理满足受阻时，个体更有可能出现消极的发展或功能性障碍。三种基本心理需要是维持心理健康的基本要求，在人生的各个阶段都发挥着重要的作用。①

四 目标模型

该模型认为幸福感的来源为目标和价值取向，两者的个体差异正是幸福感个体差异的原因。目标指个体的个体行为的内在目标状态，价值则体现了更高层次的生活目标。目标模型关注个体的差异及发展性变化。在生活中，有目标会使个体产生意义感，在目标实现的过程中，个体会遇到很多困难，但意义感会使个体去衡量自己是否有能力克服困难从而维持良好的心理状态，目标实现后个体的自我效能感也会得到提升。但这一过程只有在个体的目标与其内在需求相一致时才会实现，即个体的目标与其价值取向相一致，并且目标追求是基于个体的自我选择。当目标与自我价值一致时，个体实现目标的过程会使幸福感增加，但目标与个人需求不一致时，即便目标达成，幸福感也不会得到提升。②

五 社会比较理论

社会比较理论认为社会比较的过程会影响人们幸福感的水平，当比较对象比自己优秀时，幸福感水平就会下降（向上比较）；当自己优于比较对象时，幸福感就会上升（向下比较）。即：经常采用向上比较的方式来衡量自己的生活时，幸福感水平通常会比较低；经常采用向下的方式来衡量自己的生活时，幸福感水平就会升高。在社会比较过程中，人格也发挥着重要的作用：乐观的人更容易采用向下比较的方式，而悲观者更容易采用向上比较的方式，而且社会比较的结果也受到人格而不仅仅是各自实际情况的影响，因此人格特质不同，相应的比较结果也不同。并且比较的过程和参照群体的行为、自我过去的认知、经验等都有关，而且社会比较是

---

① 刘靖东、钟伯光、姒刚彦：《自我决定理论在中国人人群的应用》，《心理科学进展》2013年第10期。
② 苗元江：《幸福感的解释模型综述》，《赣南师范学院学报》2002年第5期。

一个动态的过程,幸福者和不幸者在知觉和比较社会信息时存在个体差异,每个人理解信息、运用信息以及采取的方式也是不同的。例如,幸福者在面对比较信息时,没有不幸者敏感,尤其是面对消极和负性的信息,面对同辈压力时,更少受到影响,因此悲观、嫉妒等负性情绪就更少,能更坦然地面对同伴的成功。[1]

六 评价理论

Diener 和 Lucas 认为,个人的主观幸福感受到几个判断标准的影响。哪些判断标准对人们影响最大,部分取决于个人的气质、文化和价值观。高相关的标准会有长期的突出作用,因此会长时间地影响个体。然而,情景变量可以起到干预作用,使某个特定的标准在特定的时刻成为突出的。这样,即使那些平常不突出的标准在特定时刻也会影响个体的幸福感,这依赖于情景是否引起人们对它的关注。其他的一些标准可以是长期突出的,并不非常依赖于情景因素。并且,Diener 发现人格特征也会影响人们的社会比较,悲观的人更倾向于向上比较,会产生更多的不满足感,而乐观的人则通过向下比较发现自己的优势,产生更多的满足感。[2]

七 期望值理论

期望值理论认为,期望值是人们评价自身幸福感的重要标准。Diener 和 Ujita 认为,人们的期望值只有在与其内外条件一致的情况下,才会对其主观幸福感产生积极影响。如果人们的内外条件并不理想,高期望值有可能会阻碍其主观幸福感的提升。[3]

当期望值过高,而个人实际水平较低时,就会使人容易缺失信心和克

---

[1] 苗元江:《幸福感的解释模型综述》,《赣南师范学院学报》2002 年第 5 期。
[2] 耿晓伟:《自尊、自我概念对主观幸福感影响的内隐社会认知研究》,硕士学位论文,浙江大学,2005 年。
[3] 杨芹:《初中生公正世界信念和主观幸福感的关系及干预研究》,硕士学位论文,河北师范大学,2016 年。

服困难、追逐目标的勇气，而期望值过低，个体容易达到预定的期望，久而久之个体也容易厌烦。期望值本身并不能很好地预测幸福感水平，但期望值与个体的实际情况之间的差异则能很好地预测主观幸福感，包括个体的权利地位、社会资源、经济能力等。克服困难接近期望值的过程比结果更能显著地预测幸福感的水平。①

---

① 吴明霞：《30 年来西方关于主观幸福感的理论发展》，《心理学动态》2000 年第 4 期。

第二章

青少年幸福感的研究进展与总体设计

第一节 青少年幸福感的研究现状与分析

一 青少年幸福感的测量

(一)幸福感的测量

科学家一贯认为"测量几乎是所有科学研究的心脏"。研究发现的完整性和可信度实际上取决于用来产生结果的测量工具。心理状态如幸福的科学研究严格依赖于一个主张,就是这种状态能够被可靠地和有效地测量。幸福很难定义更难测量。幸福的主观测量通常是以直接的方式捕捉人们的感受或真实体验,通过有序的测量来评估幸福。[①]

1. 幸福感的自陈测量法

(1)单项自陈测量法

研究初期,研究者从各自的研究目的出发,采用不同的方法来测量。最早采用的是单一项目的自我陈述式问卷。例如,在快乐—悲伤量表上,被试会告知"你对自己生活的各个方面感觉如何?","对于你在过去的一年里发生的事情和你未来期望的事情,你的感觉是?"采用7点计分,从完全快乐到完全悲伤。"想想你度过的今天,你觉得今天过的怎么样?"采用5点计分,从极为好、非常好、好、一般到差。单项自陈测量法应用于健康或生活质量、生活满意度、特殊感情等方面。

[①] McGillivray, M., Clarke, M., "Human Well-being: Concepts and Measures", *Understanding Human Well-Being*, 2006.

单一项目的信度为 0.7—0.8，效度结果表明，在单一项目和多个量表之间有高相关，如生活满意度量表、焦虑和抑郁量表、健康使用工具指数等。相关为 0.5—0.75，单一项目量表对于很多调查是有意义的，操作简单有效，在跨文化的研究中可以无须翻译。这个测量方式的不足是，没有将多重选择考虑到单一因素中，对于老年人特别是老年病人，由于他们降低了期望，反应会有所改变。对于调查而言，单一量表可能比多重项目量表有更多的敏感性。例如，如果单一的项目是关于抑郁的，答案会比幸福感的要消极些。而多重项目则弱化了这个效应。

（2）多项自陈测量法

人们普遍接受的是，幸福的概念是多维的：包括人类生活的各个方面。随着研究的发展，对幸福的测量逐渐由单项发展为多项。现在多维的幸福主观测量方法是：自我报告幸福和生活满意度。主观幸福感的测量可被划分为三种主要的需要独立测量和解释的类别：生活评估、积极情绪和消极情绪。特别是，生活满意度更广泛和持续地反映个体的生活境况，而情绪较为波动。在一国内部和国家之间，生活满意度都比情绪与长期生活情况有更高的相关。另外，情绪提供了一个了解日常生活起伏的更有质感的工具，可用于评估各种情绪状态和心情变化的频率。情绪可以在它们发生时测量，但更通常采用回忆的方式。生活评价是当回答问题时，认知加工发生或正在更新过程的结果。这两种类型的测量都受自我报告法的影响。情感状态，无论积极的还是消极的，两者都通过调查情境的时间使用来最有效地测量，而生活评价少到只有一个单一的问题添加在一系列主线的调查中来测量。为了更好地了解生活评价与情绪之间的联系，需要更系统地收集在相同的调查中对两种类型的测量。

有关采用生活满意度测量的单项还是多项量表之间一直存在讨论。一方面，一套设计好的问题占用相同的空间产生更高的信号—噪声比和更高的重测信度。另一方面，问卷空间一直存在一个内隐的交换代价，是问更多的被试更少的问题，还是问更有限的样本更多的问题。研究者通常会采取混合的策略，为了权衡两者，在问卷空间允许的情况下，使用单项和多项量表，而在空间很有限的情况下，采用单一项目。

目前应用比较广的多项自陈幸福感测量工具主要有以下问卷：Diener 于 1985 年编制的《生活满意度量表》（Satisfaction With Life Scale，SWLS）；Bradburn 于 1969 年编制的《情感平衡量表》（Affect Scales：Positive Affect，Negative Affect，Affect Balance）；Watson 于 1988 年编制的《简式积极情感和消极情感量表》（Positive Affect and Negative Affect Scale，PANAS）；Ryff 和 Keyes 于 1989 年开发的《多维心理幸福感量表》（Multi-dimensional Psychological Well-Being scales，PWB）；Chang 和 Chen 于 2005 年修订的《心理幸福感量表》；Keyes 于 1998 年编制的《社会幸福感量表》、《总体幸福感量表》（General Well-Being Schedule，GWB）、Campbell《幸福指数量表》（Index of Well-Being）。

2. 非言语行为测量法

手势、姿势、面部表情等都可以提供有关被试情绪状况的有价值的信息。测量一般可通过个人访谈、电话或借助电脑来让被试做出反应，从而计算出个人和社会幸福的数值。关于数值量表的有关问题，研究者比较了不同量表，普遍认为，具有更多选择，并且奇数的量表要更好。这导致越来越多的关于生活满意度测量和相似的生活评价量表采用 1—11 的 11 分等级评价量表。

3. 生理测量法

幸福的回答同样与身体功能的测量很好地相关，如唾液皮质醇的数量，纤维蛋白原应激反应，血压、心率（在某些情况下）对流感疫苗接种免疫系统反应。这种相关既存在于不同个体之间，也存在于同一个体不同时间段之间。幸福与不同个体或同一个体不同时间的大脑活动存在相关，最常见的是 Urry 等的研究表明积极的情感与左侧背外侧前额叶皮层（prefrontal cortex，PFC）的活动相关，消极的情感与右侧背外侧前额叶皮层（prefrontal cortex，PFC）的活动相关。同样，在用一个热垫触碰被试腿的情况下，被试所报告的疼痛存在很大差异，并且与大脑皮层的活动高相关。

4. 经验样本测量法

经验样本测量法是通过收集被试在日常生活中随机出现的心境、情感以及其他感受的样本，来评价被测者的主观幸福感状况的一种方法。由于这种方法可以减少记忆偏差和解释主观性对经验报告的影响,因而被认为可以提供比自陈量表更为精确的测量结果。但又由于它在大容量样本中使用费用高,而且难以实施,使得该方法的应用在某种程度上又受到了限制。

5. 日重现法(Day Reconstruction Method)

日重现法是指对个体日常生活中体验到的情感进行短期的阶段性回顾。该方法将个体的体验与日记进行结合,从而提高了回顾的准确性。该方法首先让被试对自己前一天中发生的事情进行总结,并填写回顾日记。然后对每件事情开始的时间、地点、持续时间等进行记录。同时对每件事情的情感进行描述,具体的词汇诸如"幸福的"、"生气的"等九类情感。为了评估情感的强度,被试还需要对情感强度进行从0(根本没有)到6(非常)的报告。日重现法因为提供了在以往幸福感的研究中无法得到的关于时间使用方面的可贵的数据,因而有其独特的价值。

6. 回顾幸福曲线(Retrospective Well-Being Curves)

回顾幸福曲线是最近发展的测量幸福的新工具。被试用曲线图来表示特殊转变过程的幸福轨迹(Well-Being Curves,WBC)。这些图表随后转化成数字,并用标准统计工具进行分析。转变是长期过程,曲线开始于事件之前的一段时间。X轴代表时间(根据研究设计,时间间隔可以从几个月到一年以上),Y轴代表心情,从非常消极到非常积极(连续量表)。Sonja等利用这一工具对2151名大学新生进行了测量。结果显示,尽管WBC受限于它的回顾设计,但是它提供了测量快乐适应过程中的有效时间方式。

7. 主观幸福感的序列框架评估

Kim-Prieto等提出了主观幸福感的序列框架(见图2-1),它包括了主观幸福感主要的时间阶段。这些阶段整合了人们生活中经历的客观实践和所处的生活环境,以及对这些事件的主观情绪反应,对特定情绪反应的记忆和对生活满意度的总体评价。此模型的顺序不一定具有因果关系,但是反映了生活评价的主要成分,并且其随着时间而发展。第一阶段,该模型从引发个人情绪反应的客观事件和环境开始,评估人们的客观生活环境可以判断其生活质量的好坏,经济学家和社会学家经常以这个水平来评定幸福状况。尽管第一阶段不是严格意义上的主观幸福感,但客观事件却往往是主观评价的最初靶子。第二阶段包含事件的情绪反应。情绪反应包括多个成分，如认知评价、生理反应和行为倾向。无论是在实验室还是在自然界，反应的即时记录都用来评估这个阶段的主观幸福感。直接的情绪反应消失后，以后可以被回忆。当情绪被回忆时多个情绪反应以外的因素被反映出来，例如自我概念或者当前的目标和关注能够影响情绪的回忆。最后一个阶段，人们回想其生活的事件和环境，以及对它们的反应，提出全面的评价问题，如他们是否满意其婚姻，是否满足于目前的工作或者感到快乐。最后一阶段包括了前面任何一阶段的信息。图2-1显示了有助于理解影响总体评价的一些因素。此框架暗示了每个阶段人们估计其主观幸福感的不同评价形式。没有一个阶段能独立完整地评估主观幸福感。相反，阶段之间的相互关系对于全面理解人们如何评价其生活状况至关重要。

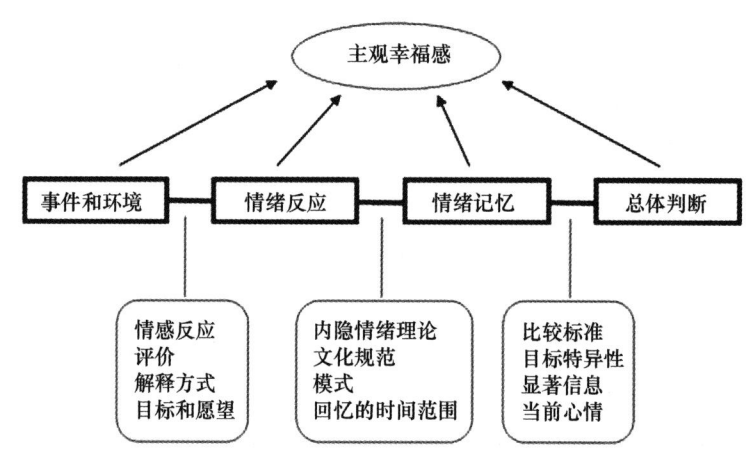

图2-1 幸福感的序列评估框架

（二）总体幸福感的测量

在以往研究中，可以看到快乐论与实现论这两个取向基本上处于平行状态，并简单地将心理幸福感或主观幸福感等同于个体幸福感。但是，越来越多证据表明两类幸福感是相互关联的，因此，有必要在一个系统的视角下对幸福感的概念进行整合与考察。

从发展的角度看，心理学对幸福感的理解经历了三次重大变革。第一次是情绪幸福感与认知幸福感的融合，奠定了经典主观幸福感模型。生活满意度是认知的衡量标准，而积极情绪和消极情绪则是情绪幸福的衡量标准，对生活满意度的测量在综合评定认知、正性情感、负性情感的基础上予以加权，全面、准确、深入地了解幸福感水平及分布情况。

第二次是主观幸福感与心理幸福感的融合，形成了积极心理测量潮流。很早在研究幸福感及其在心理领域的认知、情感和动机上的作用时就提出了两种不同的观点。主观幸福感（Subjective Well-Being，SWB）主要集中在幸福的快乐方面，追求幸福和快乐的生活。它涉及对整体情感和生活的质量的评估。心理幸福感（Psychological Well-Being，PWB）主要关注实现幸福，它是指人类潜能和生活意义的实现。PWB 主要认为人的蓬勃发展就是对生活的挑战，比如追求一种有意义的目标，一个人的成长和发展，和建立与他人有质量的关系。

学者就两者的关系展开了争论，其中一部分研究者认为两者之间相互独立，并不存在明显的相关关系，但也有学者认为两者之间是存在关系的。例如，Ryff 和 Keyes 对多项研究进行综合后发现，PWB 与 SWB 之间的关系为中等到弱相关。[1] Corey 等对两种幸福感之间的关系进行了模型拟合，结果发现 PWB 与 SWB 之间互相依赖，两者可以互为补充，也可以互为补偿。虽然 PWB 与 SWB 之间存在差异，但更多的研究表明，只有将两者进行整合而不是孤立地进行研究才更能揭示个体幸福感的全貌，而这也是未来幸福感研究的趋势。[2] 国内学者的研究也发现，PWB 与 SWB 之间既呈现相关性，同时两个概念又各自独立，两种取向存在着联系与交叉但又彼此独立。[3][4]

但仅仅从概念上来区分这两种幸福感是存在争议的。主观幸福感和心理

---

[1] Ryff, C. D., & Keyes, C. L. M., "The Structure of Psychological Well-being Revisited", *Journal of Personality and Social Psychology*, Vol. 69, 1995.

[2] Keyes, C. L. M., Shmotkin, D., & Ryff, C. D., "Optimizing Well-being: The Empirical Encounter of Two Traditions", *Journal of Personality and Social Psychology*, Vol. 82, 2002.

[3] 宛燕、郑雪、余欣欣：《SWB 和 PWB：两种幸福感取向的整合研究》，《心理与行为研究》2010 年第 8 期。

[4] 金玲玲：《主观幸福感与心理幸福感的关系研究》，硕士学位论文，河北师范大学，2007 年。

幸福感是幸福感的两种不同结构还是两种不同的视角？一种观点认为 SWB 和 PWB 是幸福感的两个不同方面，虽然两者基本上都涉及幸福感的本质。另一种观点认为 SWB 和 PWB 反映出了幸福感的两种方式而不是两个独立的概念，因为它们的相似性大于它们的区别。Fang Fang Chen 等通过一种双因素模型统计方法对两种争论的观点进行验证。对 795 名美国大学生样本与 4032 名美国成年人的调查结果显示，心理幸福感和主观幸福感具有很强的相关关系，双因素模型显示出一个强大的总因子，该因子由心理幸福感和主观幸福感共同组成。同时，双因素模型也显示了心理幸福感的四个特定因子和主观幸福感的三个特定因子。这些特定因子被证明具有极强的预测力，独立于幸福感的总因子，但是它们各自的成分是有区别的。因此该研究表明这两种观点都有一定的价值，具体运用取决于研究的特定分析水平。[①]

第三次则是主观幸福感、心理幸福感与社会幸福感的融合，推动了积极心理健康模型（Positive Mental Health，PMH）的发展。美国心理学家 Keys 提出了积极的心理健康标准，认为心理疾病的症状是焦虑，而心理健康的标志是幸福感。如果说焦虑、抑郁是心理疾病的操作性定义，那么，主观幸福感则是心理健康的操作性定义。幸福感是积极的心理状态，包括三个方面：第一，积极的自我评价与积极的情绪状态，即主观幸福感。第二，积极的心理机能，即心理幸福感。第三，社会安宁有序，即社会幸福感。[②]

一些研究采用社区和全国范围内的代表作为样本来支持社会和心理幸福感的要素构成学说，并且考察这三者之间的关系。研究发现，社会幸福感和心理幸福感的等级相关高达 0.44，社会幸福感的测量同样也与传统的情绪幸福感的测量（情绪和满意度）有明显区别。一项评估成年美国人健康与幸福的调查（the Midlife in the United States，MIDUS）就是对主观幸福感、心理幸福感和社会幸福感的全面考察，为总体幸福感的理论构

---

① Chen, F. F., Jing, Y. M., Hayes, A., and Lee, J. M., "Two Concepts or Two Approaches? A Bifactor Analysisof Psychological and Subjective Well-Being", *Journal of Happiness Studies*, Vol. 14, 2013.

② 苗元江、朱晓红、陈浩彬：《从理论到测量——幸福感心理结构研究发展》，《徐州师范大学学报》（哲学社会科学版）2009 年第 2 期。

建提供了实证支撑。①

2016年,经济合作与发展组织(Organization for Economic Cooperation and Development,简称 OECD)在《PISA 2018 分析框架草案》(PISA 2018 draft analyticalframeworks)中设立了较为系统的青少年幸福感评价框架(见图2-2),主要包含评价内容、评价方法与工具、评价标准三个部分。在内容上,建立"四维度"、"两指标"的青少年幸福感评价模型。四维度为自身幸福感、生活质量幸福感、校内幸福环境感与校外环境幸福感。两指标包含主观指标与客观指标。在评价工具上,开发了整合的幸福感量表以及单项与复合相结合的幸福感指数。②

青少年幸福感:维度		青少年幸福感:指标			
		客观指标	主观指标		
			感知	情感	满足
	生活质量幸福感	×	√	√	√
	自身幸福感: ·健康 ·教育和能力 ·心理功能	√	√	√	√
	校内环境幸福感: ·校内社交关系 ·课业	√	√	√	√
	校外环境幸福感: ·校外社交关系 ·物质条件 ·闲暇时光	√	√	√	√

→ 社会幸福感

→ 社会幸福感
→ 主观幸福感
→ 整体生活满意度

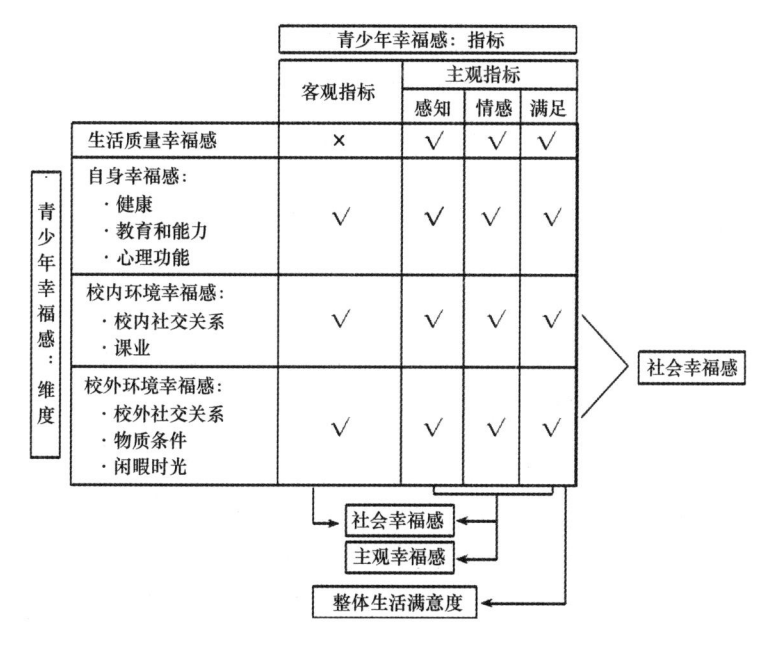

图2-2 PISA 2018 青少年幸福感评价模型

注:符号"√"代表该维度内包含对应的指标;符号"×"代表相应维度下不包含对应的指标。

---

① 苗元江、龚继峰:《超越主观幸福感》,《内蒙古师范大学学报》(哲学社会科学版)2007年第5期。
② 李国庆、刘学智、王馨若:《PISA青少年幸福感评价体系的构建:框架与启示》,《外国教育研究》2017年第11期。

国内学者高良认为无论是主观幸福感还是心理幸福感的界定都没有反映出幸福感的完整性和文化性，尝试将（作为文化集中反映的）价值观引入幸福感结构，建构了一个更加全面的幸福感三因素模型，包括生活满意感、需要满足感和价值实现感三个基本成分，其结构模型见图2-3。①

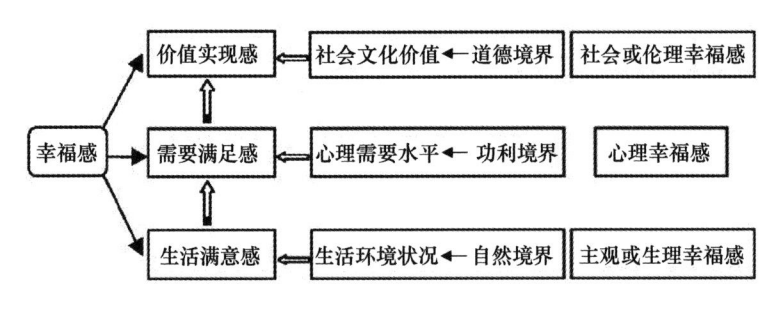

```
                 ┌── 价值实现感 ── 社会文化价值 ← 道德境界 ── 社会或伦理幸福感
                 │        ↕
幸福感 ──────────┼── 需要满足感 ── 心理需要水平 ← 功利境界 ── 心理幸福感
                 │        ↕
                 └── 生活满意感 ── 生活环境状况 ← 自然境界 ── 主观或生理幸福感
```

图 2-3 幸福感的三因素模型

彭怡、陈红在一个系统的视角下，从主体行为感知角度出发，对个体幸福感进行整合，提出了幸福感的整合模型（见图2-4）。该模型描绘了基于主体的幸福感整合路径与特点，它认为体验型幸福感和积淀型幸福感是个体幸福感的两个方面，两者缺一不可。体验型幸福感指个体通过价值体系对行为结果进行判断，在认知评价的基础上，获得幸福感体验。由于消耗灭失和情绪性的行为结果在持续时间上往往较短，且有着较高的强度，个体的感知在较大程度上是体验型的，个体在此时获得的幸福感是即刻体验的；积淀型幸福感是指消耗累积和心境性的行为结果具有可累积性，其持续时间较长，个体感知在较大程度上是积淀型的，个体体验不会随着时间的延续而产生较大变化，个体在后续能持续或间接获得的幸福感。体验型幸福感和积淀型幸福感都会随着时间表现出相应的变化，在时间维度上会体现出其变化趋势与特点。②

---

① 高良、郑雪、严标宾：《当代幸福感研究的反思与整合——幸福感三因素模型的初步建构》，《华南师范大学学报》（社会科学版）2011年第5期。
② 彭怡、陈红：《基于整合视角的幸福感内涵研析与重构》，《心理科学进展》2010年第7期。

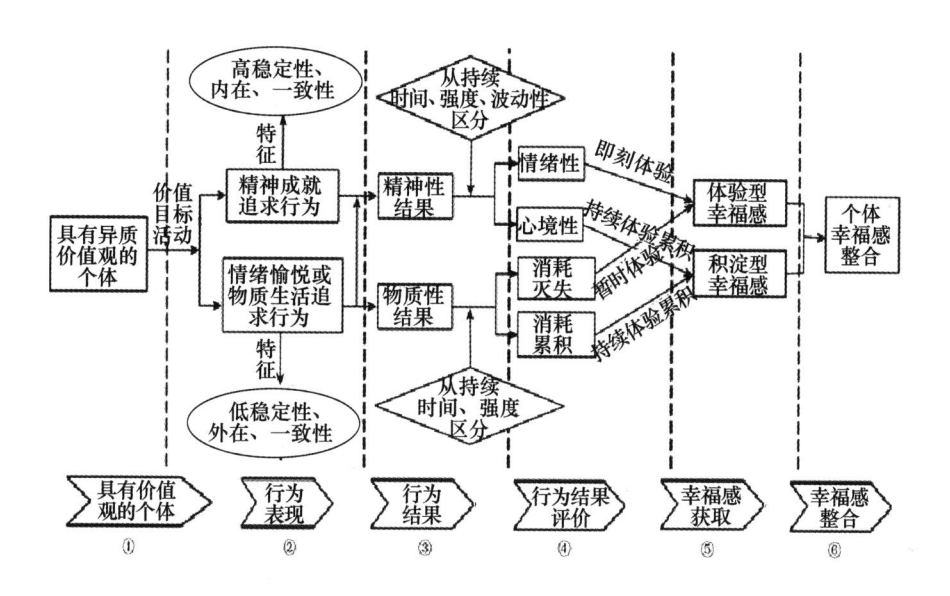

图 2-4 个体幸福感整合模型

以上都是国内外学者在整合幸福感理论方面做出的探索。幸福感理论模型的构建与完善与实证研究应互相依存，共同发展。经过分析与比较之后，笔者认为，幸福感的整合既要有理论指导，又要有实证探索，理论基础与操作性兼具方可。而从主观幸福感、心理幸福感、社会幸福感三个层面来构建个体的总体幸福感，或许是一个较好的整合思路。当个体对自己的生活状况较为满意且处于较为积极的情绪状态，同时又呈现出积极的心理机能，并且个人的幸福与社会的幸福和谐一致，这个时候的幸福感便是快乐与意义、享受与发展、主观与客观、个人与社会的统一。主观幸福感把快乐定义为幸福，侧重个人主观体验和感受；心理幸福感把幸福理解为人的潜能实现，从人的发展角度解读幸福，接近现代心理健康概念；社会幸福感则从人的社会存在考察人的良好存在，关注社会效应。作为社会中人，个体一定不能离开其所生存生活的环境与各种情境。因此，整合以上幸福感理论模型来构建总体幸福感模型，见图 2-5。沿着该理论的思路，从快乐与意义、主观与客观、个人与社会不同指标去评价与测量个体的幸福，或许是一种有益的尝试与探索。①

青少年总体幸福感的测量正是在这一理论模型指导下对青少年这个特殊群体的具体践行。鉴于青少年具有与成年人不一样的独特特点，在对生活质量的总体评价上，笔者除了考察其总体生活满意度以外，还将具体生活满意度（采用张兴贵构建的友谊、家庭、学业、自由、学校和环境的六维满意度模型，见图2-6）纳入幸福感的评价体系中，以期更为全面地考察青少年的幸福感本质与特点。因此，青少年幸福感的测量指标主要通过总体幸福感（包括主观幸福感、心理幸福感与社会幸福感）、总体幸福指数与具体生活满意度三个方面来考察与评价。

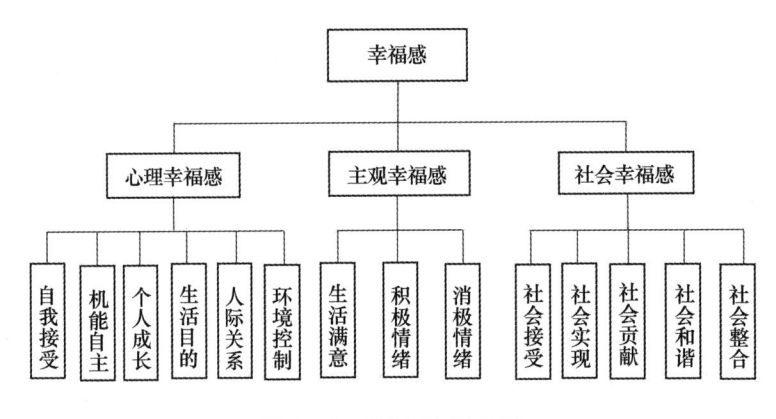

图2-5　幸福感理论框架

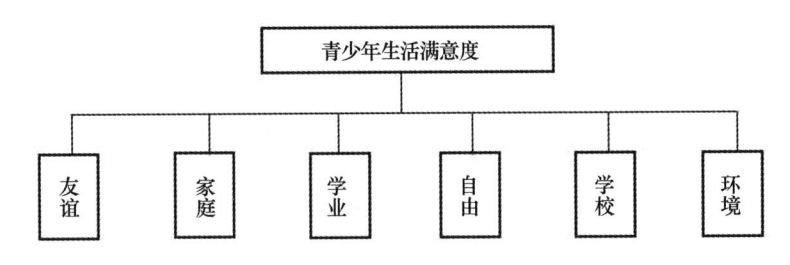

图2-6　青少年生活满意度结构图

---

① 苗元江、陈浩彬、白苏妤：《幸福感研究新视角——社会幸福感概述》，《社会心理科学》2008年第2期。

二 青少年幸福感的影响因素

青少年正处于生长发育的关键时期,深入探索其幸福感的影响因素及其内在作用机制,不仅是促进他们健康和谐发展的强大动力,也是他们追求、获取幸福的重要动源。从 20 世纪中期起,西方研究者采用科学的方法对影响幸福感的因素进行了较为深入的研究。综合国内外大部分的研究成果,下面着重从外部与内部两方面来对青少年的影响因素进行梳理与分析。

(一) 外部因素

1. 压力

当今这个时代,生活节奏在不断地加快,个体不可避免地会感受到压力,压力已成为难以避免的问题,社会各界对压力与心理健康之间的关系越来越关注。大量研究表明,压力作为影响青少年主观幸福感的重要因素之一,主要是指当环境需求已经超出人能应付的能力,或者说环境需求已经威胁到人的心理健康时所产生的心理状态。学生主要面临的是学业和人际关系上的压力,这些压力成为青少年情绪困扰和心理健康问题的主要诱因。青少年体验的负性压力事件越多,幸福感越低。

课业负担繁重因此导致学业压力大和考试竞争压力大是我国中学生现在所面临的学习情况的主要特点。张文海与申继亮研究得出在中学生的各种压力中,学业压力是最主要的压力,并且直接影响到学生的学业成绩。徐广芳发现学业压力与消极情绪相关显著,并且与学生的问题行为和攻击行为的关系也很明显。李凡在其研究中指出学业压力与主观幸福感显著相关,可以预测高中生的主观幸福感。钟茜莎以湖南省岳阳市和临湘市几所中学的 1000 名中学生为对象进行施测,结果表明:中学生学业压力对主观幸福感有显著的负向预测作用,也就是说,学业压力越大,主观幸福感越低。[①] 尚晶晶的研究发现,学校压力与心理弹性、积极情绪、生活满意

[①] 钟茜莎:《中学生学业压力、心理资本与主观幸福感的关系研究》,硕士学位论文,湖南科技大学,2016 年。

度呈负相关；学校压力与消极情绪呈正相关。① 林井萍等对江西省340名大学生进行调查，结果发现：大学生的人际压力越大，主观幸福感越低。②

考试压力是指人在对考试的适应过程中，由于实际上或者认知上的要求与应对能力之间不平衡引起的身心紧张状态，引起外在行为、情绪变化和躯体内部的生理变化。谭沈采取纵向研究的方式对西安市一所中学的高一年级学生在一个学期连续三次进行问卷调查，结果发现，压力的初始水平越高，心理幸福感的初始水平越低，考试压力的变化趋势负向预测心理幸福的变化趋势。③

姜晓文等在其研究中采用青少年生活事件量表、自我同情量表、焦虑自评量表、幸福感指数量表对461名青少年进行问卷调查，结果发现：压力对主观幸福感有显著的负向预测作用；青少年的主观幸福感与生活事件之间存在密切的关系，个体体验到的负性生活事件越多，压力也会随之增加，压力既影响着学生的心理健康，同时也影响着学生的幸福体验。青少年在高中时期不仅要面临学习的课程数量增多、难度增大的挑战，还要应对父母期望、人际交往等方面的问题，以及文理分班、升学规划等诸多选择。这些生活事件会给他们带来巨大的压力，进而影响其主观幸福。④

国外学者也指出生活事件对幸福感有着较大的影响作用。Laura和Elizabeth通过对来自多种族的城市青少年进行调查，考察不可控压力与主观幸福感（SWB）水平的关系，以及面对不可控压力使用什么样的压力应对技巧，并据此提出了一种适度模型。调查结果显示，不可控压力与消

---

① 尚晶晶：《心理弹性在学校压力对高中生主观幸福感中的调节作用》，《校园心理》2017年第2期。

② 林井萍、陈龙丹、刘守乾：《大学生人际压力与抑郁、自我同一性及主观幸福感的关系：心理资本的调节作用》，《现代预防医学》2018年第11期。

③ 谭沈：《青少年考试压力与心理幸福感的纵向关系：自尊的中介作用》，硕士学位论文，陕西师范大学，2016年。

④ 姜晓文、姜媛、田丽、方平：《青少年压力与主观幸福感的关系：一个有中介的调节模型》，《心理与行为研究》2018年第3期。

极情绪显著相关,主动应对策略在不可控压力与消极情绪之间起到调节作用。①

家庭系统作为青少年成长和社会化的第一个也是最重要的环境,发展周期中经历的很多日常生活事件及其带来的压力,可能对青少年的身心健康带来一定危害。许颖、林丹华对599名青少年进行调查发现,家庭压力对青少年的幸福感具有负向显著的预测作用。

2. 社会支持

作为影响幸福感的一个很重要的情境因素,社会支持有时也可称为社会纽带、社会网络、有意义的社会接触。社会支持一方面包括客观的或实际的支持,另一方面包括主观的、体验到的或情绪上的支持。其中实际支持概括来讲就是直接物质援助和社会网络援助;而情感支持是指给予个体关注、接纳和信任以及个体被理解、被尊重的情感体验。社会支持的作用机制有主效果和缓冲器两种假设模型,主效果模型认为只要增加社会支持,无论个体的社会支持水平如何,必然导致个体健康状况的提高,社会支持具有普遍的增益作用。缓冲器模型认为,社会支持主要通过人的内部认知系统发挥作用,可以缓冲压力事件对身心状况的消极影响,保持与提高个体的身心健康,但仅在应激条件下与身心健康发生联系。社会支持不仅可以抑制负性情绪体验,同时也可以增加正性情绪体验,社会支持在缓解个体心理压力、消除个体心理障碍、增进个体心理健康等方面产生重要的影响。良好的社会支持对缓解生活压力有重要帮助,有利于个体主观幸福感的增强。②

一类研究以青少年为考察对象,例如,贾继超、刘金同等采用青少年主观幸福感量表、社会支持量表及自尊量表对济南市某郊区农村688名初中生进行了调查。结果发现:社会支持总分及其三个分维度、自尊与生活满意度、积极情感之间显著正相关,与消极情感之间显著负相关;换句话说就是,初中生获得的社会支持和自尊越多,对生活感到越

---

① Coyle Laura D. & Vera Elizabeth M., "Uncontrollable Stress, Coping, and Subjective Well-being in Urban Adolescents", *Journal of Youth Studies*, Vol. 16, No. 3, 2013.

② 吴捷:《老年人社会支持、孤独感与主观幸福感的关系》,《心理科学》2008年第4期。

满意，体验到的积极情绪越多，消极情绪越少，主观上会感到越幸福。社会支持对农村初中生的主观幸福感的影响有两条路径：一条是直接对农村初中生的主观幸福感产生影响；另一条是通过其他变量自尊的间接作用产生影响。① 陈作松发现人际关系作为一种社会支持对中学生的幸福感影响最为显著；丁新华发现家人关系、好朋友的支持以及彼此之间的互动作为社会支持的一类与中学生幸福感也有关；傅俏俏发现家庭亲子关系、同伴友谊关系是影响幸福感的重要因素；李文道指出学校环境因素，包括学校气氛、师生关系、同伴团体会影响学生心理健康；谭春芳等发现同伴关系、愉悦的生活气氛、老师及同学和家长的赞美也是中学生幸福感的来源之处。Kaveh Aminzadeh 等探讨了邻里社会资本与青少年主观幸福感的关系。数据来自 2007 年随机抽样的全国代表性健康调查的 9107 名新西兰高中学生。通过普遍情绪、生活满意度和幸福指数来衡量学生的幸福感。邻里社会资本根据五个指标进行评估：邻里社会凝聚力、设备、物质蜕变、社区组织的成员和住户稳定性。结果表明：居住在社区的学生，其特点是高水平的社会凝聚力和社区组织成员报告更高水平的幸福感。②

另一类研究以大学生为研究对象。例如，严标宾、郑雪以 300 名大学生为研究对象采用量表法对社会支持和主观幸福感（包括总体主观幸福感、消极情感、生活满意度和积极情感）的关系进行研究，结果表明：社会支持和消极情感显著负相关，和总体主观幸福感、生活满意度以及积极情感两两呈显著正相关。这表明良好的社会支持可以使大学生获得更高的总体主观幸福感，更高的生活满意度和更高的积极情感，更少的消极情感；社会支持可以预测大学生的主观幸福感。③ 何冬丽通过采用随机整群抽取河南省 3 所地方高校 274 名有留守经历和 684 名无留守经历的大学

---

① 贾继超、刘金同、王旸、张燕、陈洁：《农村初中生主观幸福感及与自尊、社会支持的关系》，《中国临床心理学杂志》2014 年第 3 期。
② Aminzaddeh Kaveh et al., "Neighbourhood Social Capital and Adolescent Self-reported Well-being in New Zealand: A Multilevel Analysis", *Social Science & Medicine*, Vol. 84, 2013.
③ 严标宾、郑雪：《大学生社会支持、自尊和主观幸福感的关系研究》，《心理发展与教育》2006 年第 3 期。

生，使用总体幸福感量表和社会支持评定问卷进行调查。结果发现：有留守经历大学生相较于无留守经历大学生在主观支持、支持利用度和总社会支持方面的得分均显著较低。有留守经历大学生的总体主观幸福感、对生活的满足得分与社会支持各维度得分均呈正相关，主观支持和支持利用度是有留守经历大学生总体主观幸福感、对生活的满足的重要影响因素。① 刘莉、毕晓慧、王美芳通过对741名在校大学生进行施测，发现社会支持、生活满意度、公正世界信念以及积极情感几者之间两两呈显著正相关，也就是说获得的社会支持越多，积极情感越高。社会支持对大学生主观幸福感的影响途径有两种，一种是直接影响，另一种是通过公正世界信念间接影响大学生的主观幸福感。② 孔风等对389名大学生进行问卷调查，研究发现：主观幸福感与社会支持、自尊、孤独呈显著相关；在社会支持与主观幸福感之间自尊和孤独分别起显著的中介作用，也就是说有这样一条路径：社会支持→自尊→孤独→主观幸福感。这些结果对于大学生心理健康教育具有重要的意义。③

还有一类研究则以成年人与老年人为研究对象。例如，吴国强等通过调查307名公务员，得出社会支持、生活事件、消极应对和积极应对能够预测主观幸福感。④ 吴捷以天津市379名老年人为研究对象，发现老年人社会支持、孤独感与主观幸福感各维度间显著相关。社会支持水平越高，社交孤独与情绪孤独体验越少，主观幸福感越高。⑤ 郭薇、刘连龙对177名城市老年人进行研究。结果表明：老年人的社会支持与其主观幸福感之间显著正相关，也就是说老年人获得的社会支持越多，主观幸福感越高；特别是社会支持程度偏低的老年人，其主观幸福感提高

---

① 何冬丽：《留守经历大学生社会支持及其与主观幸福感的关系》，《中国学校卫生》2013年第8期。
② 刘莉、毕晓慧、王美芳：《社会支持与大学生主观幸福感的关系：公正世界信念的中介作用》，《中国临床心理学杂志》2015年第4期。
③ 孔风、王庭照、李彩娜、和娟、王瑾、游旭群：《大学生的社会支持、孤独及自尊对主观幸福感的作用机制研究》，《心理科学》2012年第2期。
④ 吴国强、黄杰、鲍旭辉、李越：《公务员主观幸福感与生活事件、社会支持、应对方式的关系》，《心理卫生评估》2015年第8期。
⑤ 吴捷：《老年人社会支持、孤独感与主观幸福感的关系》，《心理科学》2008年第4期。

更加显著。①

宋佳萌、范会勇在其研究中探讨基于社会支持评定量表的社会支持与主观幸福感的相关，并探讨影响二者关系的研究特征。通过纳入元分析86篇原始研究，产生了89个独立样本，样本总量为32984，结果表明：社会支持的三个分维度主观支持、客观支持和支持利用度与主观幸福感总体、生活满意度、积极情感之间显著正相关，与消极情感之间显著负相关。②

陈抗就不同种类的社会支持对个体的幸福感的影响进行了探讨，不同类型的社会支持对幸福感和满意度的影响作用是不同的，个体的主观支持、对于支持的利用程度和来自朋友的支持是影响个体幸福感程度最大的支持类型。因此，在探讨社会支持对幸福感的影响时需要对社会支持进行分类讨论。③ 严标宾认为在普遍情况下家庭支持和朋友支持对个体的总体幸福感和消极情感有着比较好的预测，家庭支持和其他支持能够对生活满意度和积极情感进行比较好的预测。④

前人的研究只在一定程度上考察了社会支持对主观幸福感的影响结果，但却忽视了社会支持是通过何种方式对人的情绪、情感、自尊等心理变量进行调节并最终对主观幸福感产生影响的。也就是说，过去的研究者没有关注社会支持影响主观幸福感的过程。⑤ 社会支持（social support）不仅在压力（stress）情景中存在，在日常生活中同样存在。⑥ Arantzazu Rodríguez-Fernández 和 Estibaliz Ramos-Díaz 考察了社会支持与主观幸福感

---

① 郭薇、刘连龙：《心理资本、社会支持对老年人主观幸福感的影响》，《中国健康心理学杂志》2014年第7期。
② 宋佳萌、范会勇：《社会支持与主观幸福感关系的元分析》，《心理科学进展》2013年第8期。
③ 陈抗：《大学生孤独感、社会支持状况对主观幸福感的影响研究》，硕士学位论文，华东师范大学，2010年。
④ 严标宾：《社会支持对大学生主观幸福感的影响研究》，硕士学位论文，华南师范大学，2003年。
⑤ 严标宾、郑雪：《大学生社会支持、自尊和主观幸福感的关系研究》，《心理发展与教育》2006年第3期。
⑥ 宋佳萌、范会勇：《社会支持与主观幸福感关系的元分析》，《心理科学进展》2013年第8期。

之间的关系，对巴斯克地区的1250名义务中学生（年龄在12—15岁）进行了调查，研究发现，社会支持对主观幸福感的影响是通过自我概念的间接作用产生影响的。① 郭薇、刘连龙对177名城市老年人的研究表明，社会支持既可以作为老年人心理资本与主观幸福感之间的中介变量，也可以作为其调节变量。② 以上是对社会支持如何通过对人的情绪、情感、自尊等心理变量产生影响，进而对主观幸福感进行探索。

3. 亲社会行为

个体对自我价值实现和社会责任履行的追求是个体对人性真正实现的过程，而这一过程也是个体追求幸福的过程。亲社会行为在个体对自我价值实现和社会责任履行的追求中发挥作用。亲社会行为（prosocial behaviors）主要包括助人、谦让、安慰、分享、合作、慈善捐助以及志愿活动等一切符合社会期望而对他人、群体或者社会做出的有益行为。亲社会行为对于个体对自我的接纳、自尊和自我价值感具有促进作用，能够改善个体的人际关系和社会角色，进而增强生活满意度、心理幸福感和正性情绪。当个体表现出来的亲社会行为是不求他人的回报时，称之为利他行为（altruistic behaviors）。从概念上讲，利他行为属于亲社会行为，但利他行为的概念相较于亲社会行为的概念更加严苛，属于亲社会行为的最高层次。亲社会行为具有两种特点，分别是利他性和社交性。利他性是指亲社会行为的施动者是为他人而考虑的；社交性是指亲社会行为的表现是在社会互动的过程中产生的，是为了使处于互动过程中的个体人际关系更加和谐。利他行为是以助人为主要目的的，在实时过程中可能会对自身的适合度产生影响。③ "赠人玫瑰，手有余香"，亲社会行为是个体获得幸福感的重要途径。研究表明，亲社会行为表现更多的青少年拥有更高的积极情

---

① Arantzazu Rodríguez-Fernández et al., "Contextual and Psychological Varibles in a Descriptive Model of Subjective Well-being and School Engagement", *International Journal of Clinical and Health Psychology*, Vol. 16, 2016.

② 郭薇、刘连龙：《心理资本、社会支持对老年人主观幸福感的影响》，《中国健康心理学杂志》2014年第7期。

③ 冯琳琳：《亲社会行为对幸福感的影响：基本心理需要的中介作用和动机的调节作用》，博士学位论文，山东师范大学，2017年。

绪、生活满意度及幸福感。① 亲社会行为能够给他人带来好处，同时也能够促进社会交往双方和谐的人际关系，良好的人际关系是幸福感的重要维度。研究发现，实施亲社会行为可以给个体带来意义感和效能感，亲社会行为被认为是个体获得幸福感的重要途径。② Kristin 和 Abigail 研究发现，从生物学和心理学的角度来看，利他行为均有利于人们的身心健康，能有效促进个体的主观幸福感。还有研究表明，利他行为通过对个体知觉和评价方式产生影响，促使固有的处世态度、应对策略、行为方式等产生正向改变，因此表现出的利他行为越多，个体感受到的幸福感越高。③ Pareek 和 Jain 在其研究中也指出，利他行为可以作为影响主观幸福感的重要变量。

吴艳洁以山东省某高中学生为研究对象，在高一和高二年级中随机各抽10个班级，共计944名被试。研究结果发现：利他与总体幸福感的相关显著，这表明利他水平越高的个体，总体幸福感水平也越高，并能显著正向预测总体幸福感；自尊在利他与总体幸福感的关系中起部分中介作用。④ 张佳楠对山西两所职业技术学院的532名高职生进行调查，结果发现：高职生自我报告的亲社会行为中由高到低依次为：紧急亲社会行为＞情绪性亲社会行为＞依从亲社会行为＞匿名亲社会行为＞利他亲社会行为＞公开亲社会行为。高职生的主观幸福感与亲社会行为之间显著正相关。⑤

以老年人为研究被试的一系列研究，考察了亲社会行为对幸福感的积极影响，包括降低抑郁、提升积极情感、提升生活满意度和幸福感，以及

---

① 杨莹、寇彧：《亲社会自主动机对青少年幸福感及亲社会行为的影响：基本心理需要满足的中介作用》，《心理发展与教育》2017年第2期。
② 冯琳琳：《亲社会行为对幸福感的影响：基本心理需要的中介作用和动机的调节作用》，博士学位论文，山东师范大学，2017年。
③ 郑显亮、王亚芹：《青少年网络利他行为与主观幸福感的关系——一个有中介的调节模型》，《心理科学》2017年第1期。
④ 吴艳洁：《高中生利他行为与总体幸福感、学业成绩的关系——自尊的中介作用》，硕士学位论文，山东师范大学，2016年。
⑤ 张佳楠：《高职生的亲社会行为及其与自尊、主观幸福感的关系研究》，硕士学位论文，山西师范大学，2015年。

促进其他健康的心理特质。

冯琳琳在其研究中进行了四项研究，综合其研究发现：中国文化大环境下的亲社会行为能对幸福感产生正向影响。在亲社会行为对幸福感的影响中基本心理需要满足起中介作用。动机在亲社会行为对基本心理需要满足及幸福感的影响中起调节作用。亲社会行为不仅有利于实施者幸福感水平的提升，还有利于接受者和旁观者幸福感水平的提升。亲社会行为干预对幸福感具有促进作用，也就是说鼓励人们做出亲社会行为能够提升幸福感。[①]

一类研究者就亲社会行为对幸福感影响的心理机制进行考察，例如，Schneider 认为利他者通过帮助他人提高的积极情绪是培养总体幸福感的一种重要方式。Fredrickson 通过研究指出，积极情绪具有扩展认知、增加认知灵活、构建个体长久资源的能力。利他行为有助于个体获得积极情绪和体会到更高水平的幸福感。

4. 生活事件

生活事件（Life Event）是人们在家庭、学习、工作和社会支持系统中出现的各种刺激的总和。它是一种客观存在，具有偶然性、情境性和不可控性。生活事件是人们在日常生活中所受到的紧张性刺激，对心理健康、主观幸福感等有着重要的作用。

首先，梳理生活事件与幸福感之间的关系文献。Diener E.、Eunkook N. S.、Richard E. 等指出，生活事件对主观幸福感有重要作用，主观幸福感会随着生活事件偏离正常水平而进行波动，升高或降低。相青、王苗苗、常瑞华、宋玉萍通过探讨生活事件、应对方式与主观幸福感的关系，了解农村初中生的主观幸福感现状。对某初中 183 名农村学生进行调查，结果表明，农村初中生主观幸福感与学习压力因子、健康适应因子、人际关系因子和其他因子等生活事件呈显著负相关。说明农村初中生受到健康适应学习压力、人际关系和其他因素的困扰比较多，这些方面的得分越

[①] 冯琳琳：《亲社会行为对幸福感的影响：基本心理需要的中介作用和动机的调节作用》，博士学位论文，山东师范大学，2017 年。

高,主观幸福感水平就越低,处于初中生的阶段,在人际关系方面和学习方面面临的压力越多。① 高素华为探索大学生生活事件与主观幸福感间的作用机制,对396名大学生集体施测,通过结构方程模型进行分析。结果显示:生活事件对主观幸福感有显著的负向预测作用。个体遭受的生活事件对其影响越大,个体的主观幸福感越低。生活事件对主观幸福感既可以产生直接影响,也能够通过认知情绪调节策略、心理弹性、应对方式等中间变量间接影响主观幸福感。②

傅俏俏、叶宝娟、苏志强、张大均等研究显示,诸多负面生活事件可能对幸福感产生影响。Wolke D.、Skew A. J.、Ivens J. 研究发现,受欺负会降低儿童主观幸福感。朱晓伟、范翠英、刘庆奇等为了考察心理韧性在校园受欺负与儿童幸福感之间的中介与调节作用,对449名小学3—6年级儿童进行调查。研究发现,受欺负对儿童幸福感具有显著的负向预测作用,表明了受欺负对儿童幸福感的不利影响。③

近十年来,以 Smith 为首的西方学者开始研究一种新的欺负行为——网络欺负(Cyber-Victimization or Cyber-Bullying)。Smith 等认为,网络欺负行为,是指个体或群体有目的地利用电子通信手段重复多次对另一个难以保卫自己的个体故意施加的攻击行为。Belsey 认为网络欺负是指个体或群体使用信息传播技术(如电子邮件、手机、短信、个人网站和网上个人投票网站)有意和重复地实施旨在伤害他人的恶意行为。Patchin 等将网络欺负定义为利用电子文本作为中介有意和重复性地伤害他人。Beale 等界定网络欺负为电子欺负,是一种新的欺负方式,包括使用电子邮件、短信息、网页、投票和聊天室来蓄意对抗或者恐吓他人。综上所述,网络欺负是传统欺负在电子通信平台的新形式与扩展,与传统欺负本质基本一致,但有自身的特点,由于其主要通过网页、手机短信以及图片和影像剪

---

① 相青、王苗苗、常瑞华等:《农村初中生生活事件、应对方式与主观幸福感的关系》,《中国健康心理学杂志》2016年第9期。
② 高素华:《大学生生活事件与主观幸福感间的作用机制研究——以心理资本和社会支持为中介》,《教育学术月刊》2017年第3期。
③ 朱晓伟、范翠英、刘庆奇、张冬静、周宗奎:《校园受欺负对儿童幸福感的影响:心理韧性的作用》,《中国临床心理学杂志》2018年第2期。

辑等电子媒介进行，所以二者的表现形式有很大差异，而且所造成的影响也有区别。国内趋向于 Smith 对网络欺负的界定。

随着时代的发展，网络越发流行，网络欺负的手段方式以及给青少年造成的危害与传统欺负方式有很大的不同。在与传统欺负行为相比之后发现，不易消除是网络欺负产生的后果的普遍特点。传统欺负的行为在发生时可能会有严重的影响，但随着时间的流逝、记忆的淡化，被欺负的对象对于受欺负时的场景会变得很模糊。但是网络欺负一般涉及电子文字图片等的永存性，受欺负者往往会对于所受到的伤害进行一遍一遍的复读，伤害的感受得到一遍又一遍的刷新，产生不安全感和恐惧感。而正是由于网络欺负具有匿名性、去抑制性与难以管理等特点，其影响在一定程度上大于传统欺负。

Sara Wigderson 和 Michael Lynch 以 388 名青少年为调查对象，来探讨不同受害经验、情绪健康和学业表现指标之间的独特关联。结果发现，身体及相关伤害经历、网络伤害与情绪问题呈正相关，多形式的受害与青少年的幸福感呈负相关，网络伤害对青少年的影响超越传统伤害。研究者指出学校非常有必要为遭受伤害的学生提供心理健康与学业资源的指导。[①] Sara Wigderson 和 Michael Lynch 的研究表明网络欺负与青少年幸福呈负相关关系，传统欺负则起中介作用。

国内有关网络欺负、传统欺负与青少年幸福感的关系研究尚在发展之中，还不够完善，今后可以丰富这方面的关系研究，从而为网络欺负事件的预防和干预工作寻找有效的预防措施和解决对策。

5. 体育锻炼

学者们均认同体育锻炼对主观幸福感具有积极影响。Snyder E. E. 和 Spreitzer E. A. 研究证实，体育锻炼与健康成年人的总体幸福感密切相关。季浏、李林和汪晓赞研究发现适宜的体育锻炼能使个体获得较多的运动愉快感。Lapa T. Y. 、Garcfa A. J. 和 Vieira L. S. 的研究表明体育

[①] Wigderson, S., & Lynch, M., "Cyber-and Traditional Peer Victimization: Unique Relationships With Adolescent Well-Being", *Psychology of Violence*, Vol. 3, No. 4, 2013.

锻炼可以直接促进青少年的心理幸福感。研究人员在体育锻炼促进青少年幸福感的领域里进行了多方位的探索，不仅探讨了体育锻炼水平对幸福感的促进作用，还探讨了身体自尊、人际关系、人格和基本心理需要等变量在体育锻炼与幸福感之间的中介作用，并取得了部分研究成果。陈章源和於鹏在江苏省四所高校，运用分层整体抽样的方式，随机选取400名大学生为研究对象进行调查，结果显示：大学生的体育锻炼现状不容乐观，男生锻炼情况好于女生，体育锻炼与主观幸福感呈显著正相关，并且体育锻炼能够直接预测主观幸福感，也能通过同伴关系间接预测主观幸福感。①项明强和胡敏为了考察青少年体育锻炼、实现型和快乐型动机与心理幸福感之间的关系，对455名中学生进行了调查。结果表明：体育锻炼等级可正向显著预测青少年心理幸福感。在体育锻炼影响青少年心理幸福感过程中实现型动机起调节作用，而快乐型动机不起调节作用，当青少年参加体育锻炼的实现型动机较强时，体育锻炼量才能更好地正向预测心理幸福感。②

李晶和高晶晶从体育锻炼的角度，运用内隐认知的研究方法探讨了内隐幸福感作为独立心理结构与外显幸福感的分离，以及体育锻炼对内隐与外显幸福感的影响作用。研究以大学生为被试，使用IAT程序测量内隐幸福感，用"主观幸福感量表"和"体育活动量表"测量外显主观幸福感和体育锻炼情况。结果表明：体育锻炼对个体内隐幸福感没有影响，但对外显幸福感水平具有调节作用。③

Ferguson等以妇女为被试的研究表明，体育锻炼或者说身体活动不能预测心理幸福感，但在体育锻炼中所体验到的实现感可预测心理幸福感。此外，Besensk在其研究中发现，实现感在基本心理需要与心理幸福感之间起调节作用。

---

① 陈章源、於鹏：《体育锻炼对大学生主观幸福感的影响：同伴关系的中介效应》，《首都体育学院学报》2015年第2期。

② 项明强、胡敏：《青少年体育锻炼与心理幸福感的关系：实现型动机的调节作用》，《广州体育学院学报》2016年第3期。

③ 李晶、高晶晶：《体育锻炼对大学生外显与内隐主观幸福感的影响》，《安徽体育科技》2017年第2期。

6. 网络社交

随着智能时代的到来，社会上出现越来越多的"低头族"。Pempek、Yermolayeva 等的研究表明，个体在社交网站中花费的时间大部分是用在信息搜寻和浏览上的。国外对社交媒体的研究主要是针对 Facebook 进行的研究。Nicole B.、Charles 和 Cliff 对社交媒体与社会支持的关系进行研究，发现使用社交媒体能使大学生获得更多的社会支持。Deters 和 Mehl 的研究发现社交网站能够通过帮助用户累积和拓展社会资本，降低孤独感等对个体产生积极影响。Jung-Hyun Kim 和 Jong-Eun Roselyn Lee 研究了 Facebook 的使用与主观幸福感的关系，发现 Facebook 上的朋友数量是和主观幸福感呈正相关关系的。Vanessa Apaolaza 等考察了西班牙青少年在社交网站上的使用强度对其心理健康的影响。Tuenti 是西班牙青少年首选的社交网站。该研究以 344 名 12—17 岁的西班牙青少年为样本进行了结构方程分析。结果发现，青少年对 Tuenti 的使用强度与在社交网站上的社交程度呈正相关。而且，在 Tuenti 上的社交对青少年的幸福感有显著的积极作用。但是它们之间的这种关系不是直接的，而是存在自尊和孤独感这两个干预变量在其中起中介作用。表明 Tuenti 是一个有助于青少年社会关系发展、整合和成长的网络平台。该研究的结果支持了 SNS 社交网站对包括大多数青少年在内的所有用户都有好处的结论。[①] 国内的文献中，主要以 QQ、微博、微信等一系列媒介为载体对社交媒体依赖进行相关研究。刘振声对微博依赖的研究表明，大学生使用微博主要是为了获取自己想要的信息、维系和扩展人际关系以及娱乐消遣。并得出"使用年限在一年以上的微博用户更容易对微博产生依赖，而且依赖的程度会随着时间推移而逐渐加深"的结论。温如燕研究了微信对大学生人际交往的影响，发现有积极和消极两个方面的影响。积极的影响体现在微信满足了大学生情感表达的需求，使大学生在现实中的人际关系变好。而消极影响则表现在微信容易暴露大学生的隐私，影响其现实生活。

---

① Apaolaza Vanessa et al., "The Relationship Between Socializing on the Spanish Online Networking Site Tuenti and Teenagers' Subjective Wellbeing: The Roles of Self-esteem and Loneliness", *Computers in Human Behvaior*, Vol. 29, 2013.

国内何晓渝对微博的使用进行研究，其结果表明，主观幸福感低的用户更依赖于微博，而微博的使用使他们的主观幸福感获得提升。① 而唐嘉仪的发现与之有所不同，通过在线开展的与大学生的非正式访谈中了解到，当前大学生主要出于娱乐、人际交往以及新闻和资讯三方面的需求使用社交媒体；进一步对比 QQ 空间和新浪微博，发现从社交媒体的整体使用情况与大学生用户的幸福感关系来看，社交媒体使用效果与大学生幸福感感受存在的是正相关关系，也就是说，大学生社交媒体使用效果越好，幸福感感受越高。但是，社交媒体的使用强度和大学生用户的整体幸福感感知之间存在负相关关系，换言之，大学生使用社交媒体的时间越长、频率越高，大学生用户的幸福感越低。②

另一部分的研究发现社交网站会带来比如个体压力水平增高、自尊水平降低，以及生活满意度和幸福感降低等消极影响。Fox 和 Moreland 在其研究中指出，社交网站使用对个体心理社会适应的影响不是单一的作用机制，同时两者之间可能还会受到其他重要变量的影响。

如社交网站使用对个体自尊和生活满意度起到提升的作用可以是通过社交网站中的积极反馈和积极情绪体验的中介作用；社交网站使用对个体的自尊和身体满意度产生负向预测作用，并增加个体抑郁的风险，可以通过上行社会比较的中介作用。张永欣、周宗奎、朱晓伟和连帅磊在社会比较的视角下探讨社交网站使用对青少年幸福感的影响，对 798 名中学生进行了问卷调查，结果表明：社交网站使用与幸福感呈显著负相关，社交网站使用对青少年的幸福感的影响是通过消极社会比较的中介作用产生间接影响的。该间接效应受到社交焦虑的调节，与低社交焦虑的青少年相比，高社交焦虑青少年的社交网站使用诱发更多的消极社会比较。③

社交网站上缺乏信息产生的信息浏览行为被 Frison、Eggermont 和

---

① 何晓渝：《大学生微博使用与主观幸福感关系研究》，硕士学位论文，西南大学，2013 年。
② 唐嘉仪：《社交媒体使用与大学生幸福感关系：对比 QQ 空间和新浪微博》，硕士学位论文，中山大学，2014 年。
③ 张永欣、周宗奎、朱晓伟等：《社交网站使用对青少年幸福感的影响：一个有调节的中介模型》，《心理与行为研究》2017 年第 2 期。

Verduyn 等称为"被动性使用行为"（passive use）。De Vries 等的研究指出，社交网站的使用会诱发个体与比自己优秀的人进行向上社会比较。社会比较理论指出，上行社会比较也就是和比自己优秀的人进行对比会导致个体对自我的评价水平降低，产生负面消极的影响，如弱化积极情绪、强化消极情绪，还会降低自尊水平，导致妒忌、反刍以及抑郁等负性心理感受。刘庆奇、张晨艳、孙晓军等为探讨被动性社交网站使用行为、上行社会比较与主观幸福感的两个成分——情绪和生活满意度的关系，采用问卷法对 1168 名大学生进行调查。结果表明：被动性社交网站使用与上行社会比较和消极情绪显著正相关，与生活满意度以及积极情绪显著负相关。被动性社交网站的使用对生活满意度没有直接的预测作用，但能通过上行社会比较的中介作用对积极情绪、消极情绪和生活满意度进行预测。[①]

由此可见，网络社交对于青少年幸福感的影响作用存在分歧。Paul Best 等对 2003 年 1 月到 2013 年 4 月之间发表的 43 篇论文做了一个系统性综述。使用网络的好处在于提升自尊，增加社会支持与社会资本、安全的角色尝试和增加自我表露的机会。使用网络的不利影响在于增加了有害曝光，增加了危害、社会隔离、抑郁症和网络欺凌。大多数的研究报告称，网络使用对青少年幸福感的影响可能是混合的，也有可能没有直接的影响。这些矛盾的证据表明，今后需要多开展一些因果研究或者心理机制探讨研究来考察网络使用对青少年的影响作用及其作用机制。[②]

7. 人际关系

前人的研究表明人际关系是幸福感的重要因素。根据布朗芬布伦纳的生态系统理论的观点，家庭和同伴对个体的发展和适应有着重要的影响。

李骁魏、陈亮等研究者在其研究中发现亲子关系作为家庭关系中的

---

① 刘庆奇、张晨艳、孙晓军等：《被动性社交网站使用与主观幸福感的关系：中介效应分析》，《心理科学》2017 年第 3 期。

② Best Paul, Manktelow Roger, and Taylor Brian, "Online Communication, Social Media and Adolescent Wellbeing: A Systematic Narrative Review", *Children and Youth Review*, Vol. 41, 2014.

关键组成部分，能显著预测青少年的主观幸福感水平。Bowlby 提出的依恋理论指出，良好的亲子关系所构建的安全内部工作模型是形成良好同伴关系的基础，进而影响个体的心理社会适应。金文凤对天津两所中学的 583 名高中生进行施测，结果发现：亲子沟通与主观幸福感的三个成分存在显著正相关关系，父母与子女之间亲子沟通越好，子女的主观幸福感越高。①

父母在孩子童年时期言语上和情感上的攻击会对孩子青少年时期的精神症状和幸福感产生不同的影响。早前的研究表明，父母言语攻击很普遍。Ann Polcari 和 Keren Rabi 等在对一个由年龄段为 18—25 岁共 2518 人所组成的社区样本的调查中显示，来自父母同一方的高水平的言语情感的支持并没有减轻言语攻击的影响，来自父母中另一方的高水平的言语情感一般情况下也不会削弱言语攻击的负面影响。结构方程模型数据分析表明，言语攻击主要是预测精神症状，而言语情感预测幸福感。这些研究结果强调了言语攻击和言语情感的影响是独立的，言语情感对情感与心理的影响至关重要。同时，研究结果还表明，不管是来自同一方父母还是另一方父母，嘲笑、蔑视、侮辱所带来的负面影响都不容易被赞扬和温暖抵消。②

同伴关系（特别是友谊质量）作为青少年的一种重要的人际关系，能够对青少年主观幸福感进行预测。儿童青少年现如今主要以学校生活为主要的生活内容，同伴关系对其来说是在学校中的最重要的人际关系。已有前人研究发现，良好的同伴关系对青少年的幸福感有显著的提高作用，而不良的同伴关系对青少年的幸福感会有消极的影响，能够降低青少年的幸福感。由此可见，同伴关系作为一种重要的人际关系是儿童青少年幸福感不可忽视的重要影响因素。

---

① 金文凤：《高中生亲子沟通与主观幸福感的关系：集体自尊与个体自尊在链式中介作用》，硕士学位论文，天津师范大学，2017 年。

② Polcari Ann, Rabi Kren, Bolger Elizabeth, Teicher Martin H., "Parental Verbal Affection and Verbal Aggression in Childhood Differentially Influence Psychiatric Symptoms and Wellbeing in Young Adulthood", *Child Abuse & Neglect*, Vol. 38, 2014.

曹文华对西安市两所初中的2800名初一、初二学生进行了问卷调查，结果表明：同伴接纳对主观幸福感有正向预测作用，较高的同伴接纳会促使初中生形成较高水平的主观幸福感。① 国外有学者采用橄榄球范式考察了排斥在早期青少年群体的作用。91名年龄在10—14岁的瑞士学校学生被随机分配到遭到排斥组或包容组，并引导他们认为他们是和另外两个同性别的学生在玩橄榄球。事实上，他们是计算机模拟出来的人物。在游戏前后让学生自我报告其情绪水平以及游戏之后的归属感、自尊感、存在感和控制感。与没有受到排斥的学生相比，遭受排斥条件下的青少年在玩游戏后报告了较低的积极情绪，较低的归属感，较低水平的自尊、存在感和控制感。这一结果表明，即使是陌生人的短暂排斥也会导致青少年幸福感显著下降。②

张华为探讨高中生教师期望知觉与实现幸福感间的关系以及学习动机和学习成绩在该过程中的作用，对750名高中生进行调查，将学习动机和学习成绩通过结构方程模型建模的方法在教师期望知觉和实现幸福感间的多重中介效应进行检验。结果表明：教师期望知觉显著正向影响实现幸福感。对高中生而言，教师期望和幸福感之间是正相关关系，感受到的教师期望越强，实现的幸福感就越强。教师期望知觉对个体的学校满意度和同伴接纳之间具有正向积极影响，也就是说，在培养学生良好的学校适应能力方面教师期望发挥着重要的作用。③

另一些研究者，综合考察亲子关系、同伴关系与师生关系对青少年幸福感的影响。柴唤友、孙晓军、牛更枫等对682名青少年进行调查。结果发现，亲子关系、友谊质量与主观幸福感的三个测量指标均存在显著相关。友谊质量、亲子关系对主观幸福感的影响符合间接效应模型，即亲子关系是影响青少年心理社会适应和同伴关系质量（如友谊）的基础。友

---

① 曹文华：《初中生班级人际关系状况与主观幸福感——有调节的中介模型》，硕士学位论文，陕西师范大学，2016年。

② Ruggieri Sabrina, Bendixen Mons, Gabriel Ute, and Alsaker Françoise, "The Impact of Ostracism on the Well-being of Early Adolescents", *Swiss Journal of Psychology*, Vol. 72, 2013.

③ 张华：《高中生教师期望知觉、学习动机、学习成绩和实现幸福感的关系》，《现代中小学教育》2014年第9期。

谊质量比亲子关系对青少年主观幸福感的影响更大。①

郭明佳、刘儒德、甄瑞等则考察了师生关系在亲子依恋与主观幸福感之间的中介作用。对北京地区八所普通中学的 2730 名中学生进行调查发现：中学生亲子依恋、师生关系、自尊和主观幸福感显著相关。亲子依恋能够显著地正向预测中学生主观幸福感的水平。属于安全型依恋的中学生首先由于会对学习或者生活中的各种关系保持着一种积极的认知和评价，因此能够体会到更多的快乐。其次，由于在与他人的关系上有更高的满意度，进而能够拥有较高的主观幸福感；属于不安全型依恋的中学生，由于他们习惯于感受到一些类似焦虑、孤独等类型的消极情绪，可能会导致不良情绪调节方式的形成和发展，因此可能会导致各种不良问题的产生，从而降低主观幸福感水平。同时，中学生亲子依恋有两种方式对主观幸福感产生影响，一种是直接影响，另一种是通过师生关系的部分中介作用产生影响。②

王秋金的研究采用心理测验法，运用同伴提名法测查了 407 名双亲外出儿童和 639 名非留守儿童，结果显示：对于儿童的学校幸福感而言，同伴接纳对其能够显著正向预测，同伴拒绝能够显著负向预测；儿童感受到的和教师之间的亲密感和价值对其能够正向预测。教师价值均能正向预测留守与非留守儿童的学校幸福感，只是这种预测能力在留守儿童中更强烈。对于留守儿童，同伴拒绝不能显著预测学校幸福感，无论教师情感支持水平和教师帮助水平的高低。对于非留守儿童，当教师情感支持水平较高时，同伴拒绝对儿童学校幸福感的预测力高于教师情感支持水平较低的情况；当教师帮助水平较低时，同伴拒绝能够显著负向预测其学校幸福感；当教师支持水平较高时，同伴拒绝不能显著预测其学校幸福感。

8. 学校因素

（1）班级因素

校园社会心理环境的重要组成部分——班级氛围是指班级的和谐稳

---

① 柴唤友、孙晓军、牛更枫等：《亲子关系、友谊质量对主观幸福感的影响：间接效应模型及性别差异》，《中国临床心理学杂志》2016 年第 3 期。

② 郭明佳、刘儒德、甄瑞等：《中学生亲子依恋对主观幸福感的影响：师生关系及自尊的链式中介作用》，《心理与行为研究》2017 年第 3 期。

定程度。班级是学生接触最多的人际关系和各类活动的场所,因此班级氛围对学生的社会行为有着重要的影响。① 对班级氛围的研究最早可以追溯到 19 世纪 20 年代社会心理学中团体动力学的发展。团体动力学的研究涉及较多的群际沟通、群体规范等,但在当时对班风并没有涉及,直到近 30 年才开始逐渐建立与之相关的理论基础,并开始展开系统的研究。

国外学者,Haukoos 和 Penick 等认为班级氛围指的是班级中的人格特质与团体互动之间的关系。Haynes 等认为班级氛围是指班级成员如教师之间、师生之间、同学之间的交互作用。Schneider 和 Hall 认为班级气氛属于组织气氛的一种,而组织气氛是个人对其所处的组织的一系列感受,个体内外部之间的交互式感受的整体。存在如下特点:1)组织间存在一定区别;2)会使个体行动有所变化;3)效果深远。② 在国内学者看来,班级氛围是教育界使用较为普遍的一个概念,也有学者将班级氛围等同于班级环境、班风、班级气氛等,但均偏重于教育的经验总结。从 1980 年开始,对班级氛围的研究从心理学视角开始逐渐增多,如章志光对个人在班集体中的地位的研究,黄希庭对大学班集体人际关系的研究等。从不同角度对班级氛围的研究产生了不同的研究界定。崔云峰将班风定义为是一个班集体的作风和风气,对内展示出的是一种氛围和无形的力量,对外显示出的是一个班的整体形象。郭伯良指出班级氛围是处于班级环境中的人际气氛,包括师生关系、同学关系、班级秩序和纪律等因素,重点强调了师生之间的互动关系。师保国、申继亮认为班级气氛反映的是一个班级的气氛与环境和该所学校甚至该类学校所共有的特征,是学生所在班级的一种独特的特征。③

刘兴哲为考察小学生班级氛围和学业情绪的基本情况,对 546 名小学

---

① 李梦娜、史慧静、张喆等:《班级氛围对随迁子女校园欺负行为的影响》,《中国学校卫生》2015 年第 2 期。
② 白燕军:《小学生感知的班级氛围、自我概念与欺负行为的关系》,硕士学位论文,四川师范大学,2017 年。
③ 刘兴哲:《小学生班级氛围、学业情绪与学业成绩的关系研究》,硕士学位论文,上海师范大学,2015 年。

生进行问卷调查。结果表明，小学生班级氛围与消极高/低唤醒维度呈显著负相关；与学业情绪的积极高/低唤醒呈极其显著正相关，小学生的积极高唤醒情绪、消极高/低唤醒情绪在班级氛围与学业成绩间的中介效应显著，积极低唤醒情绪的中介效应不显著。[1] 杨荣辉通过对450名在校学前教育专业学生进行问卷调查，发现班级成员互动和开放氛围对积极情绪有显著正向预测作用。开放氛围对压力知觉与学业投入的关系上存在负向调节作用，积极氛围在压力知觉与学业投入的关系上存在正向调节作用，在压力知觉与积极情绪的关系上存在负向调节作用，在消极情绪与学业投入的关系上存在正向调节作用。[2]

（2）教师因素

教师支持属于社会支持的一个重要组成部分，指的是学生从教师那里得到的在情感、学习和生活上的帮助。学校对于学生而言是转换家庭与社会的重要场所，在学校这一环境中由在家庭中的父母单一支持分化为父母、教师、同学、朋友等多维度的支持系统，其中教师支持是学生在学校中感受到的社会支持的主要途径。已有研究表明，教师支持是一种积极的教学行为，在学生的学业和心理健康中担任重要角色。唐芹等的研究表明教师支持在高中生的学业生涯以及个性、社会性发展三方面有着重要的作用。[3] 随着对教师支持的研究不断深化和挖掘，学者们从前人的研究中获得启发，并在此基础上提出教师支持的概念，被普遍认同和使用的是 Deci 和 Ryan 在1987年提出的感知教师支持的概念，即学生能够从教师那里感受到的教师给予自己的认可以及各方面的支持，包括能从教师那里获得知识、能力和情感上的帮助。[4]

---

[1] 刘兴哲：《小学生班级氛围、学业情绪与学业成绩的关系研究》，硕士学位论文，上海师范大学，2015年。

[2] 杨荣辉：《幼师生学业状态与压力水平、情绪状态、班级氛围的关系研究》，硕士学位论文，河北师范大学，2017年。

[3] 唐芹、方晓义、胡伟等：《父母和教师自主支持与高中生发展的关系》，《心理发展与教育》2013年第6期。

[4] Deci, E. L., & Ryan, R. M., "The Support of Autonomy and the Control of Behavior", *Journal of Personality and Social Psychology*, Vol. 53, No. 6, 1987, pp. 1027–1037.

国内对教师支持的研究起步较晚，最早对其进行界定的是欧阳丹。欧阳丹提出了学生感知到的教师支持（Perception of teachers' supporting）的概念，以学生为主体，学生感知到的教师支持指的是学生能够明显感受到教师给予自己认可的态度和支持行为，主要包括三方面的支持，分别表现为学习上、情感上和能力上的支持。[1] 姜金伟等为探讨教师和同学支持与初中生生活满意度、自尊之间的关系，以初中生为研究对象，研究表明，教师以及同伴支持显著预测生活满意度，自尊在其中起到了部分中介作用。[2] 薛新力等通过研究分析认为大学生在成长过程中需要教师支持尤其表现在心理上。[3] 陈旭等以854名中国西南地区青少年为被试，采用问卷法考察教师支持对青少年积极学业情绪的影响机制以及心理素质和一般自我效能感在此机制中的作用。结果发现，教师支持不仅直接预测积极的学业情绪，而且通过心理素质以及一般自我效能感间接地预测积极的学业情绪。获得较多教师支持的青少年更有可能获得较高的心理素质，从而提高他们的一般自我效能感水平，这种提高的一般自我效能感使他们在学习过程中体验到更多的积极情绪。

（3）学校因素

在对群体的许多研究中都显示，群体对其个体成员的社会行为有一定的影响，个体对群体的认同是影响其心理健康的重要因素之一。在学校群体中，学生对其学校的认同会在一定程度上对其在校生活产生种种影响，尤其在其心理健康状态上。学校认同（school identity）是指个体对自己属于该学校团体的认识，并认识到当成为该学校团体的一员时会给自身带来情感和价值上的意义，是对学校的归属感。[4] 从社会认同（social identity）

---

[1] 欧阳丹：《教师期望、学业自我概念、学生感知教师支持行为与学业成绩之间的关系研究》，硕士学位论文，广西师范大学，2005年。

[2] 姜金伟、李苏醒：《教师和同学支持对初中生生活满意感的影响——自尊的中介作用》，《信阳师范学院学报》（哲学社会科学版）2013年第5期。

[3] 薛新力、林志萍、郑建盛：《教师支持在大学生成长中的角色作用》，《中国健康心理学杂志》2010年第4期。

[4] Osterman, K. F., "Students' need for Belonging in the School Community", *Review of Educational Research*, Vol. 70, No. 3, 2000, pp. 323–367.

理论上解释,学校认同是研究和解释学生这一群体行为的重要概念和研究视角,是学校对学生产生影响的重要心理机制。学校认同对学生的学校适应、学习动机、学业成就具有明显的正向预测作用,能够对学生的自信心、探索能力和自我认同的发展起到重要影响,可以提高学生的自尊和生命愿景,影响其价值观的形成,甚至可以预测学生的集体行为。由此可见,学校认同是学生发展的重要影响因素。[①]

苏永建从向上的院校文化范式和有效的院校支持系统两方面探讨了高校学生学校认同产生的条件,这两个方面包括高水平的科研平台、璀璨的校史、丰富多彩的团体活动、奋发向上的院校品格、以人为本的办学理念、团结的院系氛围等内容。[②] 学校认同对自尊、积极情绪(如幸福、满意、快乐等)有明显的正向预测作用;[③] 学校认同越强,学生的抑郁、焦虑水平、破坏性行为的出现频率越低,情绪的控制能力也越强。[④] 国内学者田春燕为了考察大学生的学校认同与心理适应的关系,对上海市443名大学生进行了调查,结果表明,学校认同不仅能直接影响个体的心理适应,还能通过影响集体自尊进而影响个体的心理适应。大学生的学校认同对于他们在学校中的心理适应有重要影响,以及集体自尊在两者关系中起到了独特的作用。邓岑珊对来自江西省三所不同层次(省重点、省普通、高职)高校的718名在校大学生进行了调查,结果表明,大学生的学校认同感可通过集体自尊和个体自尊的多重中介作用影响其主观幸福感。[⑤]周海涛在其研究中指出高校在校学生对学校的积

[①] 黄四林、韩明跃、宁彩芳、林崇德:《大学生学校认同对责任感的影响:自尊的中介作用》,《心理学报》2016年第6期。

[②] 苏永建:《基于扎根理论的大学生学校认同过程研究》,硕士学位论文,华中科技大学,2009年。

[③] Benish-Weisman M., Daniel E., Schiefer D., et al., "Multiple Social Identifications and Adolescents' Self-esteem", *Journal of Adolescence*, Vol. 44, 2015, pp. 21–31.

[④] Bizumic B., Reynolds K. J., Turner J. C., et al., "The Role of the Group in Individual Functioning: School Identification and the Psychological Well-being of Staff and Students", *Applied Psychology*, Vol. 58, No.1, 2009, pp. 171–192.

[⑤] 李长玲:《大学生学校认同、自尊与主观幸福感的关系研究》,硕士学位论文,江西师范大学,2018年。

极认同能够促使学生尽力为学校发展做贡献，而消极的认同状态可能会导致自暴自弃等叛逆行为。① 还有研究考察了学校认同对主观幸福感的作用机制，张琴以上海市两所中职学校的726名中职生作为研究对象，采用问卷调查的方式，对学校认同感、自我同一性以及主观幸福感三者的关系进行考察。结果表明，自我同一性延缓状态在学校认同感和主观幸福感之间存在中介作用。②

（二）内部因素

1. 人格

人格特质

在有关幸福感的研究历程中，早期的研究主要关注的是比如各种人口统计学变量的导致幸福感的外部条件。然而，在经历了几十年的研究之后，心理学家开始认识到单纯对外部因素的研究过于狭窄，不能充分对幸福感进行研究。健康、收入、教育背景以及婚姻状况等人口统计学变量只能解释幸福感变异的很小一部分。Andrews和Withey总结出所有人口统计学变量所能解释的变异不超过10%。③ 相反，许多研究却显示，人格特质是主观幸福感最稳定、最有力的预测指标，并且Diener指出如果人格因素不是主观幸福感最好的预测指标，至少也是最可靠、最有力的预测指标之一。④ DeNeve和Cooper的一项元分析确认了137项与主观幸福感有关的人格特质。研究结果显示，人格与主观幸福感之间的总体相关程度高于其他主观幸福感的影响因素。⑤

人格研究采用什么单元，这一问题始终是人格心理学史上争议最激烈的命题之一。Allport作为特质理论的创始人主张从采用"词汇学"假设

---

① 周海涛：《大学生对大学认同与满意度的同一性》，《大学·研究与评价》（北京），2008年第7期。
② 张琴：《中职生学校认同感与自我同一性、主观幸福感的特点》，硕士学位论文，上海师范大学，2016年。
③ Andrews F. M. & Withey S. B., *Social Indicators of Well-being*, New York: Plenum, 1976.
④ Diener, E., *Subjective Well-being*, Psychological Bulletin, Vol. 95, 1984, pp. 542–575.
⑤ DeNeve K. M., Cooper H., "The Happy Personality: A Meta-analysis of 137 Personality Traits and Subjective Well-being", *Psychology Bulletin*, Vol. 124, 1998, pp. 197–229.

的方法，从整个文化中所积累的人格特点的知识、经验和智慧进行分析，并在此基础上构建人格结构理论。该方法被认为是人格实证研究途径的典范，是目前研究人格结构最客观、最可靠的方法。①

大三人格与情感幸福感的关系是以艾森克从神经质、精神质和内外倾三个维度对人格的分类来研究人格与幸福感的关系。Costa 和 McCrae 对 1100 名被试进行了调查，发现像社会性、有活力、社会活动等特质会产生积极情感，而另外一些如焦虑、担心等的特质则产生消极情感。而这两组特质群分别具有较高的内部一致性，构成人格特质中的外倾和神经质。② 艾森克的结论后来也得到大量的研究证实：外倾能够提高主观幸福感，与积极情感有关，与消极情感无关；神经质与消极情感有关，从而降低主观幸福感。

尽管许多人的研究已经对外倾和幸福感之间的关系进行了证实，但是大部分的观点仍认为外倾与积极情感的联系会更加紧密。Lucas 和 Fujita 的研究发现外倾与愉快情绪的相关为 0.38。当运用种类不同的、复合的测量方法来研究外倾和愉快情绪之间的关系时，相关较之前会更高，达 0.80。如果把外倾分解成社交性和冲动性两部分，则社交性同幸福感的相关水平相较于冲动性与幸福感的水平更高。③ DeNeve 和 Cooper 通过分析 74 项研究神经质与幸福感关系的研究后发现，神经质与幸福感的总体为负相关，相关为 -0.22。④ Fujita 对神经质和消极情感之间相关使用结构方程建模评估后发现，关系数甚至达到 0.80。⑤ 此外，Waston 和 Clark 通过研究甚至认为，神经质与消极情感的关系强烈到可以认为这两者具有相

---

① 王登峰、崔红：《人格结构的中西方差异与中国人的人格特点》，《心理科学进展》2007 年第 2 期。

② Costa, P. T., & McCrae, R. R., "Influence of Extraversion and Neuroticism on Subjective Well-being: Happy and Unhappy People", *Journal of Personality and Social Psychology*, Vol. 38, 1980.

③ Lucas, R. E., & Fujita, F., "Factors Influencing the Relation Between Extraversion and Pleasant Affect", *Journal of Personality and Social Psychology*, Vol. 79, 2000.

④ DeNeve, K. M., & Cooper, H., "The Happy Personality: A Metanalysis of 137 Personality Traits and Subjective Well-being", *Psychological Bulletin*, Vol. 124, 1998.

⑤ Fujita, F., *An Inverstigation of the Relation Between Extraversion, Neuroticism, Positive Affect, and Negative Affect*, Unpublished master's thesis, University of Illinois at Urbana-Champaign, 1991.

等的意义，也就是说神经质等同于消极情感。① MiChael Argyle 等运用艾森克人格量表进行的研究得出了相似的结论。国内学者韦蔚对 483 名南京工业大学工学院本科生进行了艾森克人格问卷与综合幸福感问卷的调查，结果显示：外向性、神经质和精神质与幸福感各维度均显著相关，外向性与负性情感无显著相关；外向性、神经质和精神质对 90 后大学生主观幸福感（生活满意、正性情感、负性情感）的预测力分别达到了 22%、17.7% 和 6.5%。表明人格是影响 90 后大学生幸福感的重要因素。② 刘洋采用艾森克人格问卷对河南省新乡市第二中学和河南师范大学附属中学的初中部和高中部共 573 名学生进行调查，结果表明，经质维度对中学生主观幸福感具有显著的负向影响，内外倾维度对中学生主观幸福感具有显著的正向影响。③

总之，诸多研究结果一致认为外倾性能够提高幸福感，神经质会降低幸福感，也就是说，福感与外倾性呈正相关关系，而与神经质呈负相关关系。

卡特尔提出了人格特质说，塔佩斯等将卡特尔人格特质进行了再分析，即运用词汇学的方法发现了五个相对稳定的因素。之后，一些学者进一步探索分析，发现了"五因素模型"（Five-Factor Model，FFM），众多研究者在人格究竟有多少个特质上逐渐达成了较为一致的共识，形成了著名的大五模型。④ 近年来，大五人格模型在西方的发展很快，这是因为大五人格模型在研究者的研究成果已经逐步得到证实，⑤ 大五人格模型在西方的发展被人们比喻为一场没有硝烟战火的革命，人们认为大五人格模型是符合所有人的。大五人格模型包含的五个因素分别是外向性（Extraver-

---

① Watson D., & Clark, L. A., "Negative Affectivity: The Disposition to Experience Negative Affective States", *Psychological Bulletin*, Vol. 96, 1984.
② 韦蔚：《90 后大学生人格与幸福感的关系研究》，《中国健康心理学杂志》2011 年第 11 期。
③ 刘洋：《中学生人格特质、自尊与主观幸福感的关系》，《新乡医学院学报》2015 年第 1 期。
④ 彭聃龄：《普通心理学》，北京师范大学出版社 2012 年版。
⑤ Costa, P. T., & McCrae R. R., "From Catalog to Classification: Murray's Needs and the Five Factor Model", *Journal of Personality and Social Psychology*, Vol. 55, 1988, pp. 258–265.

sion)、宜人性（Agreeableness）、严谨性（Conscientiousness）、神经质（Neuroticism）及开放性（Openness）。

对于大五人格特质和幸福感的关系人们也做了许多研究，研究者们对外向性和神经质这两个特质与幸福感的关系的关注由于理论和实证研究结果的支撑而逐渐增多。Costa 和 McCrae 提出，外向性是导致人的积极情感的一种基本人格特质，而神经质则导致人的消极情感的产生。Headey 等的研究发现了类似的结果，即外向性可以导致人们的积极情绪增多，生活满意度提高，从而提高人们的幸福感水平，神经质会导致人们消极情绪的产生，从而降低人们的幸福感水平。Lucas 等使用元分析的方法对外向性与幸福感的关系进行了分析，结果表明，就平均相关来看，外向性与积极情感的相关度达到了 0.38，之后 Lucas 又采用了模拟法进行检验，发现两者的相关能够达到 0.80。Fujita 在此基础上对神经质与幸福感的相关性进行了研究，他采用结构方程模型模拟法，发现神经质与影响幸福体验的负性情绪之间也达到了高相关。[①] 张瑞平和李庆安以 308 名大学生为被试进行调查，结果表明：大五人格的各个人格因素都与幸福感显著相关，其中外向性与积极情感的关性最强，神经质与消极情感的相关性最强。[②]

许多研究结果都表明了外向性和神经质与幸福感的关系，于是众多研究者一致认为外向性和神经质是大五人格模型中与幸福感关联最深切的两个特质。Deneve 和 Cooper 认为外向性是指关注积极情绪和行为的人格特质，他们认为外向性人格特质高的人更关注关系中的数量、强度等客观因素；而神经质是指更关注适应性和消极情绪的特质。按照 Deneve 和 Cooper 的定义，如果人们在这两个人格维度上的倾向性不同，即分别偏向这两个维度中的一种的两类人，他们面对相同的情景时，就可能会出现完全不同的情绪体验。虽然有了这样的解释，但是为什么外向性的人会更加幸福，其内在机制仍然有待进一步的探索。在过去数年的关于人格和幸福感的关系的研究中，人们

[①] 张登浩：《基层党政干部的人格特质、成就动机与幸福感》，博士学位论文，北京大学，2008 年。

[②] 张瑞平：《大学生人格特质与主观幸福感的关系——儒家心理资产的中介作用》，《心理科学》2017 年第 3 期。

已经承认了外向性和神经质对幸福感确实有着相当深远的影响，但是也有研究者提出，可能这只是一种虚假的表象，也就是说，外向性和神经质确实对幸福感有着一定幅度的影响，但影响程度远远达不到许多研究者所鼓吹的那样。例如，DeNeve 等使用元分析的方法对 137 个人的人格特质进行了分析就发现外向性和神经质与主观幸福感的相关并不是最有力的。研究还发现压抑—防御、避免威胁性信息的倾向可以有效负向预测主观幸福感。此外，DeNeve 等表示，过去的研究者们过分看重外向性和神经质对主观幸福感的影响，从而忽视了大五人格模型中其他维度的人格特质与幸福感之间的相关性，比如，大五的愉悦性维度和严谨性维度与主观幸福感之间的相关大概在 0.20。[1] Schmutte 等也做了人格与幸福感的关系的相关研究，结果发现，外向性、严谨性以及低神经质会影响个体的自我接受度、生活目标的设立以及对生活和事件的掌控感；开放性、愉悦性对积极情感有显著预测作用，神经质会影响自主性。[2] Costa 和 McCrae 的研究表明，大五人格模型中的五个因素都对主观幸福感有预测作用，其中开放性由于促使人们放飞自我，大胆行事，结果往往好坏参半，因此既影响正性情感又影响负性情感，愉悦性和严谨性则显著预测积极情感，神经质不仅仅能够显著预测消极情感，也与积极情感呈显著正相关，但是其对消极情感有更强的预测作用。[3]

在大五人格模型与幸福感的相关研究中，验证了外向性和神经质与幸福感的关系，即外向性与积极情感有关，可以正向预测主观幸福感，而神经质与消极情感有关，可以负向预测主观幸福感，这与大三人格的研究相一致。而大五人格中的宜人性、开放性、严谨性的研究结果尚未达成一致的结论。Costa 和 McCrae 的研究表明，五个因素都与主观幸福感呈显著相关，外向性、宜人性、严谨性都可以正向预测生活满意度和积极情绪，从

---

[1] DeNeve K. M., Cooper H., "The Happy Personality: A Meta-analysis of 137 Personality Traits and Subjective Well-being", *Psychology Bulletin*, Vol. 124, 1998, pp. 197–229.

[2] Schmutte, Pamela S. & Ryff, Carol D., "Personality and Well-Being: Reexamining Methods and Meanings", *Journal of Personality and Social Psychology*, Vol. 73, No. 3, 1997, pp. 549–559.

[3] Costa, P. T., & McCrae, R. R., "Influence of Extraversion and Neuroticism on Subjective Well-being: Happy and Unhappy People", *Journal of Personality and Social Psychology*, Vol. 38, No. 4, 1980, pp. 668–678.

而正向预测主观幸福感,神经质负向预测主观幸福感,而开放性与积极情感和消极情感均呈显著正相关。Lamers及其同事通过控制多种人口学变量,精神病学变量以及其他四个因素之后,经过测量发现,宜人性仍然与主观幸福感有显著的相关,即宜人性对个体的主观幸福感有着独特的贡献。①

也有研究表明,大五人格同幸福感关系的研究结果不尽相同。例如,DeNeve和Cooper发现,开放性与主观幸福感没有相关关系。张兴贵等对我国青少年的研究支持了Costa和McCrae的观点,研究结果表明,严谨性能够预测积极情感和生活满意度,但与消极情感呈负相关关系。张兴贵等还发现,开放性和积极情感正相关,和消极情感负相关,而宜人性和情绪情感不相关,这些都与Costa和McCrae的结论不同。②

总的来说,外向性正向预测主观幸福感,外向性的个体幸福感水平也比较高,神经质负向预测主观幸福感,神经质的个体幸福感水平相对较低。但是还有关于大五人格模型与幸福感的关系的研究结果表明其他特质也与幸福感有关,但是这些结论并没有完全达成一致。其内在机制还需要进一步探讨。

2. 性格优势

(1) 性格优势

"性格优势"(Character Strengths)指的是反映个体的认知,即对事务形成一定的认识和内在评价,即对事务因其评价而形成的一种内在态度、情感体验和行为方式,即个体对事物和情境的行动选择和行动方向的一组积极的人格特质。③ 研究积极心理学的学者指出,性格优势有两方面的标准:一是性格优势可以帮助人们实现生活中的目标,取得成功,并且符合当今社会的道德标准,不损害他人利益,有利于人们获得幸福;二是能够称其为性格优势的性格特征,其对立的性格特征一定是有损于成功或者幸

---

① 连灵、郭胜忠:《大学生宜人性和心理幸福感的关系:领悟社会支持和感恩的链式中介作用》,《中国临床心理学杂志》2017年第1期。
② 张兴贵、郑雪:《青少年学生大五人格与主观幸福感的关系研究》,《心理发展与教育》2005年第2期。
③ Peterson, C., & Seligman, M. E. P., *Character Strengths and Virtues: A Handbook and Classification*, New York: Oxford University Press; Washington, DC: American Psychological Association, 2004.

福的。比如"自信"作为一种性格优势,"自卑"作为其对立性格特征就不利于人们取得成功或者获得幸福。之后 Peterson 和 Seligman 根据十项标准研究出六大美德和 24 种主要的性格优势（见图 2-7）。①

智慧与知识 Wisdom/Knowledge
- 开明思想 (Open-mindedness)
- 创造力 (Creativity)
- 好奇心 (Curiosity)
- 好学 (Love of Learning)
- 洞察力 (Perspective)

节制 Temperance
- 洞察力 (Perspective)
- 宽恕与仁慈 (Forgiveness and Mercy)
- 谦逊 (Humility/Modesty)
- 谨慎 (Prudence)

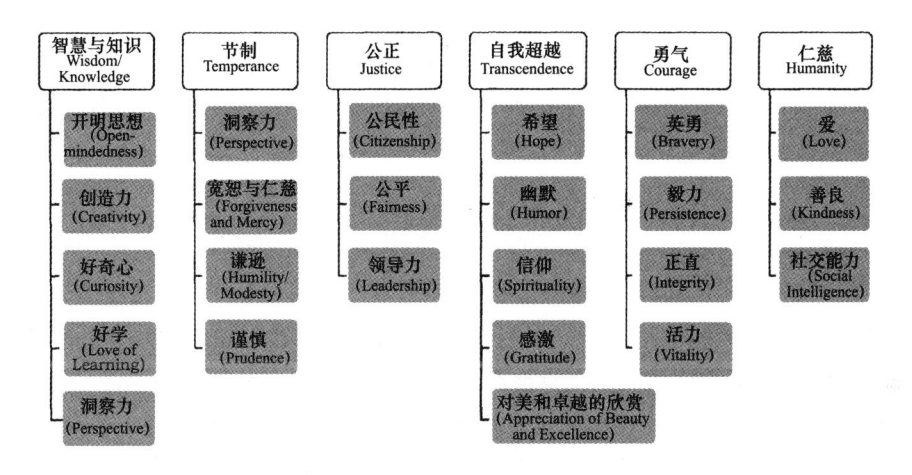

公正 Justice
- 公民性 (Citizenship)
- 公平 (Fairness)
- 领导力 (Leadership)

自我超越 Transcendence
- 希望 (Hope)
- 幽默 (Humor)
- 信仰 (Spirituality)
- 感激 (Gratitude)
- 对美和卓越的欣赏 (Appreciation of Beauty and Excellence)

勇气 Courage
- 英勇 (Bravery)
- 毅力 (Persistence)
- 正直 (Integrity)
- 活力 (Vitality)

仁慈 Humanity
- 爱 (Love)
- 善良 (Kindness)
- 社交能力 (Social Intelligence)

图 2-7 性格优点与美德结构图

近年来，已有研究表明性格优势与幸福感有着密切的关系。Harzer 总结并分析了以往的性格优势与主观幸福感的关系的研究发现，性格优势能够影响个体的幸福感。② Peterson 等研究发现，希望、热情、感恩等与生活满意度呈较强的相关性，幽默与生活中的快乐以及积极的情绪情感有密切的相关，而坚毅与好奇心等则与生活中的投入程度密切相关。③ 在此研究之后，学者们也对性格优势和生活满意度做了大量的相关研究，其结果与 Peterson 的研究结果一致。有一项追踪研究结果显示，个体的性格优势可

---

① 刘柳曦：《高中生性格优势对生涯适应力的影响：自我同一性和职业生涯困惑的作用》，硕士学位论文，河北师范大学，2018 年。
② Harzer, C., "The Eudaimonics of Human Strengths: The Relations Between Character Strengths and Well-being", in J. Vitters, Eds., *Handbook of Eudaimonic Well-being*, New York: Springer, 2016.
③ Peterson, C., Ruch, W., Beermann, U., Park, N., & Seligman, M. E. P, "Strengths of Character, Orientations to Happiness, and Life Satisfaction", *Journal of Positive Psychology*, Vol. 2, No. 3, 2007, pp. 149-156.

以显著预测该个体两年后的幸福感水平。① Natasha 等选取 18—25 岁的印度大学生为被试进行了研究,结果发现有更多性格优势的学生其幸福感水平越高。② Park 等也对幸福感和性格优势之间的关系进行了研究,他们发现希望、激情、感恩等与生活满意度呈强正相关,也就是说这几个性格优势是生活满意度的强预测因子,另外谦逊与生活满意度之间也有关系,且生活中经历的创伤在其中起中介作用。这个研究帮助人们从另一种角度去提高幸福感。③ Gillham 等也对性格优势做了探讨,他们发现他人导向优势明显的学生更愿意与人合作共享,因此不易于感到孤独无助,发生抑郁症的概率较低。而自我超越导向的个体更懂得爱与被爱的重要性,心中有着比较坚定的信仰,其生活满意度水平较高。④ Park 探讨了性格优势与青少年成长之间的关系,他认为孩子身上所特有的性格优势是家庭良好的品质的反映,既来自良好的环境又反作用于家庭,会促进家庭和谐,有利于孩子的成长。另外,孩子的性格优势是一个结构,应该探索其构成及其发展特点。⑤ Anat Shoshani 和 Michelle Slone 跟踪调查了来自以色列中心地区的四所公立中学七、八年级的 417 名学生和 13 名老师。研究结果表明,理智(intellectual)和节制(temperance)的人格优势主要预测学生的学校表现及学校适应,人际优势与学校社会交往显著相关,节制(temperance)和超越性(transcendence)优势有力地预测学生的主观幸福感。⑥

---

① 王焕贞、江琦、侯璐璐:《大学生性格优势对主观幸福感的影响:优势运用和压力性生活事件的作用》,《心理发展与教育》2017 年第 1 期。
② 刘柳曦:《高中生性格优势对生涯适应力的影响:自我同一性和职业生涯困惑的作用》,硕士学位论文,河北师范大学,2018 年。
③ Park N., Peterson C., Seligman M. E. P., "Strengths of Characterand Well-being: A Closer Look at Hope and Modesty", *Journalof Social and Clinical Psychology*, Vol. 23, No. 5, 2004, pp. 628 – 634.
④ Gillham, J., Adams-Deutsch, Z., Werner, J., Reivich, K., Coulter-Heindl, V., Linkins, M., et al., "Character Strengths Predict Subjective Well-being During Adolescence", *The Journal of Positive Psychology*, Vol. 6, No. 1, 2011, pp. 31 – 44.
⑤ Park N., "Character Strengths and Positive Youth Development", *Annals of the American Academy of Political and Social Science*, Vol. 591, No. 1, 2004, pp. 40 – 54.
⑥ Anat Shoshani & Michelle Slone, "Middle School Transition from the Strengths Perspective: Young Adolescents' Character Strengths, Subjective Well-Being, and School Adjustment", *Journal of Happiness Studies*, Vol. 14, 2013.

心理学研究者应用干预研究进一步证实了性格优势与主观幸福感之间的关系。Seligman 等研究者为了探索提高人生幸福的方案，作出运用性格优势可以提升人类幸福感的设想，并作出试验方案加以实施，该方案被称为"丰富人生"的最佳方案。Duan 等在中国校园环境内改进了该干预范式，更好地分离安慰剂效应。以此为基础，后续的研究者们陆续在个人、家庭、学校、社区乃至国家各层面上提出了性格优势提升计划。这些计划促使人们通过不断实施有意志力控制的活动方案来进行，以提升人们的幸福感水平。①

我国学者探讨了大学生性格优势与主观幸福感的关系，结果显示，希望乐观、爱与被爱、宽容宽恕、谨慎审慎、社交智慧、洞察悟性、创造才能优势对主观幸福感具有显著的预测作用。② 王焕贞、江琦和侯璐璐采用整群抽样法对重庆市和河南省某两所大学 800 名大一至大三年级学生进行问卷调查，结果发现：性格优势既对主观幸福感产生直接影响，也通过优势运用对主观幸福感产生间接影响。③ 段文杰等发现积极养育方式、性格优势对孩子的心理和谐有显著正向预测作用，其中性格优势的预测贡献率约为积极养育方式的 1.9 倍。④

由于不同的研究者所处的文化环境不同，所研究的年龄层次的差异以及研究方法的差异等，不同的研究结果之间也存在一些差异，主要是具体品格优势与积极体验的相关性之间的差异。第一，文化不同导致的差异。Chan 对中国香港教师进行了性格优势和幸福感的相关研究，结果表明，有三分之二的品格优势与主观幸福感显著相关。而 Abasimi 和 Gai 对非洲高级中学教师以及 Neto、Neto 和 Furnham 对澳大利亚青年的研究发现，

---

① 段文杰、谢丹、李林等：《性格优势与美德研究的现状、困境与出路》，《心理科学》2016 年第 4 期。
② 周雅、刘翔平：《大学生的性格优势及与主观幸福感的关系》，《心理发展与教育》2011 年第 5 期。
③ 王焕贞、江琦、侯璐璐：《大学生性格优势对主观幸福感的影响：优势运用和压力性生活事件的作用》，《心理发展与教育》2017 年第 1 期。
④ 段文杰、张永红、李婷婷、唐小晴、段天宇：《父母养育方式、性格优势对心理和谐的影响》，《心理学探新》2012 年第 2 期。

所有的性格优势都影响生活满意度。此外，Hausler 等对奥地利医学生的研究结果显示，品格优势与心理幸福感的相关性比生活满意度更高。第二，群体不同导致的差异。Ruch 等对 10—17 岁青少年的品格优势与生活满意度的相关性进行分析显示，希望、感恩、热情等能够正向预测生活满意度且呈较强的正相关性。而 Blanca 等对 11—14 岁青少年的研究发现，有 18 种品格优势均与生活满意度正相关，且爱与被爱、正直和毅力等呈现出最强的相关性。第三，视角不同导致的差异。Littman-Ovadia 和 Niemiec 研究了品格优势等对各领域生活意义的作用，结果表明，提升品格优势的干预方案有助于提升生活意义。而 Allan 的研究却发现，只有当品格优势之间无冲突时（如爱和社交能力等）才可以提升生活意义；而有冲突时与生活意义负相关，如勇气高于公平时，使得生活意义下降。①

Lerner 在国际青年基金会（the International Youth Foundation）所提出的青少年发展任务四项品质基础上增加了第五个品质，即关爱。因此，有利于青少年繁荣发展的积极品质包括 5 个 C，这 5 个 C 代表了青少年的五种积极品质，分别为能力—competence、自信—confidence、品格—character、关爱—caring 和联结—connection。我国学者主要研究的是性格优势中的积极心理品质。2009 年，国家积极心理健康教育课题组对积极心理学进行界定，认为积极心理学是指个体在先天遗传和后天家庭及学校等教养环境中形成的有利于个体适应和发展并有助于社会和谐发展的积极健康的心理品质。这些积极心理品质对于个体的思维、情感和行为方式有良好的正向引导作用。② 盖笑松等对积极心理品质的分类进行了探索，他们采用质性研究和量化研究相结合的方法，结果发现，中国大学生积极心理品质可建构出一个十因素模型，分别为积极乐观、努力坚持、领袖品质、关爱他人、自信、自主性、稳重谨慎、热爱学习、灵活创新、兴趣与好奇心；中学生的积极品质可建构出一个八因素模型，分别为关爱友善、自我调

---

① 刘美玲、田喜洲、郭小东：《品格优势及其影响结果》，《心理科学进展》2018 年第 12 期。

② 王新波：《中国中小学生积极心理品质数据库建设新进展》，《中国特殊教育》2010 年第 4 期。

节、领导能力、积极乐观、诚实正直、兴趣与好奇心、灵活创新、热爱学习。① 张婵编制的本土化青少年积极品质问卷包括热爱学习、兴趣与好奇心、灵活创新、领导能力、诚实正直、自我调节、积极乐观、关爱友善8个维度。② 吴晓靓以松原市小学五年级、初二、高一的1780名学生为被试研究青少年积极品质与幸福感之间的关系，结果显示：青少年各项积极品质及整体积极发展水平越高，当下/未来满意度越高，当下/未来积极情感越多，当下/未来消极情感越少。③ 杜夏华编制大学生积极人格量表，并对江西省五所高校的450名大学生调查，结果显示积极人格与幸福感存在极其显著的相关关系，其中自律、判断力、好奇心、感恩、幽默、信仰、团队协作、爱心、勇敢、好学、善良、谨慎这12种积极人格特质对主观幸福感、心理幸福感、幸福指数具有一定的预测作用。④

（2）感恩

作为中华民族传统美德之一，感恩本该在心理学研究中受到重视，但是直到最近，才在积极心理学的带动下得到心理学工作者的重视。Rosenberg提出了情绪理论，将情绪化分为情绪、情感和心境。据此，我们将感恩归为三种水平：情绪特质、心境和情绪状态，并将其定义为：用感激的情绪来对待他人提供的帮助，并且诉诸当下的或延时的针对恩惠的施加者或者社会他人的语言表情或动作来进行的回馈。McCullough等将感恩分为状态感恩和特质感恩，但两种说法都是对感恩的本质属性的反映。⑤

感恩是一种积极的人格特质，有助于个体社会生活的适应，感恩特质可以预测主观幸福感。也就是说，着感恩特质的个体会有更高的主观幸福感水平。McCullough发现感恩能够正向预测生活满意度，控制了大五人格

---

① 盖笑松、兰公瑞：《大学生积极发展问卷的编制》，《心理与行为研究》2013年第6期。
② 张婵：《青少年积极品质的成分、测量及其作用》，博士学位论文，东北师范大学，2013年。
③ 吴晓靓：《青少年积极品质的问卷修订及其与幸福感的关系研究》，硕士学位论文，东北师范大学，2016年。
④ 杜夏华：《大学生积极人格特质及其与幸福感的关系研究》，硕士学位论文，南昌大学，2009年。
⑤ 喻承甫、张卫、李董平：《感恩及其与幸福感的关系》，《心理科学进展》2010年第7期。

因素之后施测，则表明了其对生活满意度有独特的预测作用。① Watkins 等对于感恩与幸福感的关系的研究表明，感恩的个体能够更好地与社会群体相处，能够体验到更多的积极情感，更少出现悲观抑郁倾向，且感恩与幸福感之间存在交互作用，幸福的个体更会感恩，感恩的个体更加幸福。② Kashdan 等的研究表明感恩与个体三种基本需要显著正相关，感恩能有效预测女性的关系需要和自主需要。此外，其他研究也证实了感恩与需要之间的关系。对人际关系的需要而言，感恩的个体更倾向于帮助他人，也更容易从他人的帮助获得支持。McCullough 用自我报告和同伴报告的方法，得出结论：感恩的个体更容易宽容他人，帮助他人。Froh 等对青少年进行了调查研究，发现感恩的青少年同伴关系和家庭关系更加和谐，并且更多地得到同伴和家人的支持。③

另一类研究不仅考察感恩对幸福感的直接效应，还考察了间接效应。例如，舒亚丽、沐守宽对 426 名大学生进行的调查表明，感恩显著影响幸福感，并且自尊在二者之间起显著的中介作用。④ 谢红、张文举的研究表明，感恩特质会通过社会支持及适应形态对幸福感具有正向间接效果。⑤ 李成齐对 283 名大学生的调查表明，感恩不仅直接影响个体的幸福体验，还能够对个体形成跨时间维度的影响，即不仅影响当下的幸福感，也会对幸福感产生持续的影响。⑥ 杨强、叶宝娟对 775 名汉区高校少数民族大学生进行测量，结果发现，基本心理需要在感恩与汉区高校少数民族大学生

---

① McCullough, M. E., Emmons, R. A., & Tsang, J., "The Grateful Disposition: A Conceptual and Empirical Topography", *Journal of Personality and Social Psychology*, Vol. 82, No. 1, 2002, pp. 112 – 127.

② Watkins, P. C., Woodward, K., Stone, T., & Kolts, R. L., "Gratitude and Happiness: Development of a Measure of Gratitude, and Relationships with Subjective Well-being", *Social Behavior and Personality*, Vol. 31, No. 5, 2003, pp. 431 – 452.

③ 喻承甫、张卫、李董平：《感恩及其与幸福感的关系》，《心理科学进展》2010 年第 7 期。

④ 舒亚丽、沐守宽：《大学生感恩和幸福感的关系——自尊的中介作用》，《牡丹江大学学报》2014 年第 2 期。

⑤ 谢红、张文举：《大学生感恩特质与幸福感的关系研究》，《西南交通大学学报》（社会科学版）2015 年第 2 期。

⑥ 李成齐：《大学生感恩与幸福感的关系：时间观的中介作用》，《教育教学论坛》2014 年第 6 期。

幸福感间起部分中介作用,即感恩既直接影响汉区高校少数民族大学生幸福感,又通过基本心理需要对其产生间接影响。① 赵科、尹可丽对264名景颇族初中生和774名汉族初中生进行调查,结果显示:社会适应在初中生的感恩水平和幸福感之间起中介作用,在汉族中起部分中介作用,在少数民族中起完全中介作用。汉族初中生的社会支持在社会适应与幸福感中起部分调节作用,少数民族的社会支持在社会适应和幸福感中起完全调节作用。② 邱会霞对497名高中生进行的调查表明,高中生生命意义在感恩与幸福感之间存在部分中介。③ 罗雪峰、沐守宽对583名高中生的调查表明,领悟社会支持和基本心理需要在感恩和心理幸福感中起着链式中介的作用。④ 还有一类研究考察了感恩在其他变量与幸福感之间的中介作用,例如,白媛媛对461名大学生进行的调查表明,感恩在负性生活事件与幸福感之间起着部分的中介作用。⑤

(3) 坚毅

美国心理学之父James曾说过:对于我们是什么样的人,我们还没有做出一个肯定的答复,我们尚不清楚到底什么样的品质有助于我们成功。对于大多数人来说,我们的潜能还没有得到完全开发,只有少部分人有着那些珍贵的心理资源。一百年前,Galton曾通过收集各种成功人士的资料,比如收集著名法官、政治家、科学家、诗人、音乐家、画家、摔跤运动员和其他人履历资料来研究James所说的那种珍贵的资源,即一种与坚毅类似的品质。他认为一个人要想获得成功,必须要有孜孜以求的热情和坚持。⑥ Angela

---

① 杨强、叶宝娟:《感恩对汉区高校少数民族大学生幸福感的影响:基本心理需要的中介作用》,《中国临床心理学杂志》2014年第2期。

② 赵科、尹可丽:《感恩对景颇族、汉族初中生幸福感的影响机制》,《民族教育研究》2018年第3期。

③ 邱会霞:《高中生感恩、生命意义和幸福感的关系》,硕士学位论文,天津师范大学,2017年。

④ 罗雪峰、沐守宽:《高中生感恩对心理幸福感的影响:领悟社会支持和基本心理需要的链式中介作用》,《心理科学》2017年第4期。

⑤ 白媛媛:《大学生感恩、负性生活事件与幸福感的关系研究》,硕士学位论文,南京师范大学,2012年。

⑥ Galton, F., *Hereditary Genius: An Inquiry into Its Laws and Consequences*, London: Macmillan, 1870.

Duckworth 也对坚毅品质进行了研究，她的研究创造性地运用了 Grit 一词。Grit 可以翻译为"坚毅"，坚毅既有坚韧和毅力的意思，还有更深层次的含义。① Duckworth 等通过对银行工作人员、画家、记者、医生、律师的访谈分析可知，坚毅和一个人的成功是密不可分的，这些人在描述他们的成功经历时大量用到了坚毅这个词或者跟它意思接近的词汇。基于以上研究结果，人们认为成功的要素之一便是坚毅，并且提出坚毅就是指一个人热情而持久的努力。坚毅的人不仅因为获得了成功而感受到成就与快乐，即使面对失败，也可以很好地接受，并且会坚持不懈地努力，不会轻言放弃。②

　　Duckworth 等得出了坚毅的结构，他们认为坚毅由努力和兴趣组合而成，坚毅不同于耐力，没有兴趣和热情的努力，是不能称其为坚毅的。坚毅品质往往需要很长一段时间的努力来显现。我国学者梁崴等、谢娜等分别对 Duckworth 等提出的坚毅品质的结构进行的验证均支持坚毅的两因素模型。③

　　Vainio 探讨了坚毅和幸福感之间的关系，结果显示，坚毅可以直接或间接预测心理幸福感、生活满意度等。这是由于坚毅可以促使人们提升驱动力和执行力，有助于目标的达成，从而提高幸福感。④ Singh 等的研究也表明坚毅能预测幸福和生活满意度。⑤ 程媛媛等随机抽取了 583 名 12—18 岁的青少年作为被试，并测量了他们的坚毅、情绪调节策略、快乐论和实现论幸福感水平。结果发现：青少年的坚毅与快乐论和实现论幸福感

---

① 石转转：《"Grit（坚毅）"教育理念对中国民办高等教育的启示》，《海外英语》2015 年第 13 期。

② Duckworth, A. L., Peterson, C., Matthews, M. D., & Kelly, D. R., "Grit: Perseverance and Passion for Long-term Goals", *Journal of Personality & Social Psychology*, Vol. 92, No. 6, 2007, pp. 1087–1101.

③ 张楠：《大学生坚毅品质的影响因素研究》，硕士学位论文，南昌大学，2018 年。

④ Vainio, M. M., & Daukantaitė, D., "Grit and Different Aspects of Well-being: Direct and Indirect Relationships via Sense of Coherence and Authenticity", *Journal of Happiness Studies*, Vol. 17, No. 5, 2016, pp. 2119–2147.

⑤ Singh, K., & Jha, S. D. "Positive and Negative Affect, and Grit as Predictors of Happiness and Life Satisfaction", *Journal of the Indian Academy of Applied Psychology*, Vol. 34, 2008, pp. 40–45.

均有显著正相关关系,但坚毅与实现论幸福感相关程度更紧密。情绪调节策略中的认知重评在坚毅与实现论和快乐论幸福感之间均起部分中介作用。① 杨昭宁等对612名青少年进行调查,结果表明,在压力性生活事件与青少年烟酒使用之间,坚毅起到中介作用,坚毅品质通过影响压力性生活事件对青少年造成的影响而减少青少年酒精的使用,坚毅对青少年烟酒使用的影响受到亲子关系的调节作用。② 但Sheehan在研究高中生时发现坚毅品质与一个人的幸福感水平没有关系,这与之前的研究结论有差异,可能是研究方法和研究对象的选择上存在差异的结果。③

(4) 希望

积极心理学认为消极生活事件和消极情绪都会影响人的主观幸福感,但是积极的心理品质可以有效地缓冲消极事件和情绪对幸福感的影响。希望作为一种积极的心理品质,是一个和乐观密切相关的概念。近20年来,最有影响力的是Snyder提出的希望理论。Snyder等将希望界定为"一种和成功相关的内在的心理动力状态,包括指向成功的动力源和走向成功的路径计划等"。Snyder等的希望理论(见图2-8)认为,希望是经由后天学习而形成的思维和行为倾向,动力部分可以启动计划,并且持续不断地产生趋势个体走向成功的内驱力,路径部分则负责根据成功的可能性大小制订成功的计划以及随时调整路线,以保证计划得以顺利实施。④ 希望的动力和路径部分,不仅能够通过决心、能量和内在控制力达到成功,也可以在挫折性生活事件出现时,积极进行情绪的调整和方法的变动,来减小消极事件的不良影响。

---

① 程媛媛、张悦、罗扬眉:《青少年坚毅与快乐论和实现论幸福感的关系:情绪调节策略的中介作用》,《社区心理学研究》2018年第2期。
② 杨昭宁、种道汉、王保英等:《压力性生活事件对青少年烟酒使用的影响:有调节的中介模型》,《中国临床心理学杂志》2018年第4期。
③ Sheehan, K., *Storm Clouds in The Mind: A Comparison of Hope, Grit, Happiness and Life Satisfactionin Traditional and Alternative School Students*, Dissertation Abstracts International Section A, Vol. 75, 2014.
④ Snyder C. R., Harris C., Anderson, J. R., et al., "The Will and the Ways: Development and Validation of an Individual-differences Measure of Hope", *Journal of Personality and Social Psychology*, Vol. 60, No. 4, 1991, pp. 570 – 585.

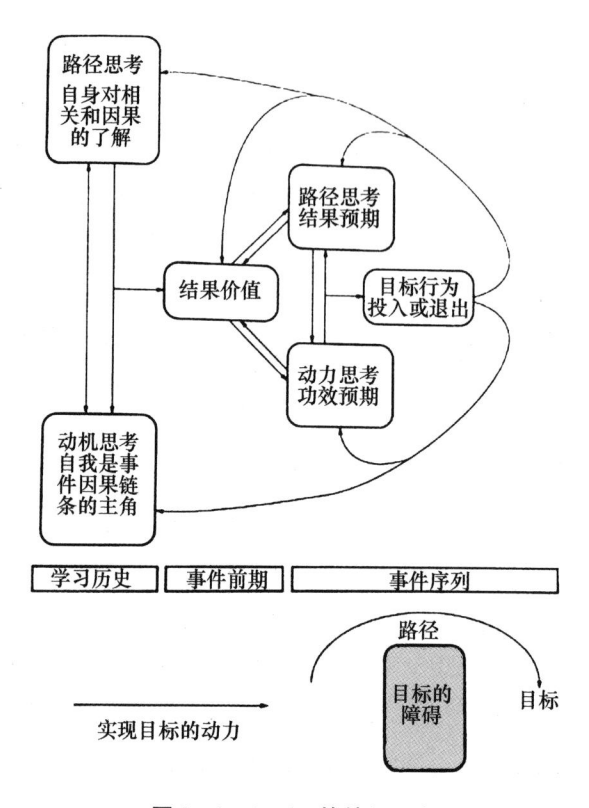

图 2-8 Snyder 的希望理论

Snyder 团队开发了一系列量表来测量希望的不同方面。其中，成人气质性希望量表（Adult Stage Hope Scale）和状态性希望量表（Adult Stage Hope Scale）都是简短的自陈问卷，分别用于测量成人的特质性希望和状态性希望。儿童希望量表（Children's Hope Scale）适用于学龄儿童，幼儿希望量表（Young Children's Hope Scale）适用于学前儿童。成人、儿童和幼儿希望量表都有观察版，观察版主要由研究者、父母或老师作为评价者来完成。所有这些自陈量表和观察量表除了可得到路径和动力分数之外，还有希望总分。另外，成人具体领域希望量表用于测量一些具体领域的希望水平，如在社会、家庭、恋爱、学业、职业、娱乐活动上的希望水平。

Snyder 指出，在婴幼儿、儿童和青少年时期，希望的发展呈现出一定的规律。婴幼儿 12 个月大时，客体恒常性和因果图式让他们有了对路径的预期思维。2岁时，幼儿可以发起目标导向行为，沿着路径实现目标。另一个与希望相关的重要技能是，认识到克服障碍的路径可以由自己规划出来并沿着它走下去。在3—6岁的学前期，语言能力、前运算直觉思维、讲故事的兴趣、行为习惯都在迅速发展，这些均有利于儿童规划克服障碍的路径。在童年中期和青春期前，逻辑思维（而非直觉思维）能力、记忆能力、阅读能力和高级社交观点采择能力迅速发展。这些能力的发展，个体可以为实现目标做出更精细复杂的计划并付诸实施。在青春期，抽象推理能力不断增强。这有利于处理一些复杂问题。在解决这些复杂问题的过程中，青少年可以练习如何在困难面前充满希望地计划出实现目标的路径，以及即使遭遇重重挫折也充满希望地把计划付诸实施。[1]

Rand 和 Cheavens 对以往研究进行了总结，他们提出特质性希望和适应水平有关，特质性希望水平高的个体，各方面的适应能力也强，这一结论在老人小孩和青少年等群体中得到了证实。特质性希望水平高的人，更擅长经营社会网络，报告更大的社会支持感。[2]

国内学者也展开了希望与幸福感关系的实证研究，例如，苗元江等对307名大学生和中学生进行调查，发现希望与幸福感存在显著正相关，希望对幸福感有良好预测作用，表明希望干预是提升学生幸福感水平的有效途径。[3] 郭晨虹以杭州市280名高一学生为研究对象，调查结果显示：高中生的希望特质、心理健康以及多元幸福感三者存在显著相关，希望特质可以直接对高中生的心理健康产生正向预测作用，也可以通过多元幸福感的部分中介作用对心理健康产生影响。[4] 陈灿锐等研究表明应对方式在希望与幸福感的关系中起部分中介作用，希望通过积极和消极的应对方式影

---

[1] [爱尔兰] Alan Carr：《积极心理学——有关幸福和人类优势的科学》，丁丹等译，中国轻工业出版社2016年版。

[2] Rand, K., & Cheavens, J., "Hope Theory", in S. Lopez & C. R. Snyder, Eds., *Oxford Handbook of Positive Psychology* (*Second Edition*), New York: Oxford University Press, 2009.

[3] 苗元江、赵英、刘文凤：《大学生中学生希望与幸福感比较研究》，《校园心理》2011年第6期。

[4] 郭晨虹：《高中生希望特质对心理健康的影响：多元幸福感的中介作用》，《中小学心理健康教育》2018年第22期。

响幸福感，积极的应对方式有助于提高幸福感，消极的应对方式则相反，会降低希望对幸福感的影响。① 江红艳等对389名"蚁族"群体（大学毕业生低收入聚居群体）进行调查，结果表明，希望与生活满意度、积极情感呈显著正相关，与消极情感呈显著负相关。希望对知觉压力与"蚁族"群体主观幸福感某些方面的关系有调节作用。②

3. 物质主义价值观

当下社会刮起了"炫富"的浪潮，前段时间一句"宁愿坐在宝马车里哭，也不愿意坐在自行车上笑"的网络用语广为流传，从中我们可以发现，当下，物质的地位变得越来越重要，人们也似乎越来越认可物质财富是衡量快乐的重要标准，幸不幸福好像已经不是一种内心体验，而是被明码标价地放在橱窗里展示的贵重商品。青少年作为社会中的重要群体，自然也受到了社会风气的影响，有研究显示，上小学的孩子可通过同伴的购买力判断同伴所处的社会阶层，并表现出对高阶层同伴的偏爱和对低阶层同伴的歧视。物质主义价值观指的是一种个体价值观，它主要强调拥有物质的重要性。高物质主义者应具备以下特征：首先，高物质主义者对于物质极其看重，并将获取物质财富作为生活的中心；其次，高物质主义者认为物质是金钱快乐的基础，是幸福的必要条件，所以乐此不疲地对金钱追逐；最后，高物质主义者不仅通过物质的获得数量来评价自己，同样用物质的拥有量来评价他人。③ 简单来说，高物质主义者把获取物质财富看作目标清单里的重中之重，并对物质财富是衡量个人成功的重要依据这一观点坚信不疑。

个体能通过物质的追求和消费而享受到快感和幸福吗？在总结学者们的研究后发现，物质主义价值观与幸福感有紧密的关联。物质主义与生活满意度、主观幸福感呈负相关，即高物质主义者的积极情绪和生活满意度

---

① 陈灿锐、申荷永、高岚：《应对方式：希望与幸福感的中介》，《中国健康心理学杂志》2009年第2期。
② 江红艳、余祖伟、陈晓曦：《"蚁族"群体知觉压力与主观幸福感的关系：希望的调节作用》，《中国临床心理学杂志》2011年第4期。
③ Richins. M. L. and Dawson, "A Consumer Values Orientation for Materialism and Its Measerement: Developement Opment and Valiation", *Journal of Comsumer Research*, Vol. 19, 1992, pp. 303 – 316.

低。高物质主义者会体会到更大的生活压力感，这些压力也会进一步导致个体的低幸福感和各种负性情绪。① 李原通过问卷法对918名深圳居民进行调查，结果显示物质主义价值观与幸福感之间存在高相关。物质主义价值观会正向预测负性情绪，同时也会负向预测正性情绪和生活满意度；同时，研究还发现社会比较在物质主义与幸福感和人际信任的关系中起到中介作用。赵闪闪对南京市827名初中生进行调查，采用物质主义价值观量表、主观幸福感量表和社会支持评定量表考察了初中生物质主义和主观幸福感之间的关系以及社会支持所起的中介作用。结果表明，初中生主观幸福感与物质主义维度中的消极情感存在显著正相关，而与生活满意度和积极情感维度之间存在显著负相关；社会支持在初中生物质主义与积极情感之间起完全中介作用，但是在物质主义与生活满意度和消极情感之间起部分中介作用。Srivastava等发现如果将社会比较等负面动机视为控制变量，物质主义与幸福感之间既不存在正相关也不存在负相关，即物质主义与幸福感之间的关系实际上是由消极情绪引起的。② 克劳福德和其他人已经证明，个人的物质需要的满足以及满足物质需要的能力会影响幸福感，过去的物质需要满足的状况也会影响幸福感的水平，从中可以发现尽管社会比较对生活满意度有直接影响，但社会比较的效果受到物质需求的部分调节。

虽然物质主义和幸福之间的负相关已被学者广泛验证，但一些研究者已经提出，两者之间的相关程度将因某些情况或个人而改变。在一定条件下，物质主义和幸福之间没有关系甚至是正相关。Sirgy等从认知的角度来探究，他指出物质主义对生活满意度和幸福感的影响是不确定的，可能是积极的或消极的。影响力的差异取决于物质主义者如何评估自己的生活水平。当个体秉承现实主义去评价自己的生活满意度时，物质主义对幸福感的影响是积极的，因为会激活个体的经济动机，有利于通过自己的努力去创造财富。当个体秉承超现实主义观点去评价自身生活满意度时，物质

---

① 李原：《物质主义价值观调查报告》，社会科学文献出版社2014年版。
② Srivastava, A. Loche, E. a & Bartol, K. M., "Money and Subjective Well-being: It Is Not the Money, It Is the Motives", *Journal of Personality and Social Psychology*, Vol. 80, No. 6, 2001, pp. 959 – 971.

主义对幸福感的影响是消极的，如时常幻想自己是富翁，当不得不面对现实的落差时，其生活满意度肯定会下降。Pandelaere 提出个体在某种程度上都拥有物质主义，及每个人都有物质主义的倾向，拥有物质主义并不一定是坏事，物质主义的利弊取决于个体的动机。Srivastava、Locke 和 Bartol 从动机的视角来探究物质主义与幸福感的关系。研究发现物质主义和幸福之间的负相关只是因为消极动机的影响，若这些负面动机受到控制，这种负相关将不显著。由此可以看出，物质主义与幸福之间的关系并非简单的负相关。事实上，唯物主义有助于在某些条件下改善幸福。

4. 生命意义

我是谁？我从哪里来？我要去哪里？尼采曾经说："一个人只有理解为什么要活着，才能忍受生命中遇到的任何事情。什么是生命？生命的意义是什么"。越来越多的人开始对这一主题进行关注。处于青春期的中学生正处于自我同一性构建之中，在这一阶段中他们开始探索自己的价值观、生活观、世界观，他们开始思考"我从哪里来？将要到哪里去？我活着的意义是什么"。根据埃里克森的心理社会发展阶段理论，青少年正处于自我同一性和角色混乱的冲突之中，由于面临新的社会要求和社会的冲突，青少年正在经受着困扰和混乱，这些困扰和混乱是对"我是谁"、"我将来的发展方向"以及"我如何适应社会"等问题的主观感受。[1] 埃里克森指出在自我同一性中包含四个重要的关键词，即个体、时间、作用和环境。埃里克森认为，自我同一性是指个体在发展过程中对与自我发展有重要关联意义的问题，如对人生观、价值观和理想等的认同，以及对个体过去、现在和将来三方面的继承，并能够使自身适应文化和环境对其的要求。[2] 倘若青少年在青春期时期没有形成自我同一性，那么将会导致自我同一性混乱或者说角色混乱。青春期的发展会引起青少年发生一系列的变化，包括生理上的变化、心理上的变化以及对社会生活的不适应问题，青少年由于青春期的变化会产生消极情绪，如困扰、悲观、绝望等，从而

---

[1] 林崇德：《发展心理学》，人民教育出版社 1983 年版。
[2] 刘柳曦：《高中生性格优势对生涯适应力的影响：自我同一性和职业生涯困惑的作用》，硕士学位论文，河北师范大学，2018 年。

产生如抑郁、焦虑、自杀倾向等内部心理问题,同时青少年可能会出现压抑、沮丧、注意力不集中、记忆力衰退、失眠、厌食等症状。屈坚定、余星池等通过调查发现,在13—16岁的学生中,有70%的学生称自己有很多忧虑,将近50%的学生说他们的生活缺少乐趣并且他们对生活感到紧张。① 个体对生命感到迷茫,不知道活下去的意义是什么时,将会产生神经症、自杀等问题,② 生命意义感与抑郁、空虚感、孤独感、无助感等消极情绪情感显著负相关;生命意义感与生活满意度、积极情绪、主观幸福感等显著正相关。③

弗兰克尔(Frankl)最早在20世纪60年代于"意义治疗理论"中开始对人生意义感进行关注,并在其研究中指出,心理健康者会自觉地探索人生意义,而那些生命意义感缺乏的个体会觉得生活很无聊、空虚,生活毫无意义,缺乏活下去的意识。④

生命意义感在积极心理学的研究领域作为一种重要的心理资源,受到越来越多的关注。积极心理学提出的幸福观理论认为,幸福不能简单地等同于快乐,如果想感到幸福还要对生活充满意义感,幸福感应该是个体成长过程中的一种重要的心理力量。⑤ 完善论幸福观指出幸福的核心指征是意义,虽然有意义的生活并不一定就等同于幸福的生活,但是没有意义的生活往往会伴随着深深的空虚感、寂寞感,这与幸福的生活所提倡的理念是相反的。生命意义感对于幸福来说是一个前提,有意义的生活不只是为了减少生活中感受到的痛苦和对生活的绝望,如果个体的生活缺乏意义感,那么将难以发挥最佳的心理潜能。拥有生命意义感是获得幸福感的一个关键步骤。生命意义感有助于个体的心理功能和身心健康。生命意义感

---

① 屈坚定、余星池、高伟娜、Therese Hesketh:《城乡青少年焦虑和抑郁症状调查》,《青年研究》2003年第1期。
② 胡小兰、彭丽、聂新宇:《初中生乐观与生命意义的关系:自尊的中介作用》,《教育测量与评价》2017年第12期。
③ 朱志红、孙配贞、郑雪、王宣承:《高职生父母教养方式与生命意义:自尊的中介作用》,《中国心理卫生杂志》2011年第9期。
④ Frankl V. E., *Man Search for Meaning: An Introduction to Logotherapy*, New York: Touchstone, 1992.
⑤ 张敏:《大学生生命意义与主观幸福感的关系研究》,《黑龙江高教研究》2017年第10期。

和身心健康之间是一个正相关关系。生命意义感作为与个体成长和疗愈相关的重要因子，为个体的身心健康及幸福提供最基本的条件，能提高个体整体的生活质量。① 有意义的生活直接等同于真实生活，在幸福理论中，除了关注个人成长和心理优势影响之外，意义也是非常重要的。人类的特点是"追求意义的意志"，一种寻找生活意义和意义的内在动力，而未能实现意义会导致心理上的痛苦。研究已经证实了这种缺乏意义和心理困扰之间的联系。生活的意义越小，对治疗的需求就越大，会有抑郁和焦虑、自杀意念和药物滥用以及其他形式的痛苦。拥有更多的意义与生活满意度和幸福感等衡量心理健康的指标正相关。② 生命意义感会提升个体的积极情绪，感受到更多的快乐和满怀希望地生活，从而增加青少年的幸福感；要想提高青少年的幸福感，就需要让其认识到生命存在的意义。

5. 学业自我效能感

美国心理学家班杜拉（Bandura）首次提出自我效能感这个概念，他认为自我效能感是一种能力预期，是一种信念。后来演变为人对圆满完成任务目标所必需的个人能力的判断、信念、预期或感知。③ 关于学业自我效能感，不同的学者则从不同的角度出发，进行了不同的概括。胡桂英、许百华认为，学习自我效能感是指学生对于自己的学习能力和学习的控制能力的一种认知。学习行为自我效能感是指学习者对自己能不能完成学习行为的判断；学习能力自我效能感是指学习者对自己有没有能力取得好的结果的一种预期。④ 梁宇颂指出，学业自我效能感是指学生对自己能否顺利完成学习活动并解决学习活动中的各种学习问题的一种认知评价。⑤ 边

---

① 柳之啸、吴任钢：《自尊对生命意义感的预测机制——心理控制源和积极情绪的中介作用》，《北京大学学报》（自然科学版）2018年第6期。

② Steger M. F., Frazier P., Oishi S., et al., "The Meaning in Life Questionnaire: Assessing the Presence of and Search for Meaning in Life", Journal of Counseling Psychology, Vol. 53, No. 1, 2006.

③ 郭本禹、姜飞月：《自我效能理论及其应用》，上海教育出版社2008年版。

④ 胡桂英、许百华：《中学生学习自我效能感、学习策略与学业成就的关系》，《浙江大学学报》2003年第4期。

⑤ 梁宇颂：《大学生成就目标、归因方式与学业自我效能感的研究》，硕士学位论文，华中师范大学，2000年。

玉芳主张学业自我效能感指个体对自己的学业能力的信念，是学习者对自己已有能力的一种自信程度的判断，个体通过对自己在学习行为和学习成绩两方面的控制能力的判断来显示自己的学业自我效能感。[①] 由此可见，学业自我效能感是学生在学习方面产生的对自己学习能力和学习行为的评估和自信，学生通过自己在以往的生活和学习成败的经验或者通过与自己智力、成绩、学业表现等相似的同伴在某项任务中的成败经验来预估自己在新的学习或者测评中的结果。

我们在接受了一个具有挑战性的任务之后，如果我们想象自己通过努力工作而获得成功，那么我们在任务中的表现会胜过那些想象自己是失败者的人。这种积极的想象引出一个概念：自我效能（我们感到自己有能力来完成某项任务）。可以这样说：一个人对自己能力越乐观自信，所获得的收益越大。有研究发现，自我效能感低的人更没有韧性，他们会有更多的焦虑和抑郁，获得的学业成就更低，生活满意度水平和幸福感水平也更低。现在已有研究证明了自我效能与幸福感显著相关，这些研究多围绕大学生群体进行探讨。姚蒙以高中生为研究对象、徐淑慧以大学生为考察对象、于福洋以研究生为对象进行的调查均表明自我效能感能显著正向预测主观幸福感。除了针对大学生所做的一些研究，还有对特殊群体的研究也证明了自我效能感与幸福感之间的关系，一项针对狱警的自我效能感与幸福感之间关系的研究显示，高自我效能感的狱警正性情绪得分也较高，而低自我效能感的狱警负性情绪得分较高。[②] 吴洁等的研究发现自我效能感可以显著预测主观幸福感的各个因子，即自我效能感与主观幸福感呈高度正相关关系。以往也有研究表明，自我效能感常常作为中介变量间接影响主观幸福感。Chan 等的研究表明自我效能感可以显著预测生活满意度，进而显著预测主观幸福感，自我效能感是其他认知变量影响主观幸福感的

---

① 边玉芳：《自我效能感量表的编制与应用》，博士学位论文，华东师范大学，2003 年。
② 王时宪：《湖南省监狱警察工作压力、一般自我效能感与主观幸福感现状及关系研究》，硕士学位论文，湖南师范大学，2012 年。

一个重要中介变量。①

6. 自尊

自 1890 年詹姆斯首先对自尊的定义进行了界定后，国内外很多学者开始了对自尊的研究。即便是在很多著作和文献的探讨下，对于自尊的使用和理解仍然没有准确而清晰的界定，②总的来说，自尊是个体对自己积极的主观判断和概括性评价。③④

自尊的理论众多，自尊的恐惧管理理论认为，自尊体现了个体对自己的生活意义感的体会，自尊是为了减轻个体的焦虑情绪，焦虑情绪的减少进而会导致生活满意度和幸福感的提升；自尊的缓冲器理论认为，个体在面对消极生活事件时，高水平的自尊可以有效地缓解消极情绪对个体的影响，从而提升个体的心理健康水平；自尊的社会计量器理论认为，自尊水平的高低是个体社会关系好坏的测量指标，高自尊个体有着更好的社会关系，对良好社会关系的需求可以得到满足，也可以得到更多的客观社会支持，同时高自尊个体对自己和他人以及自己与他人之间的关系持较为积极的态度，因而主观社会支持也可以得到满足，社会支持水平的增加也会提升个体的幸福感。综上所述，自尊可以显著地正向预测幸福感。

由于自尊的理论众多，定义没有明确的界定，因而测量工具也众多。目前自尊的外显测量工具中使用较多的有 Rosenberg 的自尊量表、Coppersmith 的自尊调查量表（Self-Esteem Inventory Scale）、Tennessee 的自我概念量表（Tennessee Self-Concept Scale）、Janis 和 Field 修订的缺陷感知量表（FIS）等。

很多文献都探讨了自尊的重要性及其对个体的作用，例如：杨丽珠和张丽华认为自尊可以缓冲消极情绪带给个体的伤害；⑤ S. Solomon 认为自

---

① Chan, D. W., "Positive and Negative Perfectionism among Chinese Gifted Students in Hong Kong: Their Relationships to General Self-efficacy and Subjective Well-being", *Journal for the Education of the Gifted*, Vol. 31, No. 2, 2007.

② Kernis M. H., *Self-esteem Issues and Answers: A Sourcebook of Current Perspectives*, Psychology Press, 2006.

③ Kernis M. H., & Goldman, B. M, "Stability and Variability in Self-concept and Self-esteem", *Handbook of Self & Identity*, 2003.

④ 张永欣等：《自尊的毕生发展》，《心理科学进展》2010 年第 7 期。

⑤ 杨丽珠、张丽华：《论自尊的心理意义》，《心理学探新》2003 年第 4 期。

尊可以影响个体适应环境时的积极性;① 谢琼霜发现,自尊水平高的个体会更加乐观地面对困难,采用更加积极的方式应对挫折;② 高爽、张向葵和徐晓林发现,自尊与大学生心理健康水平显著相关,可以负向预测大学生的抑郁、焦虑等消极情感。③

自尊与幸福感的关系得到了很多心理学研究者的关注,大量研究表明,自尊与主观幸福感存在密切的联系,④ 自尊水平越高幸福感水平越高。⑤⑥ 大量的研究也表明,自尊与主观幸福感有密切的关系,是主观幸福感最有力的预测因素之一。自尊与主观幸福感较高的相关性在西方个体主义文化中可以被重复证实,但并不具有跨文化的普遍性,在集体主义文化下,两者的相关系数并不高。⑦ 在个体主义文化中,个体更多地将自己看作是自控的,个体体验的情感是独特的,所以自尊作为与自我相关的情感因素,与主观幸福感具有高相关;在集体主义文化中,个体的主要目的是与他人保持和谐,而不是区分自我与他人,行为的影响因素不再仅仅由人们的思想、情感所决定,导致与自尊有关的情感在决定主观幸福感方面显得不再那么重要。⑧ 而且,不同文化间的自我概念并不是相同的,西方人的自尊水平显著高于东方人。个体主义文化背景下的个体更加强调自我的独立、自由和独特性等,集体主义文化下的个体更加重视和谐、关系等,尤其是中国人更将谦虚视为传统美德,所以低自尊在这种集体主义文

---

① Greenberg J., Solomon S., Pyszczynski T., et al., "Why do People Need Self-esteem? Converging Evidence that Self-esteem Serves an Anxiety-buffering Function", *Journal of Personality and Social Psychology*, Vol. 63, No. 6, 1992.

② 谢琼霜:《居所流动、自尊和主观幸福感的关系研究》,硕士学位论文,西南大学,2015年。

③ 高爽、张向葵、徐晓林:《大学生自尊与心理健康的元分析——以中国大学生为样本》,《心理科学进展》2015年第9期。

④ Furnham A., & Cheng, H., "Perceived Parental Behaviour, Self-esteem and Happiness", *Social Psychiatry Psychiatr Epidemiol*, Vol. 35, No. 10, 2000.

⑤ Cai, H., Wu, Q., & Brown, J. D., "Is Self-esteem a Universal Need? Evidence from the People's Republic of China", *Asian Journal of Social Psychology*, Vol. 12, No. 2, 2009.

⑥ 邓林园、马博辉、武永新:《初中生依恋与主观幸福感:自尊的中介作用》,《心理发展与教育》2015年第2期。

⑦ Diener E., & Diener, M., "Cross-cultural Correlates of Life Satisfaction and Self-esteem", *Journal of Personality and Social Psychology*, Vol. 68, No. 4, 1995.

⑧ 吴明霞:《30年来西方关于主观幸福感的理论发展》,《心理科学进展》2000年第4期。

化背景下有其文化适用性。因此，在集体主义文化中，高自尊并不一定意味着高主观幸福感。

7. 应对方式

应激理论认为，应激是一个包括应激源、中介因素与个体适应结果等多因素共同作用的过程。① 研究者发现，应对方式在应激与个体适应结果之间起重要的中介作用。② 压力性生活事件会对青少年心理健康和幸福感带来不利影响，而应对方式则在其中起到了重要的作用。关注应对方式在压力性生活事件与青少年幸福感之间的作用机制，以指导青少年有效地应对社会心理应激，对青少年生活质量的改善和提高有着重要的现实意义。

国外学者 Folkman 等认为，应对方式是指个体的内部要求和外部环境要求产生冲突时，为了控制、降低或者最小化压力性事件带来的冲突和压力，个体所做出的认知和行为的努力过程。③ 个体的应对方式是个体内部稳定的因素与个体外部环境交互作用的结果，应对方式在应激和心理健康之间起中介作用，对个体身心发展及个体适应起着极为重要的作用。④⑤ 国外学者 Folkman 等认为，应对方式主要分为情绪取向应对和问题取向应对两大维度，国内学者解亚宁将人们在经受挫折时采取的应对方式分为"积极应对"和"消极应对"两种。根据压力与应对方式交互作用的理论，个体的应对方式会随着压力的不同阶段而发生改变。青少年时期的个体身心迅速发展，其所面临的压力与人毕生发展的其他阶段有很大的不

---

① Wallace, R. A., Webb, P. M., & Schluter, P. J. Environmental Medical, "Behavioural and Disability Factors Associated with Helicobacter Pylori Infection in Adults with Intellectual Disability", *Journal of Intellectual Disability Research*, Vol. 46, 2002.

② Compas, B. E., Connor-Smith, J. K., Saltzman, H., Thomsen, A. H., & Wadsworth, M. E., "Coping with Stress During Childhood and Adolescence: Problems, and Potential in Theory and Research", *Psychological Bulletin*, Vol. 127, 2001.

③ Folkman, S. & Lazarus, R. S., "An Analysis of Coping in a Middle-aged Community Sample", *Journal of Health and Social Behavior*, Vol. 21, No. 3, 1980, pp. 219 – 239.

④ Lever J. P., "Poverty, Stressful Life Events, and Coping Strategies", *The Spanish Journal of Psychology*, Vol. 11, No. 1. 2008.

⑤ Li, H. H., Wang, J. Q., & Wang, L, "A Survey on the Generalized Problematic Internet use in Chinese College Students and Its Relations to Stressful Life Events and Coping Style", *International Journal of Mental Health and Addiction*, Vol. 7, No. 2, 2009.

同，青少年群体面临压力性生活事件时所采取的应对方式也有别于其他年龄阶段的个体。国内外不少研究发现，相比于青春期后期的青少年，青春期前期和中期的青少年更少地使用情绪取向应对。一些研究还表明，青少年群体在压力应对方式的选择上存在性别差异，随着年龄的增长，女性青少年在面对负性生活事件时，会比男性青少年更多地采取寻求帮助、构思解决方案等积极应对方式，也有其他学者得出了与之不一致的结论。

有关主观幸福感的适应和应对理论强调，有效的应对方式有助于形成较高主观幸福感和生活满意度。在面临压力性生活事件时，青少年采取积极的应对方式有助于缓解应激性事件对其主观幸福感的负性影响，而采取消极的应对方式则会降低其主观幸福感。大量研究证实，青少年应对方式与心理健康和主观幸福感密切相关，应对方式不同，个体的幸福感水平也在发生变化。岳颂华等在青少年主观幸福感、心理健康及其与应对方式的关系研究中发现，寻求认知重建、社会支持等积极应对方式有利于个体积极情感的获得，而情绪困扰、压抑等消极的应对方式则会导致更多的消极情感、降低生活满意度。① 张建人等以大学生群体为研究对象，对大学生社会支持、应对方式及其与主观幸福感的关系进行了研究，得到的结果与前人一致，其研究还发现，主观幸福感水平较高的个体在面对压力和冲突时更愿意采取积极的应对方式。国外学者针对成人群体的研究也得到了与青少年群体相一致的结果。② 青少年采取不同的应对方式的差异对其幸福感的发展有不同的影响，积极、成熟的应对方式，不管是情绪关注还是认知重建，大多都有助于提高青少年主观幸福感，对其良好的心理和社会适应具有积极的意义。在面对诸如同伴欺负等应激性事件时，积极的应对策略能够对应激起缓冲作用，从而缓解个体的负性情感，对维持个体积极的情绪体验和生活满意度起到增益作用。

---

① 岳颂华、张卫、黄红清、李董平：《青少年主观幸福感、心理健康及其与应对方式的关系》，《心理发展与教育》2006年第3期。
② 张建人、黄懿：《大学生社会支持、应对方式及其与主观幸福感的关系》，《中国临床心理学杂志》2007年第6期。

8. 学习动机

对于青少年而言，学习压力以及学业成就对他们的情绪体验以及幸福感的获得有着十分重要的影响。而学习动机则是处于此阶段学生进行学习行为的主要内在心理力量，通过对学生学习动机的了解，可以对不同学生的行为做出合理的解释、预测和干预，并能采取适当的措施来提升青少年的积极情绪以及幸福感水平。学习动机是指引发并维持学习活动的倾向，是直接推动人们学习的动力。[1] 学习动机对个体的学习行为有着十分重要的影响，具体而言，学习动机通过影响学生的努力程度、注意力水平和对学习的准备程度来间接影响学生最终取得的学业成绩。在心理学特别是教育心理学领域，学习动机一直是一个热度很高的研究主题，有大量的研究在关注学习动机与学习成绩之间的关系。研究表明，学习动机越强的学生，其学习效率越高，并能够取得更好的学习成绩。[2] 另外，研究发现学习动机与学业成就之间呈正相关，高动机者比低动机者倾向于有更好的学业成就作为。[3] 对于当代学生而言，很大程度上学业成就是他们是否"优秀"的评判标准，也是他们日后进入更高一级学校的敲门砖。显然，学业成就对广大学生的生活质量以及情绪体验而言有着十分重要的作用。此外，在学习中获取的有关生活与科学的知识也能在一定程度上提高他们的生活质量、增强自我效能感、保持心理健康。而积极情绪与身心健康是个体获得幸福感的前提条件，于是，学习动机在青少年获得幸福感的过程中扮演着不可或缺的角色。研究发现，主观幸福感同学习动机、自我效能感的正相关系显著，而且积极参加学习活动能够促进老年人主观幸福感水平的提升。[4] 此外，不同的学科领域有着不同的知识，例如医疗保健、传统文化与艺术、家庭伦理等，这些知识不仅可以拓宽青少年的知识面，而且可以为

---

[1] 张宏如、沈烈敏：《学习动机、元认知对学业成就的影响》，《心理科学》2005年第1期。

[2] Schunk, D. H., "Introduction to the Special Section on Motivation and Efficacy", *Journal of Educational Psychology*, No. 1, 1990.

[3] 王振宏、刘萍：《动机因素、学习策略、智力水平对学生学业成就的影响》，《心理学报》2000年第1期。

[4] 吴盛雄、陈坚：《老年学员的学习动机、自我效能感与主观幸福感关系研究——以福建省为例》，《成人教育》2014年第10期。

个体的行为提供理论参考。这样在青少年处于不同情境特别是在决定相对重要的事情时可以做出合适且相对正确的选择，从而减少由不当选择引发的消极情绪与压力，达到提升其生活满意度并促进其主观幸福感的提升的作用。通过积极参与学习活动，青少年还可以扩大人际交往范围，结识更多志同道合的良师益友，这种优质的社交圈同样也可以为个体提供有效的帮助。综上所述，学习动机不仅可以直接影响青少年在学习行为中的努力程度、注意力水平和对学习的准备程度来预测青少年的学业成就以提升青少年的幸福感，还可以间接地通过学习行为以及学习成绩来提高他们的生活质量、增强自我效能感、保持心理健康以促进青少年对幸福感的获得。

9. 情绪调节

"人非草木，孰能无情。"情绪与我们的生活息息相关。一般认为，情绪是通过个体的愿望和需要产生的一种心理活动。当客观的事物或者情境能够满足个体的愿望和需要时，个体就会体验到积极的情绪；反之，会有消极的情绪体验。情绪调节（emotion regulation）是个体为了消除不良情绪、产生积极情绪而管理和调节情绪的过程，个体会通过一些策略来改变认知、表情和行动方式，从而达成目标，即使自己的情绪在内在体验、面部表情和生理活动方面发生改变。①

过程观和结构观是当今心理学界建构情绪调节理论模型的两种主要的认识视角。过程模型主要是运用认知心理学的信息加工过程的理念对情绪调节作偏线性的理解，分析情绪调节发生发展的基本过程；而结构模型则主要是从功能主义的角度对情绪调节进行横向的考察，分析情绪调节的基本成分及其影响效果。②

在情绪调节策略中，较常用且广受研究者关注的是认知重评和表达抑制。认知重评是指个体从情绪发生的根源入手，通过重新评价引发不良情绪的事物的本质，改变自己的认知和态度，从而消除不良情绪；表达抑制

---

① 彭聃龄：《普通心理学》，北京师范大学出版社2012年版。
② 刘启刚：《青少年情绪调节：结构、影响因素及对学校适应的意义》，博士学位论文，吉林大学，2009年。

是指个体在遭遇不良情绪时,通过控制自己的情绪表达,迫使自己压抑或者转化不良情绪。通常认为,认知重评是一种比表达抑制更健康的情绪调节方式。① 这在一项跨文化研究中得到了证实,研究发现,通过使用认知重评来调节情绪的被试,抑郁水平更低,生活满意度更高;而通过表达抑制来进行情绪调节的被试,其抑郁水平更高,生活满意度也更低。② 也有研究否认了这一点,认为两种策略的使用,应该视不同文化环境而定,在我国,表达抑制被看成是一种适应性良好的表现。

国内研究中陈慧对大学生的调查结果表明,不同的负性情绪调节策略与主观幸福感显著相关。在调节负性情绪时,转移、认知调节、压抑、发泄可以很好地预测主观幸福感及总体幸福感,认知可以正向预测幸福感,转移、发泄则负向预测幸福感。③ 柴晓运等通过问卷调查探讨了认知重评和表达抑制两种情绪调节策略对流动儿童主观幸福感的影响,结果表明:(1) 认知重评不仅能够直接对主观幸福感做出预测,还可以通过自尊的中介作用预测主观幸福感。(2) 表达抑制对主观幸福感有间接的预测作用,通过负向预测自尊和心理弹性以及自尊对心理弹性的中介作用来预测主观幸福感。④

大体而言,认知重评与积极的心理适应结果(如主观幸福感)相关,表达抑制与消极的心理适应相关。同时,情绪调节除了能够直接预测幸福感之外,还起到机制作用,比如在正念、共情、依恋、人格特质、坚毅等变量与幸福感关系中起中介作用;在消极学业情绪、文化疏离感等变量与幸福感之间起调节作用。

---

① Hughes, E. K., Gullone, E., & Watson, S. D., "Emotional Functioning in Children and Adolescents with Elevated Depressive Symptoms", *Journal of Psychopathology and Behavioral Assessment*, Vol. 33, No. 3, 2011.

② Haga, S. M., Kraft, P., & Corby, E. K., "Emotion Regulation: Antecedents and Well-being Outcomes of Cognitive Reappraisal and Expressive Suppression in Cross-cultural Samples", *Journal of Happiness Studies*, Vol. 10, No. 3, 2009.

③ 陈慧:《大学生负性情绪调节策略及其与主观幸福感的相关研究》,硕士学位论文,西南大学,2010年。

④ 柴晓运、郭海英、林丹华等:《情绪调节策略对流动儿童主观幸福感的影响:自尊和心理弹性的序列中介作用》,《心理科学》2018年第1期。

第二节 青少年幸福感研究的总体设计

一 问题提出

青少年时期是生理和心理发展的关键时期，容易出现各种心理、情绪问题。青少年内外部失调以及急剧的社会变迁，都给当代青少年的心理健康和幸福带来巨大影响。目前，青少年的心理健康研究主要从病理学和积极心理学两个视角去开展。积极心理学视角认为积极情感并不完全是消极情感的对立面，幸福并不等于没有心理疾病，而是直接反映人类追求美好生活的愿望。由于幸福是基于多主体评价，其载体是多重的，既可以是个人，也可以是群体或者整个社会；而幸福感则是基于主观评价，其载体往往是个人，是从个人视角考察其对幸福的体验程度与感知水平。所以，本书拟在幸福感范畴内，从心理学视角来考察青少年个体对幸福的体验程度与感知水平。

梳理、分析已有幸福感文献，已有研究为后续研究提供了很多启发和价值，也为后续研究打下了坚实的基础，但是，也还存在一些缺憾与不足，主要表现在：（1）幸福感界定不统一。目前关于幸福感研究的取向较多，缺乏对幸福感概念的整合，个体和社会含义相脱离。（2）学者对青少年的研究中，以对大学生群体的研究相对较多，而对初、高中学生的研究较少，且多局限于特定地域，结论的代表性不足。（3）目前幸福感的研究大多侧重于单一因素与幸福感的关系探讨，缺乏对各种影响因素的系统、整合研究，对青少年幸福感影响机制的探讨有待深入。基于这些缺憾与不足，拟通过以下方面来开展青少年的幸福感研究。

国内外学者从不同取向和层面对幸福感的内涵进行了界定和探讨。沿着西方哲学的走向，"幸福"出现了以"快乐论"为哲学基础的主观幸福感（Subjective Well-being，SWB）和以"实现论"为基础的心理幸福感（Psychological Well-being，PWB）。SWB 是个体对自身生活产生的评价以及较多的积极情绪与较少的消极情绪，PWB 强调人的潜能的实现。进入

21世纪后，Waterman等将主观体验指标和客观评价指标相结合，开创了实现幸福感（Eudaimonic Well-being，EWB）的研究途径。除了从个体层面研究幸福之外，社会幸福感（Social Well-being，SWB）从社会层面研究个体的幸福感，它指个体对自己与他人、集体、社会之间的关系质量以及对其生活环境和社会功能的自我评估。社会幸福感更关心个体对社会的贡献和融合。主观幸福感、心理幸福感与社会幸福感分别从不同的视角对幸福感做出了探索。但单一视角难免偏颇，于是，研究者开始尝试在一个系统的视角下对幸福感理论进行整合。本书的研究将总体幸福感界定为既包括评价者根据自身内定标准对生活状态进行评价而产生的体验；也涵盖那些自我实现的成分，包括自我完善、自我成长带来的不以自身意志为转移的成就感；还包括个体对自己生活的人际关系、社会环境满意程度的评价。当个体对生活感到满意，积极情绪多于消极情绪，对自己感到满意，感到自己实现了自身价值，对人际关系感到满意，人际关系和谐并且有归属感，有自尊感的时候，他都能体验到幸福。

已有整合中，以理论探索居多，缺乏实证研究支持。而主观幸福感、心理幸福感与社会幸福感三者的融合开始得到实证研究的检验。总体幸福感的测量既要有理论指导，又要有实证检验，理论基础与操作性兼具方可。因此，沿着主观幸福感、心理幸福感与社会幸福感三者融合的思路，拟从快乐与意义、主观与客观、个人与社会不同指标去评价与测量个体的幸福感。鉴于青少年群体的独特性，将具体生活满意度纳入幸福感的认知评价体系中来，因此，青少年幸福状况的测量指标主要由总体幸福感（包括主观幸福感、心理幸福感与社会幸福感）、总体幸福指数与具体生活满意度这三个方面来进行评价。

青少年时期是人生发展的转型期和关键期。国内外学者采用不同的测量工具，得出了青少年幸福感状况高、中、低不同的结论。尤其是在社会转型期，改革开放40多年以来，青少年的成长打上了社会变迁的烙印。转型期会遇到许多无法估测或者难以解决的问题，每个处于转型期的人都会感觉到一定的压力的存在，而青少年本身处于情绪情感体验深入、思维活跃、身体逐渐发展成熟但是心理发展还尚未成熟的阶段，本身就有许多不稳定因素，因此，处于转型期的青少年将会面临更大的压力。在这样的时代背景下，第三章拟在全国范围内东北、中部、西南几大区域各选取采样点，全面考察青少年的幸福现状，并分析青少年幸福感在人口学变量、人格类型上的特点。

几千年来，人类无时无刻不在探索通向幸福的途径，在一定程度上，人类的发展史就是一部幸福的探索史，人们总希望能够找到开启幸福大门的金钥匙。梳理文献发现，国内外学者以探讨主观幸福感的影响因素居多。有从主客观层面总结幸福感的影响因素，影响幸福感的客观因素包括遗传、文化（如个体主义与集体主义）、家庭环境因素（如婚姻关系、父母教养方式、家庭气氛）、生活事件因素、经济因素（主要是经济收入、财富等状况）、社会支持；主观因素包括人格因素、自我效能感、应对方式。[1] 也有研究者从内外因素梳理了主观幸福感的影响因素，内部因素包括气质、健康、性别；外部因素包括文化、工作（如工作满意度、工作热情）、收入（主要考察了个人收入的变化、国家经济发展时期与不同国家之间差异的影响）、婚姻等。[2] 也有研究者认为，有两种理论可以解释主观幸福感的影响因素——自上而下理论以及自下而上理论。自上而下理论主张人格特质变量会影响人们的主观幸福感，而自下而上理论则认为一些环境因素会影响人们的主观幸福感。对人生中一些客观因素（如性别、年龄、种族、教育、收入等）的研究表明，这些因素与主观幸福感的相关比较微弱，只能解释20%以下的主观幸福感变异。个体心理因素如人格特质、目标等对主观幸福感有更大的作用。而且，人格特质是主观幸福感个体差异产生的根本原因。主观幸福感也与认知相关的人格因素有关，比如，自尊、归因风格、生活目标等。[3]

Diener 探讨了心理幸福感的影响因素，并且将影响因素分为内因和

---

[1] 任志洪、叶一舵：《国内外关于主观幸福感影响因素研究述评》，《福建师范大学学报》（哲学社会科学版）2006年第4期。

[2] 李儒林、张进辅、梁新刚：《影响主观幸福感的相关因素理论》，《中国心理卫生杂志》2003年第11期。

[3] 郭永玉：《人格心理学纲要》，教育科学出版社2018年版。

外因两个类别。外部影响因素主要是一些客观因素,包括人口学变量和生活质量等,内部影响因素主要是指个体的人格特质。人口学变量对幸福感的影响较小（3%—24%）。被试对健康和能力的自我评价与幸福感的相关性最高。在 Keyes 等的研究中发现,大五人格模型中的开放性、尽责性和外向性能够很好地正向预测心理幸福感。但是心理幸福感受到的是多方面的影响,既包括这些内在因素的影响,也包括一些外在因素的影响。[1]

关于社会幸福感的影响因素,心理学家也进行了较为广泛的研究,国外学者分别从年龄、性别、婚姻状况、社会经济地位、公民契约与亲社会行为等角度探讨了这些因素对社会幸福感的影响。例如,Zambianchi 等分析研究了时间感知、积极应对策略以及自我效能感在情感调节、发散思维、家庭沟通有效度方面对社会幸福感的影响。[2] 国内对社会幸福感的实证研究不太多,有学者发现大学生价值取向可以正向预测社会幸福感;[3] 大学生自我价值感正向预测其社会幸福感;[4] 社会支持对社会幸福感有显著影响;[5] 也有学者考察了预测变量与社会幸福感之间的作用机制,比如,心理资本在大学生公正世界信念与社会幸福感之间起到中介作用;[6] 希望与孤独感在社会支持对老年人社会幸福感之间起到中介作用。[7] 自我效能感和应对方式在大学生学校社区感对社会幸福感的影响中起到中介作

---

[1] 张陆、佐斌:《自我实现的幸福——心理幸福感研究述评》,《心理科学进展》2007 年第 1 期。

[2] Manuela Zambianchi & Pio Enrico Ricci Bitti, "The Role of Proactive Coping Strategies, Time Perspective, Perceived Efficacy on Affect Regulation, Divergent Thinking and Family Communication in Promoting Social Well-Being in Emerging Adulthood", *Social Indicators Research*, Vol. 116, No. 2, 2014.

[3] 刘春雷、李莹:《大学生价值取向与社会幸福感的关系研究》,《社会心理科学》2014 年第 1 期。

[4] 丁成文:《大学生社会幸福感与自我价值观的关系研究》,硕士学位论文,汕头大学,2011 年。

[5] 刘博:《社会支持对不同雇佣形态员工的社会幸福感影响研究》,硕士学位论文,河北经贸大学,2013 年。

[6] 孙晓培:《大学生公正世界信念的影响因素及其与社会幸福感的关系》,硕士学位论文,江南大学,2016 年。

[7] 姚若松、郭梦诗、叶浩生:《社会支持对老年人社会幸福感的影响机制:希望与孤独感的中介作用》,《心理学报》2018 年第 10 期。

用等。①

本书的考察对象是青少年群体，青少年期作为从童年期到成年期的转折期，在这个时期，青少年生理的、认知的、社会情绪的变化都在发生着。青少年生理上的发育基本上完成了从儿童向成人的过渡，而生理上的成熟又促使青少年自我意识和成人感的产生，出现强烈的独立性冲动。但是，在青少年时期，由于他们的心理成熟水平和社会地位与新出现的心理需要和独立性需要存在着明显的矛盾，这就使得他们的心理上产生成人感和幼稚性并存的矛盾，从而使整个青少年时期表现出过渡性、封闭性、动荡性和社会性等特点。② 青少年群体有其特有的生活环境，根据美国心理学家布朗芬布伦纳的发展生态学模型，与青少年关系最密切的便是微系统，即家庭、同伴群体、学校等。作为密切影响青少年身心发展的微系统将是我们重点考察的外部因素之一。成长是青少年的发展主题，在其成长过程中，青少年一定会遭遇各种各样的负性生活事件，经受身体上、智力上、情绪上、社会心理上的各式压力，压力系统也将是我们着重考察的外部因素之一。青少年心理发展不仅受到外部因素的影响，更重要的是还要受到人的内部因素影响。为了较为全面地考察青少年的内部因素，第四章拟从认知因素、动力因素、行为因素、调节因素与积极人格因素等方面来进行探讨，并挖掘这些因素与青少年幸福感之间的作用机制，以期为提升青少年幸福感策略提供实证的机理支撑。

幸福作为人类发展过程中的永恒主题，亦是人类追求的终极目标。鉴于影响青少年幸福感的因素是多方面的，既有内部因素，也有外部因素，依据 Lyubomirsky 等提出的持续幸福感模型，国内外都对幸福培育的方法与对策进行或理论或实证的探索。总结起来，主要包括主张对环境、对他人作出积极反应；满足愿望；进行心理控制；积极和乐观思考；参加更多的社会活动；发展外向型人格特质；减少消极的想法；发展良好的人际关系（包括亲子、同伴、师生关系）；拥有积极的学业体验；树立和实现目

---

① 欧阳晓莹:《大学生学校社区感对社会幸福感的影响：自我效能感和应对方式的中介作用》，硕士学位论文，广州大学，2018 年。
② 林崇德:《发展心理学》，北京出版社 1983 年版。

标；充实自己的生活；变竞争为合作，减少主观的压力；获得社会支持等措施。基于第四章影响机制的实证发现，结合已有文献的方法探索，第五章拟有针对性地开发青少年幸福感的培育路径，为通往青少年幸福的实现与提升提供助力与推力。

二 研究设计

本书将在参考借鉴国内外相关研究成果和实证调研的基础上，以已有的前期研究成果为依托，按照"一条主线、两个目标、三大板块、四个问题"的思路开展研究。（1）紧紧围绕"描述、预测与培育"这条逻辑主线；（2）以为政府制定促进青少年健康成长的政策和为学校、家长及青少年提供促进青少年幸福的建议和措施为目标；（3）以理论探讨、实证研究及对策开发三大板块为框架；（4）系统深入地回答四个关键性问题：青少年幸福的内涵是什么？当代青少年的幸福感具有什么特点和规律？青少年幸福的影响机制是怎样？如何培育青少年的幸福感？研究总体框架和基本思路见图2-9。

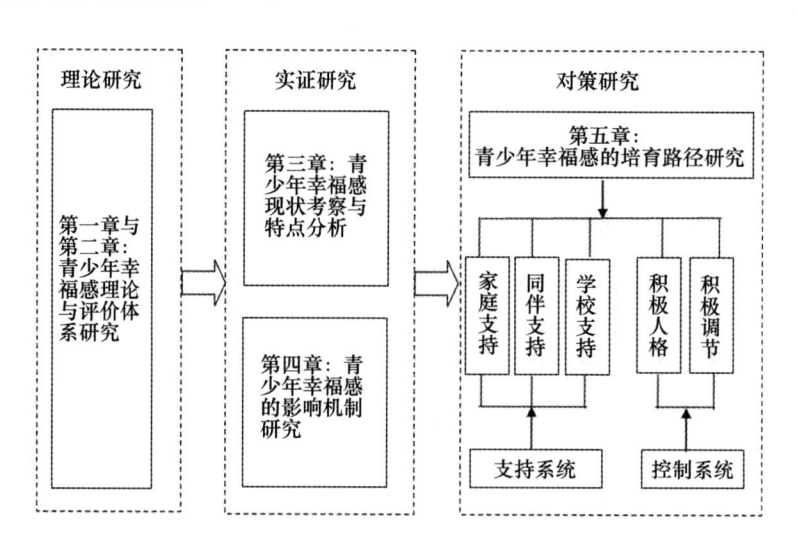

图 2-9 青少年幸福感研究总体框架和基本思路

三 研究意义

（一）理论意义

1. 青少年幸福感研究是新时代中国特色社会主义思想价值追求的体现。

习近平新时代中国特色社会主义思想理论体系的逻辑主线就是坚持以人民为中心，以人民为中心的新思想有力地彰显了人民至上的根本政治立场与人民幸福的根本价值追求。青年强则国强，青年立则国立。青少年作为人民中的重要一部分，在伟大的"中国梦"中扮演着不可或缺的角色。当今中国最鲜明的时代主题，就是实现"两个一百年"奋斗目标、实现中华民族伟大复兴的中国梦。在实现"两个一百年"奋斗目标的进程中，千千万万的青少年将全程参与。只有当青少年有信念、有梦想、有奋斗、过上有意义的人生，并且自觉把个人的理想追求融入整个社会的奋斗洪流中，这样的幸福才是全面的幸福，才是个人与社会和谐一致的幸福。

2. 青少年总体幸福感及其测量是对青少年幸福评价体系整合诉求的回应。

青少年总体幸福感的研究是一项艰难而紧迫的任务，尽管国内外的研究者们都在积极探索研究的视角和方法，但还是存在许多问题。首先，青少年幸福感测量缺乏系统的评价模型。我们所知道的大多数研究都是从某个视角出发来对青少年幸福感进行的研究，如有的心理学家只是从生活满意度来探究青少年的幸福感水平，选择的研究领域也只是涉及学校家庭等几个重要的场合。再如，儿童健康行为项目（HBSC）则主要关注青少年的物质幸福感的健康结果。这些青少年幸福感评价内容相对较为零散。本书的研究综合个体的主观与客观；融合个体与社会，整合三种幸福感取向，对总体幸福感进行界定与测量，并将总体幸福指数、具体生活满意度作为青少年幸福测评指标，是对构建统一的青少年幸福评价体系做出的有益尝试。

3. 青少年幸福感影响机制作用模型构建是对青少年幸福感理论的丰富。

个体是在遗传与环境的交互作用下不断发展的。青少年心理发展不仅受到外部因素的影响,更重要的是还受到人内部因素的制约。本研究基于积极心理学视角与布朗芬布伦纳的发展生态学理论,从内外两大层面(内部、外部)、六大系统(压力系统、支持系统、认知系统、行为系统、动力系统与控制系统)来构建青少年幸福感影响机制作用模型。每一系统下拟通过多个变量来进行考察与探索,这是对青少年幸福感作用机制的挖掘,也是对青少年幸福感理论的丰富与补充。

(二)实践意义

1. 青少年幸福感研究是对现代教育最高要求和终极目标的践行。

著名教育理论家乌申斯基说过:"我确信:教育的主要目的在于使学生获得幸福,不能为任何不相干的利益而牺牲了这种幸福,这一点是毋庸置疑的。"幸福目标的实现显然需要新的教育理念做支撑。知识教育之外的能力与品质教育必不可少,而且应该贯穿在我们的整个教育体系中。美国著名管理学者丹尼尔·平克提出,在人工智能时代,人需要有六种机器做不到的能力。第一要有美感、欣赏之心,看到波光粼粼的水面,立刻感受到水天一色的美。第二要有快乐感,要让自己身心愉悦健康的同时也让别人身心愉悦健康。第三要有意义感,知道如何在烦琐的生活中找到生活的意义。第四是形象思维的能力,善于讲故事,能将抽象概念具体化。第五有共鸣的能力,善于感染和激励他人。第六有同理的能力,能够感受到其他人的感情、感觉和感受。他认为这些都是21世纪特别重要的能力。一个幸福的人也会是具备这些能力的人,而缺乏这些相应的能力的人最终无法获得真正的幸福。因此,作为教育者不仅要教授青少年必要的科学文化知识,幸福的感受能力以及获得幸福的良好品质的培养也是教育者不可推卸的重任。青少年只有在学习和实践的过程中不断提高自己的道德修养和精神境界,不断培养自己优良的人格特质,才能获得良好的发展,获得他人的尊重,并且满足自我实现的需要,实现人生的价值,收获幸福。因此青少年幸福感的研究有利于良好教育的践行与探索。

2. 幸福培育路径研究为青少年幸福的实现与提升提供助力与推力。

青少年的幸福是青少年个体的心理需要,是其毕生追求的目标,也是家长、教师、学校乃至社会的共同期望。我们的教育者不仅要关注学生学业上的成绩，还应该更加关注学生幸福感的培养。幸福感可以让青少年更加有激情有动力，更有助于青少年保持活力，积极奋进，取得成就。为此，世界卫生组织与各国都制定了有关政策，加强青少年心理健康与幸福感的培养。国际社会组织开展的各项幸福感评价项目充分说明青少年幸福感已经成为了国际社会关注的焦点。因此，本研究基于扎实的现状特点调查与影响机制的分析，为培育青少年幸福感提供路径上的策略与建议，有利于为我国政府制定保护青少年健康发展权益、提高青少年生活质量、提升幸福感的相关政策提供科学依据，也有利于为教育管理者、教师、家长和青少年个体提供建议和措施，具有较强的可操作性和针对性。同时，也是为通往青少年幸福的实现与提升提供助力与推力。

3. 更好服务于国家社会心理服务体系建设，深入推进社会治理。

青少年作为未来社会发展的中坚力量，是国家的重要社会群体，培育青少年自尊自信、健康阳光的社会心态、实现青少年的幸福感，正是对国家加强社会心理服务体系建设要求的积极响应。青少年幸福培育正是国家社会心理服务体系建设的重要内容，成果可以对社会心态培育、心理服务、社会治理提供参考与借鉴。

四 研究创新点

第一，在积极心理学系统的视角下，从理论上整合主观幸福感、心理幸福感、社会幸福感研究取向，构建青少年总体幸福感概念；针对幸福感评价内容相对较为零散，缺乏系统的幸福感评价模型设计，本书的研究从快乐与意义、主观与客观、个人与社会不同指标去评价与测量个体的幸福感，并将总体幸福指数、具体生活满意度作为青少年幸福测评指标，是对构建统一的青少年幸福评价体系做出的有益尝试。

第二，基于心理学理论与已有研究成果，首次提出了青少年幸福感影响机制综合作用模型。该理论从个体内外两个层面，压力、支持、认知、动力、行为、控制六大系统来揭示青少年幸福感的影响来源以及作用机制。当个体面对压力系统时，可以通过两条通道来进行应对与化解。一是个体的动力、认知与控制系统，这是内源性的系统；二是寻求外部的支持系统。该模型既是对青少年幸福感影响机制的整合，也是对幸福感变化的深入解释。

第三，围绕培育青少年幸福这一主题，基于青少年幸福感影响机制的研究结果，首次开发了青少年幸福培育路径的双螺旋模型，即双系统五路径。双系统指外部的支持系统与内部的控制系统，支持系统包括学校、同伴与家庭支持三条路径，控制系统包括积极人格塑造与积极调节习得两条路径。对青少年个体、家长、学校、教师都具有较强的指导性和针对性。

第三章

青少年幸福感现状考察与特点分析

习近平总书记在党的十九大报告中明确提出：青少年的健康成长是一个国家健康持续发展的决定因素之一。关注青少年一代的健康成长就是关注国家的健康持续发展。中国梦的本质内涵是国家富强、民族振兴、人民幸福，而青年梦是中国梦的重要组成部分。中国梦的实现，在很大程度上要依赖于青年梦的实现。因此，要实现国家的长治久安，实现我国的中国梦，就必须要关注青少年一代的健康成长，就是要关注他们的身心发展，关注青少年的幸福。另外，青少年一代也正处于迷茫困惑的阶段，按照埃里克森的说法，青少年一代正处于自我同一性和角色混乱的冲突之中，他们会因为面临新的社会要求和社会冲突而感到困扰和混乱。[1]

关注青少年的幸福，首先从探究我国青少年的幸福现状以及特点入手。我国青少年幸福的总体状况如何，不同幸福感水平的人数分布怎样？青少年总体幸福感在性别、年龄等人口学变量以及人格变量上是否存在差别？幸福的青少年都具有哪些特点？

具体而言，对青少年幸福现状与特点的探究主要出于以下两方面的考量：

第一，时代背景的变化可能改变了青少年幸福感的现状和特点。青少年的幸福感受到多种因素的影响，其中就包含了社会文化历史背景。

---

[1] 陈琦、刘儒德主编：《教育心理学》，高等教育出版社2005年版。

Bronfenbrenner 的生态系统理论认为，个体不是单独的个体，而是一套相互影响的环境系统中的一部分，因此个体与系统之间存在相互作用，这种作用对个体有着重要影响。生态系统理论将环境系统分为 4 个层次：包含个体活动和交往的直接环境的微系统、包含各微系统之间的联系和关系的中间系统、对个体间接产生影响的外层系统以及作为上层意识的宏系统。之所以说宏系统是上层意识，是因为它包含了的文化、亚文化和社会氛围是存在于微系统、中间系统和外层系统中的[1]，宏系统的影响范围一般较广。时代背景作为宏系统中的一种，对青少年的幸福感产生了巨大影响。

2018 年是我国改革开放 40 周年，这 40 年间，我国发生了沧桑巨变。2018 年 11 月 13 日，为了庆祝改革开放 40 周年，在国家博物馆举行了以"伟大的变革"为题的展览开幕式，开幕式后，"改革开放 40 年"成为热词，大家纷纷晒出照片来比较改革开放 40 年以来周边环境的巨大变化。大家晒出的照片涵盖了衣、食、住、行、学等多个方面，可见改革开放对社会的影响范围之广、影响程度之深。这种影响和变化，从各个角度和环境系统的各个层次直接或是间接地影响着青少年的幸福感。改革开放 40 年间，我国还经历着另一重大改变：社会转型。社会转型带来的丰富的物质生活、多元文化的冲突、传统的应试教育、社会科技发展以及激烈的社会环境渗透了青少年的环境系统，对青少年的幸福感产生了巨大影响。时代背景的巨大变化对青少年幸福感产生了很大的影响，时代背景的沧桑巨变意味着青少年幸福感现状与特点的改变。时代在进步，我们对于青少年幸福感的认识和了解也应该随之进步，而不能仅仅停留在之前的片面认识上。

第二，前面学者对于青少年幸福感的现状和特点的探究中还存在着一些不足和问题需要进一步的完善。一方面，以往研究对于青少年幸福感的现状和特点的研究在全面性上有一定的欠缺。另一方面，以往研究的结论

---

[1] Bronfenbrenner U., "The Ecology of Developmental Processes", in Damon W., Lerner R. M., eds., *Handbook of Child Psychology*, 1998.

还存在着不一致。

青少年幸福感研究的不全面体现在研究工具（幸福感的测量指标）的使用不全面、人口学变量的考量不全面以及研究样本量不具代表性三点上。随着心理学对幸福感理解的三次变革，幸福感的评价指标已经不再是单纯的主观幸福感，但以往对于青少年幸福感的研究基本都是分别关注主观幸福感、心理幸福感、社会幸福感或是生活满意度，近年来也有部分学者①开始将主观幸福感和心理幸福感结合起来作为幸福感的衡量指标，但将主观幸福感、心理幸福感以及社会幸福感结合起来作为幸福感指标的较少。为了更全面地考察衡量青少年幸福感的现状，本书的研究将总体幸福感（主观幸福感、心理幸福感、社会幸福感三者的整合）、具体生活满意度以及总体幸福指数作为青少年幸福的评价指标。

人口学变量的考量不全面主要是对于青少年的家庭类型、父母的工作类型等人口学变量的忽略。本书的研究除了从性别、年级、生源地、是否独生子女的角度考察青少年幸福感的特点外，还考虑了是否班干部、双亲是否外出务工、双亲的受教育程度等几个人口学变量对青少年幸福感的影响。另外，本书的研究还探讨了青少年幸福感的人格特点。

同时，以往青少年幸福感现状与特点的研究样本存在着很大的地域限制，本书的研究则选取了横跨东西南北中的中学生为研究对象，以这些区域范围更广的中学生为样本，研究代表性要更强。

以往研究中的青少年幸福感现状与特点的研究结论存在不一致的地方。比如，国内学者张灵②、贾继超③等人就发现，主观幸福感在性别上

---

① 苗元江：《心理学视野中的幸福：幸福感理论与测评研究》，博士学位论文，南京师范大学，2003年。
② 张灵、郑雪、严标宾、温娟娟、石艳彩：《大学生人际关系困扰与主观幸福感的关系研究》，《心理发展与教育》2007年第2期。
③ 贾继超、刘金同、王旸、张燕、陈洁：《农村初中生主观幸福感及与自尊、社会支持的关系》，《中国临床心理学杂志》2014年第3期。

差异不显著；但程翠萍等[①]、陈翠玲等[②]、田丽丽等[③]等学者发现女性幸福感要高于男性；而邓林园等[④]、杨影等[⑤]、卢永兰等[⑥]等学者则发现男性幸福感要强于女性。不一致结果在年级、生源地、是否独生子女、是否留守等人口学变量上同样存在。出现这种矛盾结果的原因在于研究工具的不一致以及被试的选择不当。本研究选取有代表性的样本并采用多个指标来对青少年的幸福感的现状和特点进行探究，从幸福感的多个角度对青少年幸福进行了描述与考察。

综上所述，对青少年幸福感现状和特点的分析不仅弥补了以往研究者在幸福测评指标上的不全面以及样本代表性不足的问题，还为后面探究青少年幸福感的影响因素和对策开发奠定了基础。

第一节 青少年幸福感的现状描述

一 研究对象

采取整群随机抽样法以全国东北、中部、西南共14所学校的6000名学生作为调查研究的对象。共发放调查问卷6000份，回收问卷5249份，问卷回收率达到87.5%。被试在各人口学变量上的分布情况见表3-1。

[①] 程翠萍、黄希庭：《大学生勇气与主观幸福感的关系：一个有调节的中介模型》，《心理发展与教育》2016年第4期。
[②] 陈翠玲、冯莉、王大华、李春花：《成年独生子女自尊水平和主观幸福感的特点及二者间的关系》，《心理发展与教育》2008年第3期。
[③] 田丽丽、刘旺：《青少年学校幸福感及其与能力自我觉知、人格的关系》，《心理发展与教育》2007年第3期。
[④] 邓林园、马博辉、武永新：《初中生依恋与主观幸福感：自尊的中介作用》，《心理发展与教育》2015年第2期。
[⑤] 杨影、赵慧勇：《留守经历对高职生主观幸福感的影响——以亳州职业技术学院为例》，《成都师范学院学报》2018年第2期。
[⑥] 卢永兰、林铮铮、林燕：《主观幸福感对农村留守初中生学习倦怠的影响》，《牡丹江师范学院学报》（哲学社会科学版）2018年第2期。

表 3-1　　　　　　　　　被试基本情况统计（N=5249）

变量	类别	人数	百分数（%）	变量	类别	人数	百分数（%）
性别	男	2632	50.1	父母受教育程度	小学 父亲	510	9.7
	女	2602	49.6		小学 母亲	626	11.9
	缺失值	15	0.3		初中 父亲	1760	33.5
年级	初一	866	16.5		初中 母亲	1786	34.0
	初二	1423	27.1		高中 父亲	1695	32.3
	初三	355	6.8		高中 母亲	1672	31.9
	高一	1448	27.6		大学 父亲	1108	21.1
	高二	541	10.3		大学 母亲	1008	19.2
	高三	616	11.7		研究生及以上 父亲	135	2.6
生源地	城镇	3404	64.9		研究生及以上 母亲	117	2.2
	农村	1830	34.9		缺失值 父亲	41	0.8
	缺失值	15	0.2		缺失值 母亲	40	0.8
是否独生子女	是	3127	59.6	父母是否外出打工	是 父亲	1287	24.5
	否	2117	40.3		是 母亲	739	14.1
	缺失值	5	0.1		否 父亲	3937	75.0
是否班干部	是	1833	34.9		否 母亲	4488	85.5
	否	3408	64.9		缺失值 父亲	25	0.5
	缺失值	8	0.2		缺失值 母亲	22	0.4
家庭类型	双亲家庭	4373	83.3				
	单亲家庭	536	10.2				
	组合家庭	328	6.2				
	缺失值	12	0.3				
家庭经济收入	好	396	7.5				
	较好	1295	24.7				
	一般	3027	57.7				
	较差	364	6.9				
	差	165	3.1				
	缺失值	2	0.1				

二 研究工具

(一) 总体幸福感量表

对陈浩彬、苗元江编制的《综合幸福感问卷》[①]（Multiple Happiness Questionnaire，MHQ）进行修订，他们的问卷主要是对大学生进行的施测。考虑到中学生与大学生有着心理发展特点的区别，因此，在题目的语言描述上进行了调整，使得表述更符合中学生的使用习惯。该问卷主要包括三个分量表：主观幸福感量表、心理幸福感量表以及社会幸福感量表。本研究中，单个题目得分与问卷总分的相关介于0.44—0.79之间，主观幸福感、心理幸福感、社会幸福感量表得分与总量表得分的相关分别为0.78、0.87、0.82，总体幸福感的信度为0.96。

主观幸福感量表包含生活满意度、积极情感和消极情感三个部分。苗元江在积极情感与消极情感部分总共选取了12个词汇，本书的研究改选用Watson等编制的《简式积极情感和消极情感量表》（Positive Affect and Negative Affect Scale，PANAS），该量表共包括20个题目，被试根据自己在某一阶段（现在、今天、上周、过去几周、今年、总体）的感受对下面描述情感的词语进行5等级评定。其中积极情感包括：有趣的、兴奋的、坚强的、热情的、自豪的、激励的、专心的、积极的、有决心的、警觉的；消极情感包括：难过的、沮丧的、内疚的、惊慌的、急躁的、羞愧的、不安的、敌意的、焦虑的、害怕的。改编后的主观幸福感问卷共包含25个条目，最终的主观幸福感得分＝生活满意度得分＋积极情感得分－消极情感得分，采用Likert 7点计分，得分越高说明主观幸福感越高。本研究中，主观幸福感的信度为0.83。

心理幸福感分量表共有33个条目，采用Likert 7点计分，研究在苗元江等的基础上对条目的表述进行了调整，同时打乱了条目的呈现顺序。本研究中，心理幸福感的信度为0.95。

[①] 陈浩彬:《幸福感理论模型探索——基于大学生的实证研究》，硕士学位论文，南昌大学，2008年。

苗元江等的社会幸福感分量表在 Keyes 等的基础上由 20 个题项缩减为 10 个，考虑到社会幸福感分量表共有五个维度，缩减后的量表每个维度只有两个题目，这对问卷的信效度存在影响，因此本研究采用王青华等对 Keyes 等编制王青华翻译的社会幸福感量表。[①] 最终采用的社会幸福感分量表共有 20 个条目，采用 Likert 7 点计分，得分越高代表社会幸福感越高。本研究中，社会幸福感的信度为 0.92。

（二）具体生活满意度量表

采用张兴贵等以 MSLSS 为基础，在中国文化背景下以初二、高二和大学生为研究对象编制的《青少年学生生活满意度量表》（CASLSS）。该量表将生活满意度划分为自我满意和环境满意两个层次，包括对友谊、家庭、学业、自由、学校和环境的满意度 6 个具体的领域。问卷采用 Likert 7 点评分，从"完全不符合"到"完全符合"分别计 1—7 分，共 36 个题目，得分越高，说明生活满意度越高，幸福感越强。本研究中，具体满意度量表的信度为 0.93。

（三）总体幸福指数

采用苗元江等编制的《综合幸福感问卷》（Multiple Happiness Questionnaire，MHQ）中的整体幸福指数作为总体幸福指数。该指数采用 9 点评定对"使用下列标准，评价您在整个生活中的幸福/痛苦体验"幸福感指数进行测定，其中 1 代表非常痛苦，5 代表居于中间，9 代表非常幸福。得分越高，代表被试幸福感越强。

（四）人口学变量

对青少年的性别、年级、生源地、是否独生子女、是否班干部、是否留守、双亲受教育程度、家庭类型以及家庭经济收入进行统计。

三　研究程序

所有主试为心理学专业本科生或硕士生，在研究开始前对所有的主试进行专业统一的训练。正式展开调查之前，研究者首先向学校负责人解释

[①] 王青华：《社会幸福感心理结构的跨群体研究》，博士学位论文，南昌大学，2011 年。

研究目的，然后学校审查问卷内容，在取得学校同意之后，以班级为单位进行集体施测。测试过程中，主试首先向中学生介绍研究目的，并向被试说明本次研究的结果将严格保密且只会用作科研之用，随后向学生说明其他注意事项和填写方法。指导语完毕后，询问学生是否理解，学生理解后独自对问卷作答，不可与他人讨论。整个测试过程大概需要20分钟，20分钟后当场将问卷回收，并对大家给予的调研配合表示感谢。

四 数据处理

统一用 EpiDate 3.1 进行数据的录入，在 SPSS 24.0 中进行数据处理。

五 研究结果

（一）青少年幸福感的总体状况

青少年总体幸福感及其三个分维度、幸福指数、具体生活满意度及其各个分维度的描述性统计结果见表3-2。由表可知，青少年的幸福指数均分为6.17，处于中等偏上水平。但幸福指数低于4分的青少年就占了19.2%，高于6分的青少年仅占48.3%，也就是说，有超过一半的青少年幸福指标处于低下水平（图3-1展现了不同幸福指数水平青少年占比情况）。

另外，青少年的总体幸福感均分为4.14，处于中等偏下水平。并且总体幸福感高于5分的青少年只占15.6%，这说明只有小部分的青少年总体幸福感较高（图3-2展现了不同幸福感水平青少年占比情况）。衡量总体幸福感的几个指标中，主观幸福感低的青少年占比达到12.6%，高主观幸福感的青少年占49.7%，不到总人数的一半。心理幸福感与社会幸福感的均值分别为5.25、5.18，处于较高的水平，高分者也达到了50%以上，说明青少年的实现感、意义感与社会感好于快乐感，但与理想状况还存在一定的差距。

在具体生活满意度中，家庭满意度最高，学校满意度次之，之后依次是环境满意度、友谊满意度、自由满意度，学业满意度最低。除了家庭满意度的均值达到了5.24外，其他满意度的均值均低于5分，说明青少年的具体满意度并不高。其中值得注意的是，学业满意度与自由满意度的均值在具体生活满意度中非常低，只有4.05与4.61，另外低分者却分别占了27%与12.5%，说明有较大一部分青少年对于自己的学业和自由不满意。在所有具体满意度中，除了高家庭满意度的青少年占59.7%（这一数值同样远远低于我们的期望）高于50%外，高友谊满意度、学业满意度、自由满意度、环境满意度、学校满意度的青少年均少于总人数的一半（图3-3展现了不同具体满意度水平青少年占比情况）。

表3-2　　　　　青少年幸福感的现状分析（N=5234）

	M±SD	低水平（%）	中等水平（%）	高水平（%）
幸福指数	6.17±1.85	19.2	32.5	48.3
总体幸福感	4.14±0.87	8.8	75.6	15.6
主观幸福感	1.99±0.84	12.6	37.7	49.7
心理幸福感	5.25±1.01	2.2	34.6	63.2
社会幸福感	5.18±1.05	2.8	40.3	56.9
具体满意度	4.76±0.98	3.9	53.8	42.3
友谊满意度	4.82±1.05	5.8	49.0	45.2
家庭满意度	5.24±1.37	7.3	33.0	59.7
学业满意度	4.05±1.49	27.0	48.8	24.2
自由满意度	4.61±1.31	12.5	51.1	36.4
环境满意度	4.90±1.12	5.3	51.6	43.1
学校满意度	4.93±1.28	7.8	47.3	44.9

注：表中统计了各个指标高、中、低三个水平人数所占的百分比，每个指标的划分标准不一样。幸福指数得分中，低于4分记为低水平，4—6分记为中等水平，高于6分记为高水平。主观幸福感中，低于1分记为低水平，1—2分记为中等水平，高于2分记为高水平。总体幸福感、心理幸福感、社会幸福感、具体满意度、友谊满意度、家庭满意度、学业满意度、自由满意度、环境满意度以及学校满意度中，低于3分记为低水平，3—5分记为中等水平，高于5分记为高水平。

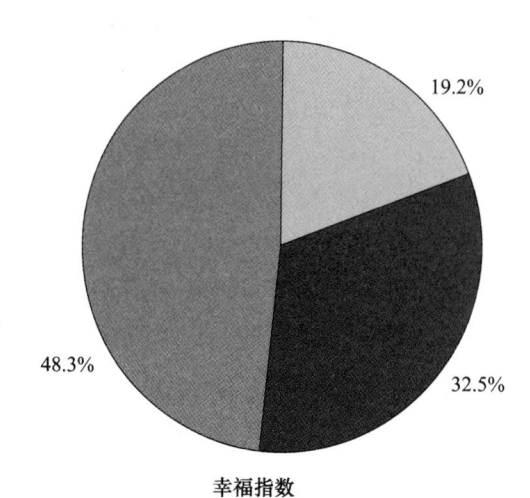

图 3−1　不同幸福指数水平青少年占比情况

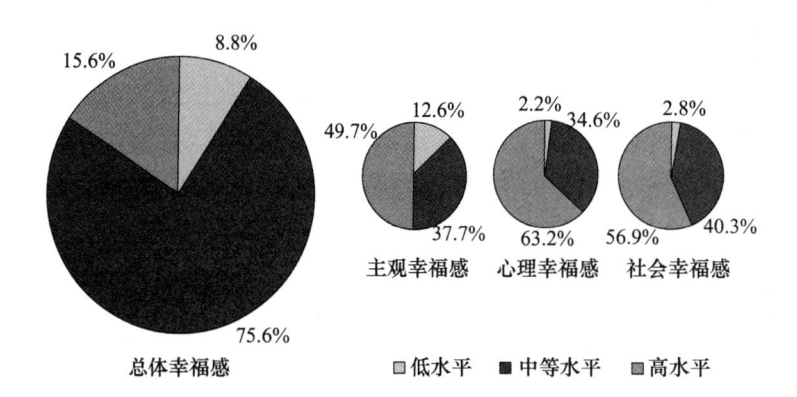

图 3−2　不同幸福感水平青少年占比情况

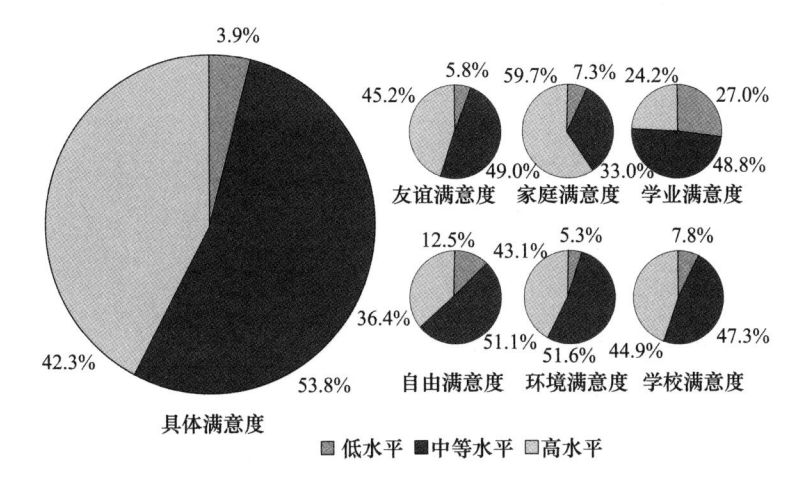

◇ 第三章 青少年幸福感现状考察与特点分析 ◇

图 3-3 不同具体满意度水平青少年占比情况

综合青少年幸福感指数、青少年总体幸福感（包括主观幸福感、心理幸福感以及社会幸福感）以及具体生活满意度的结果我们发现，青少年幸福感总体上来说不容乐观：幸福感的平均水平不高，低幸福感青少年比例较大，而且高幸福感青少年基本上不到总人数的一半，青少年的幸福状况呈现出下降趋势。这与以往一些研究者的结论不一致。①

出现不一致结果的原因可能在于改革开放与社会转型带来的高技术、高速度的改变。高技术意味着高竞争和高节拍，高速度代表着高风险和高压力。这种压力不仅会直接作用在青少年的身上，而且会通过微系统和中间系统、外系统间接地作用在处于环境系统中的青少年身上。学习是青少年生活中的一项重要内容与任务，对青少年而言，是最具压力感的领域。诸多已有的研究表明，学习能力、学习成绩或多或少都会对青少年幸福感产生不同大小的影响，学习动机端正、能形成良好的学习态度和习惯、有较强的学习能力以及有较好的学业表现的青少年幸福感更强。② 而在高压力的社会中，升学压力、学习压力时刻包围着尚处于发展定型阶段的青少

---

① 韩爽：《青少年主观幸福感特点及其培养的研究》，硕士学位论文，东北师范大学，2004年。
② 贾晓波、李慧生：《高中生心理适应能力训练教程》，天津教育出版社2001年版。

年。也正是因为这样，青少年的学习满意度与自由满意度在所有的满意度中是最低的。在学校中、社会上，几乎每个青少年都能感觉到压力。这是因为，随着青少年的成长，他们的经历会越来越多，身份、角色会越来越多，这意味着责任也越来越大，因而压力也越来越大。但大部分青少年还没有把压力应对看作一个问题。如果在青少年阶段压力出现的时候个体不能掌握合理的压力应对机制，那这就会影响到他们今后的人生发展，所以，了解青少年的幸福感状态及其增强办法，有利于及时疏导青少年的压力，引导他们健康地成长与发展。

（二）青少年幸福感在人口学变量上的差异

为探究青少年幸福感的特点，对青少年幸福感在性别、年级、生源地、是否独生子女、是否班干部、是否留守、双亲受教育程度、家庭类型以及家庭经济收入上的差异进行分析，并讨论了他们之间有差异性的原因，以此为社会和学校提高青少年主观幸福感提供参考依据。具体如下：

1. 青少年幸福感的性别差异

对幸福指数、总体幸福感（包括社会幸福感、主观幸福感以及心理幸福感）以及具体生活满意度进行统计分析，根据幸福感不同性别的平均数与标准差进行分析表明：青少年幸福指数在性别上不存在显著差异；青少年总体幸福感的性别差异显著（$t = 2.092$，$p = 0.036 < 0.05$），男生总体幸福感要高于女生。在总体幸福感的三个分维度中，主观幸福感和社会幸福感的性别差异不显著，心理幸福感在性别上存在显著差异（$t = 2.779$，$p = 0.005 < 0.01$），男生心理幸福感要高于女生；在具体满意度中，友谊满意度不存在性别差异，性别在家庭满意度、学业满意度、自由满意度、环境满意度、学校满意度上存在显著差异（$p < 0.05$），其中，女生的家庭满意度、环境满意度以及学校满意度均高于男生，但男生的学业满意度与自由满意度则要高于女生（见表3-3）。

表 3-3　　　　　　　　青少年幸福感在性别上的差异

	男生（N=2632）	女生（N=2602）	t	p
幸福指数	6.13±1.88	6.21±1.812	-1.693	0.091
总体幸福感	4.17±0.90	4.12±0.83	2.092*	0.036
主观幸福感	2.01±0.86	1.98±0.83	1.177	0.239
心理幸福感	5.29±1.04	5.21±0.96	2.779**	0.005
社会幸福感	5.20±1.11	5.16±0.99	1.581	0.114
具体满意度	4.77±1.00	4.74±0.95	1.168	0.243
友谊满意度	4.85±1.08	4.80±1.02	1.525	0.127
家庭满意度	5.20±1.36	5.28±1.38	-1.990*	0.047
学业满意度	4.19±1.50	3.90±1.46	7.202***	0.000
自由满意度	4.66±1.35	4.56±1.27	2.738**	0.006
环境满意度	4.85±1.12	4.95±1.12	-3.357**	0.001
学校满意度	4.90±1.29	4.97±1.27	-1.983*	0.047

注：有 15 人对自己的性别未作答。

* 表示 $p<0.05$，** 表示 $p<0.01$，*** 表示 $p<0.001$，下同。

总的来说，在总体幸福感、心理幸福感、学业满意度与自由满意度上面，男生高于女生；在家庭满意度、环境满意度以及学校满意度上面，女生要高于男生。这与以往研究的结果基本上是一致的。[①] 从社会支持的角度来看，女生的社会支持敏感性更高，她们也更乐意接受社会支持。另外，受"男儿有泪不轻弹"、"男儿当自强"的传统观点影响，社会（家庭、学校等）对于男生的社会支持相较于女生要少得多。因此男生的家庭满意度、环境满意度以及学校满意度要低于女生。同样地，受传统观点的影响，社会虽然对女性的社会支持会更多，但这也意味着对女生的管束和要求更多，因而女生的自由感更低，因此女生的自由满意度和学业满意度要更低一些。

考虑到男生与女生的幸福感在不同维度上的差异，在考虑我国青少年

---

① 李蓝冰：《高校毕业生幸福感研究》，硕士学位论文，中共北京市委党校，2012 年。

幸福感提升的时候，就不应该采取一刀切的方式，而应该有针对性地采取措施。比如，在提升男生的幸福感的时候，社会大众应该接受"男孩哭吧哭吧不是罪"的观念，在关心、支持女生的时候对男生也不能忽视。而对于女生，社会大众应该摈弃传统的社会规范约束；对于学习上的，也应扭转性别学习刻板印象，如女生也可以学好理科学科。各级政府在"十三五"期间也应切实落实协调发展、共享发展理念，继续加强义务教育公共服务，切实推动义务教育的均衡发展，全面提高教育教学质量，落实并深化考试招生制度改革和教育教学改革，让初中生在宽松和谐氛围中学习，实现在学习中体验收获，在收获中体验成长，在成长中体验幸福。

2. 青少年幸福感的年级差异

对幸福指数、总体幸福感（包括主观幸福感、心理幸福感以及社会幸福感）以及具体生活满意度进行统计，根据幸福感不同性别的平均数与标准差进行分析表明：青少年幸福指数、总体幸福感、主观幸福感、心理幸福感、社会幸福感和具体满意度都在年级上存在显著差异（$p < 0.001$）（见表3-4）。

表3-4　　青少年各年级的幸福感比较（M、SD）

		初一 （N=866）	初二 （N=1423）	初三 （N=355）	高一 （N=1448）	高二 （N=541）	高三 （N=616）	F
幸福指数	M	6.46	6.19	6.12	6.21	5.89	5.90	9.6***
	SD	1.90	1.93	1.85	1.79	1.68	1.78	
总体幸福感	M	4.22	4.21	4.18	4.12	4.00	4.02	12.808***
	SD	0.77	0.89	1.00	0.88	0.82	0.84	
主观幸福感	M	2.11	2.05	2.04	1.98	1.84	1.84	6.07***
	SD	0.81	0.85	0.87	0.85	0.79	0.84	
心理幸福感	M	5.35	5.31	5.28	5.21	5.11	5.15	5.257***
	SD	0.91	1.03	1.15	1.00	1.02	0.98	
社会幸福感	M	5.21	5.26	5.22	5.16	5.04	5.08	8.714***
	SD	0.92	1.10	1.23	1.06	0.96	1.03	
具体满意度	M	4.88	4.84	4.81	4.75	4.54	4.59	14.406***
	SD	0.92	1.00	1.05	0.98	0.90	0.93	

进一步地两两比较发现：初一年级青少年的幸福指数要高于其他年级青少年的幸福指数（$p<0.01$），初二年级和高一年级青少年的幸福指数要高于高二年级和高三年级青少年（$p<0.01$）（见表3-5）。

初一年级和初二年级青少年的总体幸福感和主观幸福感要高于所有高中青少年的总体幸福感和主观幸福感（$p<0.05$），初三和高一年级青少年的总体幸福感和主观幸福感要高于高二、高三年级青少年的总体幸福感和主观幸福感（$p<0.05$）（见表3-6、表3-7）。初一年级和初二年级青少年的心理幸福感要高于所有高中青少年的心理幸福感（$p<0.01$），初三年级青少年的心理幸福感要高于高二、高三年级青少年的心理幸福感（$p<0.01$），高一年级青少年的心理幸福感要高于高二年级青少年的心理幸福感（$p<0.05$）（见表3-8）。初一年级青少年的社会幸福感要高于高二、高三年级青少年的社会幸福感（$p<0.05$），初二年级青少年的社会幸福感要高于所有高中青少年的社会幸福感（$p<0.01$），初三年级青少年的社会幸福感要高于高二、高三年级青少年的社会幸福感（$p<0.05$），高一年级青少年的社会幸福感要高于高二年级青少年的社会幸福感（$p<0.05$）（见表3-9）。

初一年级和初二年级青少年的具体满意度要高于所有高中青少年的具体满意度（$p<0.05$），初三和高一年级青少年的具体满意度要高于高二、高三年级青少年的具体满意度（$p<0.01$）（见表3-10）。

表3-5　　　　　　不同年级青少年在幸福指数上的事后检验

J \ I	初一	初二	初三	高一	高二
初二	0.27**				
初三	0.33**	0.06			
高一	0.25**	-0.02	-0.09		
高二	0.57***	0.30**	0.24	0.32**	
高三	0.56***	0.29**	0.23	0.31***	-0.01

表 3-6 不同年级青少年在总体幸福感上的事后检验

J \ I	初一	初二	初三	高一	高二
初二	0.02				
初三	0.04	0.02			
高一	0.10 **	0.09 **	0.07		
高二	0.22 ***	0.21 ***	0.19 **	0.12 **	
高三	0.20 ***	0.18 ***	0.16 **	0.09 *	-0.03

表 3-7 不同年级青少年在主观幸福感上的事后检验

J \ I	初一	初二	初三	高一	高二
初二	0.07				
初三	0.07	0.00			
高一	0.13 ***	0.06 *	0.06		
高二	0.28 ***	0.21 ***	0.21 ***	0.14 ***	
高三	0.27 ***	0.20 ***	0.20 ***	0.14 ***	0.00

表 3-8 不同年级青少年在心理幸福感上的事后检验

J \ I	初一	初二	初三	高一	高二
初二	0.04				
初三	0.06	0.02			
高一	0.13 **	0.09 *	0.07		
高二	0.23 ***	0.19 ***	0.17 **	0.10 *	
高三	0.20 ***	0.19 **	0.13 **	0.06	-0.04

表 3-9　　　　　不同年级青少年在社会幸福感上的事后检验

J \ I	初一	初二	初三	高一	高二
初二	-0.06				
初三	-0.02	0.04			
高一	0.05	0.11**	0.07		
高二	0.17**	0.22***	0.18*	0.12*	
高三	0.13*	0.19***	0.15*	0.08	-0.04

表 3-10　　　　　不同年级青少年在具体满意度上的事后检验

J \ I	初一	初二	初三	高一	高二
初二	0.05				
初三	0.07	0.03			
高一	0.13**	0.09*	0.06		
高二	0.34***	0.30***	0.27***	0.21***	
高三	0.30***	0.25***	0.22**	0.16***	-0.05

综合来看，初中生的幸福感要高于高中生，初中三个年级的幸福感基本不存在显著差异，高一年级的幸福感高于高二、高三年级。可以看到，随着高考的临近，青少年的幸福感越来越低（见图 3-4）。这与张冲等[1]的研究结果一致，但与张兴贵等[2]的研究结果不一致。出现这种研究结果的原因在于：高中因为人生大事——"高考"的即将来临，学习压力要比初中生大得多。一方面，他们怀揣着自己的大学梦，因而对自己有很高的要求，希望自己能在高考这场没有硝烟的战争中取得胜利，希望自己考

---

[1] 张冲、孟万金：《中小学生综合幸福感发展现状和教育建议》，《中国特殊教育》2018 年第 9 期。
[2] 张兴贵、何立国、贾丽：《青少年人格、人口学变量与主观幸福感的关系模型》，《心理发展与教育》2007 年第 1 期。

上梦想中的大学；另一方面，处于微系统中的老师和父母都对他们抱有很大的期望，在老师和父母看来，高考是决定他们未来的关键，而高中则是关键来临前的关键期。因此，无论是父母、老师还是他们自己对自己的要求和期望都使他们自身产生了较大的压力，并且让他们随时处于紧绷状态，每次考试之后就会变得很焦虑，因而很难体验到幸福感。相比于高中生，初中生虽说也有中考，但中考的压力比高考的压力要小得多。另外，初中生所学的知识相较于高中生也要简单一些，高中生的考试要求他们能对所学知识融会贯通，综合运用起来。而初中的考试则主要是对一些单一知识点的考察，很少有需要他们综合运用多种知识点的题目，因而初中生应对考试要比高中生得心应手一些。另外，高中生周末放假时间要比初中生短，就算放假也会选择多看会儿书，因而他们的课外活动时间更短，经常在教室久坐，难免会产生烦闷感，初中生则每周都有放松时间，因而他们的幸福感会更高。

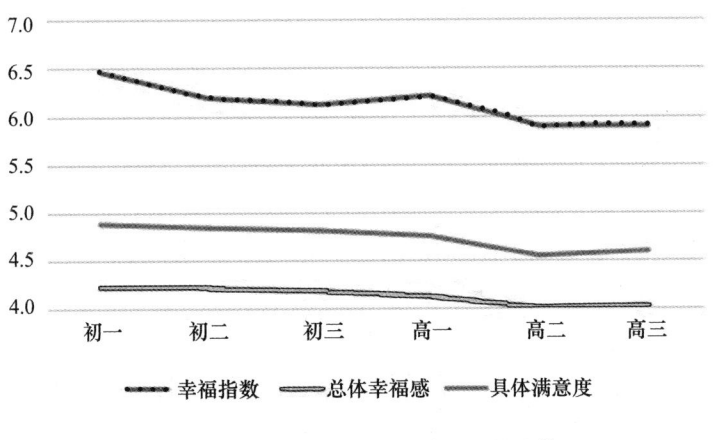

图3-4 不同年级青少年幸福感的比较

除了学业压力外，家庭支持也是一大原因。初中阶段的孩子一般为走读，每天都能回家，能和父母交流自己在学校的生活，父母能给他们带来生活上的照顾、情感上的依赖以及行为上的支持，因而初中生得到的家庭支持相比高中生要更多。而高中生大多都是住读，放假一般都是放月假，因而他们与父母的面对面交流较少，与父母的共同话题也变得越来越少。住读之后，同一宿舍的青少年可能因为生活习性的不同而产生摩擦和矛盾，而且住在一个宿舍的学生抬头不见低头见，矛盾很容易进一步激化。初中生与同学发生矛盾后，父母作为他们的第一求助对象，作为成人的父母一般会给出令人满意的解决方式，在父母的协助下，矛盾被化解的可能性会更大，因而初中生的人际冲突要更容易化解，高中生则不然，空间的接近性让矛盾激化得更快，因而高中生的人际烦恼要更多，幸福感更低。

由此看来，在关注青少年的学业成绩的同时，学校和家庭还应该多给予青少年一些疏导学业压力的建议与对策，让他们合理地看待学习，将学业压力带来的负面影响降到最低，同时提高青少年的幸福感。学校教育工作者可以有针对性地开展德育工作和心理健康教育活动。例如，对做好初三以及高三毕业年级的工作，一方面尽量调整其身心健康，缓解中考、高考的压力；另一方面加强对其人际关系的教育。初三、高三年级学生正处于青春期，心理上有典型的逆反心理，学生、老师和家长三方要在互相尊重和理解的基础上，很好地进行信息沟通和感情交流。

3. 青少年幸福感的生源地差异

对幸福指数、总体幸福感（包括社会幸福感、主观幸福感以及心理幸福感）以及具体生活满意度进行统计，根据幸福感不同性别的平均数与标准差进行分析表明：青少年幸福指数在生源地上不存在显著差异（$t = -0.124$，$p > 0.05$）；青少年总体幸福感的生源地差异显著（$t = 3.589$，$p < 0.05$），城镇总体幸福感要高于农村。在总体幸福感的三个维度：主观幸福感、心理幸福感和社会幸福感的生源地差异显著（$p < 0.05$），城镇户口青少年在这三个指标上要高于农村户口青少年；在具体满意度中，友谊满意度、学业满意度、自由满意度的生源地差异显著（$p < 0.01$），城镇户口青少年的满意度更高，家庭满意度、环境满意度和学校满意度不存在生源地差异（见表3-11）。

表 3-11　　青少年幸福感在生源地上的差异

	城镇（N=3404）		农村（N=1830）		t
	M	SD	M	SD	
幸福指数	6.17	1.89	6.17	1.77	-0.124
总体幸福感	4.17	0.90	4.08	0.80	3.589***
主观幸福感	2.02	0.87	1.94	0.78	3.146**
心理幸福感	5.29	1.04	5.17	0.93	4.307***
社会幸福感	5.20	1.09	5.14	0.98	2.21*
具体满意度	4.79	1.00	4.71	0.92	2.853**
友谊满意度	4.86	1.07	4.76	1.01	3.43**
家庭满意度	5.24	1.40	5.24	1.33	-0.213
学业满意度	4.13	1.51	3.89	1.45	5.757***
自由满意度	4.67	1.34	4.50	1.25	4.72***
环境满意度	4.90	1.13	4.89	1.11	0.31
学校满意度	4.91	1.31	4.96	1.22	-1.423

注：有15人未填写户口所在地。

结合前面的结果可以看到，城镇户口青少年幸福感要高于农村户口青少年。这与张灵[1][2]等人的结论是一致的。幸福感的定义里面包含了满意度的成分，对于自己生活满意度高的，幸福感会更高。当个体当前生活质量比自己预期的生活质量要高时，个体满意度会较高，当个体当前生活质量要低于自己的预期时，个体满意度则低。满意度虽然与当前实际的生活质量有关，但并不由其决定。城镇户口的学生所处的环境要比农村户口的好，城镇户口的青少年在良好的生活环境中长大，他们的机遇更多，见世面也更广，在信息为王的今天，他们获取信息的渠道和方式也更多。对比之下，农村户口的青少年从小在消息比较闭塞的农村长大，生活环境相对

---

[1] 张灵、郑雪、严标宾、温娟娟、石艳彩：《大学生人际关系困扰与主观幸福感的关系研究》，《心理发展与教育》2007年第2期。

[2] 张冲、孟万金：《中小学生综合幸福感发展现状和教育建议》，《中国特殊教育》2018年第9期。

较差。可以看到，城镇相对于农村来说，更容易满足青少年对于生活的要求。另外，城镇的青少年由于见识比较广，在他们看来，学习可能只是拥有幸福人生的其中一种方式，但是对于农村的青少年来说，学习可能是他们唯一的出路，因而他们的学业压力要高于城镇户口的青少年，幸福感也因此要低于城镇户口的青少年。

4. 青少年幸福感的是否独生子女差异

对幸福指数、总体幸福感（包括社会幸福感、心理幸福感以及主观幸福感）以及具体生活满意度进行统计，根据幸福感得分在是否独生子女类别上的平均数与标准差进行分析发现，只有学校满意度在是否独生子女上面存在显著差异（$t = -2.131$，$p < 0.05$），独生子女的学校满意度更低（见表3-12）。

表3-12　　　　　　　青少年幸福感在是否独生子女上的差异

	是（N=3127）		否（N=2117）		t
	M	SD	M	SD	
幸福指数	6.15	1.87	6.19	1.82	-0.846
总体幸福感	4.15	0.90	4.13	0.82	0.725
主观幸福感	2.00	0.86	1.98	0.81	0.73
心理幸福感	5.25	1.04	5.24	0.96	0.55
社会幸福感	5.19	1.08	5.17	1.00	0.679
具体满意度	4.76	0.99	4.76	0.95	0.022
友谊满意度	4.82	1.06	4.83	1.03	-0.237
家庭满意度	5.24	1.35	5.23	1.41	0.339
学业满意度	4.08	1.53	4.00	1.43	1.813
自由满意度	4.63	1.32	4.59	1.29	1.121
环境满意度	4.88	1.12	4.92	1.13	-1.329
学校满意度	4.90	1.31	4.98	1.24	-2.131*

注：有5人未填写是否独生子女。

独生子女是家庭里唯一的孩子，无论是在物质上还是在精神上，他们都能得到父母精心的独一无二的关怀，他们的生活水平更高，精神世界更丰富，因而对学校环境的要求相比非独生子女要更高。但这种在学校满意度上的差别并没有导致独生子女与非独生子女幸福感上的差异，这说明尽管在学校满意度上独生子女比非独生子女要更低，但他们的幸福感因为家庭支持系统的存在比较高。这也从侧面说明提升青少年的幸福感不仅仅是家庭或是学校的责任，家庭系统、学校系统等从不同角度共同发挥自己的作用，才能更好地帮助青少年提升他们的幸福感。

5. 青少年幸福感的是否班干部差异

对幸福指数、总体幸福感（包括社会幸福感、心理幸福感以及主观幸福感）以及具体生活满意度进行统计，根据幸福感是否独生子女类别的平均数与标准差进行分析，发现班干部经历在所有指标上都存在显著差异（$p<0.001$），在所有指标上，是班干部的青少年幸福感都要高于不是班干部的青少年（见表3-13）。

表3-13　　　　　青少年幸福感在是否班干部上的差异

	是（N=1833）		否（N=3408）		t
	M	SD	M	SD	
幸福指数	6.34	1.83	6.08	1.85	4.956***
总体幸福感	4.27	0.82	4.07	0.88	8.115***
主观幸福感	2.09	0.84	1.94	0.83	6.424***
心理幸福感	5.41	0.94	5.16	1.03	8.871***
社会幸福感	5.30	0.99	5.11	1.07	6.406***
具体满意度	4.92	0.94	4.67	0.98	9.102***
友谊满意度	4.99	0.99	4.74	1.07	8.352***
家庭满意度	5.33	1.39	5.19	1.36	3.537***
学业满意度	4.35	1.46	3.88	1.48	10.861***
自由满意度	4.73	1.27	4.55	1.33	4.726***
环境满意度	5.01	1.10	4.84	1.13	5.4***
学校满意度	5.14	1.23	4.82	1.30	8.826***

注：有8人未对是否为班干部作答。

从青少年幸福感的是否班干部上的差别来看,班干部的幸福感明显高于非班干部。班干部一般都是由同学们或是老师推选出来的,只有被同学和老师信任才能被推选为班干部。罗森塔尔效应表明,老师对于学生的期望就足以改变学生的学业水平,对于初高中生来说,处于微系统的老师是重要的影响源,老师越相信学生,越愿意让学生承担责任,学生就越会感知到老师对自己的认可,因而会产生积极情绪,感觉到更强的幸福感。另外,已有研究表明,幸福感能被学生感知到的老师期望预测。学生感知到的老师期望越高,幸福感越高,[①] 被任命为班干部往往意味着老师的信任,因而被任命为班干部的青少年感知到的老师的期望会更高,因而会有较高的幸福感水平。另外,担任班干部还意味着同学的认可,这种认可会给青少年一种积极的自我感知,这是一种指向自我的积极情感。同时认可是友谊发展的基础,说明担任班干部的青少年在人际关系方面处理得比较好,因而会有较高的友谊满意度,幸福感也会因此得到提升。因此,对青少年影响巨大的老师应该多鼓励学生,多给学生表现机会让他们感觉到老师对自己的信任,同时也应该多对学生表达自己对他们的期望。

6. 青少年幸福感的双亲是否外出打工差异

对幸福指数、总体幸福感(包括社会幸福感、心理幸福感以及主观幸福感)以及具体生活满意度进行统计,分别根据父亲和母亲是否外出打工青少年的幸福感的平均数与标准差进行分析表明:青少年幸福指数在父亲是否外出打工上存在显著差异($t = -2.363$,$p < 0.05$);青少年总体幸福感(包括总体幸福感的三个维度)在父亲是否外出打工上的差异显著($t = -2.342$、-2.452、-2.368、-2.637,$p < 0.05$);在具体满意度中,父亲是否外出打工在家庭满意度、学业满意度、环境满意度和学校满意度上存在显著差异($p < 0.01$),父亲是否外出打工在友谊满意度和自由满意度上不存在显著差异。研究结果显示,父亲外出打工青少年的幸福指数、总体幸福感、主观幸福感、心理幸福感、社会幸福感、家庭满意

[①] 周海龙、王明辉:《初中生教师期望知觉、学习自我效能感和实现幸福感的关系》,《信阳师范学院学报》(哲学社会科学版)2014 年第 34 期。

度、学业满意度、环境满意度和学校满意度都要显著低于父亲不外出打工的青少年（见表3-14）。

表3-14　青少年幸福感在父亲是否外出打工上的差异

	是（N=1287）		否（N=3937）		t
	M	SD	M	SD	
幸福指数	6.06	1.84	6.20	1.85	-2.363*
总体幸福感	4.09	0.84	4.16	0.88	-2.342*
主观幸福感	1.95	0.80	2.01	0.85	-2.452*
心理幸福感	5.19	0.97	5.27	1.02	-2.368*
社会幸福感	5.12	1.04	5.20	1.06	-2.637**
具体满意度	4.67	0.96	4.79	0.98	-3.95***
友谊满意度	4.72	1.06	4.86	1.04	-1.884
家庭满意度	5.18	1.41	5.26	1.36	-3.764***
学业满意度	3.91	1.47	4.09	1.49	-3.216**
自由满意度	4.51	1.31	4.64	1.31	-1.015
环境满意度	4.82	1.12	4.92	1.12	-2.795**
学校满意度	4.90	1.26	4.94	1.29	-3.581***

注：有25人未回答父亲是否外出务工。

对母亲是否外出打工的分析显示，青少年幸福指数在母亲是否外出打工上存在显著差异（$t=-5.04$，$p<0.001$）；青少年总体幸福感在母亲是否外出打工上的差异显著（$t=-2.682$，$p<0.01$），在总体幸福感的三个维度上，主观幸福感和社会幸福感在母亲是否外出打工上的差异显著（$t=-3.621$、-2.288，$p<0.05$）；在具体满意度中，母亲是否外出打工在家庭满意度、环境满意度和学校满意度上存在显著差异（$p<0.01$），母亲是否外出打工在友谊满意度、学业满意度和自由满意度上不存在显著差异。研究结果显示，母亲外出打工青少年的幸福指数、总体幸福感、主观幸福感、心理幸福感、社会幸福感、家庭满意度、环境满意度和学校满意度都要显著低于母亲不外出打工的青少年（见表3-15）。

表 3-15　　青少年幸福感在母亲是否外出打工上的差异

	是（N=739）		否（N=4488）		t
	M	SD	M	SD	
幸福指数	5.85	1.86	6.22	1.84	-5.04***
总体幸福感	4.06	0.84	4.15	0.87	-2.682**
主观幸福感	1.89	0.80	2.01	0.85	-3.621***
心理幸福感	5.19	1.02	5.26	1.00	-1.64
社会幸福感	5.10	1.02	5.19	1.05	-2.288*
具体满意度	4.69	0.95	4.77	0.98	-2.009*
友谊满意度	4.76	1.06	4.83	1.05	-1.706
家庭满意度	5.11	1.43	5.26	1.36	-2.643**
学业满意度	4.01	1.53	4.05	1.49	-0.721
自由满意度	4.61	1.31	4.61	1.31	-0.066
环境满意度	4.76	1.09	4.92	1.13	-3.507*
学校满意度	4.89	1.24	4.94	1.29	-0.86*

注：有22人未回答母亲是否外出务工。

综合以上的研究结果发现，无论是父亲还是母亲外出打工都会给青少年的整体幸福感以及生活满意度带来比较大的影响。生态系统理论中，父母双亲处于直接对青少年产生影响的微系统之中，对青少年产生的影响比较大。另外，父母外出打工导致父母与孩子空间距离增大，较远的空间距离使父母支持降低。有更多家庭支持的青少年幸福感要高于家庭支持较少的青少年。家庭支持更多的青少年从父母那里能得到更多的关心和支持，家长会经常陪伴孩子，同时会与孩子聊他们成长的烦恼和疑惑，在与父母聊过自己的困扰后也会得到一些建议，因而他们在学校经历的负性事件带来的消极情绪或是成长的困惑也会在家长的帮助下得到消解和解答。很显然，做到这些就必须满足时空接近性这个要求。父母在家能增加他们与青少年的交流和沟通的可能性，家庭支持也很容易实现，但外出打工的父母就很难给学生家庭支持了，这是因为空间上的距离加大了家庭支持的难度。

因此，作为青少年的父亲或母亲应该尽量保证自己陪在他们的身边，关心他们的生活，更要关注他们的内心。而迫于无奈离开孩子外出打工的父母也应该多和孩子沟通，不仅仅要给孩子金钱支持，还要关心孩子的精神生活，同时多和学校的老师交流沟通，了解孩子在学校的表现和状况。

7. 青少年幸福感的双亲受教育程度上的差异

对幸福指数、总体幸福感（包括社会幸福感、心理幸福感以及主观幸福感）以及具体生活满意度进行统计，分别根据不同父亲和母亲受教育程度的青少年在幸福感得分的平均数与标准差进行分析，发现青少年幸福感所有指标在父亲受教育程度上都存在显著差异（$p<0.05$）（见表 3-16）。

表 3-16　不同父亲受教育程度的青少年幸福感比较（M、SD）

		小学 (N=510)	初中 (N=1760)	高中 (N=1695)	大学 (N=1108)	研究生 及以上 (N=135)	F
幸福指数	M	5.92	6.22	6.19	6.17	6.10	2.693*
	SD	1.81	1.77	1.82	1.96	2.31	
总体幸福感	M	3.95	4.10	4.18	4.21	4.29	10.745***
	SD	0.81	0.83	0.86	0.92	1.09	
主观幸福感	M	1.78	1.97	2.04	2.05	2.07	11.077***
	SD	0.75	0.82	0.83	0.90	1.03	
心理幸福感	M	5.03	5.19	5.29	5.34	5.45	11.921***
	SD	0.97	0.96	0.98	1.06	1.24	
社会幸福感	M	5.03	5.14	5.21	5.23	5.34	5.04***
	SD	1.02	0.99	1.05	1.11	1.35	
具体满意度	M	4.56	4.72	4.79	4.85	4.91	10.026***
	SD	0.90	0.94	0.98	1.00	1.26	

注：有 41 人未回答父亲的教育程度。

进一步地两两比较发现：父亲受教育水平为小学的青少年的幸福指数低于父亲教育水平为初中、高中、大学的（$p<0.05$）。父亲受教育水平为小学的青少年的总体幸福感、主观幸福感、心理幸福感、社会幸福感以及具体满意度都要低于父亲受教育水平为初中、高中、大学以及研究生及

以上的（$p<0.05$）。父亲受教育水平为初中的青少年的主观幸福感低于父亲教育水平为高中、大学的（$p<0.05$）。父亲教育水平为小学的青少年的总体幸福感、心理幸福感、社会幸福感以及具体满意度都要低于父亲教育水平为高中、大学以及研究生及以上的（$p<0.05$）（见表3-17至表3-22）。

表3-17　不同父亲受教育程度青少年在幸福指数上的事后检验

J\I	小学	初中	高中	大学
初中	-0.29**			
高中	-0.27**	0.02		
大学	-0.24*	0.05	0.03	
研究生及以上	-0.18	0.12	0.10	0.07

表3-18　不同父亲受教育程度青少年在总体幸福感上的事后检验

J\I	小学	初中	高中	大学
初中	0.04***			
高中	0.04***	0.03**		
大学	0.05***	0.03**	0.03	
研究生及以上	0.08***	0.08*	0.08	0.08

表3-19　不同父亲受教育程度青少年在主观幸福感上的事后检验

J\I	小学	初中	高中	大学
初中	0.04***			
高中	0.04***	0.03*		
大学	0.04***	0.03*	0.03	
研究生及以上	0.08***	0.07	0.08	0.08

表 3-20　不同父亲受教育程度青少年在心理幸福感上的事后检验

J \ I	小学	初中	高中	大学
初中	0.05***			
高中	0.05***	0.03**		
大学	0.05***	0.04***	0.04	
研究生及以上	0.10***	0.09**	0.09	0.09

表 3-21　不同父亲受教育程度青少年在社会幸福感上的事后检验

J \ I	小学	初中	高中	大学
初中	0.05*			
高中	0.05**	0.04*		
大学	0.06***	0.04*	0.04	
研究生及以上	0.10**	0.09*	0.09	0.10

表 3-22　不同父亲受教育程度青少年在具体满意度上的事后检验

J \ I	小学	初中	高中	大学
初中	0.05**			
高中	0.05***	0.03*		
大学	0.05***	0.04**	0.04	
研究生及以上	0.09***	0.09*	0.09	0.09

对母亲受教育程度的差异分析发现：青少年总体幸福感、主观幸福感、心理幸福感、社会幸福感以及具体满意度在母亲受教育程度上都存在显著差异（$p<0.05$），而青少年的幸福指标在母亲受教育程度上不存在显著差异（见表 3-23）。

第三章 青少年幸福感现状考察与特点分析

表3-23　　不同母亲受教育程度的青少年幸福感比较（M、SD）

		小学 （N=626）	初中 （N=1786）	高中 （N=1672）	大学 （N=1008）	研究生 及以上 （N=117）	F
幸福指数	M	6.06	6.16	6.23	6.18	6.00	1.256
	SD	1.73	1.81	1.84	1.93	2.26	
总体幸福感	M	3.99	4.10	4.18	4.23	4.25	9.701***
	SD	0.80	0.83	0.87	0.92	1.15	
主观幸福感	M	1.85	1.96	2.04	2.07	2.05	8.893***
	SD	0.77	0.82	0.83	0.89	1.04	
心理幸福感	M	5.07	5.20	5.29	5.37	5.38	11.042***
	SD	0.97	0.96	0.99	1.06	1.40	
社会幸福感	M	5.05	5.14	5.22	5.25	5.31	4.757**
	SD	0.97	1.01	1.06	1.11	1.36	
具体满意度	M	4.62	4.71	4.81	4.84	4.86	8.19***
	SD	0.91	0.96	0.98	0.99	1.21	

注：有40人未回答母亲的受教育程度。

进一步地两两比较发现：母亲受教育水平为小学的青少年的社会幸福感低于母亲受教育水平为高中、大学以及研究生及以上的（$p<0.05$）。母亲受教育水平为小学的青少年的总体幸福感、主观幸福感、心理幸福感以及具体满意度都要低于母亲受教育水平为初中、高中、大学以及研究生及以上的（$p<0.05$）。

母亲受教育水平为小学的青少年的总体幸福感、主观幸福感、心理幸福感、社会幸福感以及具体满意度都要低于母亲受教育水平为高中、大学的（$p<0.05$）（见表3-24至表3-28）。

表3-24　　不同母亲受教育程度青少年在总体幸福感上的事后检验

I \ J	小学	初中	高中	大学
初中	-0.11**			
高中	-0.19***	-0.08**		
大学	-0.24***	-0.13***	-0.05	
研究生及以上	-0.26**	-0.15	-0.07	-0.02

表3-25　不同母亲受教育程度青少年在主观幸福感上的事后检验

J \ I	小学	初中	高中	大学
初中	-0.11**			
高中	-0.19***	-0.08***		
大学	-0.22***	-0.11**	-0.04	
研究生及以上	-0.20*	-0.09	-0.01	0.02

表3-26　不同母亲受教育程度青少年在心理幸福感上的事后检验

J \ I	小学	初中	高中	大学
初中	-0.13**			
高中	-0.22***	-0.09**		
大学	-0.30***	-0.17***	-0.08	
研究生及以上	-0.31**	-0.18	-0.09	-0.01

表3-27　不同母亲受教育程度青少年在社会幸福感上的事后检验

J \ I	小学	初中	高中	大学
初中	-0.09			
高中	-0.16**	-0.07*		
大学	-0.19***	-0.10	-0.03	
研究生及以上	-0.26*	-0.16	-0.09	-0.06

表3-28　不同母亲受教育程度青少年在具体满意度上的事后检验

J \ I	小学	初中	高中	大学
初中	-0.09*			
高中	-0.20***	-0.11**		
大学	-0.22***	-0.14***	-0.03	
研究生及以上	-0.25*	-0.16	-0.05	-0.02

综合父亲和母亲受教育程度对青少年幸福感上的得分差异可以发现，父母双亲的受教育程度越高，青少年的幸福感越强（不同父亲受教育程度的青少年幸福感差异见图3-5，不同母亲受教育程度的青少年幸福感差异见图3-6）。这是因为父母的受教育水平越高，科学的育儿知识就越容易为他们所掌握，在教育孩子的时候就会更讲方法，尤其是在面对孩子出现各种成长的问题的时候或是经历一些消极、负性的事件的时候，教育程度高的父母能充分地扮演好"脚手架"的角色，帮助孩子自主地解决问题，得到成长。因此，受教育程度高的父母意味着更温暖、贴心的陪伴和教育，在这种环境下成长起来的青少年幸福感更高。相反，父母受教育程度低，孩子在出现或面对一些问题的时候，他们很想帮孩子却无能为力或是只能用错误的方式给予孩子支持和帮助，因而导致孩子的成长过程中常常不知道该如何应对一些成长烦恼，或是发展出不良的或是消极的应对方式，有更低的幸福感。解决这一问题，其实关键不在父母的受教育程度，而在于父母对育儿理念的掌握。通过建立"家长培训学校"就可以解决家长育儿知识错误或是不全的问题。建立"家长培训学校"的另外一个好处在于，家长之间可以相互交流学习，同时家长对孩子在学校的表现和学习也能有更好的把握，因此能在适时的时候给予孩子支持和帮助。

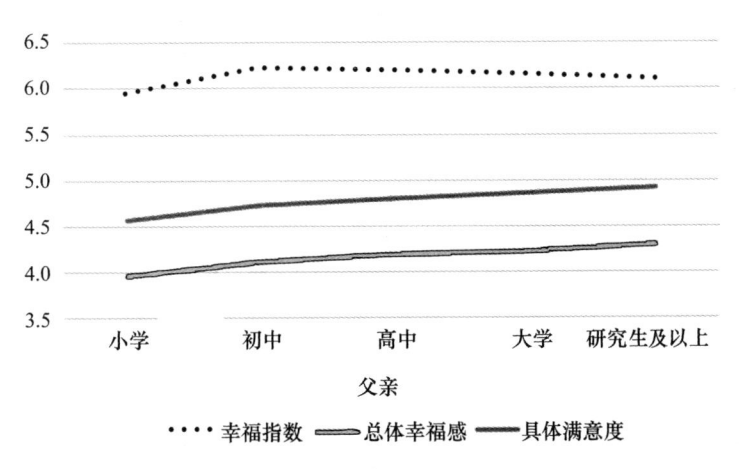

图3-5 不同父亲受教育程度的青少年幸福感差异

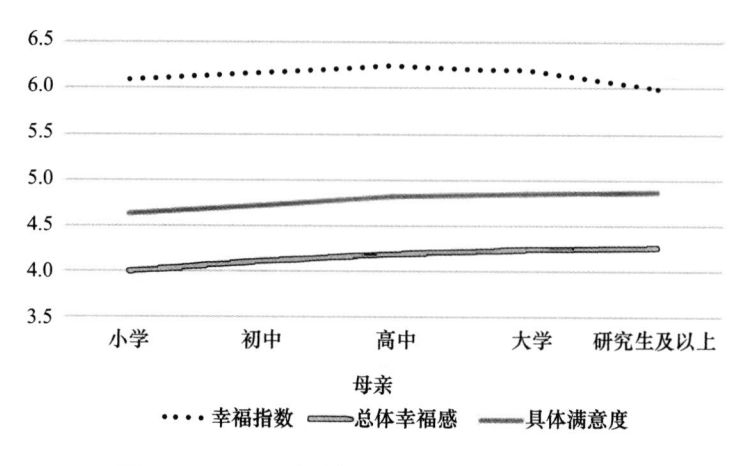

图 3-6 不同母亲受教育程度的青少年幸福感差异

8. 青少年幸福感在家庭类型上的差异

对幸福指数、总体幸福感（包括社会幸福感、心理幸福感以及主观幸福感）以及具体生活满意度进行统计，分别根据不同家庭类型的青少年在幸福感得分的平均数与标准差进行分析，发现青少年幸福感所有指标在不同家庭类型上都存在显著差异（$p < 0.05$）（见表 3-29）。

表 3-29　不同家庭类型的青少年幸福感比较（M、SD）

		双亲家庭 （N=4373）	单亲家庭 （N=536）	组合家庭 （N=328）	F
幸福指数	M	6.22	5.87	5.94	11.182***
	SD	1.84	1.83	1.91	
总体幸福感	M	4.16	4.03	4.00	10.513***
	SD	0.87	0.89	0.82	
主观幸福感	M	2.02	1.87	1.89	10.225***
	SD	0.84	0.84	0.81	
心理幸福感	M	5.27	5.13	5.12	8.156***
	SD	1.00	1.04	0.95	

续表

		双亲家庭 (N=4373)	单亲家庭 (N=536)	组合家庭 (N=328)	F
社会幸福感	M	5.20	5.08	5.00	7.984***
	SD	1.05	1.07	1.04	
具体满意度	M	4.80	4.55	4.54	24.401***
	SD	0.97	1.00	0.93	

注：有12人未对家庭类型作答。

进一步地两两比较发现：双亲家庭的青少年在幸福感所有指标上的得分都要高于单亲家庭和组合家庭（$p<0.05$），单亲家庭的青少年在总体幸福感上的得分高于组合家庭（$p<0.05$），在其他指标上两者无显著差异（见表3-30）。

表3-30　　不同家庭类型青少年在幸福感各指标上的事后检验

指标	I / J	双亲家庭	单亲家庭
幸福指数	单亲家庭	0.35***	
	组合家庭	0.28**	-0.07
总体幸福感	单亲家庭	0.14***	
	组合家庭	0.16**	0.72*
主观幸福感	单亲家庭	0.15***	
	组合家庭	0.13**	-0.02
心理幸福感	单亲家庭	0.15**	
	组合家庭	0.16**	0.01
社会幸福感	单亲家庭	0.12*	
	组合家庭	0.20**	0.08
具体满意度	单亲家庭	0.25***	
	组合家庭	0.26***	0.01

从青少年幸福感在家庭类型上的差异分析结果来看，双亲家庭的青少年幸福感要显著高于单亲家庭与组合家庭。父母是青少年的微系统中的主要组

成部分。亲生父亲或母亲的缺失会引起青少年家庭支持系统的巨大缺失。家庭成员要想建立起积极健康的关系就需要父母对子女的情绪能有敏感的察觉并能及时处理孩子的情绪反应，从而形成一种良性的互动联系。另外，父母健康融洽的相处方式也能让孩子在良好的家庭氛围中成长，让孩子感觉到家庭成员之间的心都是贴在一起的，孩子会因此形成积极健康的心态，并产生家庭幸福感。相反，如果孩子与父母之间情感淡漠，彼此没有情感交流，不注重家庭成员之间的情感联系，相互之间只有指责和埋怨而没有沟通和理解，青少年就会较多地体验到消极情感，这种消极情感的体验会带给青少年一种心理上的压抑感进而会使青少年频繁地产生不安全感。在这种家庭氛围中成长起来的青少年，会更难体验到幸福感。另外，单亲家庭的父母因为生活压力变大以及消极情绪难以消解而难以提供给子女适时、恰当、有效的情感反应。而组合家庭中，继父或者继母的存在让青少年难以适应家庭的相处方式，继父继母也无法给继子女积极的情感互动。因而在这两种家庭类型中的青少年更难体验到幸福感。因此单亲或是组合家庭中的父母，更应该多关注子女的心理状态和情绪状态，多与自己的孩子谈心，鼓励他们与自己谈论他们的困惑和感受，帮助孩子更好地适应新的家庭结构。

9. 青少年幸福感在家庭经济收入上的差异

对幸福指数、总体幸福感（包括社会幸福感、心理幸福感以及主观幸福感）以及具体生活满意度得分在不同家庭经济收入上进行差异分析发现：青少年幸福感所有指标在家庭经济收入上都存在显著差异（$p < 0.05$）（见表 3–31）。

表 3–31　　不同家庭经济收入的青少年幸福感比较（M、SD）

		好 (N = 396)	较好 (N = 1295)	一般 (N = 3027)	较差 (N = 364)	差 (N = 165)	F
幸福指数	M	6.70	6.50	6.07	5.67	5.22	39.281***
	SD	2.03	1.84	1.76	1.79	2.33	
总体幸福感	M	4.54	4.38	4.05	3.79	3.74	81.378***
	SD	0.90	0.81	0.82	0.86	1.17	

续表

		好 (N=396)	较好 (N=1295)	一般 (N=3027)	较差 (N=364)	差 (N=165)	F
主观幸福感	M	2.34	2.22	1.92	1.62	1.61	77.39***
	SD	0.88	0.81	0.80	0.83	1.05	
心理幸福感	M	5.73	5.50	5.14	4.86	4.89	74.551***
	SD	1.03	0.93	0.96	1.02	1.37	
社会幸福感	M	5.54	5.41	5.09	4.88	4.73	48.986***
	SD	1.13	1.00	1.01	1.04	1.40	
具体满意度	M	5.16	4.99	4.67	4.38	4.41	63.84***
	SD	1.01	0.93	0.94	0.97	1.22	

注：有2人未对家庭经济状况作答。

进一步地两两比较发现：家庭经济状况好的青少年幸福指数要高于经济状况一般、较差和差的（$p<0.001$）；经济状况好的青少年总体幸福感、主观幸福感、心理幸福感、社会幸福感和具体满意度要高于经济状况较好、一般、较差和差的（$p<0.05$）；经济状况较好的青少年幸福指数、总体幸福感、主观幸福感、心理幸福感、社会幸福感和具体满意度要高于经济状况一般、较差和差的（$p<0.001$）；经济状况一般的青少年幸福指数、总体幸福感、主观幸福感、心理幸福感、社会幸福感和具体满意度要高于经济状况较好、一般、较差和差的（$p<0.01$）；经济状况较差的青少年幸福指数、主观幸福感、社会幸福感要高于经济状况差的（$p<0.01$）（见表3-32）。

表3-32　不同家庭经济状况青少年在幸福感各指数上的事后检验

指标	I\J	好	较好	一般	较差
幸福指数	较好	0.20			
	一般	0.63***	0.43***		
	较差	1.03***	0.83***	0.40***	
	差	1.48***	1.28***	0.85***	0.45**

续表

指标	J \ I	好	较好	一般	较差
总体幸福感	较好	0.16**			
	一般	0.49***	0.33***		
	较差	0.75***	0.59***	0.26***	
	差	0.79***	0.63***	0.31***	0.04
主观幸福感	较好	0.12**			
	一般	0.43***	0.30***		
	较差	0.72***	0.60***	0.29***	
	差	0.73***	0.61***	0.31***	0.88*
心理幸福感	较好	0.23***			
	一般	0.59***	0.36***		
	较差	0.87***	0.64***	0.28***	
	差	0.83***	0.61***	0.25**	-0.03
社会幸福感	较好	0.13*			
	一般	0.45***	0.31***		
	较差	0.66***	0.53***	0.21***	
	差	0.82***	0.68***	0.37***	-0.21***
具体满意度	较好	0.16**			
	一般	0.49***	0.32***		
	较差	0.78***	0.62***	0.29***	
	差	0.75***	0.58***	0.26**	-0.03

总的来说，家庭经济收入越高的青少年幸福感越强（图 3-7 描述了不同家庭经济状况的青少年的幸福感差异）。俗话说，贫贱夫妻百事哀，经济收入较低家庭的父母生活压力较大，过大的生活压力会消耗他们大部分的心理资源，但每个人的心理资源都是有限的，低经济收入家庭中的父母的心理资源都被生活压力耗费，因此几乎没有心理资源再去应对孩子的一些问题，在与孩子的相处中也更可能出现不耐烦、厌烦等情绪，能给予孩子的家庭支持极其有限。相反，较高的家庭经济收入会带来更多的物质享受，更高的权力与地位等，导致更高的幸福感。除此之外，同伴影响也

是影响青少年幸福感的一个重要因素，随着社会的快速发展，青少年之间的攀比现象频繁出现。青少年之间的攀比一般不会直接比较家庭收入，但会比较自己的日常消费水平，与同伴相比之下，家庭经济收入较低的青少年在这种相互比较中往往处于劣势，多次比较的消极结果产生的挫败感会带来幸福感的降低。而家庭经济收入较高的青少年在这种比较中取胜后会对自己的生活、对自己产生满意感，因而幸福感更高。

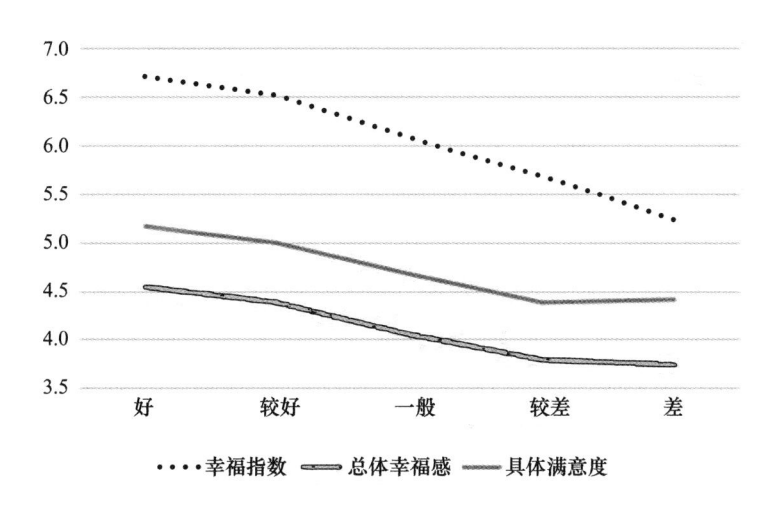

图3-7 不同家庭经济状况的青少年幸福感差异

六 研究结论

（1）青少年的总体幸福感处于中等偏下水平，青少年的幸福指数处于中等偏上水平，具体生活满意度中，由高到低依次为家庭满意度、学校满意度、环境满意度、友谊满意度、自由满意度、学业满意度。青少年幸福感总体上来说不容乐观：幸福感的平均水平不高，低幸福感青少年比例较大，表明青少年的幸福状况还有很大的提升空间。

（2）青少年总体幸福感的性别差异显著，男生总体幸福感要高于女生；具体生活满意度方面，学业满意度与自由满意度上男生显著高于女生；家庭满意度、环境满意度以及学校满意度方面，女生显著高于男生。青少年总体幸福感的年级差异显著，初中生的幸福感高于高中生，高一的幸福感高于高

二、高三年级,即青少年幸福感随年龄增长呈下降趋势。青少年总体幸福感的生源地差异显著,来自城镇学生的总体幸福感显著高于来自农村学生。担任班干部的青少年在总体幸福感上显著高于不担任班干部的青少年。父母未外出打工的青少年的幸福感要高于父母外出打工的青少年。家庭类型为双亲家庭的青少年幸福感要高于单亲家庭和组合家庭。父母双亲的受教育程度越高,青少年的幸福感越强。家庭经济收入越高,青少年幸福感越强。独生子女与非独生子女青少年在总体幸福感上差异不显著,但在学校满意度上存在显著差异,独生子女的学校满意度要低于非独生子女。

第二节 青少年幸福感的人格特点分析

青少年幸福感的总体分布状况和青少年幸福感在人口学变量上的差异,说明了青少年幸福感整体水平不理想、高幸福感青少年占比不理想的现象以及青少年幸福感在人口学变量上的差异。除了考察人口学变量上的特点以外,本研究拟从人格类型变量上考察其对青少年幸福感的预测,即那些通常感到更幸福或者幸福感更高的青少年有着怎样的人格类型?

一 研究对象

采取整群随机抽样法以全国东北、中部、西南共 14 所学校的 6000 名学生作为调查研究的对象。共发放调查问卷 6000 份,回收问卷 5249 份,问卷回收率达到 87.5%。被试在各人口学变量上的分布情况见表 3-1。

二 研究工具

(一)总体幸福感量表

同第一节。

(二)具体生活满意度量表

同第一节。

(三)总体幸福指数

同第一节。

(四) 大五人格问卷

人格问卷选用《中国大五人格问卷简版》(Chinese Big Five Personality Inventory Brief Version, CBF-P-B)[①]，该量表由王孟成等根据国外问卷编制，有较好的信度和效度。大五人格问卷包含宜人性、开放性、严谨性、外向性和神经质五个维度，每个维度8道题，共40道题，问卷采用6点计分。

三 研究程序

所有主试为心理学专业本科生或硕士生，在研究开始前已经对所有的主试进行了专业统一的主试训练。正式展开调查之前，研究者首先向学校负责人解释研究目的，然后学校审查问卷内容，在取得学校同意之后，以班级为单位进行集体施测。测试过程中，主试首先向学生介绍研究目的，并向被试说明本次研究的结果将严格保密且只会用作科研，随后向学生说明其他注意事项和填写方法。指导语完毕后，询问学生是否理解，学生理解后独自对问卷作答，不可与他人讨论。整个测试过程大概需要20分钟，20分钟后当场将问卷回收，并对大家给予的调研配合表示感谢。

四 数据处理

统一用 EpiDate 3.1 进行数据的录入，采用 SPSS 24.0 和 Process 插件进行数据的处理与分析。同鲍振宙等一样，本书的研究采用 Bootstrap 方法对所有的回归系数进行显著性检验。

五 研究结果

(一) 青少年人格与幸福感的相关分析

首先检验大五人格特质与六个幸福感指标（幸福指数、总体幸福感、主观幸福感、心理幸福感、社会幸福感、具体满意度）的相关，计算

---

① 王孟成、戴晓阳、姚树桥：《中国大五人格问卷的初步编制Ⅲ：简式版的制定及信效度检验》，《中国临床心理学杂志》2011年第19期。

Pearson 相关系数，系数的绝对值越大，表示两者之间的关系越紧密。结果见表3-33。由表3-33可知，青少年幸福感的所有指标与人格的所有维度上两两相关，其中神经质与幸福感呈负相关，严谨性、宜人性、外向性、开放性与幸福感呈正相关（$p<0.001$）。

表3-33　　　　　　　　人格与幸福感的 Pearson 相关性检验

	幸福指数	总体幸福感	主观幸福感	心理幸福感	社会幸福感	具体满意度
神经质	-0.272***	-0.365***	-0.416***	-0.365***	-0.229***	-0.367***
严谨性	0.299***	0.483***	0.425***	0.483***	0.409***	0.538***
宜人性	0.227***	0.391***	0.258***	0.391***	0.387***	0.362***
外向性	0.224***	0.417***	0.29***	0.417***	0.36***	0.383***
开放性	0.21***	0.414***	0.264***	0.414***	0.407***	0.367***

（二）青少年人格与幸福感的回归分析

在进行 Pearson 检验后我们可以初步得到五种人格特质与六个幸福感指标之间的相关，为了进一步探究两者之间的关系，以五种人格特质为自变量，分别以六种幸福指标为因变量做回归，检验人格特质是否能显著预测幸福感。结果见表3-34，分析各表数据可发现：

青少年的幸福指数、总体幸福感、主观幸福感、心理幸福感、社会幸福感以及具体满意度均与神经质呈负向的线性关系（$p<0.001$），越是神经质的个体，幸福感越低。

青少年的幸福指数、总体幸福感、主观幸福感、心理幸福感、社会幸福感以及具体满意度均与严谨性呈正向的线性关系（$p<0.05$），严谨性越高，幸福感越高。

青少年的幸福指数、总体幸福感、心理幸福感、社会幸福感以及具体满意度均与宜人性呈正向的线性关系（$p<0.05$），宜人性越高，幸福感越高。

青少年的总体幸福感、主观幸福感、心理幸福感、社会幸福感以及具体满意度均与外向性和开放性呈正向的线性关系（$p<0.05$），外向性和开放性越高，幸福感越高。

表 3-34　　　　　　　　　幸福感在人格上的回归分析

	自变量	非标准化系数（B）	标准差	标准化系数（β）	t	Sig
幸福指数	（常量）	4.628	0.424		10.922***	0.000
	神经质	-0.400	0.059	-0.241	-6.803***	0.000
	严谨性	0.314	0.075	0.173	4.170***	0.000
	宜人性	0.190	0.070	0.109	2.729**	0.007
	外向性	0.159	0.087	0.079	1.818	0.070
	开放性	0.087	0.073	0.051	1.201	0.230
总体幸福感	（常量）	2.380	0.161		14.776***	0.000
	神经质	-0.235	0.022	-0.322	-10.565***	0.000
	严谨性	0.207	0.029	0.259	7.262***	0.000
	宜人性	0.125	0.027	0.164	4.713***	0.000
	外向性	0.147	0.033	0.166	4.422***	0.000
	开放性	0.116	0.028	0.154	4.154***	0.000
主观幸福感	（常量）	1.082	0.162		6.668***	0.000
	神经质	-0.269	0.023	-0.375	-11.910***	0.000
	严谨性	0.226	0.029	0.289	7.848***	0.000
	宜人性	0.049	0.027	0.065	1.818	0.069
	外向性	0.093	0.033	0.108	2.813**	0.005
	开放性	0.049	0.028	0.067	1.768	0.078
心理幸福感	（常量）	2.859	0.186		15.389***	0.000
	神经质	-0.216	0.026	-0.251	-8.340***	0.000
	严谨性	0.249	0.033	0.266	7.541***	0.000
	宜人性	0.112	0.031	0.123	3.628***	0.000
	外向性	0.224	0.039	0.215	5.766***	0.000
	开放性	0.145	0.032	0.163	4.459***	0.000
社会幸福感	（常量）	2.876	0.207		13.913***	0.000
	神经质	-0.189	0.029	-0.207	-6.533***	0.000
	严谨性	0.178	0.037	0.178	4.750***	0.000
	宜人性	0.197	0.034	0.207	5.736***	0.000
	外向性	0.106	0.043	0.096	2.463*	0.014
	开放性	0.200	0.036	0.214	5.573***	0.000

续表

	自变量	非标准化系数（B）	标准差	标准化系数（β）	t	Sig
具体满意度	（常量）	2.674	0.175		15.249***	0.000
	神经质	-0.267	0.025	-0.316	-10.868***	0.000
	严谨性	0.321	0.031	0.349	10.220***	0.000
	宜人性	0.114	0.029	0.130	3.939***	0.000
	外向性	0.117	0.036	0.116	3.229**	0.001
	开放性	0.107	0.030	0.124	3.525***	0.000

总的来说，严谨性、宜人性、外向性和开放性可以正向预测幸福感，神经质可以负向预测幸福感。Diener等指出，对于主观幸福感来说，人格是一个重要的预测变量。主观幸福感的变化中，有40%—50%的原因可以归为人格特征。[1] 王雅倩等发现主观幸福感与大五人格之间存在显著的相关，其中主观幸福感与开放性、责任心、宜人性、外倾性之间均呈正相关，主观幸福感与神经质呈显著负相关。[2][3] 因此，本研究结果与前人研究基本一致。

神经质得分高的青少年情绪很不稳定，喜怒无常，这可能会导致同伴关系不良，也会引起父母和老师对其厌烦，导致同伴支持、家庭支持和社会支持都减少，受到社会支持更少的青少年对幸福的感知也更少。神经质得分较低的个体拥有稳定一致的情绪，他们总是很平和，因而给人一种成熟稳重的感觉，这类青少年能得到大家的认可，大家也很愿意和这类青少年打交道，因而神经质得分低的个体能感受到更多的善意，他们也更容易体验到幸福。

严谨性较低的青少年在学习生活中缺乏动力和目标，做事没有条

---

[1] Diener E., Suh E., Lucas R. E., et al., "Subjective Well-Being: Three Decades of Progress", *Psychology Bulletin*, Vol. 125, No. 2, 1999.

[2] 王雅倩、王丽、向光富：《大学生大五人格与主观幸福感：心理弹性的中介作用》，《中国健康心理学杂志》2017年第25期。

[3] 张兴贵、何立国、贾丽：《青少年人格、人口学变量与主观幸福感的关系模型》，《心理发展与教育》2007年第1期。

理，自我控制的能力较差，意志力较薄弱，因而难以有较好的学业成绩和生活表现，也因此经常感受到挫败和不满，幸福感也因此大受影响。相反，严谨性较高的青少年有着明确的目标，并且他们会努力地向着目标前进，为自己的目标做好有条有理的计划，他们拥有较强的自我控制能力，能严格执行自己的计划，直至达到自己的目标为止。对于严谨性高的个体来说，只要自己付出努力，就一定能达到自己的目标，一切都在他们的掌握之中，因而他们对生活充满了希望，也感受到更多的幸福感。

宜人性低的青少年总是会对他人持怀疑态度，与人交往时也给人一种攻击感和敌意，因此宜人性低的青少年很难建立起一段良好的人际关系，也难以与他人成为朋友，他们常常会感到孤独和焦虑，经常在孤独和焦虑下的他们难以体验到幸福感。而宜人性较高的青少年则经常关心他人，愿意信任他人，也更容易与他人建立良好的人际关系，因此，宜人性高的青少年经常体验到积极情绪，幸福感也更高。

开放性高的青少年喜欢新的事物，好奇心也比较强，同时他们交友广泛，有较好的人际关系，因而会有较高的幸福感。而开放性低的个体对外界的刺激无动于衷，不愿意主动与人交流，将自己封闭在自己的世界中，有了消极情绪也只能自己消解，因而开放性低的青少年常常是人群中最不受关注的一类人，他们得不到别人的关注也不怎么关注别人，难以与他人建立情感联系，更难体验到快乐感和幸福感。

人格具有相对稳定性，但也并不是完全不能改变的。一些强刺激的发生就能促使个体的人格发生变化。通过有意识的训练，青少年的人格特质也可以得到改变。因此，学校和家庭应该认识到青少年的人格特点，根据他们的人格特点对他们进行训练和培养。努力帮助青少年形成低神经质、高严谨性、高开放性、高宜人性和高外向性的人格特质。为此，学校在强调学生学业成绩的同时更应该关注青少年的心理健康状态，可以通过广播台、学校宣传栏、学校心理健康报纸等来加强学生对健康人格的认识，多举办一些能培养他们良好的人格特质的社团活动、心理健康教育主题班会和团体心理辅导，以此加强大学生的外向性、宜人性、开放性以及严谨性，并提升青少年的幸福感。而家长也应该协助学校培养青少年形成健康积极向上的人格特质。

六 研究结论

（1）严谨性、宜人性、外向性和开放性与青少年幸福感呈正相关关系，神经质与青少年幸福感呈负相关关系。

（2）严谨性、宜人性、外向性和开放性可以正向预测青少年的幸福感，神经质可以负向预测青少年的幸福感，即人格类型为严谨性、宜人性、外向性或开放性的青少年幸福感更高，而人格类型为神经质的青少年幸福感更低。

第四章

青少年幸福感的影响机制研究

联合国报告曾指出，人类 21 世纪面临最伟大的生存挑战，不是污染、战争，也不是瘟疫，造成人类伤亡人数最大的生活事件就是我们的幸福感偏低，这是人类 21 世纪特别重要的话题。对青少年幸福现状的调查显示，当代青少年幸福状况不是太乐观，且随着年龄增大呈下降趋势。如何助推青少年开启幸福之门已成为社会关注的重大时代命题。心理学、社会学、教育学、政治学等学科均从不同角度对通往幸福的途径进行思考与探索。本部分从心理学学科视角来尝试揭开影响青少年幸福感密码的面纱。

第一节 青少年幸福感影响机制综合作用模型建构

基于积极心理学视角与布朗芬布伦纳的人类发展生态系统模型，并借鉴海德（Fritz Heider）归因理论的二分法，即将行为原因分为内部原因与外部原因，本研究提出青少年幸福感影响机制综合作用模型（见图 4-1）。

一 青少年幸福感影响机制综合模型的内容构成

青少年幸福感影响机制综合模型包括外部系统与内部系统。外部系统包括压力系统与支持系统；内部系统由个体的认知系统、动力系统、行为系统与控制系统四个系统组成。

作为社会中人，一定与社会情境、与他人有着千丝万缕的联系。各种学业、考试、人际等压力性生活事件会给青少年带来许多困扰与不适，所以压力系统必定对个体的幸福感产生影响。压力系统包括与青少年生活密切相关的负性生活事件、考试压力与人际交往中常见的同伴欺负三个要素。由家庭、学校、同伴三方力量组成的支持系统可以缓解压力系统带来的消极效应。本研究中的支持系统包括同伴关系、亲子依恋、感知班级氛围与学校认同四个要素。压力系统与支持系统共同构成了青少年幸福感影响机制的外部系统。

认知指人获得知识或应用知识的过程，或者称为信息加工的过程，即人接收外界输入的信息，并将这些信息经过神经系统的加工处理，转换成内在的心理活动，进而支配人的行为的过程。它包括感觉、知觉、记忆、思维等。此处的认知系统包括自我效能感以及自尊两个要素。青少年如何认识自我？他们对自己能力与效率的乐观信念（自我效能感）以及他们对自己的全面评价（自尊）对青少年的幸福感有什么作用？通过什么样的机制发生作用？认知系统这部分将着重来回答这些问题。

行为是个体的反应系统，它由一系列反应动作和活动构成。这里的行为系统包括亲社会行为、体育锻炼与网络交往三个要素。亲社会行为、体育锻炼与网络交往对青少年的幸福感会产生怎样的影响？其作用机制是什么？行为系统这部分会揭晓其答案。

动机是指推动人的活动并使活动朝向某一目标的内部动力。这种直接推动行为的内部动因称为动机，而激起动机活动的外部因素称作诱因。动机尽管是心理活动的表现形式，但它仍然是客观的社会生活需求或自身生理需求在人脑中的反映，正是在各式需求的基础上形成了人的不同动机。动机系统包括价值观、学习动机与生命意义。动力系统发动指向一定目标的行为，并在活动过程中受动机的调节与支配而得以维持与不断调整。

不同的归因模式会影响动机的强度以及方向。有一种意在说明与测量个体归因差异的归因理论，即美国心理学家朱利安·罗特（Julian Rotter）所提出的归因倾向理论便解释了归因模式在控制源上的区别。罗特认为人们对生活中所发生的事情与结果的控制源会有不同的推论，这个推论的维度称为控制点。对一类人来说，他们对事情的努力程度产生相应的结果，因此，他们认为自己能够掌控事情的进展以及结果。这些人的控制点来源于自己的内部，叫作内控者。对另一类人而言，他们认为自己的努力于事无补，事情的结果取决于外部力量，而这种外部力量人们又无法操控，所以他们把个人的发展寄托于命运与机遇。这种人的控制点在个体的外部，称为外控者。研究证明，促进个人控制系统可以真正地增强个体的健康和幸福。[①] 本研究的控制系统包括两个板块：一是积极的人格模式，包括坚毅、希望、感恩等性格优势；二是乐观的调节方式，包括认知重评、情绪调节、体育锻炼等积极应对方式。通过培育青少年的积极人格与加强对调节系统中应对策略与方法的学习与训练，既增强青少年的心理能量与免疫能力，又提升其应对压力与调适不良情绪的能力。因此，认知系统、动力系统、行为系统与控制系统共同组成了青少年幸福感影响机制的内部系统。

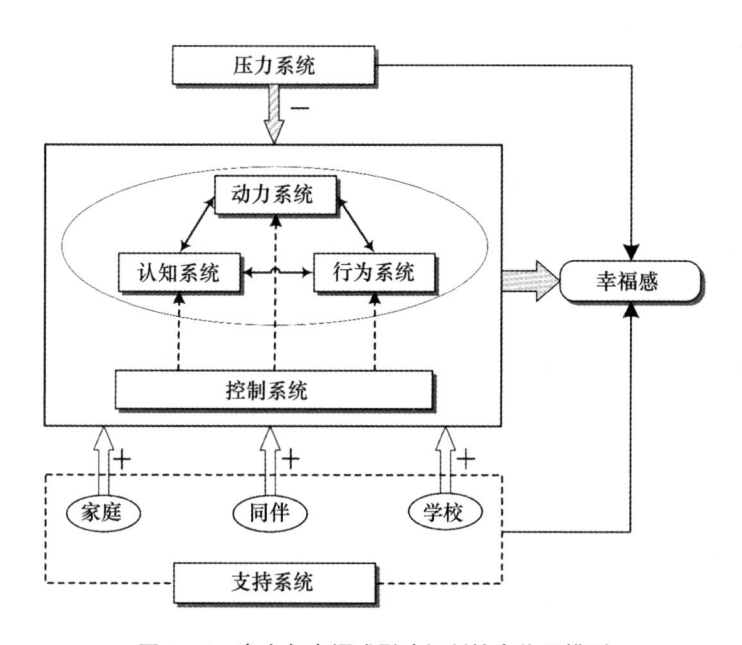

图 4-1 青少年幸福感影响机制综合作用模型

二 青少年幸福感影响机制综合模型的作用关系

由图 4-1 可见，压力、支持、认知、动力、行为、控制六大系统及

---

① [美]戴维·迈尔斯：《社会心理学》，侯玉波等译，人民邮电出版社 2006 年版。

其相互作用可以揭示青少年幸福感的影响来源及其作用机制。该模型从个体行为及其结果的控制源角度分为内外两个系统，方框内表示内部系统，方框以外的表示外部系统。个人的行为正是在内外系统综合作用下产生的。首先，青少年会面临压力系统的巨大冲击，压力必会严重影响青少年的幸福感。但作为社会中人，也必定以各种不同的方式与他人进行互动，形成不同的关系；同时，社会中的个体也需要与他人维系关系来满足关爱、支持、归属等各种社会需要。外部的支持系统包括来自同伴、家庭与学校的多方支持，社会支持系统会促进青少年的幸福感。当个体面对压力系统时，可以通过两条通道来进行应对与化解：一是认知与控制系统，这是内源性系统；二是寻求外部的支持系统。外部的压力与支持两大系统既可以直接对幸福感产生影响，又会对青少年个体内部系统产生作用。内部系统的动力、认知、行为、控制系统既直接作用于青少年幸福感，又可以成为其影响幸福感的中介机制。内外情境、认知、行为等要素在动力、控制与支持系统的应对调节与缓冲下共同作用于青少年幸福感。总而言之，青少年个体的各个子系统之间既可以直接作用于青少年幸福感，又可以合力对其产生影响。

第二节　压力系统对青少年幸福感的影响

一　生活事件

（一）引言

当前，青少年厌学现象在逐渐增多，他们不做作业，对学习不感兴趣，视学习为负担，被动地应付学习；把学习作为一件痛苦的事情，责任心不强、马虎草率；行为散漫，经常旷课、迟到，甚至逃学，严重的甚至想辍学；学习目的不明确，甚至恨书、恨老师、恨学校；严重者一提到上学就恶心、头昏、脾气暴躁甚至歇斯底里。这些现象逐渐引起学校和家长的关注，但家长和老师的教育方式也同样值得商榷。有些家长和老师面对学生"不听话"的现象，盲目地滥用惩罚，不管学生大错小错都会进行棍棒式严厉打击或者实施其他惩罚。滥用惩罚会给孩子造成身体上和心理上双重的不可逆的伤害。青春期，青少年也会遭遇身体健康与学习生活适应问题。同时，在这个阶段，同伴关系已成为其重要的人际关系，同学的嘲笑、误会、中伤，甚至是欺负、欺凌都会给青少年带来不可磨灭的消极影响。

青少年是未来时代发展的主力军，在国家、社会、学校和家庭的多方关注和培养下，青少年也在不断成长进步。但是在当今社会快速发展的背景下，根据社会发展的需要，知识型、技术型及创新型人才的需求量不断增加，青少年在成长的过程中也要接受许多来自社会各方的规范和要求，生活和学习各方面的节奏都在加快，他们要面对巨大的学习压力、考试压力，学习任务繁重，家长和老师也更多关注的是青少年的学习成绩、年级排名，而很少关心青少年的心理健康水平。同时，他们还面临着人际、适应等压力的大力冲击。青少年要么是没有直接面对这些负性事件的勇气，要么是缺乏有效解决问题的相关能力，要么是苦于没有良好支持系统给予的引导，因此，青少年身心健康受到极大伤害。正处于身心发展重要时期的青少年，其身心健康、人际关系、获得感与丧失感、情绪状态等都应该引起社会、家庭和学校的重视。

1. 生活事件与幸福感的关系

Holmes 和 Rahe[1] 认为生活事件（Life Events）指的是发生在生活中的对主体有很大影响的事件，可能会导致个体产生适应不良症状，需要个体努力去适应。Brown 和 Birley[2] 把生活事件定义为能引起人的情绪失调和影响人们身体健康的事件，也会让个体生活方式产生重大的变化。梁宝勇提出[3]，生活事件有以下特点：突然发生、很快结束。根据齐瑛、傅兴华的定义，生活事件是指发生在人们的日常生活中的对人们的社会活动产生认知、行为、情绪情感等多方面的改变的事情，这些事情多对人们产生负

---

[1] Holmes, T. H., Rahe, R. H., "The Social Readjustment Rating Scale", *Journal of Psychosomatic Research*, 1967, pp. 213–218.

[2] Brown G. W., Sklair F., Harris T. O., Birley J. L. T., "Life-events and Psychiatric Disorder, Part 1: Some Methodological Issues", *Psychological Medicine*, Vol. 3, No. 1, 1973.

[3] 梁宝勇、郝志红：《〈中国大学生心理应激量表〉的编制》，《心理与行为研究》2005 年第 2 期。

面的影响，这类事件，被认为是对个体身心健康有重要影响的主要因素中的一个。①

生活事件在有的学者看来包括积极生活事件和消极生活事件两种，但是有的学者则不这么认为，他们将生活事件定义为消极的事件。本研究主要探讨消极情绪对幸福感的影响，故采用 Holmes 对生活事件的定义，认为生活事件指的是发生在生活中的对主体有很大影响的事件，可能会导致个体产生适应不良症状，需要个体努力去适应。②

关于生活事件与主观幸福感之间的关系，以往的研究中有两种不同的观点，有些研究认为，生活事件很难对个体的幸福感产生重大的影响，毕竟幸福感是相对稳定的心理状态，不会因为一时一地的事件而发生重大改变。另一些研究则发现，个体的生活事件与个体的生活满意度、主观幸福感还是存在相关关系的，表明生活事件很可能会对个体的幸福感产生一定的影响。③ 王丽卿、李巧等采用分层整群抽样方法选取海口市城乡范围 6 所小学，测量分析发现人际关系、学习压力、受惩罚、丧失、健康适应及其他生活事件与青少年抑郁症状的显著相关，中小学生抑郁症状与青少年的生活事件呈正相关。④ 高静、秦啸龙、汤磊想要找出不良生活事件与应激后创伤障碍之间的相关性，对某中职医护生进行了调查，结果发现，中职生不良生活事件中"考试失败或成绩不理想"发生频率较高，PTSD 的影响因子为人际关系因子、受惩罚因子、适应因子，不良生活事件严重影响学生的心理幸福水平。⑤ 王极盛、丁新华调查研究了初中生的主观幸福感的现实状况与生活事件之间的相关性。结果发现，中学生生活事件与幸

---

① 齐瑛、傅兴华等：《中国援外医疗人员生活事件的研究进展》，《中国医师杂志》2012 年第 10 期。
② 杨木子：《大学生生活事件、儒家式应对思维、生命意义感和主观幸福感的关系研究》，硕士学位论文，哈尔滨师范大学，2018 年。
③ Huebner E. S., Ash C., Laughlin J. E., "Life Experiences, Locus of Control, and School Satisfaction in Adolescence", *Social Indicators Research*, 2001, pp. 167 – 183.
④ 王丽卿、李巧、杨雅莹等：《2015 年海口市中小学生生活事件、应对方式与抑郁的关系》，《卫生研究》2018 年第 6 期。
⑤ 高静、秦啸龙、汤磊：《不良生活事件对中职护理专业学生的影响及与创伤后应激障碍的相关性研究》，《重庆医学》2017 年第 24 期。

福感显著负相关,与学生不愿意上学、觉知到的学习负担过重、师生关系不和谐、经常遭受父母批评打骂这四项生活事件显著负相关。学生不愿意上学和师生关系不和谐可以很好地预测初中生的总体幸福感。① 周末、巢传宣研究大学生主观幸福感和生活事件的关系,结果显示,那些会对大学生幸福感产生负性影响的主要生活事件,可以不同程度地解释总体主观幸福感、生活满意度、正性情感及负性情感,生活事件对大学生主观幸福感有显著影响。② 李丹、尹华站等探讨了高职生总体幸福感与生活事件的关系,结果表明,学生觉知到的来自父母的学习压力、不想上学、过重的学习负担、生活习惯的变化、不良好的师生关系这些生活事件可以预测他们的幸福感。高职生的总体幸福感与生活事件具有显著的负相关关系。③

高素华为探索大学生生活事件与主观幸福感间的作用机制,对大学生进行集体施测,通过结构方程模型进行分析结果显示:生活事件与社会支持和幸福感呈显著的负相关;社会支持在生活事件影响主观幸福感之间起中介作用。因此,生活事件既能够直接给事件遭受者的情绪带来损害,从而影响其幸福感,又能够通过影响其他人对主体提供社会支持而对事件遭受者的幸福感水平产生影响。④

通过以上文献分析可知,生活事件与主观幸福感呈负相关;生活事件可以直接影响个体的总体幸福感水平。另外,社会支持等因素也会间接影响青少年的总体幸福感。前人对社会各群体幸福感影响机制进行了研究,本研究在此基础上,以青少年为研究对象,探究生活事件对青少年总体幸福感的影响,并提出以下假设:

H1:压力性生活事件对青少年幸福感有直接的负向预测作用。

---

① 王极盛、丁新华:《初中生主观幸福感与生活事件的关系研究》,《心理与行为研究》2003年第2期。
② 周末、巢传宣:《大学生主观幸福感和生活事件的关系》,《中国学校卫生》2007年第4期。
③ 李丹、尹华站、胡成霞等:《高职生总体幸福感与生活事件的相关研究》,《重庆职业技术学院学报》2006年第2期。
④ 高素华:《大学生生活事件与主观幸福感间的作用机制研究——以心理资本和社会支持为中介》,《教育学术月刊》2017年第3期。

2. 社会支持的中介作用

在生活事件与幸福感的相关性的研究中，研究者们发现社会支持在其中起着重要的作用。目前，社会支持已经有了一个比较规范的定义。社会支持是指当人们在遇到某些困难时，身边的朋友亲人或社会上的其他群体或个人提供的物质上或者精神上的帮助与抚慰，这些社会支持可以为当事者提供物质和情感支柱，使其在更短的时间内恢复正常有序的生活。[1]

社会支持来源于社会个人或者社会组织，对经受挫折和打击的个体在身心上提供帮助。一般社会支持有两类：一类是客观支持，主要是指物质上的支持；另一类是主观支持，主要是心理层面的支持，常常表现为对当事者的理解和尊重。有研究表明，一个人所得到的社会支持越多，其幸福感水平越有可能会提升。[2][3][4]

张栋栋、朱玉等研究者指出青少年身心发展迅速，生活事件和社会的支持可能会影响青少年的心理危机，甚至引发一些极端事件，导致伤害的发生。[5] 周末、张莉针对教师幸福感的研究表明，社会支持在生活事件和主观幸福感关系中存在中介作用；社会支持对生活事件和主观幸福感的关系具有缓冲作用。

周末和张莉的研究指出当生活事件让主体产生负性情绪时，社会支持能起到缓冲作用。有两种模型对此结论进行支撑：一个是主效应模型，另一个是缓冲模型。主效应模型认为，社会支持本身就会对个体的幸福感产生积极效应，当个体获得社会支持时，总是愉快的；缓冲器模型则认为，当应激性事件发生后，社会支持会为个体提供一定的心理资源，缓冲掉一

---

[1] 唐丹、邹君等：《老年人主观幸福感的影响因素》，《中国心理卫生杂志》2006年第3期。

[2] Shannon M. D., Allison A. F., Jennie F., et al., "Teacher Support and Adolescents' Subjective Well-being: A Mixed-methods Investigation", *School Psychology Review*, 2009, pp. 67 – 85.

[3] Meehan P. M., Durlak A. J., "The Relationship of Social Support to Perceived Control and Subjective Mental Health in Adolescents", *Journal of Community Psychology*, 1993, pp. 49 – 55.

[4] 熊猛、叶一舵：《城市农民工子女社会支持与主观幸福感的关系：自尊的中介与调节作用》，《中国特殊教育》2013年第6期。

[5] 张栋栋、朱玉：《常州市护理专业新生负性生活事件应激量与伤害发生关系》，《卫生研究》2018年第6期。

部分负性情绪。①② 这两个模型都得到了许多研究的支持。③

上述研究表明,当个体遭遇到负性生活事件时,如果外界可以给予一定的社会支持,那么社会支持就会因其本身的正性能量及其对负性生活事件的缓冲作用而对其总体幸福感产生积极的影响。基于此,本研究着力探讨社会支持对青少年总体幸福感的影响,并提出以下假设:

H2:社会支持在压力性生活事件对青少年幸福感的影响中起中介作用。

综上,本研究基于主效应模型和缓冲模型,构建一个社会支持在压力性生活事件对青少年总体幸福感的影响中起中介作用的模型,主要目的包括两个方面:(1)考察压力性生活事件对青少年幸福感直接的负向预测作用;(2)检验社会支持在压力性生活事件对青少年幸福感的影响中起的中介作用。

(二)研究方法

1. 研究对象

有效数据的被试分布情况为:被试共有中学生 757 人,其中男生 373 人,女生 384 人;初一至高三年级的被试分别为初一 191 人、初二 256 人、高一 213 人、高二 79 人、高三 18 人;城镇户口 387 人,农村户口 370 人;独生子女 440 人,非独生子女 317 人;双亲家庭 633 人,单亲家庭 72 人,组合家庭 52 人;家庭经济状况好的为 40 人,较好的为 184 人,一般的为 475 人,较差的为 40 人,差的为 18 人。

2. 研究工具

(1) 总体幸福感量表

同第三章的总体幸福感量表。

(2) 青少年生活事件量表(ASLEC)

该量表来源于《心理卫生评定量表手册》,刘贤臣等编制的自评式

---

① 黄立清、邢占军:《国外有关主观幸福感影响因素的研究》,《国外社会科学》2005 年第 3 期。

② 李银萍、庞庆军:《影响大学生主观幸福感的社会学分析》,《中国健康心理学杂志》2007 年第 1 期。

③ 朱来珍、沈芳等:《主观幸福感的研究进展》,《国际精神病学杂志》2006 年第 4 期。

《青少年生活事件量表》(ASLEC),该量表包括了 27 项负性生活事件。研究对象根据自己近几个月到一年的时间内有没有遭遇到这些生活事件进行选择,如果没有发生则评为:1 = "未发生";若没有受到影响则评为:2 = "没有影响";有轻微影响,则评为:3 = "轻度影响";若受到中等程度的影响,则评为:4 = "中度影响";若影响较重,则评为:"5 = "重度影响";若影响很大,则评为:6 = "极重影响"。各条目得分相加为总分。该量表包括六个维度,分别为人际关系、学习压力、受惩罚、丧失、健康与适应及其他。其中学业压力维度包含 3、9、16、18、22(有学者去掉 16、18 两题,我们研究中也去掉 16、18);人际关系维度包含 1、2、4、15、25;受惩罚维度包含 17、18、19、20、21、23、24;丧失维度包含 12、13、14;健康与适应问题维度包含 5、8、11、27;其他维度包含 6、7、23(去掉这个维度)。在本研究中测得 ASLEC 内部一致性 Cronbach α 为 0.905。ASLEC 有较好的信度,是青少年生活事件的有效测评工具。

(3) 领悟社会支持量表

该量表由 Zimet 等编制,通过测验可以反映个体得到的社会支持的总体情况。问卷分为三个维度,分别是家庭、朋友和其他。包括 12 个题目,每个题目包括七个等级,研究对象根据自己的感受从 1 = "非常不同意"到 7 = "非常同意"之间进行选择。该项目没有反向计分,分数越高代表个体领悟到的社会支持越多。我国学者严标宾和郑雪对此做了修改,将表中的"同事、亲戚、领导"改为"同学、亲戚、老师"。经检验,这三个分量表和总量表的 Cronbach α 系数分别为 0.744、0.705、0.613 和 0.830,问卷的信效度较好。

3. 研究程序

所有主试为心理学专业本科生或硕士生,在研究开始前已经对所有的主试进行了专业统一的主试训练。正式展开调查之前,研究者首先向学校负责人解释研究目的,然后学校审查问卷内容,在取得学校同意之后,以班级为单位进行集体施测。测试过程中,主试首先向学生介绍研究目的,并向被试说明本次研究的结果将严格保密且只会用作科研,随后向学生说明其他注意事项和填写方法。指导语完毕后,询问学生是否理解,学生理解后独自对问卷作答,不可与他人讨论。整个测试过程大概需要20分钟,20分钟后当场将问卷收回,并对大家给予的调研配合表示感谢。

4. 数据处理

剔除无效问卷151份,收录有效数据619份,统一用EpiDate 3.1进行数据的录入,采用SPSS 24.0和Process插件进行数据的处理与分析。同鲍振宙等一样,本研究采用Bootstrap方法对所有的回归系数进行显著性检验。

(三) 研究结果

1. 描述统计与相关分析

采用SPSS 24.0对主要变量进行描述性统计与相关分析(见表4-1),结果表明:生活事件与社会支持呈显著负相关,生活事件与青少年总体幸福感呈显著负相关,社会支持与青少年总体幸福感呈显著正相关。

表4-1　　　　各变量的描述性统计与相关分析($N=619$)

	M	SD	生活事件	社会支持	总体幸福感
生活事件	3.045	1.115	1		
社会支持	5.032	1.248	-0.161**	1	
总体幸福感	4.046	0.785	-0.212**	0.564**	1

2. 社会支持的中介效应检验

为考察社会支持在生活事件和青少年总体幸福感之间的中介作用,按照中介效应检验标准程序,使用层次回归进行分析,结果表明(见表4-2),生活事件对青少年总体幸福感的预测作用显著;生活事件对社会支持的预测作用显著;社会支持对青少年总体幸福感的预测作用显著。

采用Hayes编制的SPSS宏中的Model 4(Model 4为简单的中介模型)对社会支持在生活事件与青少年总体幸福感之间关系中的中介效应

进行检验。① 结果表明，生活事件对青少年总体幸福感的预测作用显著（$\beta = -0.212$，$t = -5.431$，$p < 0.01$），且当放入中介变量后，生活事件对青少年总体幸福感的直接预测作用依然显著（$\beta = -0.132$，$t = -3.976$，$p < 0.01$）。生活事件对社会支持的负向预测作用显著（$\beta = -0.161$，$t = -4.323$，$p < 0.01$），社会支持对青少年总体幸福感的正向预测作用显著（$\beta = 0.564$，$t = 16.960$，$p < 0.01$）。此外，生活事件对青少年总体幸福感影响的直接效应及社会支持的中介效应的 Bootstrap 95% 置信区间的上、下限均不包含 0（见表 4-3），表明生活事件不仅能够直接预测青少年总体幸福感，而且能够通过社会支持的中介作用预测青少年总体幸福感。该直接效应（-0.1324）和中介效应（-0.0804）分别占总效应（-0.2128）的 62.22%、37.78%。

表 4-2　　　　　　　　中介模型中变量关系的回归分析

回归方程		整体拟合指数			回归系数显著性	
结果变量	预测变量	R	R^2	F	β	t
青少年总体幸福感	生活事件	0.212^a	0.045	29.496**	-0.212	-5.431**
社会支持	生活事件	0.161^a	0.026	18.689**	-0.161	-4.323**
青少年总体幸福感	社会支持	0.564^a	0.318	287.645**	0.564	16.960**
青少年总体幸福感	生活事件/社会支持	0.579^b	0.335	15.806***	-0.132	-3.976**

注：模型中各变量均经过标准化处理之后带入回归方程。

表 4-3　　　　　　　总效应、直接效应及中介效应分解表

	效应值	Boot 标准误	Boot CI 下限	Boot CI 上限	相对效应值
总效应	-0.2128	0.0394	-0.2902	-0.1353	
直接效应	-0.1324	0.0333	-0.1977	-0.0670	62.22%
中介效应	-0.0804	0.0242	-0.1291	-0.0344	37.78%

---

① Hayes, A. F., "PROCESS: A Versatile Computational Tool for Observed Variable Mediation, Moderation, and Conditional Process Modeling", White Paper, Ohio: The Ohio State University, 2012.

（四）讨论与分析

1. 生活事件对青少年总体幸福感有显著的负向预测作用

生活事件是一种情境性因素，可能会导致情境性抑郁，降低个体的幸福感水平。青少年生活中一些典型的生活事情，例如，考试发挥失常，成绩不稳定，学习压力大，遭受同学误会或者嘲笑，和好朋友发生矛盾，与老师关系紧张，丢失东西，亲友死亡，自己罹患重病，或遭遇事故被惩罚或打骂等，都会给青少年造成严重的心理负担，影响青少年的幸福感。

本研究从生活事件的多个维度进行分析，探究生活事件与青少年总体幸福感的关系，研究结果验证了假设 H1 中的生活事件对青少年幸福感的负向预测。也就是说，青少年个体所经受的生活事件越多，对个体产生的影响越严重，个体的总体幸福感水平就会随之降低。青少年群体在身体发展趋于成熟而思维发展处于迅速而不成熟的状态，这个时候的青少年有个性，有想法，很多事情可能不会告诉自己的父母和老师。因此，老师和家长要随时关注学生动态，及时发现青少年生活中的异常状况，必要时还可通过学生的同伴来了解情况。针对青少年因生活事件所带来的郁闷、痛苦等负面情绪或造成的极度困扰状态，老师家长要及时进行疏导，帮助他们排解这些负面情绪以及帮助他们走出困扰。

2. 社会支持在生活事件与青少年总体幸福感间的中介效应

本研究的结果还证实了假设 H2：社会支持在生活事件与主观幸福感之间起部分中介作用。社会支持可以为青少年提供心理资源和物质帮助。当青少年个体遭遇人际关系问题、学业压力问题、失去自己所爱的物或人、自己生病或者被老师家长惩罚等一系列事故的时候，就很容易情绪低落，走向孤独，甚至陷入抑郁，严重影响青少年的幸福体验，这个时候来自老师亲友的支持就显得特别重要。社会支持通过改善生活事件带来的负性情绪，提高青少年的幸福感。

根据国内外其他学者的研究结果显示，社会支持对青少年生活满意度有正向预测作用。青少年群体体验到的社会支持越多，就会获得更多心理资源，足以应对生活中的各种挫折。这些青少年不容易被生活中的一些小事左右情绪，心态积极，遇到问题也会积极寻找解决办法或者很容易想到向他人寻求帮助。获得更多社会支持的青少年，团队合作能力也更强，更容易被他人接纳，从而获得更多的社会支持。这些青少年的心理健康水平更高，生活满意度也更高。

本研究验证了社会支持在生活事件对青少年总体幸福感的中介作用，中介效应占总效应的37.78%，因此可以说明社会支持在生活事件对青少年总体幸福感的预测中起部分中介作用。这可能是因为重大生活事件对青少年会产生多方面的影响，包括多方面社会生活的变化，比如面临升学或者转校、人际关系的变化、身体状况的改变、亲人的丧失等。这些重大事件带来的影响是很难消除的。社会支持会在其中产生一定的缓冲作用，从物质方面帮助其解除一部分困境，从精神方面减轻青少年的苦闷抑郁情绪，从而提高青少年的总体幸福感水平。但是这样的缓冲作用并不能从根源上解决问题，所以要提高青少年总体幸福感水平还需要从多种影响机制出发，寻求多种有效途径。

本部分研究结果也应当引起教育工作者和家长们的关注。教师和家长在关注青少年学习的同时，应该主动关心他们，积极关注青少年生活中发生的各种事件，其中也包括一些看似微不足道的"小事"，并进行及时有效的处理。此外，老师和家长应该多以支持和鼓励的态度去帮助青少年走出生活事件带来的压力圈，并且注重培养青少年的社交能力，带领他们寻找更多的支持通道。

（五）结论

（1）生活事件、社会支持和青少年总体幸福感之间两两显著相关。其中生活事件分别与社会支持和主观幸福感呈显著负相关。社会支持和主观幸福感之间呈显著正相关。

（2）生活事件不仅直接负向预测青少年总体幸福感，还通过社会支持间接预测青少年总体幸福感，社会支持可以缓冲生活事件对青少年总体幸福感的消极影响。

二 考试压力

（一）引言

当今整天被成堆的作业压得喘不过气，不得不挑灯夜战的情况，已成为很多中学生的真实生活写照。"考考考，老师的法宝；分分分，学生的命根。"学生的考试成绩事关他们今后的前途，学生为了能最终在中考、高考中脱颖而出，不得不面对一次又一次的大考、小考，中学生不得不背负极大的考试压力。

首先，家长们都希望自己的孩子能考上一所较好的学校，拥有一份较好的工作，这是父母对于孩子的殷殷期望。其次，学校教师们都希望学生能考出好成绩，为班级争光、为学校添彩。再次，同学之间，你比我考得好，你就高我一等，我比你考得好，我就胜你一筹，同时，学习成绩好坏也成为了同学交往的风向标。攀比之风压得人喘不过气来。最后，社会舆论推波助澜：谁谁考上了北大，怎样怎样；谁谁考上了清华，怎样怎样……这些功利性宣传铺天盖地，扭曲了人的意识和灵魂，考不上大学，就让你当"泥腿子"去。"万般皆下品，唯有读书高"似乎又回到了现在。这样的压力，即使是学习成绩很优秀的学生也感觉到难以承受。沉重的升学考试负担把学生变成了书本和试题的奴隶，失去了自由，没有了个性，心里严重紧张焦虑。有的小小年纪就患上了神经衰弱症，甚至逃学，转而逃避现实。更令人痛心的是，还有青少年走上了不归之路。降压减负是目前有识之士的共同呼声，是当前素质教育的一项改革措施。调查显示，面对考试压力，现在很多青少年出现厌学情绪，身体状态不佳，甚至出现抑郁和自杀倾向，其背后的原因值得我们深入探索。

1. 考试压力与幸福感的关系

"压力"也叫作应激。加拿大的生理学家汉斯塞利认为："压力是指机体对危险紧张的外界环境所表现出的一种非特异性反应。"霍尔姆斯则指出："压力是个体在面对那些打破人们生活平衡的外来情境时，为了恢复之前的状态所耗费掉的精神与体力的总和。"拉扎勒斯和福克曼主张："压力不仅指刺激，更指个体对环境需求的超负荷身心适应能力的一种反应。"张春兴指出："压力在心理学学科中有三层含义：一是指客观环境中存在的某种针对个体具有威胁性的刺激；二是指这种具有威胁性的刺激所引起的反应；三是指刺激与反应之间的交互作用。"

考试压力则指人在各式考试情境中，由于自身在知识或能力上对考试要求本身没有把握而引起的紧张状态。考试压力可能在真实的考试情境中存在，尤其是一些面向未来的考试，也可能在一些类似于真实情境的想象情境中存在。考试压力可能会引起个体身体和心理的双重变化，从而可能在真实的考试中影响发挥进而影响考试结果。① 可见，考试压力是在内外环境的共同作用下产生的，是大脑认知加工之后所形成的一种身心紧张状态。

考试压力带给学生的负面影响是毋庸置疑的。考试压力不仅会影响考生的考试成绩，也会对考生的身体状况和心理机制产生影响。许多考生会在考试来临之前就进入紧张焦虑的状态，心情烦躁、过分担心、胸闷、吃不下饭、睡不着觉、精神状态恍惚等，这些状态常常伴随考试压力产生，在考试结束之后，这些状况或者消失或者伴随担忧接下来要面对考试成绩及其带来的随后事件而持续一段时间，但一般来说，会伴随考试结束而消失。考试压力常常表现为考试焦虑。考试焦虑是指在带有评价性质的情境中，考生因为过度担忧可能出现的不好结果而引发的心理与行为反应。② 它包括忧虑与情绪化两个要素。忧虑主要关注心理方面的表现，即考生表现出对考试成绩、结果和因此而伴随的来自家长老师或者其他结构，如录取院校等评价和处理权的担忧，一般是指对负面结果的担忧。情绪化主要是外化的心理表现，通常表现为一些生理症状，如心慌胸闷、睡眠不足、食欲下降，甚至出现僵直等症状。③ 研究表明，考试焦虑对学生的学业成绩会产生消极的影响，④⑤ 考试焦虑水平偏高的学生往往很难取得好的考

---

① 柳圣爱、李金波：《初三学生自我考试压力管理能力对考试应激的影响研究》，《心理科学》2010年第5期。

② Zeidner M., *Test Anxiety: The State of The Art*, New York: Plenum Press, 1998.

③ Cassady J. C., Johnson R. E., "Cognitive Test Anxiety and Academic Performance", *Contemporary Educational Psychology*, Vol. 27, No. 2, 2001.

④ Lowe P. A., Lee S. W., Witteborg K. M., et al., "The Test Anxiety Inventory for Children and Adolescents (TAICA): Examination of the Psychometric Properties of a New Multidimensional Measure of Test Anxiety among Elementary and Secondary School Students", *Journal of Psychoeducational Assessment*, Vol. 26, No. 3, 2008.

⑤ 田宝、王冰：《考试焦虑与考试成绩的关系》，《当代教育科学》2004年第5期。

试成绩,这类考试结果也会进一步增加考试焦虑。① 元分析表明,考试焦虑对许多认知活动都有消极影响,高水平的考试焦虑会使记忆力、智力、问题解决能力降低。② 在某种诱发情境中,被试被诱发高水平的考试焦虑后问题解决能力比没有被诱发出考试焦虑之前显著降低。③ 张小聪、邹吉林等发现考试压力对考试焦虑水平高的学生的工作记忆容量有很大影响。处于高压力情境下的被试被诱发出高水平的考试焦虑,被试随之接受的工作记忆测验成绩显著低于其处于低压力情境下的成绩。而没有被诱发出考试焦虑的被试测试同样的内容,两次测验结果没有差别。④ 该研究进一步表明考试压力对青少年情绪的负面影响。情绪作为幸福感的一个重要维度,对青少年总体幸福感有着显著的影响。

压力理论认为压力包括压力源、评估和压力反应三个成分。考试压力的压力源是指由于学校、老师、家长以及学业本身等对学生设置的考试要求、标准和期待等因素,这会对考生造成一定的心理压力;考试压力的评估是指,参与考试者对考试难度、考试内容、考试形式、自身能力、考试后果的评估,如果考生认为自己达不到要求的标准或者无法顺利通过考试,而考试的后果又会对自身造成较严重的影响,则会产生考试焦虑。考试压力的压力反应是指考生面对考试的身体和心理状态,主要表现为紧张、兴奋、焦虑等情绪状态。⑤

根据压力理论,青少年的考试压力会对青少年产生考试焦虑,焦虑情绪作为一种负面情绪可以负向预测青少年的总体幸福感水平,由此,本研究提出以下假设:

H1:考试压力对青少年总体幸福感有直接的负向预测作用。

---

① Beidel D. C., Turner S. M., "Comorbidity of Test Anxiety and Other Anxiety Disorder in Children", *Journal of Abnormal Child Psychology*, Vol. 16, No. 3, 1988, pp. 275 – 287.
② Hembree R., "Correlates, Causes Effects and Treatment of Test Anxiety", *Review of Educational Research*, Vol. 58, No. 1, 1988.
③ 张小聪、邹吉林、董云英等:《测验压力对高考试焦虑大学生工作记忆容量的影响》,《中国临床心理学杂志》2015年第4期。
④ 张小聪、邹吉林、董云英等:《测验压力对高考试焦虑大学生工作记忆容量的影响》,《中国临床心理学杂志》2015年第4期。
⑤ 孙凤文:《初中生考试焦虑及影响因素分析》,《辽宁教育》2013年第16期。

2. 学业自我效能感的中介作用

自我效能感理论是1977年由班杜拉提出的，作为社会学习理论体系中的重要部分，它也是一般学习理论的逻辑产物。班杜拉的自我效能感理论可用图4-2来表示。结合图4-2，班杜拉认为，自我效能感是指个体对自己完成某一行为活动拥有的信念与评价。据此，学业自我效能感可以理解为：对学业应具备的能力和水平高低的信心程度的自我判断。自我效能感的表征主要体现在完成任务之后的成就感。

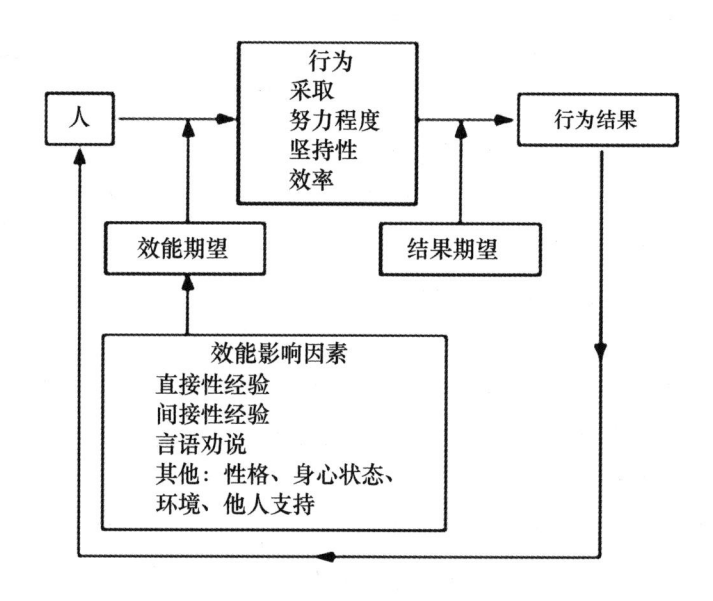

图4-2 班杜拉自我效能感理论示意图

学业自我效能感是学生对自己学习能力与行为的评估和自信，学生根据自己以往的生活和学习成败的经验或者根据与自己智力、成绩、学业表现等相似的同伴在某项任务中的成败经验来预估自己在新的学习或者测评中的结果。[1]

班杜拉的社会认知理论认为个体的自我效能感的产生来自两种途径，一

---

[1] 徐倩倩、周斌、李嘉嘉：《大学生学习动机与学业自我效能感的关系》，《品牌研究》2018年第5期。

种是对过去成败经验的总结,另一种是替代性经验的结果。个体根据自己或他人的在过去情境中的成功或者失败的经验来预估当前或未来类似情境中的成功的可能性。高自我效能感的个体会更加乐观自信,从而可以更好地应对情境中存在的压力,也更可能取得好的结果,获得积极的情绪体验。学业自我效能感能够有助于青少年增强学习信心,帮助青少年在一定程度上预测考试结果,良好的学业自我效能感可以反作用于考试压力,降低考试焦虑,并且有助于青少年积极心态的形成,从而冷静从容应对考试,取得更好的成绩。面对考试压力,学业自我效能感可以从两个方面对青少年的总体幸福感产生积极影响。也就是说,当青少年遭遇考试压力时,青少年的学业自我效能感能够缓冲考试压力对其总体幸福感的影响。基于此,本研究着力探讨学业自我效能感对青少年总体幸福感的影响,并提出以下假设:

H2:学业自我效能感在考试压力对青少年幸福感的影响中起中介作用。

综上,本研究基于社会认知理论,构建一个学业自我效能感在考试压力对青少年总体幸福感的影响中起中介作用的模型,如图4-3所示,主要目的包括两个方面:(1)考察考试压力对青少年幸福感直接的负向预测作用;(2)检验学业自我效能感在压力性生活事件对青少年幸福感的影响中起的中介作用。

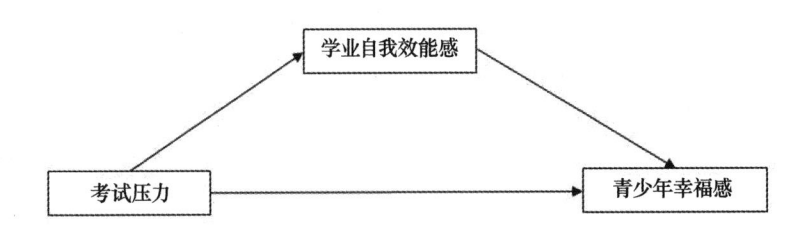

图4-3 学业自我效能感的中介作用

(二)研究方法

1. 研究对象

有效数据的被试分布情况为:被试共有中学生801人,其中男生392人,女生409人;初一至高三年级的被试分别为初一223人、初二379

人、初三 37 人、高一 122 人、高二 32 人、高三 8 人；城镇户口 436 人，农村户口 365 人；独生子女 403 人，非独生子女 398 人；双亲家庭 647 人，单亲家庭 80 人，组合家庭 74 人；家庭经济状况好的为 59 人，较好的为 195 人，一般的为 466 人，较差的为 61 人，差的为 20 人。

2. 研究工具

（1）总体幸福感量表

同前。

（2）考试压力量表

量表来源于《学业压力量表》，从中抽取六个项目形成新的量表，六个项目分别是"期末成绩"、"考试"、"考前复习"、"等待考试"、"随堂测验"、"提前通知过的测验"，在本研究中用于测量学生的考试压力水平。考试压力量表要求被试设想与考试相关的一些情境，并分别评估在每种情境下的压力水平。压力水平用数字表示：1 = "完全没有压力"；2 = "压力很小"；3 = "有一些压力"；4 = "压力比较大"；5 = "压力非常大"。被试根据自己的体验选择适合的数字选项。该量表分数计算方法为将各项目分数相加，得分越高表示考试压力越大。该量表经过检验，信效度较高。

（3）学业自我效能感量表

该量表对梁宇颂编制的《学业自我效能问卷》进行改编，保留原问卷中的学习能力自我效能感和学习行为自我效能感两个维度。每个维度由 11 个项目构成，共 22 个项目。量表要求被试按照自己的真实情况进行数字选项的选择，其中 1 = "完全不符合"，2 = "不太符合"，3 = "不确定"，4 = "比较符合"，5 = "完全符合"。该量表分数的计算方法为各分维度项目分数相加，分数越高，表示对自己学习能力或学习行为的评价越高。

3. 研究程序

所有主试为心理学专业本科生或硕士生，在研究开始前已经对所有的主试进行了专业统一的主试训练。正式展开调查之前，研究者首先向学校负责人解释研究目的，然后学校审查问卷内容，在取得学校同意之后，以班级为单位进行集体施测。测试过程中，主试首先向学生介绍研究目的,并向被试说明本次研究的结果将严格保密且只会用作科研,随后向学生说明其他注意事项和填写方法。指导语完毕后,询问学生是否理解,学生理解后独自对问卷作答,不可与他人讨论。整个测试过程大概需要20分钟,20分钟后当场将问卷收回,并对大家给予的调研配合表示感谢。

4. 数据处理

剔除无效问卷45份,录入有效数据801份,统一用EpiDate 3.1进行数据的录入,采用SPSS 24.0和Process插件进行数据的处理与分析。同鲍振宙等一样,本研究采用Bootstrap方法对所有的回归系数进行显著性检验。

(三) 研究结果

1. 描述统计与相关分析

采用SPSS 24.0对主要变量进行描述性统计与相关分析,描述统计结果与相关分析结果(见表4-4)表明:考试压力与学业自我效能感呈显著负相关,考试压力与青少年总体幸福感呈显著负相关,学业自我效能感与青少年总体幸福感呈显著正相关。

表4-4　　　各变量描述性统计与相关分析结果（$N=801$）

	M	SD	考试压力	学业自我效能感	总体幸福感
考试压力	3.085	0.827	1		
学业自我效能感	3.345	0.568	-0.292**	1	
总体幸福感	4.146	0.795	-0.229**	0.549**	1

2. 学业自我效能感的中介效应检验

为考察学业自我效能感在考试压力和青少年总体幸福感之间的中介作用,按照中介效应检验标准程序,使用层次回归进行分析,结果表明(见表4-5),考试压力对青少年总体幸福感的预测作用显著;考试压力对学业自我效能感的预测作用显著;学业自我效能感对青少年总体幸福感的预测作用显著。

采用 Hayes 编制的 SPSS 宏中的 Model 4（Model 4 为简单的中介模型）对学业自我效能感在考试压力与青少年总体幸福感之间关系中的中介效应进行检验。① 结果表明，考试压力对青少年总体幸福感的预测作用显著（$\beta = -0.229$，$t = -6.639$，$p < 0.01$），且当放入中介变量后，考试压力对青少年总体幸福感的直接预测作用依然显著（$\beta = -0.075$，$t = -2.435$，$p < 0.01$）。考试压力对学业自我效能感的负向预测作用显著（$\beta = -0.292$，$t = -8.617$，$p < 0.01$），学业自我效能感对青少年总体幸福感的正向预测作用显著（$\beta = 0.549$，$t = 18.547$，$p < 0.01$）。此外，考试压力对青少年总体幸福感影响的直接效应及学业自我效能感的中介效应的 Bootstrap 95% 置信区间的上、下限均不包含 0（见表 4-6），表明考试压力不仅能够直接预测青少年总体幸福感，而且能够通过学业自我效能感的中介作用预测青少年总体幸福感。该直接效应（-0.0751）和中介效应（-0.1536）分别占总效应（-0.2287）的 32.84%、67.16%。

表 4-5　　　　　　中介模型中变量关系的回归分析

回归方程		整体拟合指数			回归系数显著性	
结果变量	预测变量	R	R^2	F	β	t
青少年总体幸福感	考试压力	0.229[a]	0.052	44.077**	-0.229	-6.639**
学业自我效能感	考试压力	0.292[a]	0.085	74.250**	-0.292	-8.617**
青少年总体幸福感	学业自我效能感	0.549[a]	0.301	343.978**	0.549	18.547**
青少年总体幸福感	考试压力/学业自我效能感	0.553[b]	0.306	5.930**	-0.075	-2.435**

注：模型中各变量均经过标准化处理之后带入回归方程。

---

① Hayes, A. F., "PROCESS: A Versatile Computational Tool for Observed Variable Mediation, Moderation, and Conditional Process Modeling", White Paper, Ohio: The Ohio State University, 2012.

表4-6　　　　　　　总效应、直接效应及中介效应分解表

	效应值	Boot 标准误	Boot CI 下限	Boot CI 上限	相对效应值
总效应	-0.2287	0.0344	-0.2963	-0.1610	
直接效应	-0.0751	0.0308	-0.1356	-0.0146	32.84%
中介效应	-0.1536	0.0217	-0.1989	-0.1119	67.16%

（四）讨论与分析

1. 考试压力对青少年总体幸福感有显著的负向预测作用

本部分的研究结果验证了假设1：考试压力对青少年总体幸福感有直接的负向预测作用。考试压力伴随着考试相关事件出现，会出现紧张不安等焦虑症状，随着考试压力的增加，负性情绪增多，青少年的总体幸福感水平降低。有研究表明，考试压力一旦解除，学生的负性情绪就会消失，伴随的是幸福感的提升。[①]

在一项检验考试压力对学生作弊行为影响的研究中，在无压力情境下，学生作弊人数仅占30%，而在班级或老师家长施加了压力的情境下，作弊人数分别达到60%和63%，学业成绩较差的学生，在没有考试压力的情境下，作弊人数占30%，而在有压力的情境下，达到了80%。研究者分析，由于现在老师和家长要么由于升学压力所迫，要么由于缺乏有效的对学生的整体的评价方式而特别看重考试成绩，所以学生往往也会将考试成绩作为自己在老师家长心中的评价标准进行内化。因此，考试成绩和学生的自尊也密切相关，学生认为考试得高分的孩子容易得到老师家长的喜爱，也容易受到同学们的尊重，而考试成绩不好的孩子会受到较低的评价，所以成绩不好的孩子容易自尊心受挫，产生自卑心理。这些因为考试成绩受到不公正评价的学生会对考试高分有特别的期待，尤其是考试结果会对考生造成影响的考试，但是由于学习资源、学习方法、考试技巧、学习动机、意志力等方面的原因，他们在正当的考试途径中很难取得高分，在能够有机会作弊的情况下他们会选择

---

① 肖艳梅：《中学生如何面对考试焦虑》，《宁夏教育》2010年第10期。

采用非正当手段取得高分,以赢得他人的尊重。① 梁光明、新昕等发现医学生也存在考试压力,长时间经受考试压力会造成身体状况的改变,比如睡眠质量的下降。②

考试压力的产生与教师和家长的期待有很大的关系,家长和老师不应该只注重青少年的考试成绩,而要从各方面进行综合素质的考察,注重青少年的全面发展。在家里,家长要避免因为成绩打骂孩子,在学校,老师也要善于发现每个学生的闪光点,避免对考试成绩好与不好的学生区别对待。另外,教育者应该更早开始对青少年学生开设职业规划课程,因材施教,尽早培养青少年的专业素质。

2. 学业自我效能在考试压力与青少年总体幸福感间的中介效应

本研究的研究结果还验证了假设2:学业自我效能感在考试压力对青少年幸福感的影响中起中介作用。数据分析结果显示,学业自我效能感的中介效应占总效应的67.16%。学业自我效能感高的学生体验到更少的考试压力,情绪更加稳定,心态更加平和,很少会去考虑考试成绩,从而节省了认识资源,并将其应用于对即将来临的考试的准备之中,在这种情况下,他们不论是从考试过程还是考试结果中都更少体验到考试压力,幸福感水平也就更高。

综上所述,本研究验证了考试压力对青少年总体幸福感的负向预测作用,以及学业自我效能感在二者之间的部分中介作用。基于此,教育者应该积极关注青少年学习生活中各种类型的考试所带来的心理压力,在着力改革应试制度的同时,也要注重青少年自我效能感,尤其是学业自我效能感的提升。只有让青少年保持对学习、对知识、对成长的信心与热情,树立平和积极的考试心态,才能从根源上促进青少年学习的进步,减轻青少年面对考试的压力,进而提升青少年总体幸福感水平。

(五)结论

(1)考试压力、学业自我效能感和青少年总体幸福感之间两两显著

---

① 王林松、方建移:《中小学生在压力与无压力情境下考试作弊行为的实验研究》,《山东师范大学学报》(社会科学版)1991年第6期。
② 梁光明、新昕:《医学生考试学习压力对睡眠质量的影响》,《中国民康医学》2014年第7期。

相关，其中学业压力分别与学业自我效能感和主观幸福感呈显著负相关。学业自我效能感和主观幸福感之间呈显著正相关。

（2）考试压力负向预测青少年总体幸福感，学业自我效能感正向预测青少年总体幸福感，考试压力通过学业自我效能感的中介作用负向影响青少年总体幸福感，学业自我效能感能减缓考试压力对青少年总体幸福感的负面影响。

三 同伴欺负

（一）引言

近年来，校园欺凌事件层出不穷，"北京中关村二小"、"延安吴起县中学"事件之后，同伴欺负更成为社会的热点话题。[①] 青少年群体的同伴侵害和欺负问题已引起世界各国心理学家、社会学家以及教育行政机构的广泛关注。同伴欺负行为发生于同伴群体中，同伴群体则构成了同伴欺负发生的背景。作为最早研究同伴欺负行为的学者之一，Olweus 将遭受欺负定义为"长时间或反复受到一个或几个同伴欺负或伤害"[②]。青少年时期是个体心理生理发展的重要阶段，该阶段的个体正处于世界观、人生观、价值感形成的关键时期，个体的情感、情绪、人格特质等趋向于成熟。同伴欺负作为一种负性生活事件，会对青少年的身心健康造成严重危害，影响其社会性适应和个人发展。研究表明，诸如同伴欺负、人际冲突等压力性生活事件会对青少年的幸福感产生重要影响，[③④⑤] 青少年经历的负性生活事件

---

① 赵莉、雷雳：《关于校内欺负行为中受欺负者研究的述评》，《心理科学进展》2003年第6期。

② Olweus Dan, *Bullying at School: What We Know and What We Can Do*, Oxford: Blackwell, 1993.

③ 傅俏俏、叶宝娟、温忠麟：《压力性生活事件对青少年主观幸福感的影响机制》，《心理发展与教育》2012年第5期。

④ 苏志强、张大均、王鑫强：《高中生负性生活事件和主观幸福感：公正世界信念的中介作用分析》，《中国特殊教育》2013年第3期。

⑤ 朱晓伟、范翠英、刘庆奇、张冬静、周宗奎：《校园受欺负对儿童幸福感的影响：心理韧性的作用》，《中国临床心理学杂志》2018年第2期。

越多，越感到不幸福。① 青少年受到同伴欺负后，其负性影响甚至可能会持续一生，由此可见，探究同伴欺负与青少年幸福感的关系及两者之间关系的作用机制，有助于青少年提升自己的社会适应以及人际关系处理能力。

1. 同伴欺负与青少年幸福感的关系

同伴欺负行为最早始于奥维尔斯对挪威和瑞典学校中侵犯行为的研究，自20世纪70年代以来，欺负行为逐渐受到各国学者关注，心理学家、教育者从欺负行为发生的类型与影响因素、施动者与受动者的个性特征、欺负行为的测量方法及其干预策略等层面对欺负行为进行了探讨与研究，当前对欺负行为的研究还涵盖欺负行为对社会发展以及人的身心发展等方面的影响。对欺负行为的定义不同学者持有不同观点，Bjorkqvist等曾提出："欺负在本质上是一种社会性行为，总是发生于相对固定的社会群体之中，在这样的群体中受欺负者几乎不可能避开欺负者对他的折磨。"国外学者史密斯与我国学者张文新对欺负行为有较一致的定义：欺负是一种经常发生在中小学生之间的以强欺弱、以多欺少为特征的攻击行为。②③ 即同伴之间力量相对较强的一方对力量相对弱小的一方进行的攻击。由此看来，欺负具有群体的特征，是一种发生于一定的社会生态或背景之中的社会生态现象，同伴欺负问题的产生、维持、终止并非单纯地由一种或几种个体因素或外部环境因素决定，而是个体与社会生态系统之间相互联系、相互作用的结果。我国学者张文新对同伴欺负进行了社会生态学分析，并将同伴欺负的影响因素归纳为个体因素、家庭因素、学校因素以及同伴因素。④

同伴欺负事件涉及欺负者、被欺负者、保护者、旁观者、煽风点火者、协同欺负者六个角色。在同伴欺负事件中，欺负者是欺负行为的施动者，被

---

① Huebner, E. S., Ash, C., & Laughlin, J. E, "Life Experiences, Locus of Control, and School Satisfaction in Adolescence", *Social Indicators Research*, Vol. 55, No. 2, 2001.

② Harter, S., *The Self-perception Profile for Children: Revision of the Perceived Competence Scale for Children*, Manual, Denver: University of Denvor, 1985.

③ Smith P. K., "Bullying in Schools: Lessons from Two Decades of Research", *Aggressive Behavior*, Vol. 26, No. 1, 2000.

④ 张文新：《学校欺负及其社会生态分析》，《华南师范大学学报》（社会科学版）2004年第5期。

欺负者是欺负行为的受动者。① 同伴欺负的本质是欺负者与受欺负者间存在力量上的不均衡性，这种不均衡性有多种表现形式，从而构成了同伴欺负的不同形式。② 欺负方式包括直接欺负和间接欺负，直接欺负又可分为直接言语欺负和直接身体欺负，从直接欺负方式层面上看，言语欺负是青少年中最为普遍的同伴欺负方式，青少年受到言语欺负的比例最高，身体欺负的比例其次，关系欺负的发生率最低。相比于女性，男性青少年受到身体欺负和关系欺负的比例要更高。也有研究按欺负者与受欺负者双方是否当面进行同伴欺负行为，将受同伴欺负分为直接受欺负和间接受欺负两种形式，国外学者研究发现，间接受同伴欺负比直接受同伴欺负更具伤害性。③ 从性别层面来看，青少年阶段的同伴欺负问题中，男性较之于女性欺负者的人数比例更高，且更有可能成为同伴欺负问题中的施动者和受动者。

人际风险模型指出，同伴欺负和同伴排斥等消极人际关系经历会导致个体出现一系列适应不良问题。被同伴欺负的青少年会体验到抑郁、沮丧、不安、害怕等消极情绪，有时还会产生诸如失眠、噩梦、头疼等相关的躯体症状。研究者们探讨了负性生活事件对个体幸福感的影响发现，压力性生活事件对个体幸福感有较大的影响，这种影响受到应对方式等个体内部因素社会支持等外部环境因素的制约，在同伴欺负事件中，由于欺负行为具有重复发生性和力量非均衡性，受欺负者通常会长期处于压力性事件的负面影响之下。国内外大量研究表明，受同伴欺负甚至可能会导致青少年出现社会退缩、社会攻击、逃避等社会适应不良问题，④⑤⑥ 青少年会

---

① 狄聪：《初中校园欺负中，学生旁观行为的调查研究及改善对策》，硕士学位论文，辽宁师范大学，2018年。
② 张文新：《中小学生欺负/受欺负的普遍性与基本特点》，《心理学报》2002年第4期。
③ Helen Mynard, Stephen Joseph, "Development of the Multidimensional Peer-Victimization Scale", *Aggressive Behavior*, Vol. 26, No. 2, 2000.
④ Marina C., Goossens F. A., Meerum T. M., et al., "Bullying and Victimization among School-age Children: Stability and Links to Proactive and Reactive Aggression", *Review of Social Development*, Vol. 11, No. 3, 2012.
⑤ Forero R., Mclellan L., Rissel C., et al., "Bullying Behaviour and Psychosocial Health among School Students in New South Wales, Australia: Cross Sectional Survey", *BMJ Clinical Research*, Vol. 319, No. 7206, 1999.
⑥ 傅俏俏、叶宝娟、温忠麟：《压力性生活事件对青少年主观幸福感的影响机制》，《心理发展与教育》2012年第5期。

体验到更多的负性情感，降低个体的生活满意度，影响其幸福感。同时，同伴欺负对青少年的身心健康发展有显著短期及长期的消极影响，①②③④ 受欺负对个体幸福感具有负向预测作用。⑤ 综上所述，同伴欺负对青少年幸福感具有重要影响，本研究基于人际风险模型以及同伴欺负的社会生态学分析，尝试提出以下假设：

H1：同伴欺负对青少年幸福感有直接的负向预测作用。

2. 应对方式的中介作用

应激理论认为，应激是一个包括应激源、中介因素与个体适应结果等多因素共同作用的过程。⑥ 研究者发现，应对方式在应激与个体适应结果之间起重要的中介作用。⑦ 同伴欺负作为压力性生活事件，对青少年心理健康和幸福感带来不利影响，而应对方式则在其中起到了重要的作用。在当今同伴欺负已成为一个普遍存在于儿童青少年阶段的世界性问题的社会背景之下，加强应对方式的研究，关注应对方式在同伴欺负与青少年幸福感之间的作用机制，以指导青少年有效地应对社会心理应激，对青少年生活质量的改善和提高有着重要的现实意义。

国外学者 Folkman 等认为，应对方式是指个体的内部要求和外部环境

---

① 张文新、狄聪：《初中校园欺负中，学生旁观行为的调查研究及改善对策》，硕士学位论文，辽宁师范大学，2017 年。

② Goston, A. M., & Rudolph, K. D., "Pathways from Depressive Symptoms to Low Social Status", *Journal of Abnormal Child Psychology*, Vol. 41, No. 2, 2013.

③ Kochel, K., Ladd, G. W., & Rudolh, K. D., "Longitudinal Associations among Youth Depressive Symptoms, Peer Victimization, and Low Peer Acceptance: An Interpersonal Process Perspective", *Child Development*, Vol. 83, No. 2, 2012.

④ 陈亮、纪林芹、张玲玲、陈光辉、王姝琼：《童年中期身体侵害、关系侵害与儿童的情绪适应》，《心理学报》2009 年第 5 期。

⑤ 朱晓伟、范翠英、刘庆奇、张冬静、周宗奎：《校园受欺负对儿童幸福感的影响：心理韧性的作用》，《中国临床心理学杂志》2018 年第 2 期。

⑥ Wallace, R. A., Webb, P. M. & Schluter, P. J. "Environmental Medical, Behavioural and Disability Factors Associated with Helicobacter Pylori Infection in Adults with Intellectual Disability", *Journal of Intellectual Disability Research*, Vol. 46, No. 1, 2002.

⑦ Compas, B. E., Connor-Smith, J. K., Saltzman, H., Thomsen, A. H., & Wadsworth, M. E., "Coping with Stress During Childhood and Adolescence: Problems and Potential in Theory and Research", *Psychological Bulletin*, Vol. 127, No. 1, 2001.

要求产生冲突时，为了控制、降低或者最小化压力性事件带来的冲突和压力，个体所做出的认知和行为的努力过程。① 个体的应对方式是其内在的稳定因素与外在的情境因素共同作用的产物，应对方式在应激和心理健康之间起中介作用，对个体身心发展及个体适应起着极为重要的作用。②③ 国外学者 Folkman 等认为，应对方式主要分为情绪取向应对和问题取向应对两大维度，国内学者解亚宁将人们在经受挫折时采取的应对方式分为"积极应对"和"消极应对"两种。根据压力与应对方式交互作用的理论，个体的应对方式会随着压力的不同阶段而发生改变。青少年时期的个体身心迅速发展，其所面临的压力与人毕生发展的其他阶段有很大的不同，青少年群体面临压力性生活事件时所采取的应对方式也有别于其他年龄阶段的个体。国内外不少研究发现，相比于青春期后期的青少年，青春期前期和中期的青少年更少地使用情绪取向应对。一些研究还表明，青少年群体在压力应对方式的选择上存在性别差异，随着年龄的增长，女性青少年在面对负性生活事件时，会比男性青少年更多地采取寻求帮助、构思解决方案等积极应对方式，也有其他学者得出了与之不一致的结论。

有关主观幸福感的适应和应对理论强调，有效的应对方式有助于形成较高主观幸福感和生活满意度。在面临压力性生活事件时，青少年采取积极的应对方式有助于缓解应激性事件对其主观幸福感的负性影响，而采取消极的应对方式则会降低其主观幸福感。大量研究证实，青少年应对方式与主观幸福感关系紧密，个体采取不同的应对方式，其幸福感水平也在发生变化。岳松华等在青少年主观幸福感、心理健康及其与应对方式的关系研究中发现，寻求认知重建、社会支持等积极应对方式有利于个体积极情感的获得，而情绪困扰、压抑等消极的应对方式则会导致更多的消极情

---

① Folkman, S., & Lazarus, R. S., "An Analysis of Coping in a Middle-aged Community Sample", *Journal of Health and Social Behavior*, Vol. 21, No. 3, 1980.
② Lever, J. P., "Poverty, Stressful Life Events, and Coping Strategies", *The Spanish Journal of Psychology*, Vol. 11, No. 11, 2014.
③ Li, H. H., Wang, J. Q., & Wang, L., "A Survey on the Generalized Problematic Internet use in Chinese College Students and Its Relations to Stressful Life events and Coping Style", *International Journal of Mental Health and Addiction*, Vol. 7, No. 2, 2009.

感、降低生活满意度。① 张建人等以大学生群体为研究对象,对大学生社会支持、应对方式及其与主观幸福感的关系进行了研究,得到的结果与前人一致,其研究还发现,主观幸福感水平较高的个体在面对压力和冲突时更愿意采取积极的应对方式。② 国外学者针对成人群体的研究也得到了与青少年群体相一致的结果。③ 青少年采取的应对方式的差异对其幸福感的发展有重要的影响,积极、成熟的应对方式,不管是情绪关注还是认知重建,大多都有助于提高青少年主观幸福感,对其良好的心理和社会适应具有积极的意义。同时,不同的应对方式能够对应激状态下的个体幸福感有着不同的影响,在面对诸如同伴欺负等应激性事件时,使用不同的应对方式有助于提升青少年的主观幸福感。良好的应对策略能够对应激起缓冲作用,从而缓解个体的负性情感,对维持个体积极的情绪体验和生活满意度起到增益作用。

基于应激理论以及主观幸福感的适应和应对理论,本研究尝试提出以下假设:

H2:积极应对方式在同伴欺负对青少年幸福感的影响中起中介作用。

结合假设 1 和假设 2,本研究提出一个中介模型(见图 4-4)。

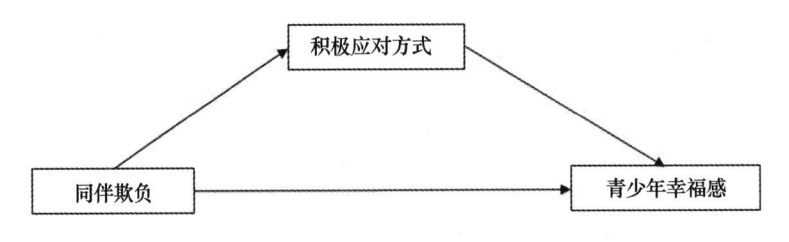

图 4-4 积极应对方式的中介作用

---

① 岳颂华、张卫、黄红清、李董平:《青少年主观幸福感、心理健康及其与应对方式的关系》,《心理发展与教育》2006 年第 3 期。

② 张建人、黄懿:《大学生社会支持、应对方式及其与主观幸福感的关系》,《中国临床心理学杂志》2007 年第 6 期。

③ Reijntjes, A., Kamphuis, J. H., Prinzie, P., & Telch, M. J., "Peer Victimization and Internalizing Problems in Children: A Meta-analysis of Longitudinal Studies", *Child Abuse and Neglect*, Vol. 34, No. 4, 2010.

(二) 研究方法

1. 研究对象

本研究选用的被试为中学生,共有 801 人,被试中男生有 390 人,女生有 401 人;按年级来划分,初一有 223 人、初二有 379 人、初三有 37 人、高一有 122 人、高二有 32 人、高三有 8 人;同时,对所有被试的家庭情况进行统计,得到以下人口统计学数据:城镇户口有 436 人,农村户口有 365 人;独生子女有 403 人,非独生子女有 398 人;双亲家庭有 647 人,单亲家庭有 80 人,组合家庭有 74 人;家庭经济状况好的为 59 人,较好的为 195 人,一般的为 466 人,较差的为 61 人,差的为 20 人。

2. 研究工具

(1) 总体幸福感量表

同第三章的总体幸福感量表。

(2) 同伴欺负量表

选用刘富良编制的《大学生欺负行为问卷》。该量表将同伴欺负分为关系欺负、关系受欺负、言语欺负和言语受欺负四个维度,考察个体在关系和言语层面欺负同伴和受同伴欺负的情况。问卷采用李克特五点计分,其中 1 代表"从未发生",5 代表"总是发生"。关系欺负是指个体在与同伴相处过程中,对其同伴关系进行攻击,而受关系欺负是指个体在与同伴相处过程中,其同伴关系受到他人攻击。言语欺负是指个体在与同伴相处过程中,对同伴进行言语攻击,受言语欺负是指个体在与同伴相处过程中受到言语攻击。

(3) 积极应对方式量表

改编自张卫、岳颂华等提出的青少年压力应对方式测评量表。青少年压力应对方式测评量表包括两个三阶维度(消极应对—积极应对)和四个二阶维度(消极问题关注应对、消极情绪关注应对、积极问题关注应对、积极情绪关注应对),包含了 17 种应对方式,共 80 个项目。本研究采用与积极应对维度相关的测量条目,积极应对方式维度与项目数为:问题解决与行动维度 12 个题目、自我放松维度 3 个题目、保持平静维度 3 个题目、寻求社会支持维度 11 个题目、认知重建维度 4 个题目、容忍／

接受维度4个题目、幽默维度5个题目、分心维度4个题目。采用Likert四点计分，其中1代表"从不采用"，计1分；4代表"经常使用"，计4分。得分越高，表示越多采用该种策略。

3. 研究程序

所有主试为心理学专业本科生或硕士生，在研究开始前已经对所有的主试进行了专业统一的主试训练。正式展开调查之前，研究者首先向学校负责人解释研究目的，然后学校审查问卷内容，在取得学校同意之后，以班级为单位进行集体施测。测试过程中，主试首先向学生介绍研究目的，并向被试说明本次研究的结果将严格保密且只会用作科研，随后向学生说明其他注意事项和填写方法。指导语完毕后，询问学生是否理解，学生理解后独自对问卷作答，不可与他人讨论。整个测试过程大概需要20分钟，20分钟后当场将问卷收回，并对大家的配合表示感谢。

4. 数据处理

统一用EpiDate 3.1进行数据的录入，采用SPSS 24.0和Process插件进行数据的处理与分析。同鲍振宙等一样，本研究采用Bootstrap方法对所有的回归系数进行显著性检验。

(三) 研究结果

1. 描述统计与相关分析

采用SPSS 24.0对主要变量进行描述性统计与相关分析，描述统计结果与相关分析结果表明：同伴欺负与积极应对与方式呈显著负相关，同伴欺负与青少年总体幸福感显著负相关，积极应对方式与青少年总体幸福感显著正相关（见表4-7）。

表4-7　　各变量的描述性统计与相关分析（$N=801$）

变量	M	SD	总体幸福感	同伴欺负	积极应对方式
总体幸福感	4.14	0.97	1		
同伴欺负	2.15	0.47	-0.24**	1	
积极应对方式	2.88	0.79	0.46**	-1.57**	1

2. 积极应对方式的中介作用检验

为考察积极应对方式在同伴欺负和青少年幸福感之间的中介作用，按照中介效应检验标准程序，使用层次回归进行分析，结果表明（见表4-8），同伴欺负对青少年幸福感的预测作用显著；同伴欺负对积极应对方式的预测作用显著；积极应对方式对青少年幸福感的预测作用显著。

采用 Hayes 编制的 SPSS 宏中的 Model 4（Model 4 为简单的中介模型）对积极应对方式在同伴欺负与青少年幸福感之间关系中的中介效应进行检验。[①] 结果（见表4-8）表明，同伴欺负对青少年幸福感的预测作用显著（$\beta = 0.24$，$t = -6.87$，$p < 0.001$），且当放入中介变量后，同伴欺负对青少年幸福感的直接预测作用依然显著（$\beta = -0.43$，$t = 13.67$，$p < 0.001$）。同伴欺负对积极应对方式的负向预测作用显著（$\beta = -0.16$，$t = -4.50$，$p < 0.001$），积极应对方式对青少年幸福感的负向预测作用也显著（$\beta = -0.17$，$t = -5.39$，$p < 0.001$）。此外，同伴欺负对青少年幸福感影响的直接效应及积极应对方式的中介效应的 Bootstrap 95% 置信区间的上、下限均不包含0（见表4-9），表明同伴欺负不仅能够直接预测青少年幸福感，而且能够通过积极应对方式的中介作用预测青少年幸福感。（见图4-5）该直接效应（-0.16）和中介效应（-0.06）分别占总效应（-0.24）的 69.56%、26.08%。

表4-8　　　　　　中介模型中变量关系的回归分析

回归方程		整体拟合指数			回归系数显著性	
结果变量	预测变量	R	R^2	F	β	t
青少年幸福感	同伴欺负	0.24	0.06	47.27***	-0.24	-6.87***
积极应对方式	同伴欺负	0.16	0.02	20.29***	-0.16	-4.50***
青少年幸福感	积极应对方式	0.48	0.23	122.56**	-0.17	-5.39***
	同伴欺负				0.43	13.67***

---

① Hayes, A. F., "PROCESS: A Versatile Computational Tool for Ob-served Variable Mediation, Moderation, and Conditional Process Modeling", 2012.

表4-9　　　　　　　总效应、直接效应及中介效应分解表

	效应值	Boot标准误	Boot CI下限	Boot CI上限	相对效应值
总效应	-0.24	0.03	-0.31	-0.16	
直接效应	-0.16	0.03	-2.34	-0.10	69.56%
中介效应	-0.06	0.02	-0.10	-0.03	26.08%

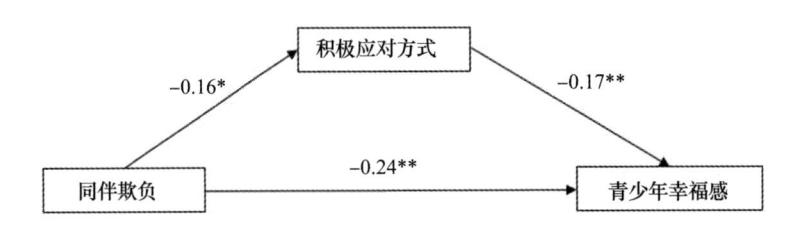

图4-5　积极应对方式的中介作用

（四）讨论与分析

1. 同伴欺负对青少年幸福感的影响

本研究通过问卷调查和统计分析表明，同伴欺负对青少年幸福感具有显著的负向预测作用，与前人的研究结果是一致的，这些结果再次表明同伴欺负对青少年幸福感的不利影响：卷入同伴欺负事件的青少年，其幸福感水平更低。本研究结果支持人际风险模型所提出的理论，作为青少年消极人际经历的同伴欺负，会给他们的生活适应以及成长带来不可估量的伤害。遭受同伴欺负的个体可能长期生活在应激性生活事件的消极影响之下，出现抑郁、焦虑等适应不良问题，对生活充满失落感和畏惧，产生更多的负性情绪体验，进而影响到其积极情绪情感，降低幸福感。

2. 积极应对方式的中介作用

在以往研究基础上，纳入积极应对方式以探讨同伴欺负对青少年幸福感的影响机制。相关分析结果显示，积极应对方式与同伴欺负以及青少年幸福感呈显著相关，进一步进行层次回归分析，结果表明，积极应对方式在同伴欺负与青少年幸福感之间起到部分中介作用，说明同伴欺负在直接

影响人们的幸福感的同时,还可以通过积极应对方式间接对青少年幸福感产生影响。研究结果证实了本研究的假设并与前人研究结果一致。研究结果也再次支持了应激理论,即青少年个体在面对应激性生活事件时,采取更为积极的应对方式,会极大减缓应激事件给个体带来的负面影响,从而增加其积极情绪体验,提升青少年幸福感水平。本研究结果还支持了压力的适应和应对理论,当青少年面临压力时,有效的应对方式有助于个体形成较高的生活满意度和主观幸福感。究其原因,可能是因为在青少年卷入同伴欺负事件时,合理的情绪宣泄、认知重建、寻求社会支持等积极的应对方式会缓解青少年的消极情绪,促进青少年采取更积极的态度认知和评价事件,并作出合理的应对策略,从而保持其生活满意度,并有助于幸福感提升。

综上所述,本研究对同伴欺负、积极应对方式和青少年幸福感的关系进行了深入的考察,证实了同伴欺负对青少年幸福感的负向预测作用、积极应对方式对青少年幸福感的正向预测作用,并进一步探讨了积极应对方式的中介作用,发现积极应对方式作为中介变量,部分中介于同伴欺负与青少年幸福感之间的关系。本研究结论证实了研究假设,与以往大量研究结果一致并支持了相关理论。从理论上丰富了同伴欺负对青少年幸福感的影响及积极应对方式在其中的作用机制的研究,同时,本研究也具有重要的现实意义,在青少年面临压力性生活事件时,应当鼓励并指引其采用更为积极的应对方式。

(五)结论

(1)同伴欺负对青少年幸福感具有显著负向预测作用,同伴欺负会降低青少年幸福感。

(2)积极应对方式在同伴欺负与青少年幸福感之间起部分中介作用,即同伴欺负在直接影响青少年幸福感的同时,也可以通过积极应对方式间接对青少年幸福感产生影响,即积极应对方式可以缓冲同伴欺负对青少年幸福感的消极影响。

第三节 支持系统对青少年幸福感的影响

一 同伴关系

(一) 引言

改革开放40年以来,中国义务教育得到普及,素质教育被重视起来,在中国现代学习型社会的背景之下,升学率成为我国教育关注的焦点,与之息息相关的学习成绩也成为学生、家长、教师、学校以及社会的关注焦点。在应试教育的压力之下,学生与学生之间的竞争关系也日益激烈,"清华、北大学生铊盐中毒"案件、"复旦投毒"事件发生后,校园同伴关系、师生关系、家庭关系成为社会各界关注的热点,同伴关系研究现状逐渐从学术界走向公众视野。

"人是社会性动物",作为人类社会的一员,人际关系对个体的生存和发展有着至关重要的影响。青少年阶段的个体经历着生理心理的急剧变化,其情感、情绪趋向于成熟,这一时期的人际关系状态往往会影响青少年一生。据布朗芬布伦纳的生态系统理论,人类发展生态学模型包括四个系统:微观系统、中间系统、外层系统和宏观系统。同伴群体、学校、家庭作为微观系统,对青少年的个人发展和社会适应有着重要的影响。和谐的人际关系能够带给个体更积极的情绪体验,国内外大量研究均表明,人际关系是影响个体幸福感的重要因素之一,良好的人际关系能够较好地预测个体的幸福感。[1][2][3][4] 因而本部分拟对青少年的同伴关系及其幸福感的关系进行研究,并探讨教师支持在其中的作用机制。

---

[1] Kwan V. S. Y., Bond M. H., Singelis T. M., "Pan Cultural Explanations for Life Satisfaction: Adding Relationship Harmony to Self-esteem", *Journal of Psychology and Social Psychology*, Vol. 73, No. 3, 1997.

[2] 吴超:《青少年人际关系与主观幸福感的关系研究》,《江西青年职业学院学报》2012年第1期。

[3] 徐云、江光荣、周宗奎:《小学生社会技能与主观幸福感的关系研究》,《心理研究》2008年第4期。

[4] 陈华华、周宗奎:《同伴关系对青少年心理健康的影响》,《湖南师范大学教育科学学报》2007年第4期。

1. 同伴关系与青少年幸福感的关系

同伴关系是心理发展水平相当的个体或同龄人之间在交往或相互作用过程中建立和发展起来的一种人际关系。[1] 这种关系实际上是一种心理关系，它是一个多水平、多层次、多侧面的人际网络结构。[2] 同伴群体作为微观系统，对青少年时期的个体的心理发展及社会适应有着重要影响。邹泓总结了已有研究当中对青少年同伴关系的测量方法，包括问卷调查法、访谈法、自然系统观察法、行为评定法以及积极和消极提名法，并归纳了影响青少年同伴关系的两个影响因素：社会认知和社会行为特征。[3] 作为青少年个体发展过程中最重要的人际关系之一，同伴关系是青少年幸福感的重要预测变量。青少年的师生关系、亲子关系、同伴关系等人际关系对其心理健康及个体幸福感的影响的解释主要有以下几个理论：自我决定模型、社会需求理论、社会支持理论以及社会心理学说。

Ryan、Sheldon 和 Deci 的幸福感自我决定模型指出，个体有关系需要（relatedness）、自主需要（autonomy）和认可需要（competence）三个基础性的心理需要。与主观幸福感相对应，Ryan 和 Kasser 发现社交情感（community feeling）和友谊（affiliation）与个体幸福感有着紧密的联系，可以预测个体的幸福感。Kasser 和 Ryan 还扩展了以往关于焦虑、抑郁等心理症状的研究，发现社交情感、友谊与心理异常状态呈负相关关系。

社会需求理论由 Weiss 于 1974 年提出，该理论假设，不同类型的关系提供不同的社会支持功能，个体会在这些关系当中寻求特殊的社会支持功能，以满足不同的社会需要。[4] 在 Weiss 的基础之上，Furman 等区分了儿童青少年在一般同伴关系和亲密同伴关系中的社会需求，认为在一般的同伴关系当中，个体主要获得归属感和包容感，而在亲密的同伴关系当中，个体倾向于获得亲密感、可靠感，同时，增进自我价值、陪伴、指导性帮助等社会需要在一般同伴关系和亲密同伴关系中均可获得。Douvan

---

[1] 邹泓：《同伴关系的发展功能及影响因素》，《心理发展与教育》1998 年第 2 期。
[2] 陈咏媛：《中学生同伴关系与其幸福感的关系研究》，《医学与社会》2006 年第 8 期。
[3] 邹泓：《同伴关系的发展功能及影响因素》，《心理发展与教育》1998 年第 2 期。
[4] 邹泓：《同伴关系的发展功能及影响因素》，《心理发展与教育》1998 年第 2 期。

和 Adelson 进一步强调了同伴关系在前青年期和青年早期缓解青少年面对急剧变化产生的恐惧和焦虑的重要作用。

社会支持理论则表明,社会支持可能通过提供人际关系、积极情感及自我价值感等正性的体验促进个体的身心健康,即社会支持会对主观幸福感产生积极影响,相比于拥有低社会支持的个体,高社会支持的个体的心理健康状况及社会适应更好。① 有研究者从人际角度考察社会支持对青少年主观幸福感的影响发现,人际关系作为一种重要的社会支持,对青少年的主观幸福感有显著的预测作用,显然,同伴关系对青少年幸福感也起到了重要作用。②

社会心理学说还探讨了社会关系与幸福感之间的关系。研究者认为社会关系是影响青少年幸福感的主要因素之一,社会关系主要包括家庭关系、同伴关系、师生关系等。良好的社会关系能够给个体提供支持性的信息并使其维持良好健康的心态,反之,不良的社会关系则会导致个体的自我价值感危机,引起焦虑、沮丧等一系列心理适应不良问题,进而影响其幸福感体验。

国内外大量研究表明,同伴关系与个体幸福感有显著的相关关系,同伴关系对主观幸福感有直接的预测作用,③④⑤⑦ 良好的同伴关系有助于提高青少年的幸福感,同伴攻击、同伴排斥等欺负行为会导致个体产生更多的负性情绪,进而降低个体幸福感。

曹文华采用问卷调查的方式对初中生的同伴关系与幸福感进行研究,结果表明,同伴接纳能够正向预测青少年主观幸福感,较高的同伴接纳会使青

---

① 曹文华:《初中生班级人际关系状况与主观幸福感——有调节的中介模型》,硕士学位论文,陕西师范大学,2016 年。
② 沈莉、向燕辉、沃建中:《高中生主观幸福感与自我控制、人际交往及心理健康关系》,《中国健康心理学杂志》2010 年第 7 期。
③ 陈咏媛:《中学生同伴关系与其幸福感的关系研究》,《医学与社会》2006 年第 8 期。
④ Weiss, R. S., "The Provisions of Social Relationships", in Rubin, Z., ed., Englewood Cliffs, NJ: Pretice-Hall, *Doing Unto Others*, 1974.
⑤ 夏俊丽:《高中学生人际关系与主观幸福感关系的研究》,《神经疾病与精神卫生杂志》2007 年第 1 期。
⑥ Lelkes O., "Knowing What is Good for You, Empirical Analysis of Personal Preferences and the 'objective good'", *Journal of Socio-Economics*, Vol. 35, 2006.
⑦ Pichler F., "Subjective Quality of Life of Young Europeans, Feeling Happy but Who Knows Why", *Social Indicators Research*, Vol. 75, 2006.

少年体验到较高水平的主观幸福感。① 陈咏媛在对中学生同伴关系及其幸福感进行研究时发现，同伴关系能够正向预测青少年幸福感，和谐的同伴关系促进个体的心理幸福感和主观幸福感。国外有学者采用橄榄球范式考察了同伴排斥在早期青少年群体中的作用，研究者采用自我报告法在橄榄球游戏前后让学生自我报告其情绪水平以及橄榄球游戏之后的控制感、自尊感、归属感和存在感。研究结果发现，与没有受到排斥的学生相比，遭受排斥条件下的青少年在玩游戏后报告了较低的积极情绪、较低的归属感、较低水平的自尊、存在感和控制感。这一结果表明，即使是陌生人的短暂排斥也会导致青少年幸福感显著下降。王秋金的研究采用同伴提名法和心理测验法对农村留守儿童的同伴拒绝、同伴接纳与其学校幸福感之间的关系进行了考察，发现同伴接纳能够显著正向预测儿童的学校幸福感，同伴拒绝能够显著负向预测儿童的学校幸福感，② 其结果表明，缔结良性的同伴关系可以提升儿童的幸福感，不良的同伴关系则会降低个体的幸福感水平。

综上所述，同伴关系对青少年幸福感有着紧密的联系，基于自我决定模型、社会需求理论、社会支持理论以及社会心理学说，本研究尝试提出以下假设：

H1：同伴关系对青少年幸福感有直接的正向预测作用。

2. 教师支持的中介作用

在中国应试教育的背景之下，我国中学阶段的学生学习压力及焦虑感普遍较高，大多数青少年学生将学业成绩视为其第二生命，认为升学是学生群体在社会中站稳脚跟的捷径，学习成绩的好坏直接关乎其未来的发展前景。教师与学生的学业成绩密不可分，师生关系作为青少年在校园中最重要的人际关系之一，对青少年的个人成长及身心健康也有着重要的影响。国内外研究发现，学生感知到的教师支持可以正向预测青少年的自尊水平及幸福感，负向预测其抑郁情绪。基于布朗芬布伦纳人

---

① 曹文华：《初中生班级人际关系状况与主观幸福感——有调节的中介模型》，硕士学位论文，陕西师范大学，2017年。

② Ruggieri Sabrina, Bendixen Mons, Gabriel Ute, and Alsaker Françoise, "The Impact of Ostracism on the Well-Being of Early Adolescents", *Swiss Journal of Psychology*, Vol. 72, No. 2, 2013.

类发展生态系统模型，教师和同伴是家庭系统以外的重要他人，对青少年的幸福感都有着重要影响，那么师生关系与同伴关系这两种重要的人际关系是怎样影响抑或共同影响青少年幸福感的呢？本研究将继续探讨同伴关系、教师支持、青少年幸福感三者的关系以及教师支持在同伴关系和青少年幸福感之间的作用机制。

教师支持产生于学生学习过程中，是教师在学习或生活上对学生所做出的支持行为。① 依据自我决定理论②，个体拥有的社会支持越多，其幸福感会越高。③ 教师是青少年在学校中除同伴以外的一个重要的社会支持来源，教师支持是预测青少年幸福感的又一重要因素。关于教师支持对青少年的影响，国外大量研究围绕学生学业成就展开。Hughe 等的研究发现，青少年获得的教师支持水平越高，学生学业成就越高，阅读和数学能力越强④⑤，同时，教师支持也可以负向预测青少年的学业失败并缓解不良因素对青少年的消极影响。⑥ 国内多数学者则从教师支持对青少年心理健康和幸福感等的影响层面进行探讨。沈莉等以高中生为研究对象，采用问卷调查法探讨了青少年与教师关系以及青少年与同伴关系对其主观幸福感的影响，结果发现，与老师关系越好，青少年的主观幸福感也越强。张华对高中生教师期望知觉与实现幸福感间的关系进行研究并发现，教师期望知觉对青少年主观幸福感有显著的正向预测作

---

① Skinner, E. A. & Belmont, M. J., "Motivation in the Classroom: Reciprocal Effects of Teacher Behavior and Student Engagement across the School Year", *Journal of Educational Psychology*, Vol. 85, 1993.

② Deci, E. L., & Ryan, R. M., "The 'what' and 'why' of Goal Pursuits: Human Needs and the Self-determination of Behavior", *Psychological Inquiry*, Vol. 11, No. 4, 2000.

③ Lu, L., "Social Support, Reciprocity, and Well-being", *Journal of Social Psychology*, Vol. 137, No. 5, 1997.

④ Hughes, J. N., Cavell, T. A., & Wilson, V., "Further Support for the Developmental Significance of the Quality of the Teacher-student Relationship", *Journal of School Psychology*, Vol. 39, No. 4, 2001.

⑤ Kiuru, N., Pakarinen, E., Vasalampi, K., Silinskas, G., Aunola, K., Poikkeus, A. -M. Nurmi, J. -E. "Task-focused Behavior Mediates the Associations between Supportive Interpersonal Environments and Students' Academic Performance", *Psychological Science*, Vol. 25, No. 4, 2014.

⑥ Hughes, J. N., & Loyd L. K. "Teacher-student Support, Effortful Engagement, and Achievement: A 3-year Longitudinal Study", *Journal of Educational Psychology*, Vol. 100, 2008.

用:教师期望知觉越高,青少年主观幸福感水平越高。① 有研究者也从同伴关系、教师支持、家庭关系等社会支持系统的相互关系出发,探讨同伴关系与教师支持的关系及两者对幸福感的作用。范丽恒等在其研究中探讨了教师期望对同伴接纳的影响,② 研究结果表明,感受到教师的期望越强,青少年的同伴接纳水平越高。该研究还发现,在个体层面上,教师态度能够影响同伴关系,和谐的师生关系更有助于青少年彼此之间的同伴接纳,进而使个体体验到更多积极情感,研究结果进一步验证了以往关于师生关系与同伴关系的相关研究。③④ 柴唤友、孙晓军、牛更枫等的研究结果也表明:师生关系、友谊质量与个体主观幸福感的三个维度均存在显著相关,同时教师支持促进个体幸福感。⑤

综上所述,基于自我决定论、社会支持理论以及人类发展的生态系统理论,本研究尝试提出以下假设:

H2:教师支持在同伴欺负对青少年幸福感的影响中起中介作用。

结合假设 H1 和假设 H2,我们可以提出一个中介模型(见图 4-6),即"同伴关系—教师支持—青少年幸福感"。

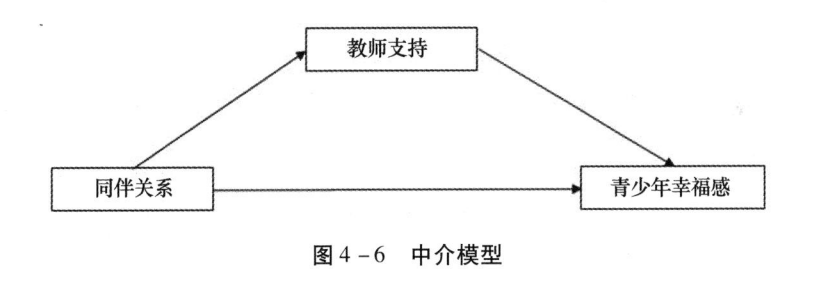

图 4-6 中介模型

---

① 张华:《高中生教师期望知觉、学习动机、学习成绩和实现幸福感的关系》,《现代中小学教育》2014 年第 9 期。
② 范丽恒、金盛华:《教师期望对初中生心理特点的影响》,《心理发展与教育》2008 年第 3 期。
③ Chang L., Liu H., Wen Z., et al., "Mediating Teacher Liking and Moderating Authoritative Teachering on Chinese Adolescents' Perceptions of Antisocial and Prosocial Behaviors", *Journal of Educational Psychology*, Vol. 96, No. 2, 2004.
④ Donohue M., Perry K. E., Weinstein R. S., "Teachers' Classroom Practices and Children's Rejection by Their Peers", *Applied Development Psychology*, Vol. 24, 2003.
⑤ 柴唤友、孙晓军、牛更枫等:《亲子关系、友谊质量对主观幸福感的影响:间接效应模型及性别差异》,《中国临床心理学杂志》2016 年第 3 期。

(二) 研究方法

1. 研究对象

本研究选用的被试为中学生，共有 827 人，被试中男生有 370 人，女生有 457 人；按年级来划分，初一有 51 人、初二有 158 人、初三有 1 人、高一有 244 人、高二有 146 人、高三有 235 人，年龄的有效数据为 797 份，被试年龄在 12—19 岁，被试的平均年龄为 15.58 岁。

2. 研究工具

（1）总体幸福感量表

同第三章的总体幸福感量表。

（2）教师支持量表

教师支持量表来自宋凤宁和欧阳丹改编的 Babad 的教师行为问卷，主要考察学生在学习生活中感知到的教师对其支持态度和支持行为。教师支持问卷的维度和各维度题目数量为：情感支持（6）、能力支持（4）、学习支持（9），问卷采用 Likert 五点计分，其中 1 代表"不完全符合"，5 代表"完全符合"，得分越高，表示教师支持程度越高。

（3）同伴关系量表

同伴关系量表采用邹泓修订的版本，在本研究中，同伴关系量表用来测量青少年在与他人交往过程中的自我感受。问卷包括两个分量表，同伴恐惧自卑分量表和同伴接受分量表，采用 Likert 四点计分方法，其中 1 代表"完全不符合"，4 代表"完全符合"，同伴恐惧自卑分量表主要测量青少年在与同伴交往过程当中的自卑、恐惧等消极情绪，如"在班级中，我经常感到同学会拒绝我"；"当我心烦和苦恼时，找不到一个可以诉说的同学"；"需要帮助时，班上没有人愿意帮助我"。在本研究中，个体的同伴恐惧自卑分数越高说明青少年在与同伴相处的过程中出现的自卑感和恐惧感越高，自我感觉越不良。同伴接受分量表主要测量青少年在与同伴相处的过程中感受到的同伴接受程度，如"在班上我和同学相处得很好"、"在班上我喜欢和同学一起做事"，同伴接受分数越高，表明同伴关系越好。

3. 研究程序

所有主试为心理学专业本科生或硕士生,在研究开始前已经对所有的主试进行了专业统一的主试训练。正式展开调查之前,研究者首先向学校负责人解释研究目的,然后学校审查问卷内容,在取得学校同意之后,以班级为单位进行集体施测。测试过程中,主试首先向学生介绍研究目的,并向被试说明本次研究的结果将严格保密且只会用作科研,随后向学生说明其他注意事项和填写方法。指导语完毕后,询问学生是否理解,学生理解后独自对问卷作答,不可与他人讨论。整个测试过程大概需要20分钟,20分钟后当场将问卷收回,并对大家给予的调研配合表示感谢。

4. 数据处理

统一用 EpiDate 3.1 进行数据的录入,采用 SPSS 24.0 和 Process 插件进行数据的处理与分析。同鲍振宙等人一样,本研究采用 Bootstrap 方法对所有的回归系数进行显著性检验。

(三) 研究结果

1. 描述统计与相关分析

采用 SPSS 24.0 对主要变量进行描述性统计与相关分析,描述统计结果与相关分析结果表明:同伴欺负与积极应对与方式呈显著负相关,同伴欺负与青少年总体幸福感呈显著负相关,积极应对方式与青少年总体幸福感呈显著正相关(见表4-10)。

表4-10 各变量的描述性统计与相关分析($N=835$)

变量	M	SD	总体幸福感	教师支持	同伴关系
总体幸福感	4.12	0.79	1		
教师支持	4.07	0.90	0.48***	1	
同伴关系	2.82	0.63	0.42***	0.15***	1

2. 积极应对方式的中介作用检验

为考察教师支持在同伴关系和青少年幸福感之间的中介作用,

按照中介效应检验标准程序，使用层次回归进行分析，结果表明（见表4-11），同伴关系对青少年幸福感的预测作用显著；同伴关系对教师支持的预测作用显著；教师支持对青少年幸福感的预测作用显著。

采用 Hayes 编制的 SPSS 宏中的 Model 4（Model 4 为简单的中介模型）对教师支持在同伴关系与青少年幸福感之间关系中的中介效应进行检验。[①] 结果（见表4-11）表明，同伴关系对青少年幸福感的预测作用显著（$\beta=0.42$，$t=13.28$，$p<0.001$），且当放入中介变量后，同伴关系对青少年幸福感的直接预测作用依然显著（$\beta=0.35$，$t=13.66$，$p<0.001$）。同伴关系对教师支持的正向预测作用显著（$\beta=12.53$，$p<0.001$），教师支持对青少年幸福感的正向预测作用也显著（$\beta=0.43$，$t=15.20$，$p<0.001$）。此外，同伴关系对青少年幸福感影响的直接效应及教师支持的中介效应的 Bootstrap 95% 置信区间的上、下限均不包含0（见表4-12），表明同伴关系不仅能够直接预测青少年幸福感，而且能够通过教师支持的中介作用预测青少年幸福感。（见图4-7）该直接效应（0.35）和中介效应（0.06）分别占总效应（0.42）的83.33%、14.28%。

表4-11　　　　　　中介模型中变量关系的回归分析

回归方程		整体拟合指数			回归系数显著性	
结果变量	预测变量	R	R^2	F	β	t
青少年幸福感	同伴关系	0.42	0.18	176.48***	0.42	13.28***
教师支持	同伴关系	0.15	0.02	19.53***	0.15	4.42***
青少年幸福感	教师支持	0.59	0.35	228.26***	0.43	15.20***
	同伴关系				0.35	12.53***

[①] Hayes, A. F., "PROCESS: A Versatile Computational Tool for Observed Variable Mediation, Moderation, and Conditional Process Modeling", White Paper, Ohio: The Ohio State University, 2012.

表 4-12　　　　　　　总效应、直接效应及中介效应分解表

	效应值	Boot 标准误	Boot CI 下限	Boot CI 上限	相对效应值
总效应	0.42	0.04	0.34	0.49	
直接效应	0.35	0.03	0.29	0.42	83.33%
中介效应	0.06	0.02	0.03	0.10	14.28%

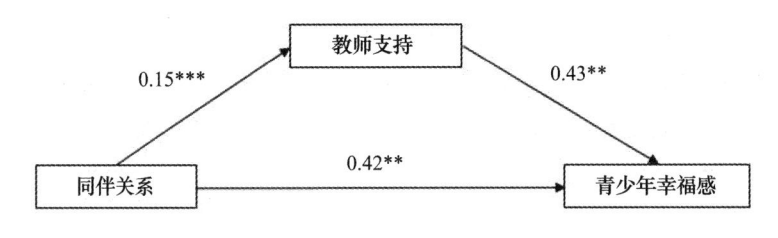

图 4-7　教师支持的中介作用

（四）讨论与分析

1. 同伴关系对青少年幸福感的影响

本研究通过问卷调查和统计分析表明，同伴关系对青少年幸福感具有显著的正向预测作用，具体表现在同伴关系越好的青少年其幸福感水平越高，这与本研究的假设以及前人的研究结果是一致的，这些结果再次表明同伴关系对青少年幸福感的重要影响：同伴接受水平越高，同伴关系越好，青少年幸福感水平越高。这可能一方面因为和谐的人际关系会给个体带来较高的幸福感体验，而青少年时期的个体正处于生理心理急剧变化的阶段，青少年在面对自己身心变化而烦恼时，更有可能通过与同伴倾诉、沟通、交流的途径以相互理解与支持，因而同伴对青少年发展产生的影响与成人一样多，甚至更多。另一方面，基于社会支持理论与社会需求理论的观点，社会支持可能通过提供人际关系、积极情感及自我价值感等正性的体验促进个体幸福感，同伴关系和谐的个体拥有更多的社会支持系统，相比于同伴关系差的青少年，其所体验到的消极情感更少，其幸福感水平要更高。由此可见，同伴关系可以直接影响青少年的幸福感，对其日常学习生活、身心健康、全面发展有重要的影响

作用。

2. 教师支持的中介作用

层次回归分析结果指出，教师支持在同伴关系与青少年幸福感之间起到部分中介作用，说明同伴关系在直接影响人们的幸福感的同时，还可以通过教师支持间接对幸福感产生影响。研究结果强调了教师支持在同伴关系和青少年幸福感之间的中介作用。结果表明，同伴关系不仅可以直接促进青少年幸福感，还可以通过提高教师支持水平间接提升青少年的幸福感体验，同伴关系和谐的青少年，其获得的教师支持越多，体验到的幸福感也越强。这与本研究假设及以往的研究结果一致。

良好的师生关系有利于激发学生的动机，促进学生智力发展和成绩以及营造一个鼓励学习的整体安全的班级环境。积极的师生关系有助于降低那些濒于学业失败、冲突的学生的危险；如果师生关系淡漠，则会加剧这种危险。在学生的过渡期，例如，从小学到中学，师生关系的支持显得特别突出。中学的老师表达出热情和接受，他们在和学生的交流中，能有效表达，培养积极关系中的支持。这样的支持关系帮助学生保持学业和社会兴趣，反过来它又可以导致更好的成绩和更积极的同伴关系。尽管老师不是中学生仅有的支持来源，他们还可以从父母、同伴处获得，但是教师似乎有着独立的效应。对于那些父母支持少的学生，教师支持特别突出。Gregory 和 Weinstein 对高中生的研究表明，学生感知到的师生关系是和八年级到十二年级期间成绩进步联系最紧密的因素。当青少年拥有的社会支持越多，其幸福感会越高。[1] 同伴关系良好的青少年其人际交往能力和社交水平往往更高，他们在与教师相处过程中也会获得更多教师的情感支持、能力支持和学习支持，进而提升其积极情绪体验，增强学生的幸福感。

综上所述，本研究对同伴关系、教师支持和青少年幸福感的关系进行

---

[1] Lu, L., "Social Support, Reciprocity, and Well-being", *Journal of Social Psychology*, Vol. 137, No. 5, 1997.

了深入的考察,证实了同伴关系、教师支持对青少年幸福感的正向预测作用,并进一步探讨了教师支持的中介作用,发现教师支持作为中介变量,部分中介于同伴关系与青少年幸福感之间的关系。本研究结论证实了研究假设,与以往大量研究结果一致并支持了相关理论,从理论上丰富了同伴关系对青少年幸福感的影响及教师支持在其中的作用机制的研究。同时,本研究也具有重要的现实意义,在青少年的成长过程中,和谐的同伴关系和良好的教师支持对青少年幸福感具有重要作用。

(五)研究结论

(1)同伴关系对青少年幸福感具有显著正向预测作用,即同伴关系对青少年有重要影响,和谐的同伴关系能够促进青少年幸福感。

(2)教师支持在同伴关系与青少年幸福感之间起部分中介作用,即同伴关系在直接影响青少年幸福感的同时,也可以通过教师支持间接对幸福感产生影响。

二 亲子依恋

(一)引言

布朗芬布伦纳的人类发展生态系统理论指出,家庭作为微系统,对青少年的发展和适应有着至关重要的影响(是青少年成长发展的主要场所)。青少年时期个体的人格特征、情绪情感、认知和思维方式等趋于成熟,同时,该阶段的青少年心理发展具有社会性、过渡性、动荡性的特点,在这个特殊的发展阶段,父母的陪伴、指导与帮助对青少年起着重要作用。尽管已有研究表明,随着年龄的增长,青少年阶段的个体会在家庭关系上拓展其他人际关系,将社交焦点转至同伴关系,并通过同伴接纳、同伴依赖满足其陪伴、承诺等情感需求,但大量研究也表明,青少年时期个体与父母的依恋关系对青少年社会情绪的健康发展仍有重要的影响,感知父母支持对青少年的情绪问题、一般自我价值和情绪水平有直接的预测作用,消极的亲子关系会导致青少年的社会不良行为,同时还降低青少年的心理幸福感。近年来,国内外掀起了幸福感的研究热潮,在社会关系与幸福感的研究领域,亲子依恋、教养方式等家庭关系对个体幸福感的影响也受到学者们的关注与重视。

亲子依恋作为一种重要的家庭关系，是指家庭中父母与子女之间建立的强烈、稳固而持久的认知和情感联结。依据个体所依恋的对象，亲子依恋包括父亲依恋和母亲依恋，父亲依恋是指孩子在家庭关系和日常生活中对其父亲的依恋程度，而母亲依恋是指孩子对其母亲的依恋程度。依据依恋的类型，亲子依恋可以分为安全型依恋和不安全型依恋。依恋理论的提出者 Bowlby 指出，亲子依恋程度影响个体的心理社会适应，依恋模式的建立对个体的适应行为有潜移默化的作用。当前研究主要从沟通、疏离、信任三个维度考察青少年与父母的亲子依恋程度。

自我系统理论指出，和谐的亲子关系以及良好的亲子依恋有助于提升个体对自我的积极表征。青少年与父母的依恋关系对青少年的心理发展、个人成长和社会适应等有重要的影响。已有研究发现，青少年与其父母的亲子依恋程度影响其同伴关系、社会适应行为、消极情绪情感、同伴依恋、生活满意度等，在亲子依恋与青少年幸福感的关系研究中，研究者们主要从依恋类型和依恋对象层面着手，研究亲子依恋对个体主观幸福感的影响，并探讨亲子依恋影响个体幸福感的过程中可能存在的中介机制。诸多研究结果表明，亲子依恋与青少年主观幸福感有显著的正相关关系，亲子依恋能够显著预测青少年的幸福感。

从依恋类型层面来看，安全类型的亲子依恋对青少年的幸福感有显著的正向预测作用，而不安全类型的亲子依恋则显著负向预测其幸福感水平。研究表明，青少年与其父母有良好的依恋关系，会使其对生活各方面有更积极的评价并体验到更高水平的主观幸福感，而不安全的亲子依恋会导致青少年各种心理和社会适应不良问题。刘海娇等在研究青少年的亲子关系对抑郁的影响时发现，良好的父子关系和母子关系能够降低青少年产生抑郁情绪的危险，对青少年的情绪情感起保护作用。陈立夫基于依恋的内部工作模式，探讨了高中生亲子依恋与其主观幸福感的关系，发现高中生的父子依恋与母子依恋存在相关关系，且二者与青少年的积极情感、生活满意度呈现正相关，即高中生的亲子依恋程度越高，其主观幸福感水平越高。

在依恋对象和依恋程度层面上看，青少年的母亲依恋程度和父亲依恋程度有差异，并且青少年的亲子依恋程度也存在性别差异。较之于男生，女生会有更多的情感需求和更强的关系取向，亲子依恋对女生的个体发展和适应有更重要的影响。已有研究发现，不同性别的亲子依恋具有显著差异，中学生的父子依恋程度要低于其母子依恋。具体而言，女生的母子依恋和父子依恋要显著高于男生，在亲子依恋中，青少年对母亲的依恋程度高于父亲。同时，亲子依恋也存在显著的年级差异，高二年级的个体父子依恋和母子依恋程度都最高。邓林园等在对初中生依恋与其主观幸福感的研究中还发现，女生的父子依恋与母子依恋水平随年级增长呈现 U 型发展模式，出现初二现象，即初二年级的青少年亲子依恋程度达到最低点，该阶段的青少年主观幸福感体验降低。

梳理有关亲子依恋与青少年幸福感之间的作用机制文献得到，亲子依恋可以通过同伴关系、情绪调节自我效能感、个体自尊、师生关系等中介变量间接作用于青少年幸福感。郭明佳、刘儒德、甄瑞等通过对北京地区的中学生进行问卷调查发现，师生关系在亲子依恋影响中学生主观幸福感的过程中起到了显著的中介作用，良好的亲子依恋有利于和谐的师生关系的建立，并有助于提升中学生的主观幸福感水平。[①] 邓林园等在探讨初中生的亲子依恋与主观幸福感的关系时发现，亲子依恋可以通过个体自尊和集体自尊对青少年的主观幸福感产生间接的影响。

综上所述，基于依恋理论、自我系统理论以及已有实证研究结果，本研究尝试提出以下研究假设：亲子依恋与青少年幸福感有显著的相关关系，且亲子依恋可以正向预测青少年幸福感。

（二）研究方法

1. 研究对象

本研究选用的被试为中学生，共有 757 人，被试中男生有 373 人，女生有 384 人；按年级来划分，初一有 191 人、初二有 256 人、高一有 213

---

① 郭明佳、刘儒德、甄瑞等：《中学生亲子依恋对主观幸福感的影响：师生关系及自尊的链式中介作用》，《心理与行为研究》2017 年第 3 期。

人、高二有 79 人、高三有 18 人；同时，对所有被试的家庭情况进行统计，得到以下人口统计学数据：城镇户口有 387 人，农村户口有 370 人；独生子女有 440 人，非独生子女有 317 人；双亲家庭有 633 人，单亲家庭有 72 人，组合家庭有 52 人；家庭经济状况好的为 40 人，较好的为 184 人，一般的为 475 人，较差的为 40 人，差的为 18 人。

2. 研究工具

（1）总体幸福感量表

同第三章的总体幸福感量表。

（2）亲子依恋量表[①]

亲子依恋量表采用于海琴、周宗奎等修订的国外学者编制的父母和同伴依恋问卷。[②] 本研究使用母亲依恋和父亲依恋两个分问卷，包括疏离、信任、沟通三个维度，每个维度有 25 个题项，可以考察中学生对母亲与父亲的依恋程度。问卷采用 Likert 五点计分，其中 1 代表"从未发生"，5 代表"总是发生"。将信任维度得分与沟通维度得分相加减去疏离维度得分即为亲子依恋程度得分，得分越高，表明个体的亲子依恋水平越高。

3. 研究程序

所有主试为心理学专业本科生或硕士生，在研究开始前已经对所有的主试进行了专业统一的主试训练。正式展开调查之前，研究者首先向学校负责人解释研究目的，然后学校审查问卷内容，在取得学校同意之后，以班级为单位进行集体施测。测试过程中，主试首先向学生介绍研究目的，并向被试说明本次研究的结果将严格保密且只会用作科研，随后向学生说明其他注意事项和填写方法。指导语完毕后，询问学生是否理解，学生理解后独自对问卷作答，不可与他人讨论。整个测试过程大

[①] 于海琴、周宗奎：《小学高年级儿童亲子依恋的发展及其与同伴交往的关系》，《心理发展与教育》2002 年第 4 期。

[②] Armsden G. C., Greenberg M. T., "The Inventory of Parent and Peer Attachment: Individual Differences and Their Relationship to Psychological Well-being in Adolescence", *Journal of Youth and Adolescence*, Vol. 16, No. 5, 1987.

概需要20分钟,20分钟后当场将问卷收回,并对大家的配合表示感谢。

4. 数据处理

统一用 EpiDate 3.1 进行数据的录入,采用 SPSS 24.0 和 Process 插件进行数据的处理与分析。同鲍振宙等一样,本研究采用 Bootstrap 方法对所有的回归系数进行显著性检验。

(三)研究结果

1. 描述统计与相关分析

采用 SPSS 24.0 对主要变量进行描述性统计与相关分析,描述统计结果与相关分析结果表明:亲子依恋与青少年幸福感呈显著正相关(见表4-13)。

表4-13 各变量的描述性统计与相关分析($N=622$)

变量	M	SD	总体幸福感	亲子依恋
总体幸福感	4.05	0.78	1	
亲子依恋	3.38	0.67	0.47**	1

2. 自变量对因变量的预测作用检验

为考察亲子依恋对青少年幸福感的预测作用,使用线性回归进行分析,结果表明(见表4-14),亲子依恋对青少年幸福感有显著的正向预测作用。

表4-14 自变量对因变量的回归分析($N=622$)

结果变量	预测变量	整体拟合指数			回归系数显著性	
		R	R^2	F	β	t
青少年幸福感	亲子依恋	0.47	0.22	173.74	0.47	13.19**

(四)讨论与分析

研究通过问卷调查和统计分析表明,亲子依恋显著正向预测青少年的幸福感，亲子依恋水平越高，青少年的幸福感水平越高，这与本研究的假设以及前人的研究结果是一致的，这些结果再次表明亲子依恋对青少年幸福感的重要影响：亲子依恋水平越高，个体在生活中有更多的积极情绪情感、对生活的满意度越高，幸福感水平越高。究其原因，可能是青少年时期的个体生理心理快速发展着，在个体适应期易出现焦虑和抑郁等消极情绪，而父母作为孩子的安全岛，能够给孩子提供心理和物质的支持，亲子依恋水平越高的青少年，其面对压力和适应不良等问题时，有更多的情感支持，因而对生活和成长过程有更积极的认知和评价，积极情绪更多，幸福感水平也更高。

综上所述，本研究对亲子依恋与青少年幸福感的关系进行了考察，证实了亲子依恋能够正向预测青少年幸福感。本研究结论证实了研究假设，与以往大量研究结果一致并支持了相关理论。从理论上丰富了亲子依恋对青少年幸福感的影响的相关研究，同时，本研究也具有重要的现实意义，启示父母在培育孩子时，应当建立安全型的亲子依恋，在与青少年相处时应当给予更多支持、关怀与陪伴，这对青少年幸福感有着至关重要的影响。

（五）研究结论

（1）亲子依恋与青少年幸福感呈显著正相关关系。

（2）亲子关系对青少年幸福感具有显著正向预测作用，安全的亲子依恋有助于提升青少年幸福感。

三 感知班级氛围

（一）引言

"求助毕业班家长，哪位班主任比较优秀？"、"××学校一年级学生入学是怎么分班的？"……新学期开学在即，许多家长在QQ群、朋友圈等社交媒体和现实生活中的话题都少不了如何给孩子选个好班，挑个好老师。每到开学，家长们最关心的都是孩子分在哪个班？哪个老师教？希望把孩子交给一位有经验、有爱心、有责任的老师。择班择师热潮的背后反映了一个好的班级氛围可以大大促进孩子成长的共识，也是家长们对资源分配不均的焦虑与担忧的表达。

1. 青少年感知班级氛围与幸福感的关系

作为校园社会心理环境的重要组成部分，班级氛围是指班级的和谐与稳定，其特点是积极互动、频繁冲突等在不同层次上的差异。[1] 班级气氛的研究起源于 19 世纪 20 年代社会心理学团体动力学的发展。其中大多数涉及群体间沟通、群体规范等，但没有关于班级风格的研究报告。班级氛围只在过去 30 年中才被建立起比较系统的理论。在国外，Haokoos 和 Penick 认为，班级气氛是指班级中不同人格特质的个体与群体之间互动的关系。Haynes 等学者将班级氛围定义为班级成员之间的互动，例如教师之间、教师与学生之间以及学生与学生之间的互动。在中国，班级氛围是教育界常见的概念。自 20 世纪 80 年代以来，班级气氛逐渐从心理学的角度开始进行研究，如章志光对班组中个体地位的心理学研究，以及黄希庭对大学班级人际关系的研究。本研究采纳郭伯良对班级氛围进行的界定，即班级气氛是班级成员在长期的互动与活动中形成的共同特征或心理倾向，包括师生关系、同伴关系和班级组织三个方面。

关于感知班级氛围与幸福感之间的关系，Fraser 等通过元分析得出的结论表明学习环境与学生认知密切相关，学习环境影响学生的学习和发展。作为小学生发展子系统来说，班级环境自然会影响学生的学业成绩和心理成熟。研究表明，中学生对班级环境的看法是整体的，可以分为向上型、一般型和问题型。向上型的环境具有良好的师生关系、同伴关系和课堂秩序，班级气氛很好，学生在班级中具有较高的认同感和归属感，敢于表达自己的需求，积极寻求帮助，学习可以体验到快乐的感觉。

2. 青少年自尊与幸福感的关系

青少年自尊一直是心理学家关注的焦点。自尊研究不仅对外国心理学界产生了巨大影响，而且对国内心理学界也产生了巨大影响。自尊是指在社会比较过程中对个体自我价值的积极评价和体验。对于自尊的定义，不

---

[1] Gazelle, H., "Class Climate Moderates Peer Relations and Emotional Adjustment in Children with an Early History of Anxious Solitude: A Child × Environment Model", *Developmental Psychology*, Vol. 42, No. 6, 2006.

同的学者有自己的观点，但是 Mruk 提出自尊应满足以下条件：首先，自尊应包含个体所具有某种能力、产生的价值及其内在的联系；其次，自尊是一个心理过程，它是建立在个体认知和情感之上的；最后，自尊不是一成不变的，而是动态的过程，具备开放性和可变性的特点。

不少研究证实了自尊与幸福感之间的关系，并且认为生活满意度最可靠、最有力的预测因素之一便是自尊。自尊的人会表达对自己的肯定、信任和尊重；反之，自尊心较弱的年轻人在遇到困难时更容易产生孤独感或自卑感等负面情绪，表现出对自身怀疑、否定等负性情感。对他人的态度也受到个人自尊的影响，对自我持有肯定和信任的积极态度，那么对他人也会采取积极态度倾向，反之亦然。对于学校认同和自尊的关系，徐亮、肖星研究了高职生群体认同及其与自尊、学校认同的关系。结果显示，高职生的群体认同与其自尊水平、学校认同感等关系变量间均存在显著正相关，[①] 大学生的学校认同感不仅能显著直接正向预测主观幸福感，自尊在学校认同对主观幸福感的影响中还起到中介作用。因此，在分析班级氛围与幸福感的关系时，自尊因素是需要考虑的，它可能在其中发挥作用。综上所述，基于社会认同理论提出如下假设：

H1：青少年感知班级氛围能正向预测幸福感，自尊能直接正向预测幸福感。

H2：自尊在感知班级氛围对幸福感的影响中起中介作用。

本研究拟探讨青少年感知班级氛围、自尊和幸福感之间的关系，期望为教师在班级管理方面提供实证支持。教师可以采取相应的管理措施来营造良好的班级氛围，提升青少年对班级的归属感与认同感，提高其环境适应能力，进而增强青少年的幸福感。

（二）研究方法

1. 研究对象

本研究筛除无效问卷后，性别的有效数据为 798 份，其中男生 429

[①] 杨扬、谷正杰、侯辉：《大学形象与大学生的学校认同》，《宜春学院学报》2011 年第 3 期。

人,女生369人;年级的有效数据为802份,初一205人,初二145人,初三4人,高一446人,高二1人,高三1人;年龄的有效数据为777份,被试年龄在11—25岁,被试的平均年龄为14.26岁。

2. 研究工具

（1）感知班级氛围问卷

本研究采用的感知班级氛围问卷是来自陈斌斌、李丹编制的《学生感知的班级人际和谐问卷》。此量表包含三个维度,分别是班级组织、师生关系和同伴关系,比如,教师放权让学生管理班级,学生主动参加各种班级活动;学生和老师互相尊重像朋友一样相处;班级同学相互促进、激励。每个维度使用李克特5点评分,1代表"从不",2代表"偶然",3代表"有时",4代表"经常",5代表"总是"。三个维度的总分是由各项评分的平均值组成,分数越低表示青少年感受到的班级人际交往气氛越紧张。该问卷具有较好信效度。同伴关系、班级组织、师生关系的信度系数分别为0.82、0.72、0.85。

（2）幸福感量表

同前。

（3）自尊量表

本文运用Rosenberg在1965年开发的《自尊量表》,自尊量表一共涵盖10个条目,评分方法为四级评定（有五个条目是反向计分）,分别为1非常符合、2比较符合、3比较不符合、4非常不符合,总分在10—40区间内,最后得分越高,代表其自尊水平越高。田录梅删掉了自尊量表中的第八个项目,通过剩下的九个条目来对青少年的自我接纳程度与价值进行评定,改编后的量表（9题）内部一致性系数为0.85,信度为0.83,可以看出改良后的效标关联效度与结构效度都较高。[①]

3. 研究程序和数据处理

所有主试为心理学专业本科生或硕士生,在研究开始前已经对所有的

[①] 喻典:《中学生智能手机成瘾:亲子关系和自尊的作用机制及其应对建议》,硕士学位论文,华中师范大学,2018年。

主试进行了专业统一的主试训练。正式展开调查之前,研究者首先向学校负责人解释研究目的,然后学校审查问卷内容,在取得学校同意之后,以班级为单位进行集体施测。测试过程中,主试首先向学生介绍研究目的,并向被试说明本次研究的结果将严格保密且只会用作科研,随后向学生说明其他注意事项和填写方法。指导语完毕后,询问学生是否理解,学生理解后独自对问卷作答,不可与他人讨论。整个测试过程大概需要20分钟,20分钟后当场将问卷收回,并对大家给予的调研配合表示感谢。

统一用 EpiDate 3.1 进行数据的录入,采用 SPSS 24.0 和 Process 插件进行数据的处理与分析。同鲍振宙等一样,本研究采用 Bootstrap 方法对所有的回归系数进行显著性检验。

(三)研究结果

感知班级氛围,自尊与幸福感的关系

(1) 描述统计与相关分析

采用 SPSS 24.0 对主要变量进行描述性统计与相关分析,描述统计结果与相关分析结果表明:感知班级氛围与自尊呈显著正相关,感知班级氛围与幸福感呈显著正相关,自尊与幸福感呈显著正相关(见表4-15)。

表4-15 各变量描述统计与相关分析结果

	M	SD	感知班级氛围	自尊	幸福感
感知班级氛围	3.67	0.63	1		
自尊	2.93	0.56	0.46**	1	
幸福感	4.24	0.84	0.51**	0.56**	1

(2) 自尊在感知班级氛围与青少年幸福感间的中介效应检验

为考察自尊在感知班级氛围和幸福感之间的中介作用,按照中介效应检验标准程序,使用层次回归进行分析,结果表明(见表4-16),感知班级氛围对幸福感的预测作用显著;感知班级氛围对自尊的预测作用显著;自尊对幸福感的预测作用显著。

采用 Hayes 编制的 SPSS 宏中的 Model 4(Model 4 为简单的中介模

型）对自尊在感知班级氛围与幸福感之间关系中的中介效应进行检验。[①] 结果（见表4-16）表明，感知班级氛围对幸福感的预测作用显著（$\beta = 0.51$，$t = 16.32$，$p < 0.01$），且当放入中介变量后，感知班级氛围对幸福感的直接预测作用依然显著（$\beta = 0.41$，$t = 12.88$，$p < 0.01$）。感知班级氛围对自尊的正向预测作用显著（$\beta = 0.46$，$t = 14.20$，$p < 0.01$），自尊对幸福感的正向预测作用也显著（$\beta = 0.32$，$t = 10.07$，$p < 0.01$）。此外，感知班级氛围对幸福感影响的直接效应及自尊的中介效应的Bootstrap 95%置信区间的上、下限均不包含0（见表4-17），表明感知班级氛围不仅能够直接预测幸福感，而且能够通过自尊的中介作用间接预测幸福感。（见图4-8）该直接效应（0.32）和中介效应（0.19）分别占总效应（0.51）的62.75%、37.25%。

表4-16　　　　　　　　中介模型中变量关系的回归分析

回归方程		整体拟合指数			回归系数显著性	
结果变量	预测变量	R	R^2	F	β	t
幸福感	感知班级氛围	0.51	0.26	266.23**	0.51	16.32**
自尊	感知班级氛围	0.46	0.21	201.70**	0.46	14.20**
幸福感	自尊	0.63	0.39	165.96**	0.32	10.07**
	感知班级氛围				0.41	12.88**

表4-17　　　　　　　　总效应、直接效应及中介效应分解表

	效应值	Boot标准误	Boot CI下限	Boot CI上限	相对效应值
总效应	0.51	0.04	0.44	0.58	
直接效应	0.32	0.04	0.25	0.39	62.75%
中介效应	0.19	0.02	0.15	0.23	37.25%

[①] Hayes, A. F., "PROCESS: A Versatile Computational Tool for Observed Variable Mediation, Moderation, and Conditional Process Modeling", White Paper, Ohio: The Ohio State University, 2012.

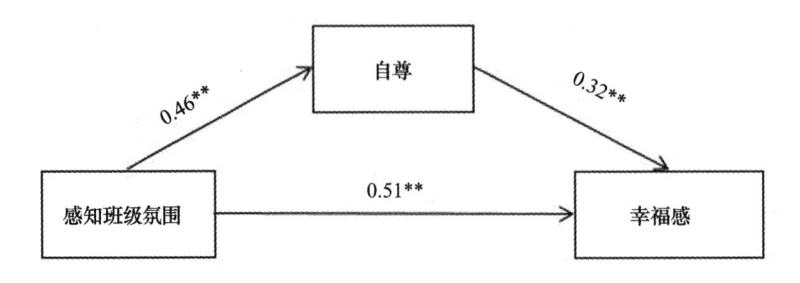

图4-8 自尊的中介作用

（四）讨论

从结果可知，感知班级氛围能够正向预测幸福感。首先，从情绪社会功能理论出发，情绪的社会功能体现在个人的（个人效应）、二元的（两个人之间）、群体的（一群人直接互动并具有时间的连续性）、文化的（在一个大群体内，成员共享信念、规范和文化模式）这四个分析水平上。班级氛围主要是由教师与学生之间、学生与学生之间、学生与组织之间的互动与交往所形成的心理倾向。情绪社会信息模型认为，教师的情绪会引发学生的情感反应。[①] 教师在教学或教育过程中，其积极情绪会通过情绪感染这条通道影响学生。比如，热情就是一个影响师生教学相长的中间机制。教师的积极情绪还会引发学生的模仿。模仿通常被认为是一个自动的过程，仅仅发生在特殊的社会环境中。个体一般不会模仿敌人或者他不喜欢的人，也不模仿外群体成员。因此，青少年感知到好的班级氛围，离不开教师积极情绪的感染，学生在积极氛围中也被这种积极情绪所感染，其积极情绪也常常被唤起。其次，良好的班级氛围有利于激发青少年的学习热情，塑造完整的人格，形成健全的心理。

同时，结果发现自尊在感知班级氛围对幸福感的影响中起到部分中介作用。班级氛围对青少年的认知具有一定的导向效应。良好的班级氛围、和谐的人际关系、积极向上的班级秩序有利于增强学生的归属感与自我认同感，高自我认同感也促进了个体自尊的提升。而自尊的高低又决定了学

[①] 张艳红、佐斌：《情绪社会信息模型：情绪人际效应的新理论》，《社会心理科学》2014年第7期。

生对自己能力评价的高低。高自尊者更倾向于认为自己有能力去接受挑战，对自己会更加充满信心，形成更高的满意度，体验到更多的积极情绪。而低自尊者则会认为自己能力不足、信心不够，畏手畏脚，或者觉得自己努力于事无补，不仅满意度降低，而且消极情绪会不断蔓延。同时，这种中介作用还表现在高自尊者可以降低不良班级氛围感知对青少年幸福的负面影响。如果青少年对班级氛围感知不好，其认知与情感表现会更加消极，而高自尊者则可以转换认知方式，进行积极调解，从而减缓不良感知带来的负面效应。

对于青少年而言，班级是与青少年最密切相关的场所，是他们各种行为与活动发生的主战场。对班级的认可是最重要的社会认同之一，根据社会理论，青少年对班级的认知度越高，他们越愿意凸显自己是该班级的学生身份，班级对青少年的情感和价值意义越明显，他们越是使用内群体偏好来提高他们的自尊心和自我概念。此外，班级认同高的青少年将积极参与群体活动，这种积极的感受不仅可以提高集体自尊，还可以增加对生活的信心，进而帮助学生减少焦虑、抑郁，提高幸福感。因此，在班级良好氛围的创设与营造中，应尽可能发挥教师的引领、示范与支持作用。

（五）结论

（1）青少年感知班级氛围能直接正向预测幸福感，即感知和谐的班级氛围能促进青少年的幸福感。

（2）自尊在感知班级氛围对幸福感的影响中起部分中介作用，即感知班级氛围在直接影响青少年幸福感的同时，也可以通过自尊间接对青少年幸福感产生影响。

四 学校认同

（一）引言

"孟母三迁"彰显了自古以来中国家长对于子女学习环境的高度重视。当今，随着社会发展的迫切需要以及竞争的日趋激烈，青少年的教育问题已成为全民关注的热点。中国式家长大多认为良好的学习成绩是今后生活幸福的必要条件，相关研究表明青少年的学习成绩与学校认同有关，建立良好的学校认同最直接的方式就是选择青少年心仪的学校。于是社会上刮起了一波"择校"的浪潮。据统计，小学、初中新生入学时，38.60%的家长曾经为孩子"择校"。[①] "择校"也常常成为父母茶余饭后的谈资，有些家长为了能让孩子进入升学率高的名校、重点学校，不惜花费大量的人力财力。从这一现象中可以看到社会对于青少年教育问题的普遍关注，"择校"这一热点话题背后隐含的是家长、学生对于学校的认同问题。

1. 学校认同与幸福感的关系

学校认同是指个人认可他属于的学校团体，并认识到成为该学校成员对自己的情感价值和归属感意义。[②] 依据社会认同理论，个体首先对群体进行分类，对自己所属的群体产生认同（这里指对自己学校的认同），继而产生了对自己学校的喜好和对外校的贬损，个体通过维持群体积极的社会认同，从而来提高自尊，积极的自尊来源于自己学校与其他学校的有利比较，这种高的自尊与幸福感之间有着显著的正相关关系。青少年学校认同对学业成绩和学校适应有显著的积极预测作用，积极的社会认同会影响自信心，探索能力和自我认同的正向发展，引导青少年培养积极的自尊和生活态度，间接影响价值观的形成，即可达到预测学生集体行为的目的。

基于社会认同理论可以看出，学校认同是青少年发展的重要影响因素之一。关于学校认同与幸福的关系，邓岑珊和李长玲选取江西省三所不同层次（省重点、省普通、高职）高校的在校大学生共 718 名为研究对象，采用 Luhtanen 和 Crocker 编制的集体自尊量表、丁立编制的大学生学校认同感问卷、Rosenberg 自尊量表、2000 年郑雪等修订的《国际大学调查》进行调查。结果显示，大学生的学校认同感能直接正向预测主观幸福感。也有研究考察了学校认同对主观幸福感的作用机制，张琴以上海市两所中职学校的 726 名中职生作为研究对象，采用问卷调查的方式，对学校认

---

① 上海教育信息调查队：《关于上海市中小学生课业负担调查报告》，《上海教育信息调查队 1 号公告》2005 年第 2 期。

② Middlebrook, K. E., "American Indian Adolescents' Ethnic Identity and School Identification: Relationships with Academic Achievement, Perceived Discrimination, and Educational Utility (Unpublished Doctorial Dissertation)", University of California, Berkeley, Ann Arbor, 2010.

同感、自我同一性以及主观幸福感三者的关系进行考察。结果表明，自我同一性延缓状态在学校认同感和主观幸福感之间存在中介作用。

2. 自尊的中介作用

已有研究表明自尊是影响主观幸福感的一个个体因素，是预测主观幸福感较为稳定的指标。先前关于自尊的研究大多从个体视角出发，主要强调个体对自身的总体评价。学校认同对自尊、积极情绪（如幸福、满意、快乐等）有明显的正向预测作用；学校认同越强，学生的抑郁、焦虑水平、破坏性行为的出现频率越低，情绪的控制能力也越强。国内学者田春燕为了考察大学生的学校认同与心理适应的关系，对上海市 443 名大学生进行调查，结果表明，学校认同不仅能直接影响个体的心理适应，还能通过影响集体自尊进而影响个体的心理适应。大学生的学校认同对于他们在学校中的心理适应有重要影响，以及集体自尊在两者关系中起了独特的作用。邓岑珊的调查表明，大学生的学校认同感可通过集体自尊和个体自尊的多重中介作用影响其主观幸福感。西北师范大学的梁进龙调查了教师职业认同幸福感和自尊的关系，结果表明，教师职业认同中的角色价值观和职业行为倾向对幸福感的影响是通过自尊来实现的，自尊在角色价值观和职业行为倾向对幸福感影响中起完全中介作用。鲁东大学的赵清以山东省三个城市二百多名新生代农民工为调查对象，探究新生代农民工社会认同对幸福感的影响，并进一步分析自尊的中介作用。结果发现，自尊在新生代农民工社会认同对幸福感的影响中具有中介效应。

如今，对自尊的研究越来越受到重视。一些学者根据社会认同理论从两个方面解释自尊。一个是来自个人的评价，另一个是来自群体的评价，这简称为个体自尊和集体自尊。国外学者的研究发现，集体自尊在维护个人幸福方面起着非常重要的作用，它可以直接正向预测个人的整体幸福水平。综上，本研究认为在青少年这样一个特殊群体中，青少年自尊和学校认同与幸福感存在着密切的联系，又联系社会认同理论提出以下假设：

H1：青少年学校认同能直接正向预测幸福感，自尊能直接正向预测幸福感。

H2：自尊在学校认同对幸福感的影响中起中介作用。

（二）研究方法

1. 研究对象

本研究筛除无效问卷后，性别的有效数据为 798 份，其中男生 429 人，女生 369 人；年级的有效数据为 802 份，初一 205 人、初二 145 人、初三 4 人、高一 446 人、高二 1 人、高三 1 人；年龄的有效数据为 777 份，被试年龄在 11—25 岁，被试的平均年龄为 14.26 岁。

2. 研究工具

（1）学校认同量表

本文采用在丁甜 2012 年编制的组织认同量表和群体认同量表的基础上开发的大学生学校认同量表进行测量。该量表一共包含 20 个题目，评定方法采用 7 点评分，从 1—"完全不同意"到 7—"完全同意"，得分越高表明青少年的学校认同程度就越高。以往的研究显示，该量表信效度良好。[①]

（2）幸福感量表

同前。

（3）自尊量表

本文运用 Rosenberg 在 1965 年开发的《自尊量表》，自尊量表一共涵盖 10 个条目，评分方法为四级评定（有五个条目是反向计分），分别为 1 非常符合、2 比较符合、3 比较不符合、4 非常不符合，总分在 10—40 区间内，最后得分越高，代表其自尊水平越高。田录梅删掉了自尊量表中的第八个项目，通过剩下的九个条目来对青少年的自我接纳程度与价值进行评定，改编后的量表（9 题）内部一致性系数为 0.85，信度为 0.83，可以看出改良后的效标关联效度与结构效度都较高。[②]

3. 研究程序和数据处理

所有主试为心理学专业本科生或硕士生，在研究开始前已经对所有

[①] 黄四林、韩明跃、宁彩芳、林崇德：《大学生学校认同对责任感的影响：自尊的中介作用》，《心理学报》2016 年第 6 期。

[②] 喻典：《中学生智能手机成瘾：亲子关系和自尊的作用机制及其应对建议》，硕士学位论文，华中师范大学，2018 年。

的主试进行了专业统一的主试训练。正式展开调查之前,研究者首先向学校负责人解释研究目的,然后学校审查问卷内容,在取得学校同意之后,以班级为单位进行集体施测。测试过程中,主试首先向学生介绍研究目的,并向被试说明本次研究的结果将严格保密且只会用作科研,随后向学生说明其他注意事项和填写方法。指导语完毕后,询问学生是否理解,学生理解后独自对问卷作答,不可与他人讨论。整个测试过程大概需要20分钟,20分钟后当场将问卷收回,并对大家给予的调研配合表示感谢。

统一用 EpiDate 3.1 进行数据的录入,采用 SPSS 24.0 和 Process 插件进行数据的处理与分析。同鲍振宙等一样,本研究采用 Bootstrap 方法对所有的回归系数进行显著性检验。

(三)研究结果

1. 描述统计与相关分析

采用 SPSS 24.0 对主要变量进行描述性统计与相关分析,描述统计结果与相关分析结果表明:学校认同与自尊呈显著正相关,学校认同与幸福感呈显著正相关,自尊与幸福感呈显著正相关(见表4-18)。

表4-18 各变量描述统计与相关分析结果

	M	SD	学校认同	自尊	幸福感
学校认同	5.08	1.14	1		
自尊	2.93	0.56	0.40**	1	
幸福感	4.24	0.84	0.52**	0.56**	1

2. 自尊在学校认同与青少年幸福感间的中介效应检验

为考察自尊在学校认同和幸福感之间的中介作用,按照中介效应检验标准程序,使用层次回归进行分析,结果表明(见表4-19),学校认同对幸福感的预测作用显著;学校认同对自尊的预测作用显著;自尊对幸福感的预测作用显著。

采用 Hayes 编制的 SPSS 宏中的 Model4(Model4 为简单的中介模

型)对自尊在学校认同与幸福感之间关系中的中介效应进行检验。① 结果(见表4-19)表明,学校认同对幸福感的预测作用显著($\beta=0.52$,$t=16.69$,$p<0.01$),且当放入中介变量后,学校认同对幸福感的直接预测作用依然显著($\beta=0.42$,$t=13.87$,$p<0.01$)。学校认同对自尊的正向预测作用显著($\beta=0.40$,$t=12.03$,$p<0.01$),自尊对幸福感的正向预测作用也显著($\beta=0.35$,$t=11.52$,$p<0.01$)。此外,学校认同对幸福感影响的直接效应及自尊的中介效应的 Bootstrap 95% 置信区间的上、下限均不包含0(见表4-20),表明学校认同不仅能够直接预测幸福感,而且能够通过自尊的中介作用预测幸福感。(见图4-9)该直接效应(0.35)和中介效应(0.17)分别占总效应(0.52)的67.30%、32.69%。

表4-19　　　　　　中介模型中变量关系的回归分析

回归方程		整体拟合指数			回归系数显著性	
结果变量	预测变量	R	R^2	F	β	t
幸福感	学校认同	0.52	0.27	278.62**	0.52	16.69**
自尊	学校认同	0.40	0.16	144.78**	0.40	12.03**
幸福感	自尊	0.65	0.42	267.01**	0.35	11.52**
	学校认同				0.42	13.87**

表4-20　　　　　　总效应、直接效应及中介效应分解表

	效应值	Boot 标准误	Boot CI 下限	Boot CI 上限	相对效应值
总效应	0.52	0.04	0.44	0.59	
直接效应	0.35	0.04	0.27	0.43	67.30%
中介效应	0.17	0.02	0.13	0.21	32.69%

---

① Hayes, A. F., "PROCESS: A Versatile Computational Tool for Observed Variable Mediation, Moderation, and Conditional Process Modeling", White Paper, Ohio: The Ohio State University, 2012.

```
        自尊
0.40**      0.35**

学校认同  —— 0.52** ——→  幸福感
```

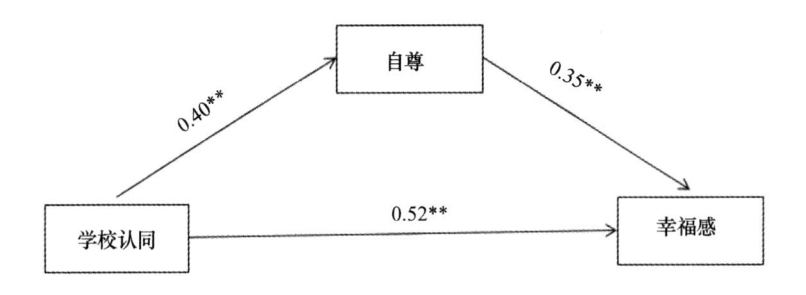

图 4-9　自尊的中介作用

（四）讨论

研究结论表明，青少年的学校认同感对学生的自尊和幸福感有着显著的积极影响，因此拥有高学校认同的个体，他们更有可能取得学业成功，感受到更高的主观幸福感。研究验证了学校作为一个与青少年密切相关的场所的重要性，对于班级，学校的认可有利于年轻人的学业成就，而学习成绩与幸福有着非常重要的关系。社会认同理论认为，那些对内部群体高度认同的人将自己视为内群体成员，当他们在应对压力时得到的帮助和有效的社会支持更多，所以他们感到抑郁越少，产生的积极情绪越多，这反过来又会影响幸福感。青少年自尊在感知学校认同和幸福感方面起着重要作用。这可能是因为对于青少年来说，生活事件主要集中在青少年的身份上。对学校和班级的认可是最重要的社会认同之一，青少年对学校的认同度越高，他们越愿意承认自己是学校的学生身份，学校对青少年的情感和价值意义越明显，他们越是使用内群体偏好来提高他们的自尊心和自我概念。此外，高学校认同的青少年将积极参与群体活动，这种积极的感受不仅可以提高集体自尊，还可以增加对生活的信心，进而帮助学生减少焦虑、抑郁，提高幸福感。

根据青少年自身发展的心理特征，结合本研究的结论，为了提高青少年对学校以及班级的认同，在热爱班集体、热爱学校的教育中，教师可在引导学生方面发挥良好作用。教师和学生的关系应是平等的。良好的师生关系也是影响学生归属感的重要因素。教师的工作职责是教书育人，而年轻人正处于自我同一性发展和角色混乱的阶段，需要教师帮助他们成长。

精彩的校园活动也有利于学校认同的形成，通过定期举行有新意的校园活动，可以使学生的动手操作能力得到提高；同时也可在班级竞赛中提升同伴关系。在与周围同学交流切磋的同时也促进人际关系的发展，培养信任与合作意识，从而提高学校和班级认同。

在增强学校认同方面，家庭成员的支持与沟通同样起到举足轻重的作用，处于青春期的孩子需要父母的支持与理解，因为父母对于引导孩子的人生非常重要，尽管他们在校园里，父母在家庭里的教育模式、人格培养和个性塑造方面都潜移默化地影响着孩子。因此，家长和孩子更多的沟通，有利于身心健康地发展，帮助他们体验到更多的积极情绪。

（五）结论

（1）青少年学校认同能直接正向预测幸福感，即学校认同感能促进青少年提高幸福感。

（2）自尊在学校认同对幸福感的影响中起部分中介作用，即学校认同在直接影响青少年幸福感的同时，也可以通过自尊间接对青少年幸福感产生影响。

第四节　认知系统对青少年幸福感的影响

一　自尊

（一）引言

在日常生活中，快乐的人往往自我感觉良好，而缺乏自我价值和自尊的人通常会感到不快乐。根据社会比较理论可知，个体为了了解自身在团体中所处的位置会同团体中的他人进行比较，以提高自己的自尊感。越来越多的中学生开始身穿名牌、购买昂贵的手机；与同伴之间处处进行对比，以满足自身的虚荣心、自尊心。此外，国内外学者对自尊进行了大量研究，并发现自尊对幸福感的产生具有重要作用。在心理学上，有大量关于幸福的研究，尤其是对其预测因素的研究。在已被发现的众多预测幸福的因素中，如社会经济地位、收入不平等和关系满意度等，自尊也许是最吸引心理学家注意的因素之一。总体而言，自尊被发现与幸福关系非常密切。然而，研究也发现自尊和幸福之间联系的程度可能受到多种因素的影响。①

国外学者 Rodewalt 和 Tragakis 指出自尊是"人格和社会心理学研究的三大变量"之一，与性别和消极情感并列。低自尊常被提及与各种精神障碍有关，如抑郁、焦虑和学习问题；自尊与心理健康、成功、高效生活甚至"美好生活"有关。在人的一生中会遇见各种问题，自尊与处理失败、损失和其他挫折困境有关。自尊是一个非常人性化的变量，它反映了我们是谁？我们将如何应对生活？自尊是一种特殊的人格特质，在积极情绪和消极情绪下都存在。低自尊的人比高自尊的人更容易经历消极情绪。自尊与焦虑、悲伤、敌意、愤怒、内疚、孤独等消极情绪负相关。②自尊使人能够对自己的过去、现在和未来感觉良好，通过沉浸在生活中追求自我实现，最大限度地利用个性优势和潜力，在日常生活中找到意义，认为自己是有价值的。③ Bartoletti 和 O'Brien 的研究表明，自尊可以影响或至少与免疫能力相互作用，这意味着自尊可能与生理和心理健康有关。④ Baumeister 等在其研究中提出自尊实际上是由人们对自己的重视程度来定义的，是自我认识的评价成分。并对自尊和幸福感之间的关系进行了确定，即自尊和幸福在本质上是相互关联的，自尊与幸福有很强的相关性，不仅因为高自尊能带来幸福和富有成效的生活，而且它对幸福具有直接预测能力。⑤且自尊是指一个人对整体自我价值感、充分感、自我接受等的接受。⑥我国学者黄希庭、尹天子指出，自尊是

---

① Kosuke S., Masaki Y., "The Association Between Self-esteem and Happiness Differs in Relationally Mobile vs. Stable Interpersonal Contexts", *Frontiers in Psychology*, No. 5, 2014.

② Selfesteem T. P., *Self-Esteem Research, Theory, and Practice: Toward a Positive Psychology of Self-Esteem*, Springer, 2006.

③ Hwang H., Kang H., Tak J., et al., "Impact of Self-esteem and Gratitude Disposition on Happiness in Pre-service Early Childhood Teachers", *Procedia-Social and Behavioral Sciences*, 2015.

④ Bartoletti, M., & O'Brien, E. J., *Self-esteem, Coping and Immunocompetence: A Correlational Study*. Poster Session Presented at the Annual Meeting of the American Psychological Association, Toronto, Canada, Vol. 4, No. 1, 2003.

⑤ Baumeister, R. F., Campbell, J. D., Krueger, J. I., & Vohs, K. D., "Does High Self-esteem Cause Better Performance, Interpersonal Success, Happiness, or Healthier Life Styles?", *Psychological Science in the Public Interest*, Vol. 4, No. 1, 2003.

⑥ Lyubomirsky S., Tkach C., Dimatteo M. R., "What Are the Differences between Happiness and Self-Esteem", *Social Indicators Research*, Vol. 78, No. 3, 2006.

个人对自我的一个整体性评价以及对自身的喜欢程度。①

对大多数人来说,追求幸福是人生的首要目标之一,感到幸福是一种积极的结果,每个人都会去追求幸福。即使自尊不能带来更好、更幸福的整体生活,但是它也可以通过帮助人们从令人厌恶的事件中恢复过来而取得巨大的成就感、自豪感。已有研究表明,自尊对幸福感的产生具有作用,幸福或主观幸福感是积极心理学的一个关键概念,有助于识别并促进个体最大化的健康因素。②

1. 自尊与幸福感的关系

大量相关研究揭示了幸福和自尊之间的中度至高度相关性。③ Baumeister 发现,自尊水平较高个体的幸福感指数也较高。④ 目前大多数实证研究表明,自尊对幸福感是一个很好的预测变量。同时,另一部分的研究表明,自尊作为一个重要的人格特质,既可以直接对幸福感产生影响,也能通过其他变量的中介作用间接作用于幸福感。⑤ 汪慧在其研究中得到了同样的结论。⑥ 在一项有关精神分裂症患者的自尊和幸福感的关系中,研究者得出,自尊和幸福感之间显著相关,精神分裂症患者由于受到社会歧视的影响,导致其感到自卑,而高自尊有助于个体感受到快乐,对生活保持乐观、积极向上的态度,从而体验到更多的积极情绪。⑦ 之前的研究表明,自尊心越强,幸福感越高。在某些情况下,自

---

① 黄希庭、尹天子:《从自尊的文化差异说起》,《心理科学》2012 年第 1 期。
② Paula B., Ittan M. M., Michela C., "Self-Esteem and Happiness as Predictors of School Teachers' Health: The Mediating Role of Job Satisfaction", *Frontiers in Psychology*, 2018.
③ Lyubomirsky S., Tkach C., Dimatteo M. R., "What Are the Differences Between Happiness and Self-Esteem", *Social Indicators Research*, Vol. 78, No. 3, 2006.
④ Baumeister R. F., Campbell J. D., Krueger J. I., Vohs, K. D., "Does Self-esteem Cause Better Performance, Interpersonal Success, Happiness, or Healthier Life Styles", *Psychological Science in the Public Interest*, Vol. 4, No. 1, 2003.
⑤ 魏华:《大学生品味方式对主观幸福感的影响研究》,硕士学位论文,福建师范大学,2017 年。
⑥ 汪慧:《本科毕业生就业压力、自尊与主观幸福感关系研究》,《科技创业月刊》2018 年第 4 期。
⑦ 牛丹丹、王稀琛、陈艳、朱磊:《精神分裂症患者自尊、应对方式、总体幸福感的相关性》,《中国医药指南》2018 年第 28 期。

卑更容易导致抑郁。各种研究对这种关系提出了不同的观点。缓冲假说得到了一些研究的支持。一些人认为自尊可以减轻压力的影响。然而，在其他研究中却发现了相反的结论，表明低自尊的负面影响主要是在好时光中感受到的，然而，无论是在压力环境下还是在其他环境下，高自尊均能带来快乐结果。[①] 因此，提出本研究的假设 H1：自尊会显著正向预测青少年幸福感。

2. 生命意义感的中介作用

前人的研究中得出，生命意义感是总体幸福感的地基，是幸福感的基础。生命意义感对于幸福、适应性应对以及治疗性成长来说均是一个积极的变量，可以推动适应性应对的发展。[②] 大量实证研究证明，生命意义感与幸福感之间密切相关，是主观幸福感稳定的预测变量。此外，生命意义感和幸福感均属于一个多维度的变量，对二者不同维度之间的关系进行研究发现，各个维度之间的相关均存在不同程度的差异。[③] 生命意义感指个体对人类自身和人类存在的本质以及对那些个体自认为重要的事物的感知和觉察，[④] 包含五个维度，分别是对生命的热忱、生活目标、自主感、积极性以及未来期许。弗兰克尔（Frankl）认为生命意义感是随着时间和环境在发生着变化的，生命意义的一个重要功能就是可以促进人们积极乐观地对待生活，人们对生命意义的追求已经是一种本能活动。[⑤] 个体为获得更多成长的机会，丰富人生经历，会不断地探索发现新的方向，追求生命

[①] Yue X. D., Liu K. W., Jiang F., "Humor Styles, Self-esteem, and Subjective Happiness", *Psychological Reports*, Vol. 115, No. 2, 2014.

[②] Steger M. F., Frazier P., Oishi S., & Kaler, M., "The Meaning in Life Questionnaire: Assessing the Presence of and Search for Meaning in Life", *Journal of Counseling Psychology*, Vol. 53, No. 1, 2006.

[③] 王森雅：《高校毕业生积极情绪与综合幸福感的关系：生命意义感的中介作用》，硕士学位论文，吉林大学，2018 年。

[④] Steger, M. F., Frazier, P., Oishi, S., & Kaler, M., "The Meaning in Life Questionnaire: Assessing the Presence of and Search for Meaning in Life", *Journal of Counseling Psychology*, Vol. 53, No. 1, 2006.

[⑤] Frankl V. E., *Man's Search for Meaning: An Introduction to Logotherapy*, New York: Touchstone, 1984.

意义感。个体对生活的目标越清晰明确，生命意义感越强，会更加幸福。① 当生命富有意义时，个体的积极情感会更加丰富，主观幸福感和生活满意度会更高；个体能够对工作更加投入，享受工作的乐趣，对生活中的积极改变的感知会更多；积极情绪能够增加个体对生命意义的敏感性，促使个体感知生命意义。生命意义感和积极情绪两者之间的关系是双向的，生命意义能产生积极情绪，反过来，积极情绪也能增加个体的生命意义感。② 当人们感知生活缺乏意义时，会感到孤寂、空虚、无聊；若寻到生活的意义，那么这些消极情绪问题也会随之得到解决。拥有生命意义感的人相较于缺乏生命意义感的人会体验到更多的幸福和快乐，对未来更加乐观，心理也会更加健康，生活更满意，对社会生活更加适应。如前文所述，缺乏生命意义感的个体会体验到更多的孤独感、焦虑、抑郁以及产生自杀的想法。基于我国样本的元分析表明，生命意义感与主观幸福感和生活满意度具有高相关。③ 马晓清通过探究大学新生生命意义感与幸福感状况发现，大一新生生命意义感总分以及生活态度、生活自主、生活目标三个维度分数均与幸福感之间具有显著相关，这与已有的研究结果相似。也就是说，个体的生活态度越积极乐观、生活自主性越强，生活目标越明确，个体的生活满意度越高，积极情绪越高，幸福感也越高。④

由 Greenberg 等提出的自尊恐惧管理理论（Terror Management Theory, TMT）认为人们对自身生命意义感的体验是可以通过自尊进行的，同时在面对与生俱来的对死亡的恐惧时，自尊能保护人们免受这种恐惧带来的焦虑。在面对焦虑时，为了使人们感到生命意义感和价值得到恢复，会通过自尊对自我评价、价值标准遵守做出调节。⑤ 朱文文则在其研究中通过对

---

① 杨慊、程巍、贺文洁、韩布新、杨昭宁：《追求意义能带来幸福吗?》，《心理科学进展》2016年第9期。
② 杨慊、程巍、贺文洁、韩布新、杨昭宁：《追求意义能带来幸福吗?》，《心理科学进展》2016年第9期。
③ 张荣伟、李丹：《如何过上有意义的生活?——基于生命意义感理论模型的整合》，《心理科学进展》2018年第4期。
④ 马晓清：《大学新生生命意义感与幸福感状况》，《教育观察》2018年第11期。
⑤ 张阳阳、佐斌：《自尊的恐惧管理理论研究述评》，《心理科学进展》2006年第2期。

自我超越生命意义感对日常生活中的一般心理问题、应激导致的忧郁情绪和自尊的研究，从另一方面论证了自尊与生命意义感之间存在一定的联系。同时，也有相关研究从正面得出生命意义感总分及其各个因子与自尊相关显著。在一项有关大学生生命意义感的调查中，同样得到一致的发现，即自尊水平越高，生命意义感总分及其因子得分越高。[1] Heine S J 提出的意义维持模型（MMM）提出人们需要意义；也就是说，个体需要通过心理表征的视角来感知事件，从而对世界进行感知。当人们的意义感受到威胁时，会重申另一种重获意义的方式——一个被称为"流动补偿"的过程。根据该模型，当人们体验到意义框架的破坏时，他们会尝试通过其他可用且完整的关系结构来重建意义。自尊也许是与人们对生活意义的感知联系最紧密的一个概念。自尊一直被视为人们成功地与外部世界建立联系的一个指标和人们能从生活中获得多少意义。[2] 柳之啸、吴任钢在研究中发现高自尊的个体对事件的控制感相较于低自尊的个体会更多，对事件的控制感使该软体对自身的价值有所了解，感到更高的生命意义感。[3] Steger、Frazier 和 Oishi 通过实证研究也发现，自尊和生命意义感显著相关，自尊能够正向预测生命意义感。[4]

Wong 的生命意义感管理理论为中介模型提供了理论依据，在该模型中 Wong 指出，为了更好地面对人生中遇到的不如意事件，个体的生命意义感可以通过自尊、自我感受等变量的作用获得快乐和希望。[5] 基于生命意义感管理理论、自尊恐惧管理理论和已有实证研究，在此，本研究提出

---

[1] 朱文文：《中学生生命意义感与社会支持自尊的关系研究及对策》，硕士学位论文，天津师范大学，2017 年。

[2] Heine, S. J., Proulx, T., Vohs, K. D., "The Meaning Maintenance Model: On the Coherence of Social Motivations", *Personality and Social Psychology Review*, Vol. 10, No. 2, 2006.

[3] 柳之啸、吴任钢：《自尊对生命意义感的预测机制——心理控制源和积极情绪的中介作用》，《北京大学学报》（自然科学版）2018 年第 6 期。

[4] 李占宏、赵梦娇、肖紫瑶、刘亚楠：《利他行为与生命意义感：领悟到的社会支持与自尊的中介作用》，《中国特殊教育》2018 年第 5 期。

[5] Wong P. T. P., "Meaning Management Theory and Death Acceptance", in Tomer A., Grafton E., Wong P. T. P., Eds., *Existential & Spiritual Issues in Death Attitudes*, Mahwah, NJ: Lawrence Erlbaum Associates, 2008.

研究假设H2：生命意义感在自尊对青少年幸福感的影响中起中介作用。中介模型见图4-10。

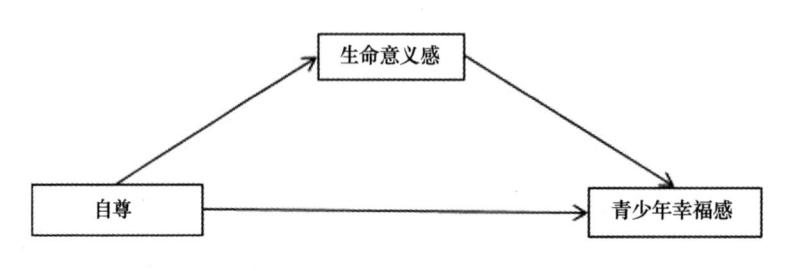

图4-10　中介模型

本研究旨在通过将生命意义感作为自尊对青少年幸福感的中介变量进行研究，发现青少年自尊和生命意义感以及幸福感的关系，从而在为幸福感低的青少年进行教育时提供理论依据。

（二）研究方法

1. 研究对象

性别的有效数据为798份，其中男生429人，女生369人；年级的有效数据为802份，初一205人、初二145人、初三4人、高一446人、高二1人、高三1人；年龄的有效数据为777份，被试年龄在11—25岁，被试的平均年龄为14.26岁。

2. 研究工具

（1）总体幸福感量表

同前。

（2）自尊问卷

采用由Rosenberg编制，由季富益、于欣修订的中文版自尊量表。该量表由10道题项组成，其中正向计分条目和反向计分条目均为5个。由于文化的不同，在使用本量表测量我国青少年时，删去题项8。该问卷的内部一致性系数为0.78。[1]

---

[1] 田录梅、杨婧、于芳荣：《初中生自尊、同伴接纳与不同宽恕的关系》，《中国临床心理学杂志》2015年第2期。

(3) 青少年生命意义感量表

采用宋秋蓉编制的生命目的测试（Purpose in Life Test）量表作为研究工具测量青少年。该量表共 20 道题项，由五个分量表分测五个维度：对生命的热忱、生活目标、自主感、积极性以及未来期许。对生命的热忱维度包含 8 道题，生活目标维度包含 6 道题，其余三个维度均由 2 道题组成。本量表采用七点计分法进行计分，1—7 分，分别表示从"非常不符合"到"非常符合"，除了第 1、3、4、6、8、9、10、12、13、15、16、20 题是正向计分外其余 8 道题为反向计分。该量表内部一致性系数为 0.87，效度良好。[1]

3. 研究程序

所有主试为心理学专业本科生或硕士生，在研究开始前已经对所有的主试进行了专业统一的主试训练。正式展开调查之前，研究者首先向学校负责人解释研究目的，然后学校审查问卷内容，在取得学校同意之后，以班级为单位进行集体施测。测试过程中，主试首先向学生介绍研究目的，并向被试说明本次研究的结果将严格保密且只会用作科研，随后向学生说明其他注意事项和填写方法。指导语完毕后，询问学生是否理解，学生理解后独自对问卷作答，不可与他人讨论。整个测试过程大概需要 20 分钟，20 分钟后当场将问卷收回，并对大家给予的调研配合表示感谢。

4. 数据处理

统一用 EpiDate 3.1 进行数据的录入，采用 SPSS 24.0 和 Process 插件进行数据的处理与分析。同鲍振宙等一样，本研究采用 Bootstrap 方法对所有的回归系数进行显著性检验。

(三) 研究结果

1. 描述统计与相关分析

采用 SPSS 24.0 对主要变量进行数据分析，数据分析的主要方法为描述性统计与相关分析，描述统计结果与相关分析结果表明：生命意义感与

---

[1] 朱文文：《中学生生命意义感与社会支持自尊的关系研究及对策》，硕士学位论文，天津师范大学，2017 年。

自尊呈显著正相关,生命意义感与青少年幸福感呈显著正相关,自尊与青少年幸福感呈显著正相关(见表4-21)。

表4-21　　　　　各变量描述统计与相关分析结果

	M	SD	幸福感	生命意义感	自尊
幸福感	4.24	0.02	1		
生命意义感	5.11	0.03	0.60**	1	
自尊	2.93	0.04	0.56**	0.56**	1

2. 自尊在生命意义感与青少年幸福感间的中介效应检验

为考察自尊在生命意义感和青少年幸福感之间的中介作用,按照中介效应检验标准程序,使用层次回归进行分析,结果表明(见表4-22),生命意义感对青少年幸福感的预测作用显著;生命意义感对自尊的预测作用显著;自尊对青少年幸福感的预测作用显著。

采用 Hayes 编制的 SPSS 宏中的 Model 4(Model 4 为简单的中介模型)对自尊在生命意义感与青少年幸福感之间关系中的中介效应进行检验。[①] 结果(见表4-22、图4-11)表明,自尊对青少年幸福感的预测作用显著($\beta=0.56$, $t=18.72$, $p<0.001$),且当放入中介变量生命意义感之后,自尊对青少年幸福感的直接预测作用依然显著($\beta=0.33$, $t=8.82$, $p<0.001$)。自尊对生命意义感的直接预测作用显著($\beta=0.52$, $t=15.72$, $p<0.001$),生命意义对青少年幸福感的正向预测作用也显著($\beta=0.42$, $t=11.57$, $p<0.001$)。此外,自尊对青少年幸福感影响的直接效应及注意控制的中介效应的 Bootstrap 95% 置信区间的上、下限均不包含0(见表4-23),表明自尊不仅能够直接预测青少年幸福感,而且能够通过生命意义感的中介作用预测青少年幸福感。该直接效应(0.33)和中介效应(0.23)分别占总效应(0.56)的58.93%、41.07%。

---

① Hayes, A. F., *PROCESS*: *A Versatile Computational Tool for Observed Variable Mediation, Moderation, and Conditional Process Modeling*, The Guilford Press, 2013.

表4-22　　　　　　　　中介模型中变量关系的回归分析

回归方程		整体拟合指数			回归系数显著性	
结果变量	预测变量	R	R^2	F	β	t
幸福感	自尊	0.56	0.31	350.51***	0.56	18.72***
生命意义感	自尊	0.56	0.31	348.64***	0.56	18.67***
幸福感	生命意义感	0.66	0.43	293.52***	0.42	9.99***
	自尊				0.32	12.82***

表4-23　　　　　　　总效应、直接效应及中介效应分解表

	效应值	Boot标准误	Boot CI 下限	Boot CI 上限	相对效应值
总效应	0.56	0.35	0.49	0.63	
直接效应	0.33	0.37	0.26	0.40	58.93%
生命意义感的中介效应	0.23	0.24	0.19	0.29	41.07%

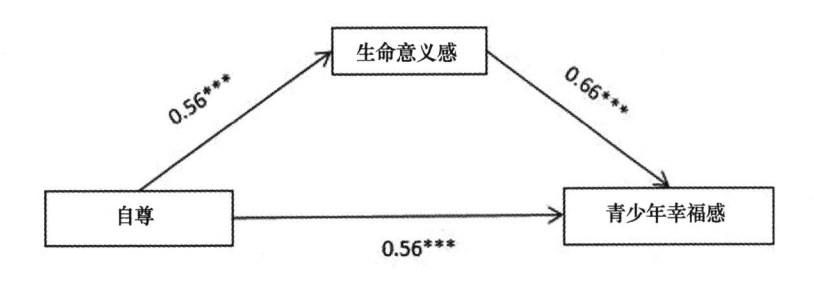

图4-11　自尊的中介作用

(四) 讨论

相关分析结果显示，自尊与生命意义感和青少年幸福感之间均显著相关，同时生命意义感与青少年幸福感之间也显著相关，为后续回归分析提供了基础。

回归分析结果表明，自尊和生命意义感均可以显著正向预测青少年幸福感，同时自尊在生命意义感与青少年幸福感之间起部分中介作用，换句话说就是，自尊不仅可以直接对青少年幸福感进行影响，同时也可以通过生命意义感的中介作用对青少年幸福感产生影响。

Hwang H. 等在研究中指出，高自尊的个体相较于低自尊的个体较少地感受到抑郁、焦虑、愤怒或者恐惧等负面的心理情绪体验；换句话说，高自尊的个体即使经历了消极的情绪体验，也会很快地克服消极情绪带来的负面影响，高自尊有助于缓解压力并体验到更多的幸福感。每个人在一生中都会经历一些消极的情绪，比如困难、逆境、愤怒或绝望，而那些自尊心较强的人在那个时候会过得更健康、更快乐。[1]

柳之啸等认为自尊有助于个体在遇到生活上的各种挑战时，自信勇敢地去面对，对个体存在价值有积极作用。感到幸福对每一个人来说都是必不可少的，在以往的研究中发现，自尊和幸福感之间是紧密相关的，自尊对于个体而言是一种很稳定的人格特质，因此，自尊的提升相对来说需要经历一段时间的培养。本研究为提升青少年幸福感提供了另一条快速的方式。研究结果发现，生命意义感中介了自尊与青少年幸福感之间的关系，因此，通过增加青少年对未来的美好想象，设定有关今后生活的目标并为之持续努力等，也能提升青少年幸福感。[2]

研究结果启示我们，提高青少年幸福感要做好两项工作：一是重视青少年自尊的培养，有学者指出自尊有依赖型自尊、独立型自尊与无条件自尊这三个层面，培养青少年的自尊，可以从最低层次的依赖型自尊开始，逐步过渡到独立型乃至无条件型自尊。可以通过积极自我暗示、积累成功的经验、树立有意义的目标、多做好事、常怀感恩等方法来培育或提升自尊。二是提高青少年的生命意义感，可以通过开展一些积极有趣的活动，提升青少年对生活的满意度，进而增加其幸福感。

（五）结论

（1）自尊能够直接正向预测青少年幸福感，即高自尊能促进青少年的幸福感。

（2）生命意义感在自尊和青少年幸福感之间起到部分中介作用，即

---

[1] Hwang, H., Kang, H., Tak, J., et al., "Impact of Self-esteem and Gratitude Disposition on Happiness in Pre-service Early Childhood Teachers", *Procedia-Social and Behavioral Sciences*, 2015.

[2] 柳之啸、吴任钢：《自尊对生命意义感的预测机制——心理控制源和积极情绪的中介作用》，《北京大学学报》（自然科学版）2018年第6期。

自尊在直接影响青少年幸福感的同时，也可以通过生命意义感间接对青少年幸福感产生影响。

二 学业自我效能感

（一）引言

学习是一个人终生都要面临的重要任务，是引导人类进步和发展的重要途径。自古以来就有寒窗苦读这样的说法，反映了读书的艰辛和寂寞，通过科举，能走上仕途，实现自己的远大抱负。可见古人对于读书学习的重视。当今的社会，学习的重要性更加凸显。改革开放40多年来，人们越来越强调青少年的个性发展，学习讲究因材施教，以快乐学习为最终目标。

生活满意度是依据被试选择的不同标准对其生活的质量进行综合评价，主观幸福感中包含着生活满意度。对于生活满意度调查，许多学者从整体生活满意度的角度出发，但在某些特殊领域对生活满意度的关注不够。每个社会群体有其特有的生活领域，青少年幸福感的现状与特点研究结果表明，青少年的学业满意度最低，因此，重点考察学业满意度的影响因素及其机制更具有现实意义。

1. 青少年学业自我效能感与青少年生活满意度的关系

美国心理学家班杜拉（Bandura）首次提出自我效能感（Self-efficacy）这个概念，他认为自我效能感是一种能力预期，是一种信念。后来演变为人对圆满完成任务目标所必需的个人能力的判断、信念、预期或感知。[①] 学业自我效能感（Academic Self-efficacy）是学生在学习方面产生的对自己学习能力和学习行为的评估和自信，学生通过自己在以往的生活和学习成败的经验中或者通过与自己智力、成绩、学业表现等相似的同伴在某项任务中的成败经验来预估自己在新的学习或者测评中的结果。多数研究表明，青少年的学业自我效能与学习动机、学业成就、学习投入、学习态度、学习主观幸福感、学习策略有关。从这些研究结果可以看出，青少年学业自我效能感是青少年生活满意度的主要预测因素。

---

① 郭本禹、姜飞月：《自我效能理论及其应用》，上海教育出版社2008年版。

有研究表明，自我效能感可以直接预测青少年生活满意度，即自我效能感是生活满意度的有效的预测指标之一。①成媛、赵静的研究与谢雅婷的研究均发现学生的学业自我效能感与学习满意度显著正相关。余鹏等学者以大学生为被试探讨自我效能感和主观幸福感的关联发现，大学生的自我效能感可以正向预测其主观幸福感，原因可能是那些自我效能感高的个体拥有较高的自信心，拥有高自信心会加强个体的积极情绪，进而使个体的主观幸福感体验更加良好。另外，有关初中生的研究发现，初中生拥有较高的情绪调节自我效能感就表明其对自身情绪调节有较好的自信心，初中生的情绪调节自我效能感能正向预测初中生主观幸福感。情绪调节自我效能感得分越高，主观幸福感越高。中学生主观幸福感的各个维度都和青少年一般自我效能感呈显著的正相关，青少年的自我效能感得分可以直接正向预测青少年主观幸福感。提高中学生的幸福感，可以通过提高他们的自我效能感实现。②王韵博以初中生为被试的研究中发现，一般自我效能感和积极情绪没有明显相关，但是一般自我效能感和消极情绪呈显著的负相关，和总体幸福感有显著的正相关，基于此，本研究认为青少年的自我效能感越高，他们对幸福感的体验就越多。③原因可以解释为：自我效能感高的个体认为自己有能力完成某事，所以在过程中总会不断地鼓励自己，并且对事情保持积极的心态，这会使他们拥有更多的动力去达成目标，因此他们有较高的主观幸福感。④

2. 青少年学习动机与青少年生活满意度的关系

动机总是和一定的活动搭配产出的，个体的动机在不同的活动环境具有不同形式。学习动机则是在青少年学习活动中产生的，学生的学习行为受其学习动机的激发而产生。学习动机引发学习行为以后，还可以令个体

---

① 和娟：《一般自我效能感在感戴、生活满意度间的中介效应》，《中国健康心理学杂志》2015年第7期。
② 蒋红、张玉凤、张澜：《中学生一般自我效能感、社会支持及主观幸福感关系》，《现代预防医学》2013年第20期。
③ 王韵博：《初中生一般自我效能感、情感与总体幸福感的关系研究》，硕士学位论文，沈阳师范大学，2016年。
④ 王雪、赫然、白湧讽：《青少年成就目标与主观幸福感：自我效能感的中介效应》，《河北工程大学学报》（社会科学版）2018年第1期。

的行为朝着预期的学习目标坚持下去。同时，在朝着目标努力的过程中，会受到内外部各种因素的影响，学习动机则负责调节与监控，排除各种因素的干扰，使个体努力下去。反过来，个体对学习效果的感受与评价也会影响学习动机。

在教育心理学领域，学习满意度、学习动机一直受到学者的重视，并且研究表明，学习动机与学习满意度之间关系密切。Howard 和 Hoyt 的研究中发现，学生的学习动机强，对学习活动的满意程度较高。[1] Biner 的研究进一步指出，对学习的高满意度不一定具备高的学习动机，但是低学业满意度对应的是低动机。对于成人学习满意度和自身动机的研究，[2] Hui-ChinChu 和 Pih-ShuwChen 的研究结果显示，学习动机与学习满意度之间存在显著的正相关关系。台湾学者严金浪发现了相似的结果，学习动机与学习满意度之间存在显著的相关性，并进一步指出，学习满意度不仅是对学习者学习和学习成果的评价，也是学习者动机的重要指标和相关因素。可见，学生的学习动机积极促进学习满意度，同时，学习满意度也是学习动机与学习行为结果的体现。本研究结合中国青少年的特点，了解当前青少年学习动机和学习满意度及其关系，掌握学生在学校的态度和倾向，可以进一步引导学生学习。

3. 学习动机在青少年学业自我效能感对青少年生活满意度的影响中起中介作用

班杜拉的相关研究证明，个体自我效能感决定其在某环境下的动机。自我效能感高的人对于活动总是充满热情，积极参与，如果遇到困难也是会通过努力工作并采取策略来克服难题。若难题成功被解决，则又进一步强化其原有学习效能感，于是更有动力投入下一段学习中，这是一个良性循环过程。虽然个体会碰到困难，但是有取得成功的信心也会有助于克服对困难的恐惧，激发出成功的动机。与此相反，低自我效能感的个体，首先对于参与活动的积极性就不高，不遇到困难还好，一旦遇到困难就会产

---

[1] Hoyt, D. P., "Measurement of Instructional Effectiveness", *Research in Higher Education*, Vol. 1, No. 4, 1973.

[2] Biner, P. M., Dean, R. S. Mellinger A. E., "Factor Sunderlying Distance Learner Satisfaction with Televised College-level Courses", *American Journal of Distance Education*, Vol. 8, No. 8, 1994.

生退缩情绪，认为自己没有能力克服困难，有时连试一试的勇气都没有，这必然会导致任务失败，这又会产生恶性循环，再次降低了他的效能感。另外，张美英等学者的研究表明，学业自我效能与追求成功的动机和避免失败动机呈正相关。池丽萍和辛自强等通过对大学生的自我效能感和学习动机之间的关联的研究得出大学生学习动机得分越高其自我效能感得分越高。学习动机高的个体敢于迎接挑战，并会感觉到兴趣和快乐，较少受外部因素（如旁人评论）影响。[1] Noels 等在 2001 年对第二语言学习者进行了探究发现了相同结论，内生动机高的个体一般是自我效能感较高者，并且他们焦虑的水平比较低，对于他人的评价选择不在意或不关注。[2] 综上，学业自我效能感与学习动机二者之间是有密切联系的。[3] 在学术生涯中具有高自我效能感的学生更有动力参与挑战学习任务，为自己设定更高的学业成就目标，并为实现这些目标付出更多的努力和坚持。在学术情境中，他们有更积极的态度和情感、更少的焦虑和更高的学习满意度。基于学业自我效能感、学习动机、生活满意度间可能的关系，本研究提出如下假设：

H1：青少年学业自我效能感能直接正向预测生活满意度，学习动机能直接正向预测生活满意度。

H2：学习动机在青少年学业自我效能感对生活满意度的影响中起中介作用。

（二）研究方法

1. 研究对象

本研究选用的被试为中学生，共有 801 人，被试中男生有 392 人，女生有 409 人；以年级来划分，初一有 223 人、初二有 379 人、初三有 37

---

[1] 池丽萍、辛自强：《大学生学习动机的测量及其与自我效能感的关系》，《心理发展与教育》2006 年第 2 期。

[2] Noels, K. A., Clement, R. and Pelletier, L. G., "Intrinsic, Extrinsic, and Integrative Orientations of French Canadian Learners of English", *The Canadian Modern Language Review*, Vol. 57, No. 3, 2001.

[3] 宁良强：《高职生的学业自我效能感、学习动机及其与学习成绩的关系》，硕士学位论文，山东师范大学，2009 年。

人、高一有122人、高二有32人、高三有8人;城镇户口436人,农村户口365人;独生子女403人,非独生子女398人;双亲家庭647人,单亲家庭80人,组合家庭74人;家庭经济状况好的为59人,较好的为195人,一般的为466人,较差的为61人,差的为20人。

2. 研究工具

(1) 学业自我效能感问卷

本研究采用梁宇颂编写的《学习自我效能问卷》。问卷具有良好的研究价值,包括22道题目和两个维度。这两个维度是学习能力自我效能和学习行为自我效能,维度彼此独立。所谓的自我效能是指个人判断他们是否能成功完成学业,取得良好成绩的信心。此外,所谓的学习自我效能,是指个体作为一个行为单元,对是否可以独立完成活动的判断,对于完成时间、学习目标是否达到的评价,也是对学术背景下自我锻炼的评估。问卷采取5等级评定,分数越高代表效能感越高,每个维度都有11个题目。第一个分量表的Cronbach α 系数为0.820,第二个分量表的Cronbach α 系数为0.752,保证了本研究的信度。本研究的内部一致性为0.774,在合理的范围之内,综合上述结果,社会支持问卷符合本研究要求。①

(2) 学习动机问卷

本研究采用刘育明编制的《学习动机问卷》,该问卷是根据动机的社会认知理论中强调的期望、情感和价值三个成分设计的。此问卷包含31个题目,共有六个维度,对于六个子维度的呈现分成三个分量表。价值信念分量表包含内在目标定向、外部目标定向和任务的价值三部分内容,本研究调查内部一致性为0.774,综合上述结果,学习动机量表符合本研究要求。

(3) 总体幸福感问卷

同前。

---

① 闫荻:《社会支持对高中生学习流畅体验影响的多重中介效应分析》,硕士学位论文,渤海大学,2017年。

3. 研究程序和数据处理

所有主试为心理学专业本科生或硕士生，在研究开始前已经对所有的主试进行了专业统一的主试训练。正式展开调查之前，研究者首先向学校负责人解释研究目的，然后学校审查问卷内容，在取得学校同意之后，以班级为单位进行集体施测。测试过程中，主试首先向学生介绍研究目的，并向被试说明本次研究的结果将严格保密且只会用作科研，随后向学生说明其他注意事项和填写方法。指导语完毕后，询问学生是否理解，学生理解后独自对问卷作答，不可与他人讨论。整个测试过程大概需要20分钟，20分钟后当场将问卷收回，并对大家给予的调研配合表示感谢。

统一用 EpiDate 3.1 进行数据的录入，采用 SPSS 24.0 和 Process 插件进行数据的处理与分析。同鲍振宙等一样，本研究采用 Bootstrap 方法对所有的回归系数进行显著性检验。

（三）结果

1. 描述统计与相关分析

采用 SPSS 24.0 对主要变量进行描述性统计与相关分析，描述统计结果与相关分析结果表明：感知班级氛围与学习动机呈显著正相关，感知班级氛围与生活满意度呈显著正相关，学习动机与生活满意度呈显著正相关（见表4-24）。

表4-24　　　　　各变量描述统计与相关分析结果

	M	SD	感知班级氛围	学习动机	生活态度满意度
感知班级氛围	3.35	0.57	1		
学习动机	1.32	0.39	0.69***	1	
生活满意度	3.96	1.43	0.53***	0.43***	1

2. 学习动机在学业自我效能感与青少年生活满意度间的中介效应检验

为考察学习动机在学业自我效能感和生活满意度之间的中介作用，按照中介效应检验标准程序，使用层次回归进行分析，结果表明（见表4-

25),学业自我效能感对生活满意度的预测作用显著;学业自我效能感对学习动机的预测作用显著;学习动机对生活满意度的预测作用显著。

采用Hayes编制的SPSS宏中的Model 4（Model 4为简单的中介模型）对学习动机在学业自我效能感与生活满意度之间关系中的中介效应进行检验。结果（见表4-25，图4-12）表明，学业自我效能感对生活满意度的预测作用显著（$\beta=0.53$，$t=17.63$，$p<0.01$），且当放入中介变量后，学业自我效能感对生活满意度的直接预测作用依然显著（$\beta=0.12$，$t=2.89$，$p<0.01$）。学业自我效能感对学习动机的正向预测作用显著（$\beta=0.69$，$t=27.03$，$p<0.01$），学习动机对生活满意度的正向预测作用也显著（$\beta=0.45$，$t=10.80$，$p<0.01$）。此外，学业自我效能感对生活满意度影响的直接效应及学习动机的中介效应的Bootstrap 95%置信区间的上、下限均不包含0（见表4-26），表明学业自我效能感不仅能够直接预测生活满意度，而且能够通过学习动机的中介作用预测生活满意度。该直接效应（0.45）和中介效应（0.08）分别占总效应（0.53）的84.91%、15.09%。

表4-25　　　　　　　　中介模型中变量关系的回归分析

回归方程					回归系数显著性	
结果变量	预测变量	R	R^2	F	β	t
生活满意度	学业自我效能感	0.53	0.28	310.94**	0.53	17.63**
学习动机	学业自我效能感	0.69	0.48	730.78**	0.69	27.03**
生活满意度	学习动机	0.54	0.29	161.09**	0.45	10.80**
	学业自我效能感				0.12	2.89**

表4-26　　　　　　　　总效应、直接效应及中介效应分解表

	效应值	Boot标准误	BootCI下限	BootCI上限	相对效应值
总效应	0.53	0.03	0.47	0.59	
直接效应	0.45	0.04	0.36	0.53	84.91%
中介效应	0.08	0.03	0.03	0.14	15.09%

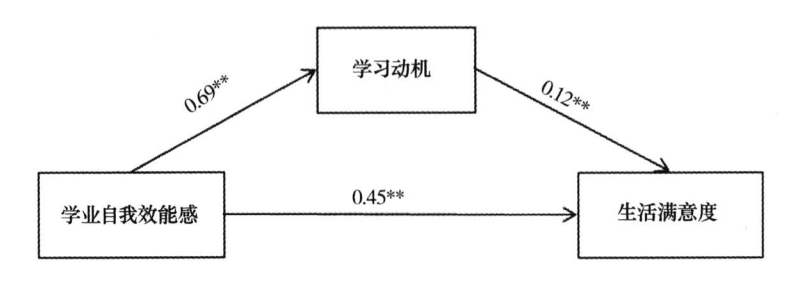

图 4-12 学习动机的中介作用

（四）讨论

本研究通过相关分析，发现青少年学习自我效能感与生活满意度呈显著正相关，青少年学业自我效能感能直接正向预测生活满意度，自我效能感高的青少年其自信心较高，自信心高的个体会体验到较小的压力，只要压力小就会使青少年的学习、生活充满乐趣，最终体验到的主观幸福感就较强。学业成绩高的学生对自己的能力和活动充满信心，因此他们更有动力。内生性强的个体，他们敢于迎接挑战。与此同时，他们的学习动机也表现出强烈的外在性。例如，其他人的评价和奖励与生活满意度显著正相关。学习动机可以直接预测生活满意度。具有强烈学习动机的个人通常认为学习过程是有意义和快乐的。获得的知识可以满足一个人的好奇心和自我价值，并将学习过程视为自我潜能的发展和实现。在此过程中，体验到强烈的学习和愉悦感，最终改善个人幸福感。具有强烈学习动机的个人通常更有可能获得外部赞扬和奖励，这些因素也可用于增强个人的幸福程度。

通过中介效应检验发现，青少年的自我学业效能感可以直接影响个体的学习动机，进而影响他们的生活满意度。学业自我效能感与生活满意度之间是正向关系，更加凸显了学业自我效能感较高的青少年和学习动机较高的青少年拥有较高的幸福感。所以在社会、学校、家庭的教育中，应该注重培养学生的自我效能感。运用正确方法来培养青少年较高的自我效能感，是对青少年成长健康非常有意义的一件事情。

因此，为了增强青少年的幸福感，可以通过提高他们的学习动机来实现。本研究认为提高学习动机应该首先从青少年个人入手，端正学习态度，其次家庭、学校以及社会都应该通力合作，为青少年营造一个良好的学习环境和氛围。通过对此研究结论的分析，得到青少年的学习动机在学业自我效能感对生活满意度的影响之间起着中介作用。所以提高青少年的学业自我效能感和学习动机，可有效增强他们的幸福感。

（五）结论

（1）青少年学业自我效能感能直接正向预测生活满意度，即学业自我效能感能促进青少年的幸福感。

（2）学习动机在青少年学业自我效能感对生活满意度的影响中起部分中介作用，即学业自我效能感在直接影响青少年幸福感的同时，也可以通过学习动机间接对青少年幸福感产生影响。

第五节　行为系统对青少年幸福感的影响

一　亲社会行为

（一）引言

"赠人玫瑰，手有余香。"亲社会行为既能为他人提供实际帮助，又能促进亲社会行为实施者与接受者之间的良好关系，而幸福感的一个重要维度就是良好的人际关系。[①] 亲社会行为不仅可以满足人们获得充实人生，还可以满足人们寻找生活意义的基本需求。随着人们物质条件的提升以及积极心理学的发展，研究者以及社会大众关心的一个重要主题就是如何提高人们感知到的幸福感。对于这一问题，Seligman 等学者在 2012 年提出了幸福感的 PERMA 模型，该模型认为获得持续幸福感的五个元素包括积极情绪（P）、投入（E）、积极的人际关系（R）、意义（M）以及成就（A）。研究发现，经常实施亲社会行为可以提升人们的意义感和效能感。[②] 所以，实

---

① Diener, E., "New Well-being Measures: Short Scales to Assess Flourishing and Positive and Negative Feelings", *Social Indicators Research*, Vol. 97, No. 2, 2010.

② Sonnentag, S., et al., "Doing Good at Work Feels Good at Home, But Not Right Away: When and Why Perceived Prosocial Impact Predicts Positive Affect", *Personnel Psychology*, Vol. 65, No. 3, 2012.

施亲社会行为能够成为个体获得幸福感的一个可取途径。近年来，亲社会行为对行为实施者的意义已经逐渐被研究者重视，从亲社会行为实施者的角度来看，亲社会行为最直接的作用是不仅能给行为接受者带来实际帮助，还能间接地给亲社会行为实施者自身带来真正的快乐感和意义感。例如，研究发现相比很少从事志愿活动的个体，经常从事志愿活动的个体能更好地应对心理压力并降低自身的抑郁症状。[1] 由此可见，研究亲社会行为与青少年幸福感的关系以及两者之间的影响机制，对进一步帮助人们提高幸福感有着重要的理论意义和实践价值。

1. 亲社会行为与幸福感的关系

亲社会行为泛指一切符合社会期望，对他人、群体及社会有益的行为。研究发现，经常从事志愿活动的个体有着更高的心理健康水平，而且他们能体验到更强的幸福感及生活满意度；[2] 经常进行亲社会花费的个体，如给亲人朋友买礼物、为慈善机构以及贫困地区捐款等朝向他人的花费行为，其幸福感水平更高。[3] 另外，有关亲社会行为对提高人们的幸福感在神经生理基础方面也有相应的实证基础。例如，研究者通过 fMRI 技术发现，愿意参与器官捐赠的利他主义者的杏仁核比普通人更大，而杏仁核的一项重要功能在于对消极情绪的调控。[4]

由此可见，亲社会行为对青少年幸福感的提升具有重要影响。另外，已有研究者论证了亲社会行为对幸福感产生影响的作用机制：自主性。人们在实施亲社会行为时体验到的自主性是个体幸福感的一项内容，而自主性同时也是我们每个人的一个根本心理需要，当其得以满足时，人们的主观幸福感和心理健康水平必定会得以提升。亲社会行为的实施者要想在亲

---

[1] Li, Y., et al., "Volunteering and Depression in Later Life: Social Benefit or Selection Processes?" *Journal of Health and Social Behavior*, Vol. 46, No. 1, 2005.

[2] Binder, M., et al., "Volunteering, Subjective Well-being and Public Policy", *Journal of Economic Psychology*, Vol. 34, No. 1, 2013.

[3] Dunn, E. W., "Spending Money on Others Promotes Happiness", *Science*, Vol. 319, No. 5870, 2008.

[4] Marsh, A. A., et al., "Neural and Cognitive Characteristics of Extraordinary Altruists", *Proceedings of the National Academy of Sciences of the United States of America*, Vol. 111, No. 42, 2014.

社会互动中获得积极体验,其前提条件就是在行为过程中体验到自主性。自主性指的是行为主体对自己的发言权以及行为选择有自由感和选择感时的体验,[①] 自主性有两种:状态自主性与特质自主性。状态自主性是指在特定的行为情境中,个体是否可以体验到言行的自由感,即反映的是情境的不同。而特质自主性反映的则是个体之间的差异。特质自主性高的个体比特质自主性低的个体更容易在不同的情境中体验到更高的状态自主性。虽然特质差异存在于自主性的获得过程中,但情境性在亲社会行为的互动中更为突出,即在事件发生的过程中,自主性是影响个体在参与亲社会行为互动过程中获得幸福感的重要影响因素。自主性的满足可以通过自主动机来实现。具体而言,个体通常会对自己的行为进行归因,作为亲社会行为的实施者,同样也会对其助人行为进行归因。

归因的控制点理论[②]认为人们会对自己的行为进行两种归因:内部归因或外部归因。在对自己的行为进行内部归因时,个体会感知到内部控制点,并对自身行为具有更高的内控感;相反,在对自己的行为进行外部归因时,个体更会感知到外部控制点,从而更多地认为影响或者控制自己行为的是命运、环境或他人等不可预测的外部因素。源于归因的思想,自我决定理论认为,行为动机按照行为是否来源于人们的主观意志可分为受控动机与自主动机。[③] 自主动机所引发的行为反映的是内部控制点,这时个体内部的认同和价值观为个体实施行为提供动力。相反,当个体行为由受控动机激发时,反映的是外部控制点,这时个体感知到的外部压力才是个体实施行为的原因和动力。内/外控制点通过影响个体在实施行为时体验到的自主性,进而影响个体的情绪。具体来说,相比于外部控制点,感知到内部控制点的个体会体验到更高的自主性,进而体验到的幸福感水平也更高。

在亲社会行为的互动过程中,亲社会行为的实施可能处于不同的动

[①] Kasser, V. G., "The Relation of Psychological Needs for Autonomy and Relatedness to Vitality, Well-being, and Mortality in a Nursing Home", *Journal of Applied Social Psychology*, Vol. 29, No. 5, 1999.

[②] Heider, F., *The Psychology of Interpersonal Relations*, Taylor and Francis, 1983.

[③] Ryan, R. M., "Perceived Locus of Causality and Internalization: Examining Reasons for Acting in two Domains", *Journal of Personality and Social Psychology*, Vol. 57, No. 5, 1989.

机。当亲社会行为是由受控动机驱动时，这时个体会由于内疚或者基于外部压力而不得不采取行动。所以在很大程度上使得行动者在实施行为时能力感以及自主性的体验受到了抑制，从而在这种情况下就不能给行为实施者带来真正的快乐以及幸福体验。反之，当亲社会行为是由自主动机驱动时，行为之所以实施，是因为个体真心想为接受者带来实际帮助，而由自主动机驱动的行为将会满足个体的三种基本需要：[1] 一是满足了个体关系性（Relatedness）需要，例如个体在进行亲社会行为时，会使行动者觉得自己是被人依靠的，这种强烈的归属感将会提升个体的幸福感；二是可以提高个体的能力感（Competence），实施亲社会行为能够激发行动者更强的效能感；三是能够提高个体的自主性，因为亲社会行为是个体自愿选择去做的，而非来自外部压力。所以亲社会行为实施者能体验到更高的自主性，而自主性需要的满足能够正向预测个体的幸福感具有跨文化的一致性。[2] 综上所述，本研究提出如下假设：

H1：亲社会行为对青少年幸福感有显著的正向预测作用。

2. 性格优势的中介作用

性格优势是反映在个体的行为、认知以及情绪等各个心理层面的积极特质。[3] 性格优势一直是积极心理学的核心研究领域之一，比如，乐观、善良和创造力都是这一领域中的热门研究主题。但以往的研究者倾向于把这些积极特质孤立开来进行研究，并把这些积极特质视为相互独立的变量。近来，积极心理学整合出一个新的概念——性格优势，给研究者们提供了一个系统框架，他们可以重新思考以往的研究结果，并综合考虑这些积极的特质对人们生活不同方面的影响。性格优势与我们的联系十分紧密，经常从事亲社会行为的个体将拥有相对较高的性格优势，而且性格优势高的个体具备很多的积极适应功能。例如，乐观、慷慨、悟性等适应功

---

[1] Gagné, M., "The Role of Autonomy Support and Autonomy Orientation in Prosocial Behavior Engagement", *Motivation and Emotion*, Vol. 27, No. 3, 2003.

[2] Deci, E. L., *Self-determination*, New York, NY: John Wiley & Sons, Inc, 2010.

[3] 周雅、刘翔平：《大学生的性格优势及与主观幸福感的关系》，《心理发展与教育》2011年第5期。

能,不仅能够在个体遇到消极生活事件时有效地缓解人们的消极效应和压力,而且还可以促进个体的自我成长;① 活力、感激、投入、好奇等积极适应功能则与个体的生活满意度与幸福感有密切关系。②

主观幸福感作为人们生活质量的重要反映指标,是积极心理学领域一直以来的一个核心话题。幸福感由两种心理成分构成:情感与认知。其中,认知成分指个体对生活的满意度,情感成分则包括较低的消极情感和较高的积极情感。西方心理学很长时间以来,一直致力于探寻个体幸福感的来源问题。大量研究揭示,个体体验到的幸福感与外在的客观因素或物质条件没太大关系。例如,Campbell 等学者在 1976 年考察了人们经常关心且一直在追求的客观因素(如智力、教育、工资、宗教信仰及社交状态等),研究发现所有这些外在的客观资源仅能解释幸福感水平的百分之十五的变异;③ 此外,人们体验到的幸福感与其工资收入水平之间的相关不显著,所以可以说,穷人的平均快乐水平与富人的平均快乐水平是差不多的。④ 由此可见,人们一直强调的外在客观因素与物质条件不能决定人们体验到的生活质量与幸福水平。那么不是这些物质条件的话,幸福感到底是由什么因素决定的呢? Diener 等学者假设幸福是一种整体倾向,这种整体倾向是源于个体稳定的人格特质而不是来自外在的客观因素,在面对消极生活事件时,个体是以积极还是消极的方式去面对和理解这些生活事件也会受到这些稳定人格特质的影响。⑤ Headey 等学者则认为个体具有常态的幸福感水平,个体先天的人格特性将决定这一平衡水平。除去以上提到的两种理论构想,个体主观幸福感与人格变量之间的关系也在实证研究中得到了验证。⑥ 例

---

① Park, N., "Character Strengths and Positive Youth Development", *The Annals of the American Academy of Political and Social Science*, Vol. 591, No. 1, 2004.
② Park, N., "Strengths of Character and Well-being", *Journal of Social and Clinical Psychology*, Vol. 23, No. 5, 2004.
③ Campbell, D., Converse, P., *The Quality of American Life*, NY: Sage, 1976.
④ Diener, E., Sandvik, E., "The Relationship between Income and Subjective Well-being: Relative or Absolute?", *Social Indicators Research*, Vol. 28, No. 3, 1993.
⑤ Diener, E, "Subjective Well-being", *Psychological Bulletin*, Vol. 95, 1984.
⑥ Headey, B., Wearing, A., "Personality, Life Events, and Subjective Well-being: Toward a Dynamic Equilibrium Model", *Journal of Personality and Social Psychology*, Vol. 57, No. 4, 1989.

如，DeNeve 等学者（1998）研究发现，人格变量与个体的幸福感呈现出稳定的相关，这些人格变量不仅包括特定的人格特质（如防御性、信任感、控制点），还包括较为宽泛的人格维度（如"大五人格"）。① 由此可见，在对幸福感进行研究时有必要考虑人格变量的作用。Seligman 等学者在性格优势理论中提出，我们每个个体的性格优势都是与众不同的，如果在日常生活中可以合理地运用这些优势，将会在最大程度上增进个体的幸福感。② 本研究的目的便是，以中国青少年为被试探讨亲社会行为与青少年主观幸福感之间的关系，以及性格优势对亲社会行为与青少年主观幸福感这二者之间关系的影响。基于以上探讨，本研究提出如下假设：

H2：性格优势在亲社会行为对青少年幸福感的影响中起中介作用。

（二）研究方法

1. 被试

共有 698 名青少年参加问卷调查，剔除无效问卷 98 份后收回有效问卷 600 份。其中男生 355 人，女生 245 人；初一至高三年级的被试分别为初一 110 人、初二 90 人、初三 108 人、高一 92 人、高二 105 人、高三 95 人，所有被试平均年龄为 16.08 岁（SD = 1.96，全距为 11—20）。

2. 测量工具

（1）亲社会行为

对亲社会行为的测量将采用由 Zimet 等学者为测定个体领悟到的各种社会支持的来源而编制的《领悟社会支持量表》（PSSS），该量表反映了个体感受到的社会支持的总体情况。问卷一共包括 12 个题目，每个题目包括七个等级。领悟社会支持量表中有三个分量表，分别是朋友、家庭和其他支持，每个分量表各有 4 个题目。我国学者严标宾和郑雪在此量表的基础上做了修改，将表中的"同事、亲戚、领导"改为"同学、亲戚、老师"。测量的三个分量表分别为朋友的、家庭内的和其他的领悟支持，

---

① DeNeve, K. M., et al., "The Happy Personality: A Meta-analysis of 137 Personality Traits and Subjective Well-being", *Psychological Bulletin*, Vol. 124, No. 2, 1998.

② Seligman, M E., *Authentic Happiness: Using the New Positive Psychology to Realize Your Potential for Lasting Fulfillment*, NY: Free Press, 2012.

经检验，这三个分量表和总量表的 Cronbach α 系数分别为 0.744、0.705、0.613 和 0.830，问卷的信效度较好。三个分量表的分数之和为领悟社会支持量表的总分，总分高，则显示个体感受到的总的社会支持程度高。[①]

（2）总体幸福感

同前。

（3）性格优势

对性格优势的测量将采用张婵编制的《青少年积极发展量表》作为测量高中生性格优势的量表。[②] 该量表共包含八个维度，分别为灵活创新、领导能力、热爱学习、兴趣与好奇心、诚实正直、关爱友善、自我调节、积极乐观，总题目数为 42，其中包含有 4 道测谎题目。采用李克特五点计分法。各维度的内部一致性系数在 0.594—0.769，问卷总体信度为 0.901。量表信度良好。

3. 研究程序

所有主试为心理学专业本科生或硕士生，在研究开始前已经对所有的主试进行了专业统一的主试训练。正式展开调查之前，研究者首先向学校负责人解释研究目的，然后学校审查问卷内容，在取得学校同意之后，以班级为单位进行集体施测。测试过程中，主试首先向学生介绍研究目的，并向被试说明本次研究的结果将严格保密且只会用作科研，随后向学生说明其他注意事项和填写方法。指导语完毕后，询问学生是否理解，学生理解后独自对问卷作答，不可与他人讨论。整个测试过程大概需要 20 分钟，20 分钟后当场将问卷收回，并对大家给予的调研配合表示感谢。

4. 数据处理

统一用 EpiDate 3.1 进行数据的录入，采用 SPSS 24.0 和 Process 插件进行数据的处理与分析。同鲍振宙等一样，本研究采用 Bootstrap 方法对所有的回归系数进行显著性检验。

[①] 陈宇琪：《初中生感恩、领悟社会支持与亲社会行为的关系研究》，硕士学位论文，吉林大学，2017 年。

[②] 张婵：《青少年积极品质的成分、测量及其作用》，博士学位论文，东北师范大学，2013 年。

(三) 结果与分析

1. 描述统计与相关分析

采用 SPSS 24.0 对主要变量进行描述性统计与相关分析，描述统计结果与相关分析结果表明：亲社会行为与性格优势呈显著正相关，亲社会行为与青少年幸福感呈显著正相关，性格优势与青少年幸福感呈显著正相关（见表4-27）。

表4-27　　　　　　　　描述统计、相关分析结果

	M	SD	总体幸福感	亲社会行为	性格优势
总体幸福感	4.04	0.78	1		
亲社会行为	3.49	0.72	0.54**	1	
性格优势	3.52	0.66	0.64**	0.65**	1

2. 性格优势在亲社会行为与青少年幸福感间的中介效应检验

为考察性格优势在亲社会行为和青少年幸福感之间的中介作用，按照中介效应检验标准程序，使用层次回归进行分析，结果表明（见表4-28），亲社会行为对青少年幸福感的预测作用显著；亲社会行为对性格优势的预测作用显著；性格优势对青少年幸福感的预测作用显著。

采用 Hayes 编制的 SPSS 宏中的 Model 4（Model 4 为简单的中介模型）对性格优势在亲社会行为与拖延行为之间关系中的中介效应进行检验。[①] 结果表明，亲社会行为对青少年幸福感的预测作用显著（$\beta = 0.54$，$t = 15.84$，$p < 0.01$），且当放入中介变量后，亲社会行为对青少年幸福感的直接预测作用依然显著（$\beta = 0.19$，$t = 4.86$，$p < 0.01$）。亲社会行为对性格优势的正向预测作用显著（$\beta = 0.65$，$t = 22.26$，$p < 0.01$），性格优势对青少年幸福感的正向预测作用也显著（$B = 0.53$，$t = 13.27$，$p < 0.01$）。此外，亲社会行为对青少年幸福感影响的直接效应及性格优势的

---

① Hayes, A. F., "PROCESS: A Versatile Computational Tool for Observed Variable Mediation, Moderation, and Conditional Process Modeling", The Guilford Press, 2013.

中介效应的 Bootstrap 95% 置信区间的上、下限均不包含 0（见表 4-29），表明亲社会行为不仅能够直接预测青少年幸福感，而且能够通过性格优势的中介作用预测青少年幸福感。该直接效应（0.21）和中介效应（0.36）分别占总效应（0.57）的 37.84%、63.16%。

表 4-28　　　　　　　　中介模型中变量关系的回归分析

回归方程		整体拟合指数			回归系数显著性	
结果变量	预测变量	R	R^2	F	β	t
青少年幸福感	亲社会行为	0.54	0.29	$251.03^{***}_{(4)}$	0.54	15.84^{***}
性格优势	亲社会行为	0.65	0.42	$495.57^{***}_{(4)}$	0.65	22.26^{***}
青少年幸福感	性格优势	0.67	0.44	$236.99^{***}_{(5)}$	0.53	13.27^{***}
	亲社会行为				0.19	4.86^{***}

表 4-29　　　　　　　　总效应、直接效应及中介效应分解表

	效应值	Boot 标准误	Boot CI 下限	Boot CI 上限	相对效应值
总效应	0.57	0.04	0.65	0.74	
直接效应	0.21	0.04	0.30	0.27	37.84%
中介效应	0.36	0.04	0.29	0.44	63.16%

（四）讨论

从本研究的结果来看，个体的亲社会行为能够预测幸福感，具体表现在经常从事亲社会行为的个体的幸福感显著高于较少从事亲社会行为的个体。具体而言，实施亲社会行为会从两个方面对青少年幸福感产生影响：一是实施亲社会行为的动机将影响亲社会行为实施者的主观感受，亲社会行为实施者在受内部动机激发时进行的行为将能够体验到更高的生活满意度，而且对实施亲社会行为的认同在客观上能引发更高水平的亲社会行为。而且这些个体是为了获取快乐和意义感才实施这种亲社会行为，所以他们

能体验到更高的生活满意度以及更高的积极情绪。相反，由受控动机驱动，迫于责任压力而实施亲社会行为在很大程度上会产生负面效应，这些个体将更多地体验到消极情绪。迫于压力而实施亲社会行为的个体报告了较低的生活满意度。[1] 人们在实施亲社会行为时的自主动机还能提高亲社会行为的积极效果，当亲社会行为是由自主动机驱动时，施—受者双方的人际关系更加亲密而且双方在合作任务上的表现也更好，这使亲社会行为实施者体验到更高的幸福感。当亲社会行为是由受控动机驱动时，这样实施的亲社会行为既不能有效地帮助他人，也不能给行为实施者自己带来真正的快乐感和意义感。同时，由自主动机驱动的亲社会行为可引发行为接受者对于互动合作任务更积极的参与性，并且提高他人对帮助行为价值感的评价。二是亲社会行为实施者的自主动机影响其行为的维持过程：自主动机将促进亲社会行为的维持。例如，一个十分典型的亲社会行为是做志愿者，它需要实施者付出很多的精力与时间。研究发现，志愿者的行为是由纯利他动机驱使时，这些志愿者通常能够坚持更长的志愿服务时间，帮助他人的效果也相对较好。[2] 由纯利他动机驱使的个体对志愿服务的认同水平较高，也能够在志愿服务实施的过程中获得真正的意义和快乐，进而促进个体较长时间地从事志愿服务行为。相反，由外部动机驱动的亲社会行为则会削弱个体的内部动机，个体会将自己的行为归因于外部的因素，例如奖励或惩罚，从而降低个体感知到的责任感，进一步个体也会减少后续自发的亲社会行为。研究还发现，如果学生参与的志愿服务是学校或老师强行要求去参加的，则会降低学生原本应有的快乐体验，并减少学生在以后的生活中再次参加志愿服务的意愿。[3]

实施亲社会行为的差异也表现在性格优势上。本研究结果表明，亲社会行为对性格优势具有正向预测作用，继而正向预测幸福感。我们每个个

---

[1] Finkelstien, M. A., "Intrinsic vs. Extrinsic Motivational Orientations and the Volunteer Process", *Personality and Individual Differences*, Vol. 46, No. 5, 2009.

[2] Clary, E. G., "The Amount and Effectiveness of Help: The Relationship of Motives and Abilities to Helping Behavior", *Personality and Social Psychology Bulletin*, Vol. 17, No. 1, 1991.

[3] Stukas, A. A., "The Effects of 'Mandatory Volunteerism' on Intentions to Volunteer", *Psychological Science*, Vol. 10, No. 1, 1999.

体的性格优势都是与众不同的,性格优势理论强调如果我们能够在日常生活中善于运用这些性格优势,将能最大限度地让个体体验到幸福感。① 由此可见,能否运用我们与众不同的优势对青少年幸福感有着重要的影响。性格优势和优势运用是从不同的角度来表明个体对自身优势的知觉,两者的差别体现在:优势运用是指个体对自身整体优势的运用情况,而性格优势主要体现的是个体对客观上的自身所拥有优势的知觉。相比之下,对自身性格优势了解较好的个体,将能在不同情境中更充分且适宜地运用自己的优势,而反过来,正确运用性格优势会给个体带来积极的反馈,从而也会加深个体对他自己所拥有的性格优势方面的认识和思考,这也就形成了一个良性循环。另外,研究发现优势运用能够有效地预测幸福感:在工作中能够正确运用性格优势的个体将会体验到更高水平的幸福感,② 而且对于所从事的工作拥有更多的积极体验。综上所述,亲社会行为、主观幸福感和性格优势之间的关系十分密切。具体而言,亲社会行为能够正向地预测青少年的主观幸福感,而性格优势在亲社会行为与青少年幸福感之间起中介作用,即亲社会行为可以通过性格优势间接影响人们的幸福感。

(五)结论

(1)亲社会行为对青少年幸福感具有显著正向预测作用,即亲社会行为能促进青少年的幸福感。

(2)性格优势在亲社会行为与青少年幸福感之间起部分中介作用,即亲社会行为通过性格优势间接影响人们的幸福感。

二 体育锻炼

(一)引言

根据《教育部关于全国学生体质与健康调研结果公告》显示,我国

---

① Seligman, M. E. P., *Authentic Happiness*: *Using the New Positive Psychology to Realize Your Potential for Lasting Fulfillment*, New York: Free Press, 2004.

② Linley, P. A., "Using Signature Strengths in Pursuit of Goals: Effects on Goalprogress, Need Satisfaction, and Well-being, and Implications for Coaching Psychologists", *International Coaching Psychology Review*, Vol. 5, No. 1, 2010.

青少年参与体育锻炼的时间与频数在逐年降低，另外调查显示青少年的体能、爆发力以及耐力等体育素质水平也在持续地下降。因为体育锻炼对促进个体的身体健康水平有着十分重要的作用，所以青少年体育锻炼的比例减少直接导致了健康水平的急剧下滑。更重要的是，体育锻炼还对青少年的心理健康发展具有不容小视的积极意义。研究发现，经常锻炼的人比不常锻炼的人有着更高水平的生活满意度和更高水平的积极情感。[1] 体育锻炼（physical activity）是指个体为了维持和提高体能而有计划并且重复进行的身体活动，有规律且适度的身体活动和锻炼不仅有助于提高人们的生理机能，还能够改善人们的心境，调节人们的情绪。[2] 相比起看电影、听音乐剧、读书等休闲活动，进行体育锻炼没有太多的条件限制，所以显得更为经济，而且体育锻炼也可以有效地调节个体的情绪。不仅如此，人们在进行体育锻炼时产生的积极情绪效应也是个体进一步参与锻炼的动力，这种动力将有助于人们长期进行体育锻炼。近年来，体育锻炼对提升青少年幸福感的作用日益受到重视。而对幸福的追求和对如何获得幸福的探讨是人类千古不变的主题。幸福感作为积极心理学的关注重点之一，不仅可以反映人们的生活质量，而且可以衡量人们的心理健康状况以及心理发展水平。由此可见，研究体育锻炼与青少年幸福感的关系以及两者之间的影响机制，对进一步阐明体育锻炼对维护人们的身心健康、提高人们的生活质量、促进人们的心理发展的作用具有重要的理论意义和实践价值。

1. 体育锻炼与幸福感的关系

体育锻炼通常分为两种：无氧锻炼和有氧锻炼。无氧锻炼是一种肌肉对抗阻力的运动模式，又称为阻力锻炼；有氧锻炼是指个体使身体的大部分肌肉群保持长时间且有节奏的持续运动。我们在日常生活中进行的无氧锻炼包括投掷、短程赛跑、力量锻炼等，这些运动的特征是人们在进行运

---

[1] Stubbe, J. H., "The Association Between Exercise Participation and Well-being: A Co-twin Study", *Preventive Medicine*, Vol. 44, No. 2, 2007.

[2] Kanning & Schlicht, "Be Active and Become Happy: An Ecological Momentary Assessment of Physical Activity and Mood", *Journal of Sport & Exercise Psychology*, Vol. 32, No. 2, 2010.

动时氧气的摄取量非常低；常见的有氧运动包括游泳、散步、慢跑、打太极等，这些运动的特征是人体在氧气充分供应的情况下进行的体育锻炼。体育锻炼如何让我们的生活更幸福呢？回顾以往的研究，有关幸福感的研究有着很长的历史而且研究数量也很多，相比之下，有关体育锻炼和幸福之间的研究却是比较少的。现代有关幸福感的研究最早始于心理学和经济学，目前体育界的研究者也开始关注幸福感，但他们更多的是从微观视角，即从个体层面入手，强调体育锻炼对幸福感产生的"效用"，认为体育锻炼对个体的主观幸福感有显著的正向预测作用。[①] 效用可以分为内部效用观和外部效用观：体育锻炼的内部效用观是指个体在锻炼过程中得到的快乐和意义，包括在进行体育活动过程中体验到的流畅感和愉悦感。此外，体育锻炼可以消除人们的精神紧张与压力、减低人们身体的脂肪含量、增强人们的体质。从而间接地促进人们的身体和心理健康，并使个体获得主观幸福感。体育锻炼的外部效用观，着眼于人们在进行体育锻炼时产生的"附属品"，也就是人们在体育锻炼过程中将会与他人产生社会互动和交流。这种由参加体育锻炼而获得的社会关系，同样也可以对个体的身体和心理起到一定的积极作用，并为个体带来幸福感。在研究者看来，并非只有达到某种目的以后才会获得快乐和幸福感，人们在进行活动的过程中同样也可以体验到幸福感。此学派称之为幸福的"过程理论"，他们强调带给人们幸福感的不是人们从事活动的目的和结果而是人们从事活动的具体过程。此外，20世纪70年代Snyder等学者进行的研究可以说是最早探讨体育锻炼和幸福感的研究，[②] 研究发现，经常进行体育锻炼的个体比较少锻炼的个体会更多地接触到新的个体，从而与他人有更多的人际互动与社会交往的机会。另外，在进行体育锻炼过程中个体能体验到放松感和愉快感，这将有助于提升个体的心理幸福感；体育锻炼最直接的好处是能够促进人们的身体健康，对于我们每个人而言拥有一个健康的身体是我

[①] Bloodwortu & Bailey, "Sport, Physical Activity and Well-being: An Objectivist Account", *Sport, Education and Society*, Vol. 17, No. 4, 2012.

[②] Snyder E. E., et al., "Involvement in Sports and Psychological Well-being", *International Journal of Sport Psychology*, 1974.

们进行一切活动的前提条件，也是实现幸福生活的一项重要内容；此外体育锻炼还能间接地为个体提供发展与他人合作能力的机会，这些将促使个体拥有更富有成效的生活和工作状态以及和谐的人际关系，并慢慢走向幸福的生活。① 国内就体育锻炼和幸福感的相关研究起步相对较晚，而且个体主义的方法论是大多数研究者的立场，这些研究主要强调体育锻炼的总量、项目、场所、频率、方式、强度以及途径等对包括情感维度（正性体验、负性体验、正性情感、负性情感）、认知维度（总体生活满意度和具体生活满意度）在内的幸福感不同维度的影响。在这些研究中，存在有两种取向：一种是心理学取向，这类研究主要关注体育锻炼对幸福感不同维度的影响；另一种是体育学取向，这类研究主要关注体育锻炼的不同维度对个体获得幸福感的影响。在这两种不同的取向中，大部分的研究结果都显示，体育锻炼对人们的幸福感有积极的促进作用。②③ 综上所述，在不同文化的国家和不同的群体中体育锻炼都对幸福感有着积极的影响。基于此，本研究提出如下假设：

H1：体育锻炼对青少年幸福感有显著的正向预测作用。

2. 积极情绪的中介作用

迄今为止，有关体育锻炼对幸福感的影响的研究已取得初步的进展。但体育锻炼对幸福感的影响机制仍不清楚，其中积极情绪在二者之间的关系上扮演着十分重要的角色。情绪的维度理论认为，情绪通常由唤醒度（arousal）和效价（valence）这两个因子来说明。效价或称为愉悦度，它包括消极情绪与积极情绪，两极为不愉快与愉快。唤醒度指由情绪引发的身体激动反应或者内心产生的激动程度，两极为激动或平静。④ 积极情绪

---

① Csikszentmihalyi, M., *The Situational and Personal Cross-national Comparison*, London: Pergamon Press, 1991.
② 季浏、汪晓赞、李林：《中小学生身体锻炼与心理健康关系的研究》，《成都体育学院学报》2000年第26期。
③ 苗元江、梁小玲、黄金花：《中学生幸福感调查及幸福教育对策》，《教育导刊》2012年第4期。
④ Russell, J. A., "Core Affect and the Psychological Construction of Emotion", *Psychological Review*, Vol. 110, No. 1, 2003.

(positive emotion)又叫作正性情绪,它是指个体由于事件满足个体需要、内外刺激而产生的伴有愉悦感的情绪。研究发现,经常锻炼的人比不常锻炼的人有着更健康的生理指标以及更高水平的积极情绪体验。[1] 另外,对于大学生体育锻炼与生活状态的研究发现经常参与体育锻炼益处在于可以改善人际关系、提升学习能力、促进大学生身心健康发展、减少大学生的消极情绪。由此可见,经常进行体育锻炼的个体比不常锻炼的个体有着更加积极的情绪,从而体验到更高水平的生活满意度以及对生活感到更幸福。基于此,本研究提出如下假设:

H2:积极情绪在体育锻炼对青少年幸福感的影响中起中介作用。

(二)研究方法

1. 被试

共有742名青少年参加问卷调查,剔除无效问卷104份后收回有效问卷638份。其中男生335人,女生303人;初一至高三年级的被试分别为初一100人、初二112人、初三106人、高一105人、高二105人、高三110人,所有被试平均年龄为16.03岁(SD=1.91,全距为11—20)。

2. 测量工具

(1)体育锻炼

采用结构式问卷设计,共分四大部分:第一部分主要为青少年的基本情况,内容主要包括青少年的个人基本信息(含性别、年龄、家庭结构、家庭经济情况、家人的文化程度、居住环境就读学校性质、父母对健康的重要性的认识等);第二部分是调查青少年参与体育锻炼的社会支持情况,参照陈癸享的研究编制而成,在编制的过程中主要采用量表构建模式,量表的内容包括五个维度,分别是教师、家人、同学和朋友、信息、工具;第三部分是对青少年体育锻炼参与动机进行调查,主要采用的是体育锻炼参与动机量表;第四部分是调查青少年体育锻炼参与程度。问卷的第一、第四部分的客观指标采用传统测量方式,第二、

---

[1] Kanning & Schlicht, "Be Active and Become Happy: An Ecological Momentary Assessment of Physical Activity and Mood", *Journal of Sport & Exercise Psychology*, Vol. 32, No. 2, 2010.

三部分及第四部分的主观指标采用李克特五级量表方式。采用从"完全不符合"、"大部分不符合"、"部分符合"、"大部分符合"到"完全符合"这5个等级，被试在选择时选出与自己自身实际情况最符合的答案，最后在进行数据处理与整理时分别赋予1、2、3、4、5分。问卷经参与问卷修订的专家以外的7位专家对效度进行评分，问卷一共四部分，每部分得分都超过90分，可见具有较高的效度；采用重测法来获得它的信度，在两个不同的学校选取2个班级，时间间隔为30天，试填结果表明同一份问卷在不同时间段以及不同班级之间的回答一致性较高，相关系数达到了0.85。[①]

（2）幸福感

同前。

（3）积极情绪

本研究对情绪的测量将采用Pans等（1988）编制的测量情绪的李克特五点量表，在测量时让被试对最近几个星期内他们普遍经历的20种不同的情绪和情感打分。10项积极情绪量表包含这样一些形容词，如强壮的、自豪的、感兴趣的等。10项消极情绪量表包含如下一些形容词，如害怕的、羞愧的、紧张的等。

修订版的积极情感和消极情感量表测量主观幸福感的情感维度，即情感幸福感。共18个题项，由9个正性情感和9个负性情感的词汇描述。采用五点计分，从"没有"到"非常强烈"，量表的内部一致性信度在0.8以上。

3. 研究程序

所有主试为心理学专业本科生或硕士生，在研究开始前已经对所有的主试进行了专业统一的主试训练。正式展开调查之前，研究者首先向学校负责人解释研究目的，然后学校审查问卷内容，在取得学校同意之后，以班级为单位进行集体施测。测试过程中，主试首先向学生介绍研

---

① 杨娇：《社会支持及参与动机对青少年运动参与的影响研究》，硕士学位论文，西南大学，2017年。

究目的,并向被试说明本次研究的结果将严格保密且只会用作科研,随后向学生说明其他注意事项和填写方法。指导语完毕后,询问学生是否理解,学生理解后独自对问卷作答,不可与他人讨论。整个测试过程大概需要20分钟,20分钟后当场将问卷回收,并对大家给予的调研配合表示感谢。

4. 数据处理

统一用 EpiDate 3.1 对数据进行录入,采用 SPSS 24.0 和 Process 插件进行数据的处理与分析。同鲍振宙等一样,本研究采用 Bootstrap 方法对所有的回归系数进行显著性检验。

(三) 结果与分析

1. 描述统计与相关分析

采用 SPSS 24.0 对主要变量进行描述性统计与相关分析,描述统计结果与相关分析结果表明:体育锻炼与积极情绪呈显著正相关,体育锻炼与青少年幸福感呈显著正相关,积极情绪与青少年幸福感呈显著正相关(见表4-30)。

表4-30 描述统计、相关分析结果

	M	SD	总体幸福感	体育锻炼	积极情绪
总体幸福感	4.05	0.78	1		
体育锻炼	3.31	0.97	0.416**	1	
积极情绪	4.12	1.09	0.601**	0.352**	1

2. 积极情绪在体育锻炼与青少年幸福感间的中介效应检验

为考察积极情绪在体育锻炼和青少年幸福感之间的中介作用,按照中介效应检验标准程序,使用层次回归进行分析,结果表明(见表4-31),体育锻炼对青少年幸福感的预测作用显著;体育锻炼对积极情绪的预测作用显著;积极情绪对青少年幸福感的预测作用显著。

采用 Hayes 编制的 SPSS 宏中的 Model 4(Model 4 为简单的中介模型)

对积极情绪在体育锻炼与拖延行为之间关系中的中介效应进行检验。[①] 结果表明,体育锻炼对青少年幸福感的预测作用显著($\beta=0.42$,$t=11.52$,$p<0.001$),且当放入中介变量后,体育锻炼对青少年幸福感的直接预测作用依然显著($\beta=0.24$,$t=7.29$,$p<0.01$)。体育锻炼对积极情绪的正向预测作用显著($\beta=0.35$,$t=10.22$,$p<0.001$),积极情绪对青少年幸福感的正向预测作用也显著($\beta=0.60$,$t=18.99$,$p<0.01$)。此外,体育锻炼对青少年幸福感影响的直接效应及积极情绪的中介效应的 Bootstrap 95% 置信区间的上、下限均不包含 0(见表 4-32),表明体育锻炼不仅能够直接预测青少年幸福感,而且能够通过积极情绪的中介作用预测青少年幸福感。该直接效应(0.23)和中介效应(0.18)分别占总效应(0.41)的 56.10%、43.90%。

表 4-31　　　　　　　中介模型中变量关系的回归分析

回归方程		整体拟合指数			回归系数显著性	
结果变量	预测变量	R	R^2	F	β	t
青少年幸福感	体育锻炼	0.42	0.17	$132.71^{***}_{(4)}$	0.42	11.52^{***}
积极情绪	体育锻炼	0.35	0.12	$104.52^{***}_{(4)}$	0.35	10.22^{***}
青少年幸福感	积极情绪	0.60	0.36	$360.74^{***}_{(5)}$	0.60	18.99^{***}
	体育锻炼				0.24	7.29^{***}

表 4-32　　　　　总效应、直接效应及中介效应分解表

	效应值	Boot 标准误	Boot CI 下限	Boot CI 上限	相对效应值
总效应	0.41	0.04	0.33	0.50	
直接效应	0.23	0.38	0.16	0.31	56.10%
中介效应	0.18	0.01	0.13	0.22	43.90%

[①] Hayes, A. F., "PROCESS: A Versatile Computational Tool for Observed Variable Mediation, Moderation, and Conditional Process Modeling", The Guilford Press, 2013.

(四)讨论

本研究通过问卷调查和统计分析表明,体育锻炼对人们的幸福感具有直接影响,且层次回归分析表明,积极情绪在体育锻炼与青少年幸福感之间起到部分中介作用,这说明体育锻炼在直接影响青少年幸福感水平的同时,还可以通过影响个体的积极情绪水平进一步对幸福感产生影响。研究结果强调了积极情绪在体育锻炼和青少年幸福感之间的中介作用。

从本研究的结果来看,个体的体育锻炼参与程度可以预测被试的幸福感,具体表现在体育锻炼参与程度高的个体的幸福感显著高于体育锻炼参与程度低的个体,这与前人的研究结果一致。已有的研究表明,体育锻炼与幸福感呈显著正相关。[1] 从本研究的结果来看,是否进行体育锻炼的差异表现在个体日常生活体验中,包括个体的生理健康水平以及个体的心理健康水平。具体而言,体育锻炼作为一种相对而言较为容易实施而且不需太多物质基础的身体活动,具有较好的改善心境、调节情绪的功能。与其他的休闲活动相比,体育锻炼显得更为经济,而且可以更为有效地调节个体的情绪。而由体育锻炼带来的积极情绪又强化了个体的积极体验,这种积极联结会促使个体保持体育锻炼的习惯。此外,坚持体育锻炼对提高人们的生活质量、维护人们的身体和心理健康、促进人们的心理发展有着不可估量的促进作用。当个体进行体育锻炼并感受到自己的生活质量以及生理或心理健康水平提高之后,会对自己的生活拥有比之前更为积极的情绪体验,从而会感受到更高的幸福感水平。这将会形成一个良性的循环,从体育锻炼到积极情绪,到幸福感的体验再到坚持进行体育锻炼。相反,体育锻炼参与程度低的个体在生活中不倾向于进行体育锻炼。首先,在生理健康层面,较少进行体育锻炼的个体的健康水平较差,当健康遇到问题时个体就无法从事正常的生产与工作。其次,在心理健康层面,当面对压力与消极事件时,体育锻炼参与

---

[1] 苗元江、梁小玲、黄金花:《中学生幸福感调查及幸福教育对策》,《教育导刊》2012年第4期。

程度低的个体不会将体育锻炼作为其首选的放松身心和缓解压力的手段，取而代之，他们会选择其他的途径，例如上网和酗酒等不良的生活方式。这些方式会带来一时的满足，但后果却是事后长时间的空虚以及身体和精神上的压力。所以他们面对压力等生活事件的方式更不容易获得积极的情绪体验，通常也不会愿意付出很多努力去改变目前的现状。同样，他们也容易形成一个循环，只不过这个循环是相对消极的。正因为如此，相比于体育锻炼参与程度高的人们，他们更难以获得积极的情绪及幸福感的体验。

体育锻炼的效应差异也体现在情绪上。本研究结果发现，体育锻炼能够正向预测青少年的积极情绪，进一步预测青少年的幸福感。作为青少年幸福感的重要预测因素，积极情绪具有拓展功能与建构功能这两种重要功能。[1] 前者指能够扩展个体即时的知—行范畴，包括拓展个体的意识、认知和实际行动的范围；后者指帮助个体建构更多有益的生理、智力、社会与心理资源。这种资源对人们的生活有着十分重要的积极影响，他们不仅可以帮助个体在应对生活事件时保持相对积极且稳定的心理状态，而且还能够作为积极资源储备来帮助个体规划未来发展以及成功应对压力，并使个体保有对生活的意义感，从而最终获得对生活的幸福体验。

对于我们每个个体而言，幸福感也是一项重要的心理资源，我们一生中所从事的大多数劳动和生产，究其本质还是为了获得生活的至高财富，即幸福感。在现实生活中，人们有意识地提高自己的幸福感，对于提高个体的生活质量、促进个体的生理健康和心理健康都有重要的意义。由于体育锻炼是一种容易实施且不需太多物质基础的身体活动，绝大多数个体都可以进行适宜的体育锻炼。而进行体育锻炼的同时又能够强化他们自身对于生活事件的控制感并营造出一个健康稳定的生活模式，来增加人们的积极情绪，从而也能够提升个体的幸福感。

---

[1] Fredrickson, B. L., "The Role of Positive Emotions in Positive Psychology: The Broaden-and-Build Theory of Positive Emotions", *The American Psychologist*, Vol. 15, No. 3, 2001.

（五）结论

（1）体育锻炼对青少年幸福感具有显著的正向预测作用，即体育锻炼能促进青少年的幸福感。

（2）积极情绪在体育锻炼与青少年幸福感之间起中介作用，即体育锻炼通过积极情绪间接影响青少年的幸福感。

三 网络社交

（一）引言

随着时代的发展，网络社交服务平台在人们的生活中越来越流行，相比于传统的面对面的沟通方式，个体在与他人进行人际交往时更倾向于使用网络社交平台。调查显示，使用即时通信的用户已经占据中国总网民数量的89.3%，这个数字来源于《2014年中国社交类应用用户行为研究报告》。由此可见，网络社交正在逐渐改变着人们传统的面对面的交往方式，并已经渗透到我们每个个体的日常生活中。网络社交作为一种新型的社会交往方式，相较于传统面对面的人际交往，个体可以通过不同的方式与他人交流各种话题，并能在网络社区创建个人的信息档案。网络社交服务平台不仅可以给一些低生活满意度、社会技巧比较缺乏以及经历压力事件没有途径诉说和缓解的个体提供交往的平台，而且因为网络社交的便捷性和成本低廉而备受人们的青睐。人们通过网络不仅能与朋友保持联系，而且还能够结交有着共同兴趣的网友，并与他们建立人际关系。网络社交相对于传统的人际交往，可以有充足的时间组织自己的语言，而且也不需要行为上的社交技巧。网络社交虽然有许多的优点，但如果人们频繁使用网络社交而影响了个体正常的生活，也会诱发各种问题，例如我们常见的网络成瘾问题以及因为过度上网导致的身心健康问题，因而不同学科领域的研究者也逐渐开始关注网络社交。

鉴于网络社交与人们生活的关系之紧密，在这股兴起的研究浪潮中，幸福作为一个事关国家发展大计、人民生活之根本的主题，网络社交与幸福的关系也得到了多学科研究者的探索。回顾以往的研究，尽管已经有研究者就网络社交对个体幸福感的影响开展了研究,但是他们的研究结论存在着争议。例如,Kross 研究发现,网络社交用户在某个时间段使用网络社交的频率越高,其体验到的幸福感水平也越低;① 而 Valenzuela 等学者强调人们对网络社交使用的强度与用户的主观幸福感呈正相关关系。② 此外,Kross 等认为使用社交网络与幸福感之间的关系是线性的,而 Islam 和 Patil 则认为社交网络使用与用户主观幸福感之间的关系是倒 U 型的。③ 针对以上的不同观点或矛盾,存在两种可能的解释:一是与研究者选取的研究变量有关;二是网络社交用户与其幸福感之间的关系可能受第三种中介变量或调节变量的影响。

因此,基于网络社交对幸福感的影响性以及当代人们进行网络社交的普遍性,研究网络社交与青少年幸福感的关系以及两者之间的影响机制,对进一步阐明网络社交对人们的生活质量以及心理健康的作用,具有重要的理论意义和实践价值。

1. 网络社交与幸福感之间的关系

随着社交网络服务的流行以及互联网的普及,通过网络平台和他人进行交流互动已经成为人们普遍使用的社交方式。针对网络社交对幸福感的影响存在两种主流的观点:一种观点认为现实世界的人际交往并不是被网络社交简单地替代了,相反网络社交是对人们现实人际交往的重要补充;另一种观点认为互联网占用了人们大量的时间时,将减少实际生活中面对面的交流,从而会给个体带来诸如孤独感和抑郁等消极后果。④ 对于不同的观点,研究发现网络交往对于大学生而言可以突破亲缘以及地理上的传统阻碍,从而提高交往的规模和异质性并给大学生群体带来积极的情绪,

---

① Krosse, et al., "Facebook Use Predicts Declines in Subjective Well-Being in Young Adults", *Plos One*, Vol. 8, No. 8, 2013.

② Valenzoelas, Pakn, "Is There Social Capital in a Social Network Site? Facebook Use and College Students' Life Satisfaction, Trust, and Participation", *Journal of Computer-Mediated Communication*, Vol. 14, No. 4, 2009.

③ Islam, A., Patil, S., "Engagement and Well-being on Social Network Sites", The 2015 ACM Conference on Computer Supported Cooperative Work, 2015.

④ Kraut R., et al., "A Social Technology that Reduces Social Involvement and Psychological Well-being?", *American Psychologist*, Vol. 53, No. 9, 1998.

有助于提升大学生的幸福感;① 另外,研究发现和好友进行网络社交不仅能获取更多的社会支持,还能促进社会资本的积累,进而提升个体的幸福感。② 我国学者也发现大学生的网络社会支持与幸福感水平之间成正相关。③ 由此可见,国内外近年的实证研究基本上支持了后一种观点。综上所述,本研究提出如下假设:

H1:网络社交对青少年幸福感有显著的正向预测作用。

2. 社会支持的中介作用

迄今为止,有关网络社交对幸福感的影响的研究已取得初步的进展。但网络社交对幸福感的影响机制仍不清楚,其中社会支持在二者之间的关系上扮演着十分重要的角色。

早期研究者将社会支持作为个体获得的社会网络中的支持性资源。在现实生活中可以获得社会支持,同样人们在网络社交中也可以获得与社会支持有关的资源,这种资源的作用可以帮助个体有效地应对在工作生活中遇到的消极事件,并能提升个体各种社会技能、改善其身心健康。社会支持成为人际关系的一个重要特征,人际关系质量的好坏会取决于社会支持。④ 已有文献发现,社会支持与良好的人际关系之间的关系紧密。作为青少年而言,通过网络社交形成的人际关系是友谊。友谊正是以关系联结和情感支持为基础的,高社会支持者拥有更好的关系。现实生活中,由于受到距离与时间的限制,一些人际联系逐渐变少,关系也变淡,因此,友谊质量也随之下降。⑤ 而网络社交则突破了时空的限

---

① Liu P., Tov W., Kosinski M., "Do Facebook Status Updates Reflect Subjective Well-Being?", *Cyberpsychology, Behavior & Social Networking*, Vol. 18, No. 7, 2015.

② Kim H., "Enacted Social Support on Social Media and Subjective Well-being", *International Journal of Communication*, Vol. 8, 2014.

③ 梁栋青:《大学生网络社会支持与主观幸福感的相关研究》,《中国健康心理学杂志》2011年第19期。

④ Lun, J., Roth, D., Oishi, S., & Kesebir, S., "Residential Mobility, Social Support Concerns, and Friendship Strategy", *Social Psychological and Personality Science*, Vol. 4, No. 3, 2013.

⑤ Weiner, A. S. B., & Hannum, J. W., "Differences in the Quantity of Social Support Between Geographically Close and Long-distance Friendships", *Journal of Social and Personal Relationships*, Vol. 30, No. 5, 2013.

制。网络好友可以即时异时进行思想的交流、信息的分享、情感的支持。同时网络允许多种方式进行互动,文字、语音、视频等,每种交流方式都有其特有的互动作用。对于一些不便言语交流的,文字倾诉更具备情感支持效应。这些都会大大增强友谊的质量。所以,笔者推测网络社交让青少年可以方便快速地收获社会支持,社会支持的增加又会提升青少年幸福感。也有研究者认为社会支持与身心健康的关系可能是曲线关系,而不是简单的直线关系。基于这些分析,本研究提出如下假设:

H2:社会支持在网络社交对青少年幸福感的影响中起中介作用。

(二)研究方法

1. 被试

共有722名青少年参加问卷调查,剔除无效问卷94份后,共收回有效问卷628份。其中男生325人,女生303人。所有被试平均年龄为15.08岁(SD=1.96,全距为11—20)。

2. 测量工具

(1)网络社交

对网络社交的测量将采用Dunne等编制的社交程度量表,该量表包含四个项目:(1)"我能保持并加强与我朋友的联系";(2)"我能与那些因距离较远而不能经常在一起的朋友交谈";(3)"我可以和过去的朋友见面交谈";(4)"我觉得我的朋友乐于与我交流"。反应等级从完全不赞同(1)到非常赞同(7)。在本研究中内部一致性系数为0.793。

(2)幸福感

同前。

(3)社会支持

对社会支持的测量将采用由Zimet等学者编制的《领悟社会支持量表》。该量表包括12个题项,每个题项包括七个等级,得分范围在12—84分。领悟社会支持量表中有三个分量表,分别是朋友、家庭和其他支持,每个分量表各有4个题目。我国学者严标宾和郑雪(2006)在此量表的基础上做了修改,将表中的"同事、亲戚、领导"改为"同学、亲戚、老师"。测量的三个分量表分别为朋友的、家庭内的和其他的领悟支持,经检验,这三个分量表和总量表的 Cronbach α 系数分别为 0.744、0.705、0.613 和 0.830,问卷的信效度较好。三个分量表的分数之和为领悟社会支持量表的总分,总分高,则显示个体感受到的总的社会支持程度高。

3. 研究程序

所有主试为心理学专业本科生或硕士生,在研究开始前已经对所有的主试进行了专业统一的主试训练。正式展开调查之前,研究者首先向学校负责人解释研究目的,然后学校审查问卷内容,在取得学校同意之后,以班级为单位进行集体施测。测试过程中,主试首先向学生介绍研究目的,并向被试说明本次研究的结果将严格保密且只会用作科研,随后向学生说明其他注意事项和填写方法。指导语完毕后,询问学生是否理解,学生理解后独自对问卷作答,不可与他人讨论。整个测试过程大概需要 20 分钟,20 分钟后当场将问卷回收,并对大家给予的调研配合表示感谢。

4. 数据处理

统一用 EpiDate 3.1 进行数据的录入,采用 SPSS 24.0 和 Process 插件进行数据的处理与分析。同鲍振宙等一样,本研究采用 Bootstrap 方法对所有的回归系数进行显著性检验。

(三) 结果与分析

1. 描述统计与相关分析

采用 SPSS 24.0 对主要变量进行描述性统计与相关分析,描述统计结果与相关分析结果表明:网络社交与社会支持呈显著正相关,网络社交与青少年幸福感呈显著正相关,社会支持与青少年幸福感呈显著正相关 (见表 4-33)。

表 4-33　　　　　　　　描述统计、相关分析结果

	M	SD	总体幸福感	网络社交	社会支持
总体幸福感	4.05	0.78	1		
网络社交	4.97	1.36	0.50***	1	
社会支持	5.03	1.25	0.56***	0.52***	1

2. 社会支持在网络社交与青少年幸福感间的中介效应检验

为考察社会支持在网络社交和青少年幸福感之间的中介作用，按照中介效应检验标准程序，使用层次回归进行分析。结果表明（见表4-34），网络社交对青少年幸福感的预测作用显著；网络社交对社会支持的预测作用显著；社会支持对青少年幸福感的预测作用显著。

采用 Hayes 编制的 SPSS 宏中的 Model 4（Model 4 为简单的中介模型）对社会支持在网络社交与拖延行为之间关系中的中介效应进行检验。[①] 结果表明，网络社交对青少年幸福感的预测作用显著（$\beta = 0.50$，$t = 14.56$，$p < 0.001$），且当放入中介变量后，网络社交对青少年幸福感的直接预测作用依然显著（$\beta = 0.27$，$t = 7.31$，$p < 0.01$）。网络社交对社会支持的正向预测作用显著（$\beta = 0.35$，$t = 10.22$，$p < 0.001$），社会支持对青少年幸福感的正向预测作用也显著（$\beta = 0.43$，$t = 11.51$，$p < 0.001$）。此外，网络社交对青少年幸福感影响的直接效应及社会支持的中介效应的 Bootstrap 95% 置信区间的上、下限均不包含0（见表4-35），表明网络社交不仅能够直接预测青少年幸福感，而且能够通过社会支持的中介作用预测青少年幸福感。该直接效应（0.27）和中介效应（0.22）分别占总效应（0.49）的 55.10%、44.90%。

表4-34　　　　　　　中介模型中变量关系的回归分析

回归方程		整体拟合指数			回归系数显著性	
结果变量	预测变量	R	R^2	F	β	t
青少年幸福感	网络社交	0.50	0.25	$212.11^{***}_{(4)}$	0.50	14.56^{***}
社会支持	网络社交	0.35	0.12	$104.52^{***}_{(4)}$	0.35	10.22^{***}
青少年幸福感	社会支持	0.61	0.37	$184.93^{***}_{(5)}$	0.43	11.51^{***}
	网络社交				0.27	7.31^{***}

---

① Hayes, A. F., "PROCESS: A Versatile Computational Tool for Observed Variable Mediation, Moderation, and Conditional Process Modeling", The Guilford Press, 2013.

表4-35　　　　　　　总效应、直接效应及中介效应分解表

	效应值	Boot 标准误	Boot CI 下限	Boot CI 上限	相对效应值
总效应	0.49	0.04	0.41	0.57	
直接效应	0.27	0.05	0.18	0.36	55.10%
M 的中介效应	0.22	0.03	0.16	0.28	44.90%

（四）讨论

本研究通过问卷调查和统计分析表明，网络社交对人们的幸福感具有正向预测作用，且社会支持在网络社交与青少年幸福感之间起到部分中介作用，说明网络社交不仅可以直接影响青少年幸福感，还可以通过影响青少年的社会支持水平进一步影响青少年的幸福感。研究结果强调了社会支持在网络社交和青少年幸福感之间的中介作用。

从本研究的结果来看，个体的网络社交程度能够预测被试的幸福感。具体表现为在现实生活中，当人们遇到压力和消极事件时，由于各方面的限制因素，往往没有合适的渠道来缓解消极情绪。而网络社交则为个体提供了一种选择，社交媒体的使用为个体提供了积极的心理社会适应支持。具体而言，青少年在社交媒体上的思想、情绪表达与感受分享都可以得到网友的支持（包括认识与不认识的），这种支持对压力带来的缓解效果可以与现实生活相媲美。合理的网络交往更能突破时间与空间的限制，有利于青少年的情绪宣泄以及自我的真实表达，这种宣泄与表达本身就有利于其身心健康。特别是，青少年在网络上表现出真实自我时，更容易得到网上朋友的情感支持，其与同伴之间的情感表露也会更加坦诚和真实，在个体需要帮助时也会获得真诚且稳定的网络社会支持，这有助于网络社交参与者对幸福感的获得以及人格的健康成长。

本研究中进一步的中介效应检验表明，社会支持在网络社交与青少年幸福感之间起部分中介作用。社会交往、娱乐消遣、心理受益、自我呈现以及满足自己的心理需求是人们使用媒介的重要目的，而个体也被网络社交中交流平等、非即时性等特质深深吸引。网络的这些特性，更利于青少年进行充分的自我表露，从而收获进一步的友谊或其他的关系支持，例如

青少年经常在社交平台上进行自我表现，这样能够引起朋友圈中各位好友的关注，获得朋友的评论甚至转发。由于在现实生活中家庭以及学校的影响，青少年习惯于听从家长和老师的想法，较少会遵从自己内心的想法。长期下去，青少年会习惯于跟着别人的思路去行动，也不善于表达自己的情感。而在交互平等的社交媒体上，个体则可以轻松地发表自己的看法和见解。这种自我表现会让广大青少年赢得网络社会支持，个体的心理归属感以及幸福感水平也会因为这种社会支持而得到满足和提升。所以，网络社交也就是青少年通过网络与他人进行的交流与互动，不仅能够直接提升青少年的幸福感，还能通过社会支持间接提升其幸福感水平。

（五）结论

（1）网络社交对青少年幸福感具有显著正向预测作用，即适度的网络社交能促进青少年的幸福感。

（2）社会支持在网络社交与青少年幸福感之间起中介作用，即网络社交通过社会支持间接影响青少年的幸福感。

第六节　动力系统对青少年幸福感的影响

一　引言

随着人类的不断发展和进步，人们的生活方式和价值观念也在发生相应变化。物质与财富成为衡量人们成功的标准已越来越成为一个普遍的现象。青少年作为社会中一个重要的群体，自然也会受到这种物质潮流的影响。研究显示在过去30年间，美国青少年物质主义水平呈逐年增长趋势。我国改革开放40多年，"中国速度"令全球关注，物质和财富渐渐成为茶余饭后谈及的热点，而中国青少年崇尚奢侈消费的现象也屡见不鲜。因此，顺应时代潮流，注重时事热点，本部分主要探讨中国青少年物质主义与幸福感的关系，旨在降低物质主义对青少年幸福感的影响以及培养青少年正确对待物质世界的价值观。

（一）青少年物质主义价值观与青少年幸福感的关系

物质主义一般指的是强调物质占有重要性的个体价值，物质主义在日常生活的许多方面发挥着重要作用。研究人员认为物质主义是一种个体价值，突出了物质的重要性，同时强调高物质主义具备的特征：首先，物质主义者将物质占有和财富获取作为生活的重心；其次，物质主义者认为金钱的获得是幸福的最大动力；最后，物质主义者在评价他人时，利用其持有物质和财富的数量和质量来定义成功。换言之，高物质主义者的人认为经济成功较之另外的生活目标更重要，同时高物质主义者认为获得他人认可、社会尊重和幸福的主要方式是物质财富。

关于物质主义价值观和幸福感之间的关系，一般而言，与物质主义得分低者比较起来，物质主义得分高者体验到了更多的负性情绪，表现出了更多的心理问题与行为障碍。克里斯托弗等的研究发现，物质主义价值观与积极情感两者呈负向关系。李鹏举等调查了"80后"的物质主义观，探究了物质主义和主观幸福感的关系。[①]王旭光等发现，物质主义与幸福感的关系为负向相关关系。王凌飞的研究结论为，控制感在物质主义对幸福感的影响中起部分中介效应，国人的物质主义与幸福感呈显著负相关关系。林巧明等学者的研究发现，大学生物质主义负向预测幸福感，即物质主义得分越高，幸福感得分越低，除此之外大学生物质主义对幸福感的影响还通过社会比较起间接作用。蒋奖等研究也发现，大学生物质主义价值观和幸福感呈显著负相关的关系。罗斯（Ross）认为越是注重对外在目标的追逐，就越容易促使个体进行社会比较，进而满足自己的自尊需求。位置运动理论主张，物质主义者想要凭借财富提升自己在社会中的地位或位置。Ryan等将这一现象出现的原因解释为他们往往将拥有物质与地位看成是第一位的，所以，物质主义者的高期望一直得不到满足，就会引起消极情绪、自我效能感降低，导致对自己社会相对位置的持续不满意。每个人对于目标的设定会与其幸福感有着密切的联系，研究发现，内部追求目标（如进步、兴趣、自我实现等）与幸福感水平呈正相关。追求外部目标（社会认同、财富、

---

① 李鹏举、黄沛：《谈"80后"物质主义及其对主观幸福感的影响》，《商业时代》2010年第16期。

物质价值等）与幸福经历存在负向关系。物质主义者倾向于追求外部目标，他们更多地将财富看作幸福的源泉，而财富的多寡会影响到他们对自己的评价。所以，物质主义者会感受到低水平的自尊，高压力和高焦虑感。综上所述，基于位置运动理论和自我决定理论提出假设H1：青少年物质主义价值观能直接负向预测幸福感。

（二）青少年性格优势与青少年幸福感的关系

性格优势是指反映在个体的认知、情绪和行为方面的一组积极人格特质。[1] 积极心理学家认为如果一个性格特质是一个人的性格优势，它应该符合两个标准：一方面，它与幸福生活的实现相关，它可以满足道德价值，不损害他人利益，可以得到公共社会的肯定，拥有更高的社会价值意义，可以作为优秀人才成功的典范；另一方面，一个非常重要的标准是与性格优势含义相反的性格没有正面价值，例如，与"灵活性"相反的含义可以是"坚定性"，而坚定性在社会生活中也具有正面价值，因此灵活性不是品格优势。随后 Peterson 和 Seligman 依据十项准则提出六大美德和 24 种主要的性格优势（感恩、自律、信仰、毅力等）。性格优势理论提出，如果个体在生活中可以将优势性格运用得游刃有余，这将会大大提高个体的幸福体验。[2] 研究也表明，性格的优越性与幸福密切相关。中国的学者们正在探索性格与主观幸福感之间存在何种关系。结果表明，爱与被爱、社会智慧、宽容与宽恕、乐观、洞察与理解、创新能力可以为主观幸福带来显著的预测效果。[3] 王焕贞、江琦和侯璐璐采用整群抽样法对重庆市和河南省某两所大学 800 名大一至大三年级学生进行问卷调查，结果发现：性格优势既对主观幸福感产生直接影响，也通过优势运用对主观幸福感产生间接影响。段文杰等学者研究发现家长积极的养育方式、性格优势对孩子的心理和谐有显著正向预测作用，其中性格优势的预测贡献率约为

---

[1] Park, N. Peterson, C., & Seligman M. E. P., "Strengths of Character and Well-being", *Journal of Social and Clinical Psychology*, Vol. 23, No. 5, 2004.

[2] Seligman, M. E. P., "Authentic Happiness: Using the New Positive Psychology to Realize Your Potential for Lasting Fulfillment", *New York*: *W. W. Norton & Company*, 2002.

[3] 周雅、刘翔平：《大学生的性格优势及与主观幸福感的关系》，《心理发展与教育》2011年第5期。

积极养育方式的 1.9 倍。①

但是由于不同的地域文化、风俗礼节等，不少研究结果存在差异。差异的第一个解释是文化因素，Chan 在 2009 年对中国香港教师开展的研究发现，24 个性格优势中有 16 个优势与 SWB 有紧密关系。Hausler 等在 2017 年对奥地利医学专业的大学生进行的调查表明，与 SWB 相比，品格优势与 PWB 密切联系。Abasimi 和 Gai 在 2016 年对非洲加纳高中教师的研究中发现生活满意度与所有品格优势都存在相关，另外，Neto 和 Furnham 在 2014 年对澳大利亚青少年的调查中发现所有品格优势都与生活满意度相关。第二是群体差异导致的不同，Ruch 等在 2013 年对瑞士和德国青少年的性格优势进行调查，结果显示，生活满意度与希望、热情、感恩等呈较强正向关系。而 Blanca 等对 11—14 岁青少年的研究发现，有 18 种品格优势均与生活满意度正相关，且爱与被爱、正直和毅力等呈现出最强的相关性。第三，视角不同导致的差异。Littman-Ovadia 和 Niemiec 研究了品格优势等对生活意义在各领域（家庭、工作、生活、学校等）的作用，结果显示，品格优势的干预有利于生活意义的提升。但是 Allan 在 2015 年的研究发现品格优势对生活意义的提升是有条件的，只有在品格优势之间无矛盾的时候才可以提升生活意义；而在有矛盾时与生活意义存在负相关关系，如勇气高于公平时，使得生活意义下降。② 基于此，通过性格优势理论，本研究提出假设 H2：青少年性格优势可以直接正向预测幸福感。

（三）性格优势在青少年物质主义价值观与青少年幸福感关系中的中介作用

国内目前还没有关于性格优势与物质主义和幸福之间关系的研究，但物质主义直接关系到性格优势下包含的道德自律和感恩维度。道德自律是对社会道德规范的道德理解，通过了解自然和社会规律，根据实际情况实践道德规范来了解真实情况。由此可以看出，道德自律表现为道德主体对道德规范的认可，道德主体能够严格要求自己，并且为自己立法。所以说

---

① 段文杰、张永红、李婷婷、唐小晴、段天宇：《父母养育方式、性格优势对心理和谐的影响》，《心理学探新》2012 年第 2 期。

② 刘美玲、田喜洲、郭小东：《品格优势及其影响结果》，《心理科学进展》2018 年第 12 期。

道德实现的最高形式是道德自律。孙承浩研究发现道德自律性维度与物质主义价值观存在显著的负相关，道德自律性可以负向预测物质主义价值观。麦卡洛等认为感恩是个体产生感恩情绪时对他人所给予的恩惠做出认知和反应，并将感恩认定为一种情感特质。麦卡洛在 2002 年发现，物质主义价值观与感恩呈负相关关系。[1] 通过实验研究也得出，感恩与物质主义价值观呈显著负相关。道德自律和感恩又包含于性格优势，因此，可以推断物质主义价值观与性格优势也存在某种关系。当今社会可以看成是一个"物质的社会"，过分的物质主义对于青少年来说肯定是弊大于利的，为了降低物质主义对青少年的影响，首先要弄清楚物质主义如何影响青少年的幸福感，根据物质主义价值观与性格优势、幸福感间可能存在的联系，本研究提出假设 H3：性格优势在青少年物质主义价值观对幸福感的影响中起中介作用。

二 研究方法

（一）研究对象

本研究选用的被试为中学生，共有 757 人，被试中男生有 373 人，女生有 384 人；以年级来划分，初一有 191 人、初二有 256 人、高一有 213 人、高二有 79 人、高三有 18 人；城镇户口 387 人，农村户口 370 人；独生子女 440 人，非独生子女 317 人；双亲家庭 633 人，单亲家庭 72 人，组合家庭 52 人；家庭经济状况好的为 40 人，较好的为 184 人，一般的为 475 人，较差的为 40 人，差的为 18 人。

（二）研究工具

1. 物质主义量表

本研究选用 Richins 和 Dawson 编制的《物质主义价值观量表》（中文版）来测量物质主义。该量表由 18 个题项构成，题目内容包含以获取财富为目标、以财物定义成功和通过获取财物追求幸福三个方面。

---

[1] Roberts, J. A., & A. Clement, "Materialism and Satisfaction with Overall Quality of Life and Eight Life Domains", *Social Indicators Research*, Vol. 82, No. 1, 2007.

《物质主义价值观量表》采用李克特五点评分，1—5 表示完全不同意到完全同意。Richins 通过元分析得出 MVS 总量表平均分为 0.85，α 系数范围 0.77—0.88。研究表明，物质主义的三个方面对幸福感的效应均是负性的，没有特异性，因而大量研究倾向于采用物质主义的总分来探究物质主义与幸福感之间的关系。

2. 性格优势量表[①]

本研究采用张婵编制的青少年积极发展量表，该量表包含八个维度，分别为自我调节、诚实正直、灵活创新、领导能力、兴趣与好奇心、热爱学习、积极乐观、关爱友善，总题目数是 42，有 4 道测谎题目。采用李克特五点计分。各维度的内部一致性系数为 0.940—0.769，问卷总体信度为 0.901。青少年积极发展量表信度良好。

3. 幸福量表

同前。

（三）研究程序和数据处理

所有主试为心理学专业本科生或硕士生，在研究开始前已经对所有的主试进行了专业统一的主试训练。正式展开调查之前，研究者首先向学校负责人解释研究目的，然后学校审查问卷内容，在取得学校同意之后，以班级为单位进行集体施测。测试过程中，主试首先向学生介绍研究目的，并向被试说明本次研究的结果将严格保密且只会用作科研，随后向学生说明其他注意事项和填写方法。指导语完毕后，询问学生是否理解，学生理解后独自对问卷作答，不可与他人讨论。整个测试过程大概需要 20 分钟，20 分钟后当场将问卷回收，并对大家给予的调研配合表示感谢。

统一用 EpiDate 3.1 进行数据的录入，采用 SPSS 24.0 和 Process 插件进行数据的处理与分析。同鲍振宙等一样，本研究采用 Bootstrap 方法对所有的回归系数进行显著性检验。

---

① 刘柳曦：《高中生性格优势对生涯适应力的影响：自我同一性和职业生涯困惑的作用》，硕士学位论文，河北师范大学，2018 年。

三 结果

(一) 描述统计与相关分析

采用 SPSS 24.0 对主要变量进行描述性统计与相关分析,描述统计结果与相关分析结果表明:物质主义价值观与性格优势呈显著负相关,物质主义价值观与幸福感呈显著负相关,性格优势与幸福感呈显著正相关(见表4-36)。

表4-36 各变量描述统计与相关分析结果

	M	SD	物质主义价值观	性格优势	幸福感
物质主义价值观	2.93	0.43	1		
性格优势	3.52	0.66	-0.192**	1	
幸福感	4.05	0.78	-0.15**	0.64**	1

(二) 性格优势在物质主义价值观与青少年幸福感间的中介效应检验

为了进一步检验性格优势是否在物质主义价值观与青少年幸福感之间起着中介作用,以性格优势为中介,构建物质主义价值观影响青少年幸福感的中介效应模型。采用 Hayes 提出的中介效应检验的 Bootstrap 法,并结合温忠麟等的建议对该模型进行中介效应检验。①

回归分析结果表明(见表4-37、图4-13):物质主义价值观能显著负向预测性格优势($\beta = -0.19$, $p < 0.01$);当物质主义价值观和性格优势都进入回归方程时,物质主义价值观对幸福感的直接预测作用不显著($\beta = -0.034$, $p > 0.05$),性格优势能显著正向预测幸福感($\beta = 0.64$, $p < 0.001$)。而且中介效应量的 Bootstrap 95% 置信区间不包括0,因此性格优势在物质主义价值观与幸福感关系中的中介效应显著,且性格优势在物质主义价值观与幸福感的关系中为完全中介作用(见表4-38),中介效应值为 -0.12,占物质主义价值观对幸福感的总效应(-0.16)的75.00%。

---

① 温忠麟、叶宝娟:《中介效应分析:方法和模型发展》,《心理科学进展》2014年第5期。

表 4-37 中介模型中变量关系的回归分析

回归方程		整体拟合指数			回归系数显著性	
结果变量	预测变量	R	R^2	F	β	t
性格优势	物质主义价值观	0.19	0.04	26.43***	-0.19	-5.14***
幸福感	性格优势	0.64	0.40	205.53***	0.63	19.58***
	物质主义价值观				-0.04	-1.18

表 4-38 中介效应检验结果

间接效应值	Boot 标准误	Boot CI 下限	Boot CI 上限	相对中介效应
-0.12	0.03	-0.18	-0.072	75.00%

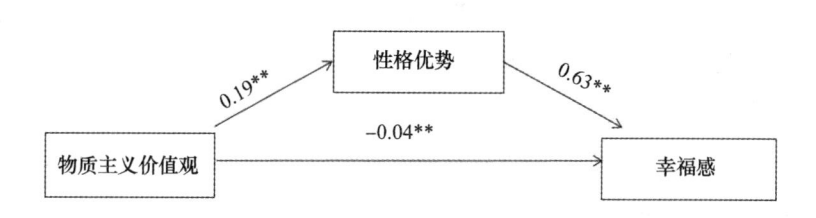

图 4-13 性格优势的中介作用

四 讨论

1. 对于物质主义价值观、性格优势与幸福感的相关关系分析

通过上述数据分析,我们可以得出物质主义价值观与幸福感呈显著负相关,物质主义价值观与性格优势呈显著负相关,性格优势与幸福感呈显著正相关的结论。物质主义者的典型特点是自私与占有,他们往往会忽视自己所拥有的,而只着眼于自己未曾拥有的东西,相反,性格优势者更倾向于关注他们已经拥有的东西。物质主义者更少参与家庭和朋友的聚会,更少关注社会现象,更少出现助人行为。而性格优势作为一种积极人格,可以刺激个体的亲社会行为。具有性格优势的人更有可能以感恩的心情对待社会中的人和事,他们的内心更加稳定和拥有充足安全感。

自我决定理论指出，外部目标和内部目标共同构成了个人思想和行为的动机。内在的目标的满足是个人的基本心理需求。当个体的内在目标得到实现，才能身体健康，快乐成长。如果一个人追求外在的生活目标，如金钱、财产、地位等，它不仅不能满足人类的基本心理需求，还可能偏离这些需求，不利于维护个人幸福，物质主义者总是改变外在目标。心理需求持续得不到满足，因此他们的幸福水平不高。

渗流理论表明，生活的总体满意度可以部分取决于人们的生活水平满意度，而物质主义者对生活的设定高低决定了其对生活水平的满意度。标准过高，不切实际，他们没有实现的能力，所以他们会对自己的生活水平产生更多的不满，此种不满将会像癌细胞一样侵蚀整个生活肉体，使个体对整体生活满意度下降。

关于幸福的另外一种解释模型是目标调整模型。该模式认为个人幸福取决于价值观和目标。当人们靠近目标时，他们会感到兴奋，满足个体的需求并实现目标，会使个体感到幸福。当当前的状态远离设定的目标，目标未能实现时，个体便会有沮丧感。对于物质主义者而言，他们往往设定的是高目标，有些却是背离实际状况。当由于目标过高而现实又残酷的时候，幸福感自然也就会下降。

2. 性格优势在物质主义价值观与幸福感之间的中介作用分析

以性格优势为中介变量，建构物质主义价值观影响青少年幸福感的中介效应模型。采用 Hayes 提出的中介效应检验的方法，并结合温忠麟等的建议对该模型进行中介效应检验。[①] 回归分析结果表明：物质主义价值观可以直接负向预测幸福感；性格优势可以直接正向预测幸福感。根据 Bootstrap 的结果表明性格优势在物质主义价值观对幸福感的影响中起完全中介作用。

由于个人价值观是不同的，对于个人评价和对事物的理解也可能不同，这反过来会影响个人思想和行为的动机以及个体对事物的需求。物质主义价值观的核心体现为对金钱、身份、地位等外在事物的寻求，带来的

---

① 温忠麟、叶宝娟：《中介效应分析：方法和模型发展》，《心理科学进展》2014 年第 5 期。

影响是必然降低个体的内部动机，影响性格优势的重要因素之一是内部动机。物质主义者典型的人格特征之一是自私，他们关注的是自己的利益有没有得到满足和自己的利益有没有受到威胁。这将降低物质主义者的内在动力，从而减少个人的性格优势，进而影响青少年的幸福感。所有物质主义活动的重中之重是个人的物质满足，若他们需要对行为做出判断时，会更倾向于关注此行为能否给自己带来好处并注意行为的结果。行为结果的判断会影响青少年的性格特质，进而影响青少年的幸福感。

总之，青少年性格优势在物质主义价值观对青少年幸福感的影响中起完全中介作用，青少年若是高物质主义的，那么他的幸福感水平会受到其性格优势的影响。因此，我们可以将此研究结论运用于生活中，为了降低物质主义价值观对幸福感的不良影响，可以通过提高青少年的性格优势水平来实现。

五 结论

（1）青少年物质主义价值观能直接负向预测幸福感，即物质主义价值观能降低青少年的幸福感。

（2）性格优势在青少年物质主义价值观对幸福感的影响中起中介作用，即性格优势可以缓冲青少年物质主义价值观对幸福感的不良影响。

第七节 控制系统对青少年幸福感的影响

一 坚毅、希望

（一）引言

"少年智则国智，少年富则国富，少年强则国强，少年独立则国独立，少年自由则国自由，少年进步则国进步，……"梁启超的《少年中国说》道出了有着无限发展潜力的青少年对于一个国家的重要作用。青少年处于探索自我的黄金阶段，而面对高速发展的现代社会和日新月异的生活，青少年所拥有的机遇越来越多，与此同时，他们所面临的挑战也越来越多，如何帮助他们合理地、有效地应对这些挑战，抓住机遇，不断发掘自己的潜力，不断完善自我，以便能更好地适应现代社会，享受幸福人生，如何促进青少年健康幸福地成长的问题应受到重视。

个体作为自身发展的最直接和最主要的参与者，其自身所具备的一些特质会影响个体的认知、情感和行为。随着积极心理学在全世界的逐渐推广，越来越多的学者开始关注人类的积极心理品质对人类的健康幸福的影响，比如对坚毅和希望这两种积极品质的研究，研究者们已取得一些成果。

1. 坚毅与青少年幸福感的关系

坚毅是近十几年来才引起国内外学者关注的一个名词，来自美国宾夕法尼亚大学心理学系的 Angela Lee Duckworth 等最先将坚毅（Grit）这一特质词放在自己的研究中进行探讨，并将坚毅定义为"对长期目标的毅力和激情，它意味着在面对失败、逆境和停滞不前的情况下，个体仍努力迎接挑战并长期保持努力和兴趣"[1]。由于没有能满足研究要求的测量方法，Duckworth 等在访谈的基础上自编了坚毅量表。该问卷由努力的持久性和兴趣的一致性两个维度组成，每个维度各含有 6 个题项，一共是 12 个题项。但是由于原有的 12 条目的坚毅量表的心理测量性能不足，Duckworth 等对其进行了修订，得到 8 条目的简版坚毅量表（Grit - S），保留了原始坚毅量表的两因素结构。国内已有研究表明，12 条目的坚毅量表更适合对中国大学生进行测量。[2] 因此，本研究采用坚毅量表来测量坚毅。

Duckworth 等检验了坚毅这种非认知特征在预测成功上的重要性，在对 2 个成年人样本的教育成就、对常春藤联盟院校里的本科生的平均绩点、对美国军事学院西点军校 2 个班级学员能否经受住军队训练以及对全国拼字比赛上比赛选手排名的预测中，坚毅平均解释了在成功结果变量上 4% 的变异；坚毅与智商没有正相关关系，但与大五人格里的责任感高度相关。尽管如此，坚毅还是证明了在除去智商和责任这些成功的预测因素以外，其他因素也可以提高预测的有效性。这些发现表明，困难目标的实现不仅需要才能，还需要持续地、专注地应用才能。使用简版坚毅量表对

---

[1] Duckworth, A. L., Peterson, C., Matthews, M. D., & Kelly, D. R., "Grit: Perseverance and Passion for Long-term Goals", *Journal of Personality and Social Psychology*, Vol. 92, No. 6, 2007.

[2] 张楠：《大学生坚毅品质的影响因素研究》，硕士学位论文，南昌大学，2018 年。

青少年的调查研究结果表明，坚毅可以纵向预测青少年的 GPA。Duckworth 等对坚毅的研究更多是以与成功相关的因素作为结果变量，比如军校继续服役的留校生、比赛排名等，探究坚毅对它们的预测作用。

人类具有哪些积极优势？对这个问题的思考促使积极心理学不断发展壮大，积极心理学着手强调人类优势并促进其积极功能。此后，学者们开始对幸福感等展开调查。Singh 和 Jha 利用 Duckworth 最原版的 46 条目坚毅量表以 254 名工科生为被试，探究了坚毅与积极情绪、消极情绪、生活满意度和（主观）幸福感的关系。结果表明，坚毅与积极情绪、生活满意度和幸福感呈显著正相关，与消极情绪呈显著负相关，并且坚毅对生活满意度和幸福感均有显著的预测作用。① 基于此，提出本研究的假设 H1：坚毅对青少年幸福感具有显著的正向预测作用。

2. 希望与青少年幸福感的关系

压力等消极事件会降低个体的幸福感，给人们带来很多心理问题，但是积极心理品质可以缓解消极事件对个体的负面影响。心理学家已经发现，人类拥有的某些优势最有可能抵御心理疾病，如勇气、乐观、毅力、希望、人际技能、职业道德、诚实等。② 近年来，作为一种积极心理品质，希望日益受到学者关注。希望是一个和乐观密切相关的概念。近 20 年来，最有影响力的是 Snyder 提出的希望理论。Snyder 等将希望界定为"一种基于内在成功感的积极的动机状态，包括动力思维和路径思维。前者是指一种目标性指向的能量，后者指用来达到目标的途径和计划"。该理论认为，希望是经过后天习得而养成的思维与行为模式，动力思维能够激发个体的行为，并促使个体朝着目标坚持下去；那些能顺利实现目标的策略与方法就是路径思维，并寻求最优方法，以及实施受阻时能应对、化解的方法。希望的动力与路径思维，可以经由自己下定的决心、拥有的能

---

① Kamlesh Singh & Shalini Duggal Jha, "Positive and Negative Affect, and Grit as Predictors of Happiness and Life Satisfaction", *Journal of the Indian Academy of Applied Psychology*, Vol. 34, No. 4, 2008.

② [美] C. R. 斯奈德、沙恩·洛佩斯：《积极心理学：探索人类优势的科学与实践》，王彦、席居哲、王艳梅译，人民邮电出版社 2013 年版。

量与可控感来实现目标。当由于消极事件阻碍目标实施时，高希望个体便能调用心理资源、能量与习得的策略和方法找到新的有效路径去满足预期目标，因此，高希望个体能够将消极事件产生的负面影响加以缓和。

希望理论认为，希望是经由后天学习而形成的思维和行为倾向，其动力部分负责激发个体的行动并为其努力迈向目标提供支持；路径部分则是整套行之有效的实现目标的策略与方法，同时，从诸多策略中找出最佳方法，以及遇到障碍时能够灵活调整与变通的策略。希望的这两个部分，可以凭借自我引导的坚定想法、内控觉知以及能量来实现目标。在因负性生活事件使得目标未能实现时，高希望者总会用替代性的途径来进行应对，直至自己的预期目标达成，这种灵活调整与积极应对也因此能够稀释负性生活事件带来的消极影响。

国内学者也展开了希望与幸福感关系的实证研究，例如，苗元江等对307名大学生和中学生进行调查，发现希望与幸福感存在显著正相关，希望对幸福感有良好预测作用，表明希望干预是提升学生幸福感水平的有效途径。[①] 郭晨虹以杭州市280名高一学生为研究对象，调查结果显示：高中生的希望特质、心理健康以及多元幸福感三者存在显著相关，希望特质可以直接对高中生的心理健康产生正向预测作用，也可以通过多元幸福感的部分中介作用对心理健康产生影响。[②] 陈灿锐等对410名学生进行调查，结果显示，积极的应对方式与希望、幸福感呈显著正相关，消极应对与希望、幸福感呈显著负相关；中介效应检验表明，应对方式是希望影响幸福感的不完全中介；路径分析表明，希望直接影响幸福感并通过积极和消极应对两条路径影响幸福感。[③] 江红艳等对389名"蚁族"群体（大学毕业生低收入聚居群体）进行调查，结果表明，希望与生活满意度、积极情感呈显著正相关，与消极情感呈显著负相关。希望对知觉压力与

---

① 苗元江、赵英、刘文凤：《大学生中学生希望与幸福感比较研究》，《校园心理》2011年第6期。
② 郭晨虹：《高中生希望特质对心理健康的影响：多元幸福感的中介作用》，《中小学心理健康教育》2018年第22期。
③ 陈灿锐、申荷永、高岚：《应对方式：希望与幸福感的中介》，《中国健康心理学杂志》2009年第2期。

"蚁族"群体主观幸福感某些方面的关系有调节作用。① 基于此，提出本研究假设 H2：希望对青少年幸福感具有显著的正向预测作用。

3. 情绪调节的中介

程媛媛等的研究发现，情绪调节中的认知重评策略在坚毅与实现论和快乐论幸福感中均起部分中介作用，说明认知上采取合理的情绪调节策略在坚毅与青少年快乐论和实现论幸福感的关系中具有重要作用。②

假设 H3：情绪调节中的认知重评策略在坚毅与青少年幸福感的关系中起着中介作用。中介模型见图 4-14。

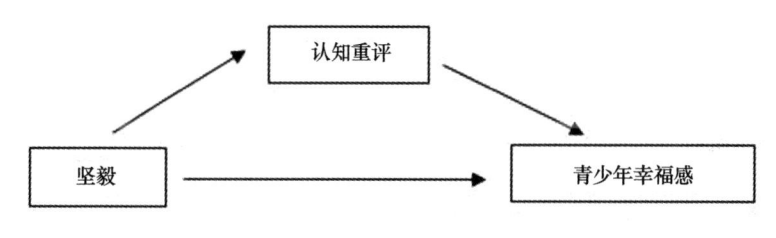

图 4-14 情绪调节的中介作用

假设 H4：情绪调节中的认知重评策略在希望与青少年幸福感的关系中起着中介作用。中介模型见图 4-15。

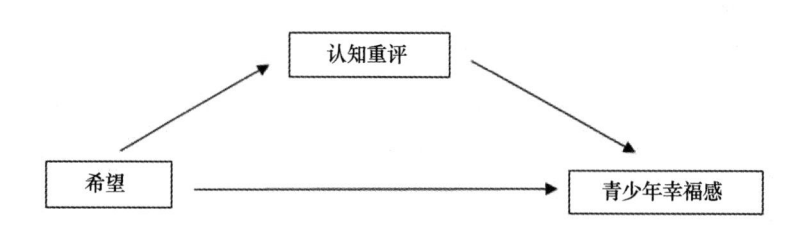

图 4-15 情绪调节的中介作用

---

① 江红艳、余祖伟、陈晓曦：《"蚁族"群体知觉压力与主观幸福感的关系：希望的调节作用》，《中国临床心理学杂志》2011 年第 4 期。
② 程媛媛、张悦、罗扬眉：《青少年坚毅与快乐论和实现论幸福感的关系：情绪调节策略的中介作用》，《社区心理学研究》2018 年第 2 期。

(二) 研究方法

1. 研究对象

性别的有效数据为 827 份，其中男生 370 人，女生 457 人；年级的有效数据为 835 份，初一 51 人、初二 158 人、初三 1 人、高一 244 人、高二 146 人、高三 235 人；年龄的有效数据为 797 份，被试年龄在 12—19 岁，被试的平均年龄为 15.58 岁。

2. 研究工具

（1）坚毅量表

坚毅量表由官群于 2015 年翻译和修订。坚毅量表最初由美国学者 Duckworth 编制，包含 12 个题目，整个量表采用 5 级计分的方式，从 1 至 5 分别为非常不像我、大部分不像我、有点像我、大部分像我、非常像我，在测验规程中要求受测者采用自我报告的方式回答量表上的所有问题。此量表分为两个维度：持之以恒的努力维度和兴趣的一致性维度，其中测量兴趣维度的 2、3、5、7、8、11 六个条目采用反向计分的方式。本研究中的持之以恒的努力分量表的 α 系数分为 0.82，兴趣的一致性分量表的 α 系数分为 0.79。

（2）中学生希望量表

田莉娟在 Snyder 成人希望特质量表的基础上，修订了适用于我国中学生的希望特质量表，量表由 12 道题目组成，计分项目分动力思维和路径思维两个维度。其中动力思维的项目有：2、9、10、12；测量路径思维的项目有：1、4、6、8；其余四个项目作为干扰项，不计入总分。本研究中的动力思维分量表的 α 系数分为 0.81，路径思维分量表的 α 系数分为 0.72。

（3）情绪调节问卷

情绪调节问卷（Emotion Regulation Questionnaire，ERQ）是由 Gross 编制的情绪调节量表，共 10 个题目，7 级评分。该量表包括两个维度：认知重评和表达抑制。其中，6 题测量认知重评，4 题测量表达抑制，分数越高，表明该情绪调节策略的使用频率越高。本研究中认知重评分量表的 α 系数分为 0.87，表达抑制分量表的 α 系数分为 0.79。

(4) 总体幸福感问卷

同前。

3. 研究程序

所有主试均为心理学专业本科生或硕士生,在研究开始前已经对所有的主试进行了专业统一的主试训练。正式展开调查之前,研究者首先向学校负责人解释研究目的,然后学校审查问卷内容,在取得学校同意之后,以班级为单位进行集体施测。测试过程中,主试首先向学生介绍研究目的,并向被试说明本次研究的结果将严格保密且只会用作科研,随后向学生说明其他注意事项和填写方法。指导语完毕后,询问学生是否理解,学生理解后独自对问卷作答,不可与他人讨论。整个测试过程大概需要20分钟,20分钟后当场将问卷回收,并对大家给予的调研配合表示感谢。

4. 数据处理

统一用 EpiDate 3.1 进行数据的录入,采用 SPSS 24.0 和 Process 插件进行数据的处理与分析。同鲍振宙等一样,本研究采用 Bootstrap 方法对所有的回归系数进行显著性检验。

(三) 结果

采用 SPSS 24.0 对主要变量进行描述性统计与相关分析,描述统计结果与相关分析结果表明:坚毅与情绪调节中的认知重评策略呈显著正相关,坚毅与青少年幸福感呈显著正相关,情绪调节中的认知重评策略与青少年幸福感呈显著正相关(见表 4 - 39)。

表 4 - 39　　　　　　　各变量的描述性统计及相关分析结果

	M	SD	坚毅	希望	认知重评	青少年幸福感
坚毅	3.10	0.56	1			
希望	2.85	0.56	0.50**	1		
认知重评	4.90	1.14	0.29**	0.57**	1	
青少年幸福感	4.12	0.79	0.40**	0.61**	0.51**	1

为考察情绪调节中的认知重评策略在坚毅与青少年幸福感之间的中介作用,按照中介效应检验标准程序,使用层次回归进行分析,回归分析结果表明(见表4-40、图4-16):坚毅总体上显著正向预测青少年幸福感($\beta=0.40$,$p<0.001$),对青少年幸福感的直接预测作用显著($\beta=0.28$,$p<0.001$);坚毅正向预测情绪调节中的认知重评策略($\beta=0.29$,$p<0.001$);情绪调节中的认知重评策略正向预测青少年幸福感($\beta=0.51$,$p<0.001$)。

表4-40　　　　　　　中介模型中变量关系的回归分析

回归方程		整体拟合指数			回归系数显著性	
结果变量	预测变量	R	R^2	F	β	t
青少年幸福感	坚毅	0.40	162.61***	0.16	0.40	12.75***
认知重评	坚毅	0.29	74.96***	0.09	0.29	8.66***
青少年幸福感	认知重评	0.51	289.08***	0.26	0.51	17.00***
青少年幸福感	认知重评	0.58	205.46***	0.33	0.43	14.40***
	坚毅				0.28	9.52***

注:模型中各变量均经过标准化处理之后带入回归方程。

采用 Hayes 编制的 SPSS 宏中的 Model 4(Model 4 为简单的中介模型)对情绪调节中的认知重评策略在坚毅与青少年幸福感之间关系中的中介效应进行检验。[①] 中介效应的分析结果表明(见表4-41),情绪调节中的认知重评策略在坚毅和青少年幸福感之间起部分中介作用,中介效应值为 0.12,占坚毅对青少年幸福感的总效应(0.40)的 30.00%。

---

① Hayes, A. F., "PROCESS: A Versatile Computational Tool for Observed Variable Mediation, Moderation, and Conditional Process Modeling", The Guilford Press, 2013.

第四章 青少年幸福感的影响机制研究

表 4-41　　　　　　　　　　中介效应检验结果

	效应值	Boot 标准误	Boot CI 下限	Boot CI 上限	相对中介效应
总效应	0.40	0.03	0.34	0.47	
直接效应	0.28	0.03	0.22	0.34	
中介效应	0.12	0.02	0.08	0.16	30.00%

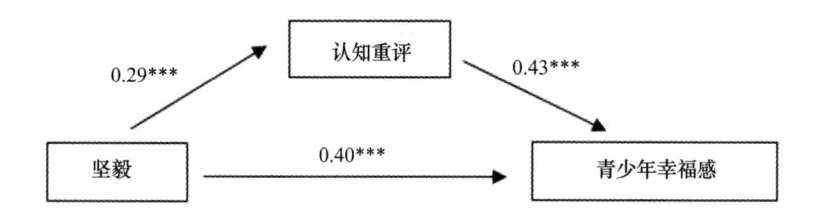

图 4-16　情绪调节的中介作用

为考察情绪调节中的认知重评策略在希望与青少年幸福感之间的中介作用，按照中介效应检验标准程序，使用层次回归进行分析，回归分析结果（见表 4-42、图 4-17）表明：希望总体上显著正向预测青少年幸福感（$\beta = 0.61, p < 0.001$），对青少年幸福感的直接预测作用显著（$\beta = 0.47, p < 0.001$）；希望正向预测情绪调节中的认知重评策略（$\beta = 0.57, p < 0.001$）；情绪调节中的认知重评策略正向预测青少年幸福感（$\beta = 0.24, p < 0.001$）。

表 4-42　　　　　　　中介模型中变量关系的回归分析

回归方程		整体拟合指数			回归系数显著性	
结果变量	预测变量	R	R^2	F	β	t
青少年幸福感	希望	0.61	482.66***	0.37	0.61	21.97***
认知重评	希望	0.57	401.94***	0.33	0.57	20.05***
青少年幸福感	认知重评	0.51	289.08***	0.26	0.51	17.00***
青少年幸福感	认知重评	0.64	284.34***	0.41	0.24	7.35***
	希望				0.47	14.43***

注：模型中各变量均经过标准化处理之后带入回归方程。

采用 Hayes 编制的 SPSS 宏中的 Model 4（Model 4 为简单的中介模型）对情绪调节中的认知重评策略在希望与青少年幸福感之间关系中的中介效应进行检验。中介效应的分析结果表明（见表 4-43），情绪调节中的认知重评策略在希望和青少年幸福感之间起部分中介作用，中介效应值为 0.14，占希望对青少年幸福感的总效应（0.61）的 23.00%。

表 4-43　　　　　　　　　　中介效应检验结果

	效应值	Boot 标准误	Boot CI 下限	Boot CI 上限	相对中介效应
总效应	0.61	0.03	0.55	0.66	
直接效应	0.47	0.03	0.41	0.53	
中介效应	0.14	0.02	0.10	0.18	23.00%

注：Boot 标准误、Boot CI 下限和 Boot CI 上限分别指通过偏差矫正的百分位 Bootstrap 法估计的间接效应的标准误差、95% 置信区间的下限和上限。

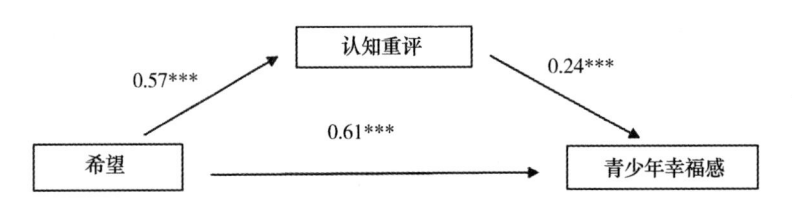

图 4-17　情绪调节的中介作用

（四）讨论

Duckworth 梳理文献发现，那些对长期目标抱有高昂热情并且在困难面前坚持不懈的人更容易成功，这种品质就是"坚毅"。具体来讲，坚毅的品格包含两个重要的内涵：一是热情；二是坚持。其中热情表现为对目标保持长久的兴趣，坚持则是能持续地为长期的目标付出努力，即使这种付出并不能获得及时的回报。Rousseau 等的研究结果显示和谐性热情与幸福感中生活满意度、生活意义和活力等指标呈正相关关系，与焦虑和沮丧这类的消极指标呈负相关关系。强迫性热情与焦虑和沮丧正相关，与生活满意度负相关，与生活意义和活力不相关。这表明无论是和谐性热情还是强迫性热情,都与幸福感相关。并且,以年轻人为研究对象的实验也验证了这一结论。① 杨宗友的研究也表明,和谐性热情与强迫性热情都能使运动员在运动中体验到积极情绪,进而促进他们的幸福感。坚持的个体往往能收获更多的成功,习得更好的自我效能感。从积极认知到体验积极情绪,使得个体感到更幸福。因此,具有坚毅品质的个体幸福感更高。

希望是目标导向的思维,其中包括途径思维,即知觉到有能力发现达成合意目标的途径与动因思维,即使用这些途径的必要动机。高希望者拥有积极的情绪集合,充满热情,当然这来自他们以往追求目标的成功;低希望者具有消极的情绪集合,情绪平淡,这也来自他们追求目标的失败历史。充满希望的个体,更加乐观、自尊更高、身体更健康,而且学业更好。在适应领域,高希望者与快乐、满意、积极情绪、人际关系等相关。并且,希望被认为是心理指标发生积极变化的一个共同因素。

情绪调节中的认知重评在希望与幸福感之间起到了中介作用,表现在个体的总体希望水平不同,对压力源的解释也有所不同。高希望者把阻碍看成挑战,从而探索其他途径并应用动机到这些途径。高希望者由积极情绪驱使前行,因而表现出了不一样的行为。而低希望者往往不会把阻碍看成是对自己的挑战与锻炼,反而深陷恶性循环中。但是认知重评策略可以缓冲低希望者的消极感,他们可以对阻碍、困难等赋予重新评价,改变认知,从而减少这种负面影响。情绪调节中的认知重评在坚毅与幸福感之间起到了中介作用,也起到了对低坚毅者的缓和效应。

积极品质正如好习惯一样,一旦养成,将十分有助于青少年的成长,帮助他们更好地自我调控,提升其幸福感。因此,如何引导青少年培养坚毅品质与希望特质可以成为幸福提升的培育策略。斯奈德提出,希望没有遗传基础,完全是一种习得的、关于目标导向思维的认知集合。儿童期的创伤性事件与希望的减弱相关,创伤经历会给希望带来一些负面影响。已有研究验证了与照料者之间的强依恋是传授希望的关键。② 因此,教育者

---

① 苗元江:《热情——积极心理学视角》,《广东社会科学》2015年第3期。
② [美] C. R. 斯奈德、沙恩·洛佩斯:《积极心理学:探索人类优势的科学与实践》,王彦、席居哲、王艳梅译,人民邮电出版社2013年版。

与家长可以在如何帮助青少年培养具有坚毅与希望品质上多下功夫。

（五）研究结论

（1）坚毅对青少年幸福感具有显著的正向预测作用，即坚毅对于青少年有重要影响，坚毅品质能促进青少年的幸福感。

（2）希望对青少年幸福感具有显著的正向预测作用，即希望对于青少年有重要影响，希望品质能促进青少年的幸福感。

（3）情绪调节中的认知重评在坚毅与青少年幸福感的关系中起着部分中介作用，即坚毅在直接影响青少年幸福感的同时，也可以通过情绪调节中的认知重评间接对青少年幸福感产生影响。

（4）情绪调节中的认知重评在希望与青少年幸福感的关系中起着部分中介作用，即希望在直接影响青少年幸福感的同时，也可以通过情绪调节中的认知重评间接对青少年幸福感产生影响。

二　感恩

（一）引言

对感恩（gratitude）话题的关注从古至今都备受人们的关注。西方文化中基督教徒对上帝的虔诚回报充分体现了对感恩的重视，一年一度的感恩节更是充分的证明。中国文化中更是将感恩视为传统美德，历经几千年，对一代代的中国人产生了深远的影响。例如"乌鸦反哺"、"一日为师，终身为父"、"投我以桃，报之以李"等，充分体现了孝道、师恩及回报之恩，绵延至今流传的无数典故，如"滴水之恩，涌泉相报"、"衔环结草"等，更是体现了中国人对感恩的重视。感恩是每个个体应该具备和拥有的良好品德之一，是做人应有的基本道德修养，感恩品质的培养有利于个体树立责任感，培养健全的人格从而促进个体的身心健康发展。①

如今的青少年大多为独生子女，很多父母都是将孩子作为自己工作的

---

① 孙玮玮：《青少年感恩与主观幸福感的中介效应和调节效应分析》，硕士学位论文，温州大学，2014年。

动力以及家庭的中心。家庭生活中往往只关注孩子的生活，而学校教育中则只注重知识的传播，因而往往容易导致忽视感恩品德的培养。一些研究也发现，青少年的感恩现状令人堪忧：漠视生命和亲情，不知回报教师之恩、缺乏诚信、社会责任感缺乏、不关心公共服务事业及慈善事业、人际关系冷漠等。[①] 因此在教育领域掀起了一股感恩教育热，中小学开始广泛开展各种感恩教育活动，例如开展感恩讲座、举行亲子活动提升亲子关系、通过演讲和日记等形式培养学生的感恩品德。[②] 感恩可以使学生对挫折和失败进行正确的归因，同时可以增加积极情绪的体验，而积极情绪可以提高个体的身心健康水平，进而增强其幸福感。

近年来随着积极心理学的兴起，大量的文献开始探讨感恩与幸福感之间的关系，研究也证实感恩是促进个体幸福感的重要因素之一，但很少有学者对两者之间作用机制进行探讨，而且研究对象多为大学生，针对青少年群体的研究十分少，[③] 因此本研究将探讨青少年感恩与幸福感之间的关系以及二者之间的作用机制——中介机制。

感恩及幸福教育对青少年道德以及人格的发展起着重要的作用，而且关系着和谐社会主义的建设，通过弘扬中华民族感恩的传统美德，使青少年学会感恩这一传统美德进而增强幸福感。通过本研究来丰富我国青少年感恩与幸福感的研究，参考相应的理论和实证研究，为培养我国青少年感恩意识及提升幸福感提供相应的理论基础。

1. 感恩与幸福感的关系

积极心理学的兴起使得人们更多地将视线转移到一些积极的人格特质以及如何获得幸福的生活上，而不是仅仅将研究焦点集中于精神疾病及异常心理的治疗上，感恩和幸福感逐渐进入研究者及大众的关注中，成为研究者的新宠。感恩是个体具有的一种积极的情感特质，对一种情绪稳定的

[①] 江丽丽：《初中生感恩品质的现状及其影响因素分析》，硕士学位论文，华东师范大学，2010年。

[②] 张睿：《感恩日记方案提升遵义市小学高年级学生主观幸福感的研究》，硕士学位论文，贵州师范大学，2009年。

[③] 孙玮玮：《青少年感恩与主观幸福感的中介效应和调节效应分析》，硕士学位论文，温州大学，2014年。

反应倾向称为个体的情感特征。具有较高感恩特征倾向的个体，更容易感受到外界中他人的善意，更倾向于将别人的行为理解为对自己的帮助，在自己获得积极情绪体验及恩惠时，能怀着感激之情对他人的行为给予判断和回应，并将这种判断与反应普遍化。① 感恩作为中华民族的传统美德，从古至今都被人们高度认可，而且越来越多的研究已经证实了感恩对人类的重要性。美国一项关于感恩的民意访谈调查研究发现，在人们对他人表达感恩时，超过百分之六十的受访者感受到了强烈的愉悦感。纵观人的一生，最令人憧憬的主题之一就是获得幸福，无数人终其一生不过是为了追求幸福，对幸福的向往和渴求让幸福感的研究在近年如火如荼地开展着，并成为人们孜孜不倦谈论的话题。感恩和幸福感之间存在着密切的关系，研究发现感恩问卷得分较高的个体对生活的满意度更高，能体会到更多的积极情感，对生活的态度更加乐观，也更加有活力，出现较少的抑郁或嫉妒等消极情绪。对感恩的体验可以增加积极情绪的体验，提升个体的心理和生理健康水平，还会让个体对外界的消极事件进行正确的归因，从而提升幸福感。② 感恩水平较高的个体，可以在生活中体会到更为持久的幸福感，也能较好地控制自己的行为，心情和情绪状态更为放松，更能保持平和的心态，从而较少体验到焦虑、紧张等消极情感。③ 不仅如此，国外也有研究发现，即便在控制了人格、社会期许等其他因素后，感恩仍然可以显著地正向预测幸福感。④ 综上所述，感恩是促进个体幸福感的有效因素。基于此，本研究提出如下假设：

H1：感恩对青少年幸福感有显著的正向预测作用。

---

① McCullough, M. E., Emmons, R. A., & Tsang, J. A., "The Grateful Disposition: A Conceptual and Empirical Topography", *Journal of Personality and Social Psychology*, Vol. 82, No. 1, 2002.

② 孙玮玮：《青少年感恩与主观幸福感的中介效应和调节效应分析》，硕士学位论文，温州大学，2014年。

③ 王元元、余嘉元、潘月强：《大学生感戴与主观幸福感的关系研究》，《中国健康心理学杂志》2012年第2期。

④ Froh, J. J., Kashdan, T. B., Ozilmkowski, K. M., & Miller N., "Who Benefits the Most from a Gratitude Intervention in Children and Adolescents? Examining Positive Affect as a Moderator", *The Journal of Positive Psychology*, Vol. 4, No. 5, 2009.

2. 社会支持的中介作用

积极情绪的拓展建构理论于 2001 年由 Fredrickson 提出，他主张积极情绪能够帮助人们不断地社会化并调整自我以适应不断发展变化的社会，积极情绪可以帮助拓宽并加深个体的思维，调整个体的行为模式，帮助个体不断地积累诸如智力、文化和社会关系等资源。Fredrickson 把积极情绪的拓展建构理论应用到感恩的研究中，发现感恩作为积极情绪之一，可以使个体的认知更加灵活，行为更加灵敏，也有助于注意广度的完善，而认知水平的提高可以使个体获得更多的人力资源，也有利于个体的发展。[1] Emmons 和 Shelton 的研究发现，感恩水平较高的个体在表达他们对他人的感恩时，更多地使用亲社会行为，这又会促进个体与他人建立良好的社会关系，从而增强与他人的联系。[2] 感恩的道德情感理论主张感恩更高的个体会表现出更多的亲社会行为，会拥有更好的人际关系，而良好的社会关系可以丰富个体的社会支持资源，在面临不良的处境时会寻求更多的社会支持，也会采取更加积极有效的应对方式。[3] 可见，感恩有助于个体获得社会关系，亦是资源积淀的过程，这些资源正好可以为人们提供社会支持。良好的社会支持与正性情绪、生活满意度正相关，则与压力、抑郁等负性情绪负相关。拥有较高社会支持的个体可以通过与关键他人的交流来满足其社会需求，进而提高其生活适应能力。还有研究发现，无论压力是大是小，也不管个体已经存在可以利用的社会支持有多少，社会支持增加就可以降低负性生活事件对个体身心适应的影响。[4] 综上，感恩倾向高的个体会获得更多地来自朋友、家人和其他人的支持，而较高的社会支持也有利于个体幸福感的提升，基于此，本研究提出如下假设：

---

[1] Fredrickson B. L., "The Role of Positive Emotions in Positive Psychology: The Broaden-and-Build Theory of Positive Emotions", *American Psychologist*, Vol. 56, No. 3, 2001.

[2] Emmons R. A., Shelton C. M., "Gratitude and the Science of Positive Psychology", *Handbook of Positive Psychology*, No. 18, 2002.

[3] Wood A. M., Joseph S., Maltby J., "Gratitude Predicts Psychological Well-being above the Big Five Facets", *Personality and Individual Differences*, Vol. 46, No. 4, 2009.

[4] Cohen S., Wills T. A., "Stress, Social Support, and the Buffering Hypothesis", *Psychological Bulletin*, Vol. 98, No. 2, 1985.

H2：社会支持在感恩对青少年幸福感的影响中起中介作用。

（二）研究方法

1. 被试

被试共有中学生 757 人，其中男生 373 人，女生 384 人；初一至高三年级的被试分别为初一 191 人、初二 256 人、高一 213 人、高二 79 人、高三 18 人；城镇户口 387 人，农村户口 370 人；独生子女 440 人，非独生子女 317 人；双亲家庭 633 人，单亲家庭 72 人，组合家庭 52 人；家庭经济状况好的为 40 人，较好的为 184 人，一般的为 475 人，较差的为 40 人，差的为 18 人。

2. 测量工具

（1）总体幸福感量表

同前。

（2）中文版感恩问卷

采用 McCullough 等编制、魏昶和吴慧婷修订的《中文版感恩问卷》（CGQ-6）。[1] 量表包含 6 个题项，用李克特六点计分方式，1 代表强烈不同意，6 代表强烈同意，从 1 至 6 依次表示同意的程度增强，第 3 题与第 6 题采取反向计分方式。量表分数越高，代表感恩水平越高。陈宇琪的研究说明，该问卷在测量初中生的感恩特质时信效度良好，是测量青少年感恩特质的有效问卷。[2]

（3）领悟社会支持量表

采用由 Zimet 等编制的《领悟社会支持量表》（PSSS）。该量表反映了个体得到的来自朋友、家庭和其他的社会支持，量表共有 12 道题目，采用七点计分，得分越高反映了个体得到的社会支持越高。严标宾和郑雪在 2002 年对该量表进行了修改，以使问卷可以用于测量中学生的社会支

---

[1] McCullough, M. E., Emmons, R. A., & Tsang, J. A., "The Grateful Disposition: A Conceptual and Empirical to Pography", *Journal of Personality and Social Psychology*, Vol. 82, No. 1, 2002.

[2] 陈宇琪：《初中生感恩、领悟社会支持与亲社会行为的关系研究》，硕士学位论文，吉林大学，2017 年。

持，修改后的问卷三个分量表和总量表的 Cronbach α 系数分别为 0.744、0.705、0.613 和 0.830，说明问卷的信效度良好，可以应用于中学生被试。[1]

3. 研究程序与数据处理

正式展开调查之前，研究者首先向学校负责人解释研究目的，然后学校审查问卷内容，学校同意之后，向学生介绍研究目的、填写方法及个人信息的保密性，测验的填写大致需要 20 分钟。问卷收回后，对数据进行处理，排除无效数据，录入有效数据，接着使用 SPSS 24.0 和 Process 插件对数据进行处理与分析。

（三）结果

1. 描述统计与相关分析

采用 SPSS 24.0 对主要变量进行描述性统计与相关分析，描述统计结果与相关分析结果表明：感恩与社会支持呈显著正相关，感恩与幸福感呈显著正相关，社会支持与幸福感呈显著正相关（见表 4-44）。

表 4-44　　　　　各变量的描述统计与相关分析结果

	M	SD	社会支持	感恩	幸福感
社会支持	5.03	1.25	1		
感恩	4.47	0.80	0.23**	1	
幸福感	4.05	0.78	0.56**	0.43**	1

2. 社会支持在感恩与青少年幸福感间的中介效应检验

为考察社会支持在感恩和青少年幸福感之间的中介作用，按照中介效应检验标准程序，使用层次回归进行分析，结果表明（见表 4-45），感恩对青少年幸福感的预测作用显著；感恩对社会支持的预测作用显著；社会支持对青少年幸福感的预测作用显著。

---

[1] 严标宾、郑雪、邱林等：《中学生社会支持与主观幸福感的关系研究》，《社会心理学研究》2002 年第 1 期。

表4-45　　　　　　　　中介模型中变量关系的回归分析

回归方程		整体拟合指数			回归系数显著性	
结果变量	预测变量	R	R^2	F	β	t
幸福感	感恩	0.43	0.19	143.00**	0.45	11.96***
社会支持	感恩	0.23	0.05	40.59**	0.24	6.37***
幸福感	感恩	0.63	0.39	197.69**	0.31	9.20***
	社会支持				0.47	14.46***

采用 Hayes 编制的 SPSS 宏中的 Model 4（Model 4 为简单的中介模型）对社会支持在感恩与青少年幸福感之间关系的中介效应进行检验。① 结果（见表4-45、图4-18）表明，感恩对青少年幸福感的预测作用显著（$\beta = 0.45$，$t = 11.96$，$p < 0.001$），且加入中介变量社会支持后，感恩对青少年幸福感的直接预测作用依然显著（$\beta = 0.31$，$t = 9.20$，$p < 0.001$）。感恩对社会支持有显著的预测作用（$\beta = 0.24$，$t = 6.37$，$p < 0.001$），社会支持对青少年幸福的预测作用也显著（$\beta = 0.47$，$t = 14.46$，$p < 0.001$）。此外，直接效应和中介效应的95%置信区间中都不包括0（见表4-46），表明感恩对青少年幸福感的直接效应和通过社会支持对幸福感的间接效益都显著，该直接效应（0.31）和中介效应（0.13）分别占总效应（0.44）的70.45%、29.55%。

表4-46　　　　　　　总效应、直接效应及中介效应分解表

	效应值	Boot 标准误	Boot CI 下限	Boot CI 上限	相对效应值
总效应	0.44	0.05	0.35	0.53	
直接效应	0.31	0.04	0.23	0.38	70.45%
社会支持的中介效应	0.13	0.02	0.09	0.18	29.55%

---

① Hayes, A. F., "PROCESS: A Versatile Computational Tool for Observed Variable Mediation, Moderation, and Conditional Process Modeling", The Guilford Press, 2013.

```
        社会支持
   0.28**      0.47**
感恩  ——0.31**——→  青少年幸福感
```

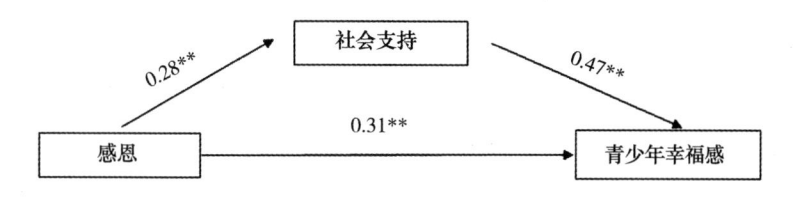

图 4-18 社会支持的中介作用

(四) 讨论

相关分析结果显示,感恩与社会支持和青少年幸福感显著相关,社会支持与青少年幸福感也显著正相关,回归分析表明,感恩和社会支持可以显著地正向预测幸福感,同时社会支持在感恩与青少年幸福感的关系中起部分中介的作用,表明感恩直接影响青少年幸福感的同时,可以通过影响青少年的社会支持进而影响幸福感。

从本研究的结果可以看出,感恩可以正向预测青少年幸福感,即感恩水平高的青少年幸福感更高。这与已有的研究结果基本一致,孙配贞、郑雪等指出感恩是初中生主观幸福感中具体生活满意度的重要影响因素,两者之间有密切的关系,感恩可以显著预测生活满意度,感恩能力让青少年可以拥有更好的社交能力,从而扩大社交圈,对各种消极情绪的处理也更加成熟。[1] 王元元等的研究也发现,高感恩个体的自控能力更强,更容易保持心情的放松,较少体验到焦虑情绪从而拥有更高的心理健康水平。[2] 感恩与幸福感的关系不仅在国内得到了验证,国外的研究也证实了两者之间的关系,比如 Froh 等研究发现,感恩对主观幸福感的预测作用在控制了人格等变量的影响后仍然显著,[3][4] 感恩水平高的个体有更高的生活满意

---

[1] 孙配贞、郑雪、余祖伟:《初中生感戴状况与学校生活满意度的关系:应对方式的中介作用》,《心理发展与教育》2010 年第 1 期。

[2] 王元元、余嘉元、潘月强:《大学生感戴与主观幸福感的关系研究》,《中国健康心理学杂志》2012 年第 2 期。

[3] Froh, J. J., Kashdan, T. B., Ozilmkowski, K. M., & Miller, N., "Who Benefits the Most from a Gratitude Intervention in Children and Adolescents? Examining Positive Affect as a Moderator", *The Journal of Positive Psychology*, Vol. 4, No. 5, 2009.

[4] Froh, J. J., Yurkewiez, C., & Kashdan, T. B., "Gratitude and Subjective Well-being in Early Adolescence: Examining Gender Differences", *Journal of Adolescence*, Vol. 32, No. 3, 2009.

度、乐观、满足等积极情绪，更少的焦虑、嫉妒和抑郁等消极情绪。① 感恩还能预测中学生的问题行为，感恩水平高的中学生内化和外化的问题行为越低，即感恩可以抑制中学生的问题行为，② 中学生的感恩水平较低时则可能出现诸如病理性网络使用、较低的亲社会行为等问题行为。③ 此外，感恩水平越高的中学生，经历过地震后越容易恢复心理健康，并且患PTSD（创伤后应激障碍）的可能性越低。④ 对中学生进行相应的感恩教育与干预也可以有效地提升个体的幸福感，降低消极情绪和事件的影响。如Emmnos和McCullough教中学生练习自我指导式的感恩，发现感恩可以让学生对自己的学业和生活的评价更加积极和乐观。⑤ 王晓伟对初中生进行的一项感恩干预研究结果显示，经过干预后初中生的感恩水平得到了提升，而且主观幸福感与心理健康水平随之也得到了提升。⑥

同时，感恩还可以通过社会支持的中介作用进而影响青少年幸福感。道德情感论认为感恩能帮助个体与他人建立积极和良好的人际关系，良好的人际关系有助于个体获得更多来自父母、亲戚、朋友和其他重要他人的社会支持，同时感恩水平较高的个体也更容易觉察到外界的帮助以及人们的善意，更倾向于对事件进行积极的归因，认为有更多的人对自己持友善的态度，所以感恩可以提升个体的客观和主观社会支持。社会支持的主效应理论认为，个体通过整合社会资源直接对目标感、归属感和自我价值的认可等产生积极的作用，并影响幸福感；社会支持的缓冲理论告诉我们，

---

① McCullough, M. E., Emmons, R. A., & Tsang, J. A., "The Grateful Disposition: A Conceptual and Empirical Topography", *Journal of Personality and Social Psychology*, Vol. 82, No. 1, 2002.

② 代维祝等：《压力性生活事件与青少年问题行为：感恩与意向性自我调节的作用》，《中国临床心理学杂志》2010年第6期。

③ 侯小花、蒋美华：《中学生感恩与亲社会行为的关系研究》，《现代企业教育》2009年第22期。

④ 郑裕鸿：《青少年感恩与创伤后应激障碍症状的关系：社会支持和心理弹性的中介作用》，《心理发展与教育》2011年第5期。

⑤ Emmons, R. A., & McCullough, M. E, "Counting Blessings Versus Burdens: An Experimental Investigation of Gratitude and Subjective Well-being in Daily Life", *Journal of Personality and Social Psychology*, Vol. 84, No. 2, 2003.

⑥ 王晓伟：《初中生感恩心理的辅导研究》，硕士学位论文，山东师范大学，2013年。

社会支持可以缓解负性生活事件对个体心理和生理的影响。[①] 赵科和杨丽宏等发现,中学生领悟的社会支持越高,学校适应能力就越强,基本心理需要的满足程度也越高。[②] 当自己的重要他人都对自己的决定持肯定的态度时,青少年就可以按照自己的想法去学习和生活,他自主需求的满足感就会越强。基本心理需求理论提出,个体获得幸福感的重要来源之一便是基本心理需要,它是提升幸福感的有利因素之一。

综上,感恩可以通过增加社会支持来提升青少年幸福感水平,而且感恩自身就可以通过帮助个体建立良好的人际关系来增加幸福感,因此,领悟社会支持在感恩对青少年幸福感的影响中起部分中介的作用,至于其他的影响因素以及具体的影响机制,则需要更多研究者去探究。

(五) 结论

(1) 感恩对青少年幸福感具有显著正向预测作用,即感恩能促进青少年的幸福感。

(2) 社会支持在感恩与青少年幸福感之间起部分中介作用,即感恩通过社会支持间接影响人们的幸福感。

---

① Kawachi, I., & Berkman, L. F., "Social Ties and Mental Health", *Journal of Urban Health*, Vol. 78, No. 3, 2001.

② 赵科等:《中学生社会适应基本心理需要在领悟社会支持与幸福感间的中介作用》,《中国学校卫生》2016 年第 7 期。

第五章

青少年幸福感的培育路径研究

> 人人都可以成为幸福的构建师。
>
> ——培根

以习近平同志为核心的党中央亲切关怀青少年的健康成长,当代青少年置身于"两个一百年"奋斗目标的历史交汇期,他们既是"中国梦"的追梦者,也是"中国梦"的圆梦人。

百年大计,树人为本。而种树者必培其根,种德者必养其心。培养幸福的青少年乃是教育的最高要求。青少年幸福感影响机制的研究结果表明压力系统、认知系统、行为系统、动力系统、控制系统与支持系统六大系统都会预测青少年的幸福感,青少年幸福感影响因素的作用机制包括外部支持系统的社会支持与教师支持、动力系统的学习动机、认知系统的自尊与学业自我效能感以及内部控制系统的性格优势、积极情绪、情绪调节、应对方式等。青少年幸福感现状调查表明,青少年幸福感总体上来说不容乐观,幸福感的平均水平不高,低幸福感青少年比例较大。在具体生活满意度中,家庭满意度最高,学校满意度次之,然后依次是环境满意度、友谊满意度、自由满意度,学业满意度最低,总体而言,青少年的具体生活满意度不高。尤其需要注意的是,学业满意度与自由满意度的均值在具体生活满意度中非常低。甚至诸如空虚、冷漠、忧郁、自卑、厌学等消极情绪或状态成为部分学生的常态。如果这些负性情绪没有得到及时疏解,会导致严重的心理疾病。鉴于当前心理健康与幸福状况,对当代青少年幸福的培养是时代所需、形势所趋、情理所致,而且势在必行、刻不容缓。

海德（F. Heider）的归因理论指出人们在解释行为时一般可以从内部与外部来寻找原因。那些行动者自身的因素归类为内部原因，比如兴趣、信念、态度、需要等；那些行动者所处情境的因素归为外部原因，例如，奖励或惩罚、天气、不同难度的任务等。海德的归因理论是关于人的某种行为与其动机、目的和价值取向等属性之间逻辑结合的理论。① 根据海德的二分法归因理论，青少年行为可从内部原因与外部原因来进行推断与解释。

第一节 培育青少年幸福感的内部系统：控制系统

基于海德的二分法归因理论，可以从内外原因来解释青少年行为。由于行动者自身的因素即内部原因是事物发展变化的内在根据，是根本原因，它可以决定事物的性质和发展方向。可见，内因在个体发展过程中起到极其重要的作用，积极人格与调节方式则属于个体的内部原因。人格是一系列复杂的心理品质，具有跨时间与跨情境一致性的特点，它对个体行为的特征性模式有着独特的影响。在本书中，调节方式主要包括应对方式与情绪调节策略。基于青少年幸福感的影响机制研究结果，从控制系统角度出发，特提出以下两条培育路径。

一 路径一：积累优势，培养积极的人格模式

（一）什么是积极人格

人格特质指的是在不同时间、不同情境中保持相对一致的行为方式的倾向。它固然具有相对的稳定性，但人格的形成却是人外在的活动、经历内化为个体内在的结果。个体人格中那些积极品质以及潜在的积极力量便构成了积极人格，它是一种相对稳定的内部特征。积极心理学相信，每个人身上都有美好、善良的种子。它关注的是人性之中光明的特质，它着重

---

① 佐斌：《社会心理学》，高等教育出版社2009年版。

研究那些使生命更有价值和意义的东西。积极心理学家聚焦的是通过科学研究去了解与探索这些美好特质要怎样才能被培育、怎样才能被发展，开发后又要怎样保持，最终过上幸福而有意义的人生。

塞利格曼提出的积极人格理论主张，当个体从事那些他们愿意的并且是愉悦的活动、保有乐观的心态以及将积极价值观作为其生活理念时会促进其不断发展。积极人格特质便为个体的发展过程提供了稳固的内部动力，成为了个体发展的源源不竭的动力源泉。由此可见，积极人格特质的培养与塑造对于个体的成长与发展举足轻重。同时，积极心理学也指出，通过激发个体的显性能力与隐性能力，并不断被强化，使得那些显性能力、隐性能力或特质转化为一种常态化的工作模式时，积极人格得以形成。①

积极人格特质有不同的分类。其中塞利格曼与斯多弗·彼得森从丰富的世界文化体系，自古希腊的柏拉图、亚里士多德到中国的老子、孔子，归纳出六大美德，以及构成这些美德的 24 项性格优势。这一归纳结果得到了大量应用。这六大美德分别是智慧、节制、公正、勇气、仁慈、超越，其中智慧包括创造力、好奇心、思维开放性、好学、洞察力；节制包括宽恕和慈悲、谦逊、审慎、自我规范；公正包括公民精神、公平、领导力；勇气包括勇敢、坚韧、正直、活力；仁慈包括爱、善良、社交能力；超越包括欣赏美和卓越、感恩、希望与幽默。塞利格曼认为性格优势必须是可以后天培养的。如果一项特质主要是由先天因素决定的，那就只能叫作天赋，而不能被称为优势。所以他们提出的 24 项性格优势都应该是可以让青少年通过后天的努力来提升的。只要个体愿意付出努力，采取正确的方法，就可以提升自己的优势。其中，不同的个体在这些性格优势上的强度不同，可能在具体情境中会表现出其最强优势，并根据特定情境进行灵活运用。同时，也需要用发展性思维看待这些优势。固然可以通过练习加强我们的优势，但优势并不是一成不变的。如果我们本身就具备一些性

---

① 任俊、叶浩生：《积极人格：人格心理学研究的新取向》，《华中师范大学学报》（人文社会科学版）2005 年第 4 期。

格优势，则可以通过各种方法去提升它，如果暂时缺乏一些性格优势，可以通过练习和学习来进行自我培养。

（二）为什么积极人格会影响幸福感

培养青少年性格优势是培育系统的基石。积极人格的培养可以有效地预防大学生的心理疾病。虽然国家、学校、家庭实施了一系列针对性措施以解决青少年的心理问题，尽管现状有些微改观，但是并没有根本改善青少年的心理健康状况。由心理问题导致的青少年恶性事件屡有发生，这表明仅仅通过修补问题来解决这一现状是远远不够的。唯有塑造个体的积极人格，激发其内在的积极力量，依靠自身的潜力与能量去应对、去化解，才是一种更为行之有效的尝试。青少年有问题不可怕，可怕的是个体不具备这种积极力量，因为这个问题解决了，在另外一个情境中又会出现新的问题，只有具有应对能力才是问题的根本。因此，积极人格是健康心理养成的开端。同时，积极人格不仅能帮助我们克制与削弱消极影响，还能帮助自己和他人更好地成长，提升个体的积极心理品质。比如，正直品格让个体受人爱戴，社交能力让个体收获良好的人际关系，领导力有助于团队的更好建设，坚韧有助于艰巨任务的完成，创造力丰富了我们的发明与生活，谦逊促进了与他人合作的机会，宽恕让我们的生活更加和谐，等等。这些都是积极人格给我们的学习、生活带来的实实在在的影响，尽管有些积极影响暂时未能凸显，但从长远来看，它是促进社会文明、促进社会进步的。再者，积极人格会促进青少年的感受幸福与培育幸福的能力。无论是从主观、心理还是社会的视角来看幸福，具备积极人格的个体会拥有更多的积极情绪，感受到更多的满意感，体验到更多的成就与意义，也具有更多的正义与社会参与感。同时，积极人格作为积极心理学的一个方面，它会令个体更加关注自身的优势，激发自己的潜能，而不是只关注缺点，在发挥优势的前提下，正视问题，积极解决问题。这种积极导向更有利于促进个体的潜能开发与自我实现，从而提升个体的幸福感。

已有研究表明，尽管由于文化、群体、视角等的不同，性格优势与幸福感之间的关系存在略微差别，但可以肯定的是，性格优势可以促进个体身心健康与幸福感。本研究结果表明，性格优势除了直接预测幸福感以外，还可以作为其他变量与幸福感的作用机制发生作用，比如，性格优势是亲社会行为与幸福感以及物质主义价值观与幸福感的中介变量。结合中学生的学习生活特点以及东方文化特点，本研究着重考察了坚毅、希望与感恩这三个优势对青少年幸福的积极效应。梳理文献发现，坚毅的学生成绩更好；坚毅的人淘汰率低；坚毅的人更能胜出。Rand 等研究者归纳出希望与身心健康与人际关系等多个领域的良好适应相关。而具有较高感恩特征倾向的个体，更容易感受到外界中他人的善意，更倾向于将别人的行为理解为对自己的帮助，在自己获得积极情绪体验及恩惠时，能怀着感激之情对他人的行为给予判断和回应，并将这种判断与回应普遍化。[1] 感恩作为中华民族的传统美德，从古至今都被人们高度认可，而且越来越多的研究已经证实了感恩对人类的重要性。

因此，青少年有效识别、发展自身的性格优势，使自己具有稳定、健全、积极的美德与人格特质，有助于其获得更高的人生幸福感、更好的学业成绩，以及形成更完善的社会功能，并降低其出现行为问题的概率。为青少年在未来人生道路中获得持久稳定的幸福感提供坚实保障。

（三）如何培养积极的人格模式

1. 自我优势探索

在传统教育与自谦文化的影响下，我们容易过多关注自身的问题，关注自己的不足，而忽视挖掘自身的优势。例如，比较人类发明的语言中对优缺点的描述就会发现，描述缺点的词语比描述优点的词语多得多。语言是思维的映射，反映出我们惯有的看待他人更容易关注其缺点。而在自我认识时，也往往不能正确评价自己。所以，培养积极人格的前提是需要正确地认识自我，了解自我，包括自己的不足与优势。

如何更好地认识自我？首先，可以通过自我反省来认识自己，即往内

---

[1] McCullough, M. E., Emmons, R. A., & Tsang, J. A., "The Grateful Disposition: A Conceptual and Empirical Topography", *Journal of Personality and Social Psychology*, Vol. 82, No. 1, 2002.

心深处探索，并检视自己的想法、感受及动机的历程。其次，通过观察自己的行为来认识自己，特别是在我们不确定自己的感受如何时，我们可以从自己的通常行为来推断自己的感受，并判断自己的行为是真实反映了自己的感受还是受到了所处情境的影响。最后，还可以通过他人来认识自己，即通过与他人的比较认识自己，或者透过他人的眼睛来看自己。因此，通过个人反省、心理测试、行为梳理、同伴交流、教师引导，帮助青少年正确认识自己。积极人格培养模式的首要前提是青少年对自身优势有个正确的认知，从而肯定自我、悦纳自我。

发现自身优势之后，还需要注重对优势的培育与运用。在培养方法上，可以举行以"自画像"、"优点轰炸"、"优势大转盘"、"优势健身房"、"最佳的我"等为主题的团体活动。通过这些优势培养活动，巩固并强化自身的积极人格。合理运用首先需要避免陷入"优势陷阱"。无论个体有多少优势，只有将之发挥出来，优势才有意义与价值。在运用优势的时候，优势运用不足，产生自卑感，优势运用过度，带来自负感，这些"优势陷阱"都是需要避免的。在探索与发展优势时，需要不断扩展到新的场景、新的情境，与此同时，需要运用发展性思维，这样，青少年就会在生活中不断运用自己的性格优势，他的性格优势也会不断提升。

2. 增强积极体验

人格的形成是人外在的活动、经历内化为个体内在的结果。外在的社会活动内化为个体内在的积极品质的一个关键因素便是积极体验，或者说可以通过丰富积极体验来作为积极人格培育的切入口。积极体验是一种什么样的状态呢？它是一种个体回忆过去时的满意感、感受现在时体会到的幸福感以及展望未来时的希望感。包含感官快乐和心理享受两种。心理享受类的积极体验更多与创新或创造有关，因而也更具有价值。如何来增强青少年的积极体验呢？

（1）生命意义

生命意义感在积极心理学的研究领域作为一种重要的心理资源，受到越来越多的关注。积极心理学提出的幸福理论认为，幸福不能简单地等同于快乐，如果想感到幸福还要对生活充满意义感，幸福感应该是个体成长过程中的一种重要的心理力量。① 完善论幸福观指出幸福的核心指标是意义，虽然有意义的生活并不一定就等同于幸福的生活，但是没有意义的生活往往会伴随着深深的空虚感、寂寞感，这与幸福的生活所提倡的理念是相反的。塞利格曼指出，追求生活的意义就是"用你的全部力量和才能去效忠和服务于一个超越自身的东西"。有意义的生活不是向世界索取什么，而是思考自己能为他人以及社会做出哪些贡献。个体可以通过与周围的世界建立联系的方式来获得生命意义。这种联系除了人与人、人与物的联系以外，也包括从过去到未来的联系，它们都可以产生意义。或者说，意义不仅是超越自我的，更是超越时空的。② 幸福感影响机制研究结果表明，生命意义在自尊与幸福感之间起到中介作用，也就是说自尊可以通过生命意义来影响幸福感。要想提高对自己的评价，增加更多的积极体验，可以从培养生命意义感入手。生命意义感会受到世界观、价值观、人生观、文化观的影响。并且对人生意义的追求也是个性化的过程。作为青少年，我们要发掘并理解自己的存在，并追寻意义。青少年时期是个体身心会出现重大变化的阶段，是价值观、世界观、人生观还未成形阶段。他们面临自由与责任的冲突，拥有个性与从众的迷惘，常常"为赋新词强说愁"，意义教育便是重要一环。可以采取目标活动、生命意义探索活动，包括生命意义、多元化的生命意义、大自然体验、价值观选择、人生之旅等，通过这些活动帮助青少年培养积极的个人信念与价值观，积极探索人生的价值和意义。

（2）表达感恩

感恩既是一种短期的积极情绪，同时也是一种积极特质。例如，有的人很容易对细小的事物产生感恩的情绪，那么就认为这个人具有感恩特质。感恩和幸福感之间存在着密切的关系，已有研究发现感恩得分较高的个体对生活的满意度更高，能体会到更多的积极情感，对生活的态度更加乐观，也更加有活力，出现较少的抑郁或嫉妒等消极情绪。对感恩的体验

---

① 张敏：《大学生生命意义与主观幸福感的关系研究》，《黑龙江高教研究》2017年第10期。
② 曾光、赵昱鲲等：《幸福的科学：积极心理学在教育中的应用》，人民邮电出版社2018年版。

可以增加积极情绪的体验，提升个体的心理和生理健康水平，还会让个体对外界的消极事件进行正确的归因，从而提升幸福感。[①] 本研究结果也表明感恩既可以直接正向预测青少年幸福感，也可以通过社会支持间接正向预测。可以通过一些方法培养感恩特质，进而持续提升自己的幸福感。比如，感恩记录，即每天结束的时候，记录几件当天发生的值得感激的事情，值得感激的事情可以是很小的事情，例如，你忘了带笔，同学借你笔等这些微小的事。只要是你觉得值得感激的、给你带来了积极情绪体验的、让你觉得有意义的事情都可以记录下来。另一个方法是感恩拜访，选择一个自己想要感谢的人，然后给他写一封感恩信，然后亲自去拜访，当场表达自己的这份感激。还可以通过助人活动（影响机制研究结果表明，性格优势是亲社会行为与幸福感的中介变量）来增强青少年的感恩意识、感恩情绪以及感恩行为。

（3）铸造坚毅

青少年处于探索自我的黄金阶段，面对高速发展的现代社会，青少年在拥有越来越多机遇的同时，他们所面临的挑战也越来越多，如何帮助他们合理有效地应对这些挑战，不断发掘自己的潜力，完善自我，如何促进青少年健康幸福地成长的问题应受到重视。在对各行各业成就者的调查中发现，有一种人格特质在各个领域都具有十分重要的影响，便是坚毅。在竞争日益激烈的信息社会，想要增加青少年的积极体验，坚毅品质的铸造尤为重要，即便是面对失败、逆境、高原期等状况，仍会奋发努力和挑战，保持激情和兴趣。可以通过榜样学习、意志力培养、凸显组织文化的影响等活动来加强青少年的坚毅品质培养。

（4）拥抱希望

戈特沙尔克（Gottschalk）认为，希望包含对特定合意结果的积极预期，它能够推动一个人解决心理问题。可见，希望提供了人类追求美好生活所需的动力。心怀希望的个体经历的挫折并不比他人少，但是他们总能

[①] 孙玮玮：《青少年感恩与主观幸福感的中介效应和调节效应分析》，硕士学位论文，温州大学，2014年。

发展出迎接挑战、走出逆境的信念。他们会进行积极的自我对话，他们更关注成功而非失败，他们遇到看似不可解决的、定义模糊的大问题，会尝试着把大问题分解为一个个能够解决的明确的小问题。可以通过培养乐观人生态度、"习得性乐观训练"、"积极心态塑造训练"、"昂起头来真美"、生命意义、"均衡你的时间观"等主题活动来培养对未来充满希望的青少年。

3. 提供支持网络

在青少年积极人格培养过程中，需要教师、学校、家庭为学生提供支持网络，支持他们发展性格优势。本研究结果表明，社会支持在感恩与幸福感之间起到了中介作用。无论是家长还是教师都需要在学生因发挥优势而取得好成绩、好表现时，及时予以赞赏与表扬。青少年需要根据别人的反馈确认目前的状况和进展，因此，教师应密切关注学生的动态，在发现他们发挥优势或者发展出更强的优势时，给予积极的反馈，并且可以动员其他人一起提供语言支持、语言肯定。

引导青少年发掘自己的性格优势，增强积极情绪体验，增强积极的行动力量，真正体现了教育就是一种人格心灵的唤醒，让内在自足的德性在积极心理学的引领下唤醒、萌芽、生长，直至遇到最好的自己。

二 路径二：应对变化，升级乐观的调节方式

（一）什么是调节方式

积极人格的培养有助于青少年识别自己的优势、发挥自己的优势；识别他人的优势，利于学习与合作。而青少年具有稳定、健全、积极的美德与人格特质，为未来人生道路中获得持久稳定的幸福打下坚实基础。与此同时，作为培育青少年幸福的内部系统，还致力于帮助青少年习得应激应对方式与情绪调节策略以维护其身心健康，从而使得其对压力、负性生活事件、消极情绪进行良好的自我管理。

在此系统中调节方式包括行为动机、归因风格、应对方式与情绪调节策略这四个方面。

动机是对所有引起、指向和维持生理和心理活动过程的统称。人类的

需要是动机的基础。个体正是在各种各样需要的基础上形成了人的不同动机。动机具有激活、指向、维持和调整功能。① 面对生活中的各种现象，每一个人都会有自己的解释，对各种现象进行解释的过程，就是归因过程。归因就是关于某一结果产生原因的判断，归因理论便描述了个体是怎样来解释人们行为的。对自己的生活中的事件归因的差别会导致个体有不同的情绪和行为。归因风格（attributional style）是指个体形成的比较稳定的归因倾向，这种归因倾向中包含了个体的自己的推理，这种倾向是建立在过去的经验和当前的预期之上的。② 归因的风格与结果都会对人的后续行为产生很大的影响。青少年成长过程中会面临各种压力性生活事件以及负面情绪。如何应对应激、释放压力、调适情绪便成为青少年心理健康以及幸福很关键的技巧性因素。应对方式指个体的内部要求与外部环境要求产生冲突时，为了控制、降低或者最小化压力性事件带来的冲突和压力，个体所做出的认知和行为的努力过程。国内学者解亚宁将人们在经受挫折时采取的应对方式分为"积极应对"和"消极应对"两种。根据压力与应对方式交互作用的理论，个体的应对方式会随着压力的不同阶段而发生改变。青少年时期的个体身心迅速发展，其所面临的压力与人毕生发展的其他阶段有很大的不同，青少年群体面临压力性生活事件时所采取的应对方式也有别于其他年龄阶段的群体。情绪调节是指人们对自己或他人的情绪进行管理、控制、约束与执行的过程。情绪调节的核心特点是，搁置本能反应，代之以更具适应性的反应。这里的更具适应性的反应需要借以特定的方法与策略，这些方法与策略是可以通过训练与学习获得或改善的。情绪调节对个体的适应、身心健康以及幸福获得具有重要作用，如果缺乏这种能力，将会导致个体出现心理障碍与问题。

（二）为什么调节方式会影响幸福感

青少年阶段是从身心不成熟向成熟过渡的重要阶段，他们面临巨大的

---

① 彭聃龄：《普通心理学》，北京师范大学出版社2012年版。
② Seligman, M. E., Abramson, L. Y., Semmel, A. & Baeyer, C., "Depressive Attributional style", *Journal of Abnormal Psychology*, Vol. 88, No. 3, 1979.

学业压力、考试压力、交友压力、发展压力等各种压力与生活事件，这些压力与事件带来的后果就是青少年表现出消极情绪反应。如何调试这些负面效应对青少年的身心健康与幸福产生重要影响。调节方式对幸福感的积极作用主要取决于以下三个因素。

1. 行为动机

动机是对所有引起、指向和维持生理和心理活动过程的统称。个体的各种需要形成了人的不同动机。比如生理性动机与社会性动机，其中，与青少年联系较为紧密的社会性动机包括兴趣、成就动机、交往动机、学习动机等。对于青少年而言，学习压力以及学业成就对他们的情绪体验以及幸福感的获得有着十分重要的影响。因此，这里重点阐述学习动机与幸福感的关系。学习动机表现为对学习的意向、愿望或兴趣等形式，对学习起着积极推动的作用。结合本研究结果以及已有研究结果表明，学习动机不仅可以直接影响青少年在学习行为中的努力程度、注意力水平和对学习的准备程度，也可以通过青少年的学业成就来提升青少年的幸福感，还可以间接地通过学习行为以及学习成绩来提高他们的生活质量、增强自我效能感、保持心理健康来促进青少年对幸福感的获得。

2. 归因风格

归因风格是个体稳定的归因倾向，这代表了个体在生活中对不同事件的反应倾向和认知倾向。积极的归因风格反映了个体的积极乐观心态以及正向的应对方式，拥有积极归因方式的个体幸福感会更高；而消极的归因方式意味着个体的消极思维和情感以及不适当的应对方式，采取消极归因解释生活的个体幸福感也较低。国内外对归因风格与幸福感关系的研究得到了比较一致的结果：归因风格对幸福感有显著的预测作用。Tennen 等发现，消极的归因风格可能会导致个体较难体验到幸福感，而积极归因风格的个体主观幸福感较高。[1] 对积极结果进行内部、可控、稳定的归因的个体幸福感会更强，对消极结果进行此种归因虽然也对主观幸福感有预测

---

[1] Tennen H., Ameck G., "Blaming Others for Threatening Events", *Psychological Bulletin*, Vol. 108, No. 2, 1990.

作用，但不如对积极结果进行这种归因的预测作用强。对积极事件进行可控性归因和内归因主观幸福感较高，而对消极事件进行稳定性、可控性、内在性以及整体归因主观幸福感也较高。① 不同的归因方式对青少年的幸福感会产生直接或间接的影响。

3. 应对方式

压力性生活事件会对青少年心理健康和幸福感带来不利影响，而应对方式则在其中起到了重要的作用。关注应对方式在压力性生活事件与青少年幸福感之间的作用机制，以指导青少年有效地应对社会心理应激，对青少年生活质量的改善和提高有着重要的现实意义。应对方式的使用一般是有意识的，特意实施的，具有情境针对性的。有关主观幸福感的适应和应对理论强调，有效的应对方式有助于形成较高主观幸福感和生活满意度。在面临压力性生活事件时，青少年采取积极的应对方式有助于缓解应激性事件对其主观幸福感的负性影响，而采取消极的应对方式则会降低其主观幸福感。大量研究也证实，青少年应对方式与心理健康和主观幸福感密切相关，应对方式不同，个体的幸福感水平也在发生变化。采取不同的应对方式对青少年主观幸福感的提升有重要影响。积极的应对策略能够对应激起缓冲作用，从而缓解个体的负性情感，对维持个体积极的情绪体验和生活满意度起到增益作用。情绪调节也是应对方式的一个方面，它不仅影响个体的认知过程，也影响到个体对情境的适应与人际交往。同时，还有研究表明，情绪调节影响学生的学业成就、社会关系以及幸福感等。② 本研究第四章研究结果也表明了情绪调节在坚毅、希望与幸福感之间起到中介作用。

（三）如何升级乐观的调节方式

1. 培养激发适度动机

动机具有性质和强度的区别。心理学研究表明，动机强度与工作效率之间呈倒 U 形曲线关系。即动机为中等强度时任务完成的效果最好。耶

---

① 王增文：《高职大学生应对、归因方式与主观幸福感的关系》，《中国健康心理学杂志》2010 年第 6 期。

② 刘启刚：《青少年情绪调节：结构、影响因素及对学校适应的意义》，博士学位论文，吉林大学，2009 年。

克斯—道德森定律进一步考察了不同难易程度的任务、不同动机水平对工作效率的影响，结果表明不同任务都有一个最佳动机水平，面对困难的任务，动机处于较低时任务完成更好；随着任务难度的降低，动机提高会更利于工作效率的提升；当面对较容易的任务时，动机处于高水平时效率更高。综合动机的本能论、行为论、认知论、人本论等理论，在根据不同任务培养与激发学生的学习动机时，要注意根据需求层次链，首先需要满足学生的基本需要，提供需要支持。其次，坚持以内部动机作用为主，外部动机作用为辅。在内部学习动机的培养与激发中，教师可以采取情境式启发，激发青少年求知欲，帮助学生进行目标管理，针对学习结果指导学生进行正确归因等方法；在外部学习动机培养与激发中，教师与家长可以打造优质的学校环境，创设良好的学习心理环境；教师对青少年的学习结果及时恰当反馈，并对学生的表现进行正确评价与鼓励。

2. 运用合理归因方式

归因方式与学习动机、自我效能感、生活满意度、幸福感有着密切关系。合理恰当的归因方式无疑会对学生学习过程中的努力程度、方法与策略、情绪与行为等方面产生重要的影响。海德的二分法归因，即将归因分为内部归因与外部归因，二分法归因在青少年的生活中发挥着重要作用。例如，关系良好的青少年对人际交往所作出的归因与关系糟糕的青少年所作出的归因有着很大的差别。为了缔结良好的人际关系，对对方的正性行为宜做内部归因（他之所以帮助我，是因为他是一个乐于助人的人），而对对方的负性行为宜做外部归因（他之所以没有帮助我，是因为他也没有）。维纳（B. Weiner）的成败归因理论在青少年的学习生活中也有很多的应用。他将各因素纳入内在外在、稳定不稳定、可控不可控三个维度内。不同的归因模式会对以后的学习行为、责任等产生重大的影响。可以通过积极归因训练，帮助青少年形成合理的归因形态，从而更好地调动学习积极性、培养良好习惯、健全人格、提升幸福感。

3. 习得积极应对方式

（1）积极认知——认知重评策略

认知重评策略指改变认知策略。一个有效适应压力的方法便是改变你对应激源方式的自我挫败认知。可以换一种方式来考虑你所处的情境、你所扮演的角色以及在解释那些出乎意料的结果时采用的归因模式。认知重评的方式有两种：一是重新评价应激源本身的性质；二是重新建构你对应激反应的认知。学习换一种方式、转化一个考虑问题的角度、重新标定这些应激源，或者想象它们处于较小威胁的情境中，这都是用以减轻压力的认知重评方式。

其中心理学家阿尔伯特·埃利斯（Albert Ellis）提出情绪 ABC 理论便是认知重评策略的运用。该理论主张通过改变个体对激发事件的认知与评价，可以更好地进行情绪管理与调节。可以采取应激思想免疫法来进行认知重评训练与培训。

（2）积极行为——行为调节策略

除了改变认知，还可以通过对自己的行为进行控制或者改变来实现对应激源的积极应对。主要包括以下策略：一是合理表情策略。合理表情策略也叫情绪转换策略。采用恰当适宜的表情，是调节方式最为关键的策略，它有利于个体幸福、和谐人际关系以及团体紧密。在人际交往中，情绪调节能力强的个体并不是压抑自己的表情，而是能够在瞬间根据当前所处情境以及当前任务迅速改变自己的不利情绪，如把愤怒转换为笑，把悲伤转换为动力等。二是体育锻炼方式。身心一体理论认为，由于个体的身体和心理之间紧密的联动效应，身体和心理应被视为不可分割的整体。人的身体和心理功能紧密关联。研究发现，经常锻炼的人比不常锻炼的人有着更健康的生理指标以及更高水平的积极情绪体验。[①] 且幸福感影响机制研究结果表明，体育锻炼能够正向预测青少年幸福感，也可以通过积极情绪间接正向预测幸福感。可能是由于人体在适当的锻炼过程中会分泌缓解压力的激素，释放增进愉悦情绪的激素，比如多巴胺等。由体育锻炼产生的积极情绪也是个体进一步参与体育锻炼的动力，这种动力有助于个体长期进行体育锻炼。基于实证研究结果，学校与家庭营造体育锻炼氛围，青

---

① Kanning & Schlicht, "Be Active and Become Happy: An Ecological Momentary Assessment of Physical Activity and Mood", *Journal of Sport and Exercise Psychology*, Vol. 32, No. 2, 2010.

少年个体养成运动的良好习惯，既可以强身健体，促进学习效率，还可以增进积极体验，进而提升幸福感。三是注意力分配。通过分散或集中注意力，来控制自己的行为与情绪。比如，害怕打针的人，可以在抽血时回忆一下让自己觉得幸福的事情。另外，合理宣泄、自我安慰、自我暗示、松弛练习、音乐食物疗法等都是积极应对方式策略，可以帮助青少年调适压力与不良情绪。

第二节 培育青少年幸福感的外部系统：社会支持系统

从布朗芬布伦纳的生态系统理论来看，家庭、同伴群体和学校是青少年生活、学习和成长的典型微观系统，在这些环境中，青少年直接与父母、同伴和教师交往，他们成为青少年的最为重要的成长背景。而此时，家庭、同伴群体和学校之间的相互联系则构成了青少年成长的生态系统的第二层：中间系统。布朗芬布伦纳认为，如果家庭、同伴群体和学校之间具有加强的支持性关系，那么就会帮助青少年实现最优的发展。这也就会促进青少年获得更多的社会支持资源，感受到更多的幸福感。事实上，作为青少年，面对各种学业、考试、人际交往等压力性生活事件，带来许多困扰与不适，所以压力系统必定对个体的幸福感产生影响。而由家庭、学校、同伴三方力量组成的支持系统可以有效缓解压力系统带来的消极效应。外部的压力与支持两大系统既可以直接对幸福感产生影响，又会对青少年个体内部系统产生作用。正是在外部与内部相互作用下，内外情境、认知、行为等要素在动力系统、控制系统与支持系统的应对调节与缓冲下共同作用于青少年幸福感。本部分从社会支持系统的角度出发，具体提出青少年幸福感的三条培育路径。

一　路径三：注重温情，建构良好的家庭网络

（一）什么是家庭系统

在众多的学科中，目前，对家庭的研究最为系统、成果最多的当数

发展心理学。从发展心理学的视角来看，家庭指两个或更多的人通过血缘、婚姻收养或选择而形成的关系，个体之间既有情感联系又相互负责。在20世纪四五十年代，研究者对家庭的研究侧重点在于母子关系，但是他们很快发现，家庭并不等于母子关系，家庭可能比单向的单一关系更复杂。当前，心理学认为家庭应当被视为一个家庭社会系统（family social system），也就是以三口之家或更多的家庭成员为特征的交互作用的影响模式，一个复杂的关系网络。以中国计划生育政策（一个孩子）实施之后的传统核心家庭为例，这个家庭的成员由母亲、父亲和第一个（唯一的）出生的孩子组成，即使是这种最简单的母亲—父亲—青少年组成的系统也是一个复杂的整体。青少年与母亲的交往已经涉及交互影响的过程，例如，儿子通常与母亲更加亲近，在放学回家之后，母亲通常会对儿子嘘寒问暖，询问在学校的各种情况，儿子通常也会饶有兴致地讲述。当父亲参与进来之后又会发生什么呢？如果这个父亲与妻子的婚姻关系较好，或者与儿子的依恋关系较好，那么父亲很有可能加入这个谈话，并进一步讨论一些更具有"社会性的"、"男人的"话题，此时，儿子的谈话兴致可能会更高。如果这个父亲与妻子的婚姻紧张，或者与儿子的依恋关系较差，那么很有可能这里的母子对话会结束。可以看出，这里的母子二人关系已经在瞬间转变成了由夫妻关系、母子关系和父子关系组成的复杂系统。

　　家庭不仅是一个复杂的关系网络，而且还是一个发展的关系网络。在中国的传统社会中，青少年的成长总是具有家族或宗族的背景，他们生活在一个由血缘联系起来的更大的家庭中。这种扩展的家庭（extended family），是指由超出核心家庭的有血缘关系的成员（如祖父母、叔叔伯伯、姑姑婶婶、侄女、侄儿等）共同生活所组成的家庭。在当代的中国社会中，随着计划生育政策的不断调整和变化，由母亲、父亲和唯一子女组成的核心家庭可能会逐渐减少，较为常见的是多个子女的家庭，这也与西方社会的家庭成员现状较为相似。除了家庭成员的变化，家庭中每个个体的发展以及两个个体之间的关系也会影响家庭这个系统。例如，研究发现夫妻关系、亲子关系和兄弟姐妹的关系都会以一定的方式影响每个家庭成员的发展。① 同时，社会系统观点还强调所有的家庭都是嵌套在较大的文化或亚文化背景中的，家庭所在的小的生态环境（如家庭的宗教信仰、社会经济地位、亚文化中流行的价值观念、社区，甚至是邻里等）也会影响家庭的交互作用以及家庭中儿童青少年的发展。例如，中国传统文化中"孟母三迁"的故事就是在说明孟子的母亲在有意识地选择一个更利于孟子成长的"小的生态环境"。

（二）为什么家庭会影响幸福感

家庭作为一个复杂的关系网络，是青少年人格形成最重要的后天影响因素，是青少年社会化的重要场所，毫无疑问，它会对青少年的幸福感产生重要影响。根据本书提出的青少年幸福感影响机制作用模型，家庭作为青少年社会支持系统的重要部分，不仅能够缓解压力系统的消极影响，而且还可以直接促进青少年形成积极的人格特质，并采用积极的调节方式，从而增强青少年的幸福感。本书的调查研究发现，亲子依恋的质量可以显著地预测青少年的幸福感；生活事件对青少年幸福感具有削弱的作用，而社会支持（包括家庭支持、同伴支持和学校支持）会缓冲这种负面影响。此外，调查研究还发现心理资本（如感恩）对青少年幸福感的积极影响，是通过社会支持实现的。家庭系统的这些积极作用主要取决于以下三个因素：

其一，亲子依恋质量。依恋（attachment）是指子女与看护者（如父母）之间亲密、互惠、情感上的关系，以相互喜爱和保持亲近的需求为特征，这种关系是子女与看护者的双向关系，产生于婴儿期，并伴随个体的一生。不同的个体对同一个依恋对象（如母亲）的依恋质量存在个体差异，不仅如此，值得注意的是，青少年对不同的对象的依恋质量可能存在差异。例如同一个青少年，可能与母亲是安全型依恋，而与父亲是非安全型依恋，在生活中常见的现象就是同一个子女与父母的关系"有近有远"。习性学理论认为，子女在与其父母长期的交往中形成了对他人与自己的认知图式，并用这种认知图式来解释事件并形成对人际关系的期望。这种认知表征被称为内部工作模式，它会对青少年的人格形成、人际关系

---

① ［美］Shaffer & Kipp：《发展心理学》第九版，邹泓等译，中国轻工业出版社2016年版。

以及应对方式产生深远影响。

其二，家庭教养方式。家庭教养方式主要是指父母如何教育子女，发展心理学指出了教养方式的两个重要维度：① 接纳或回应是指父母对孩子表现出的关爱和支持的程度；要求或控制是指父母对孩子限制和监管的程度。这两个维度的高低搭配会产生四种教养方式：专制型、权威型、放任型和不作为型，其中将对子女的关爱和对子女的控制合理搭配的权威型教养方式最有利于子女的社会性发展。在这种家庭环境中，子女可以获得足够的社会支持去应对压力事件，并且可以不断获得各种调节自我的方法以及社会规则，从而极大地提升了青少年的幸福感。

其三，父母教育卷入质量。父母教育卷入是指"父母卷入子女的学习等教育活动，主要包括家长教育孩子的理念，对孩子的发展预期及其为了使孩子获得更好的学业成就、更佳的心理发展而表现出来的行为"②。大量研究发现父母教育卷入能够促进儿童青少年学业、社会性和认知发展，根据本书的理论模型，父母教育卷入可以促进青少年的调节系统，直接影响动力系统、认知系统和行为系统之间的相互关系，从而促进青少年的幸福感。

（三）如何建构良好的家庭网络

经过上文的分析，建构良好的家庭系统应当从三个方面着手：

其一，建构安全型的依恋关系。安全型依恋的表现是子女喜欢和亲密陪伴者在一起，并且将其作为探索外部世界的"安全基地"。依恋关系形成的关键期在婴幼儿，促进安全型依恋的抚养方式包括6个特征：③（1）敏感应对，能正确地、及时地应对孩子所发出的信号。（2）积极情感，对孩子表达父母的关爱。（3）同步互动，父母与孩子之间形成默契的交往模式。（4）注重交互，父母在与孩子的交往中，需要形成同样的关注点。（5）提供支持，对孩子的活动给予密切的注意和情感支持。（6）合理引导，注重对孩子的行为进行引导。

---

① ［美］Shaffer & Kipp：《发展心理学》第九版，邹泓等译，中国轻工业出版社2016年版。
② 郭筱琳、周寰、窦刚等：《父母教育卷入与小学生学业成绩的关系——教育期望和学业自我效能感的共同调节作用》，《北京师范大学学报》（社会科学版）2017年第2期。
③ ［美］Shaffer & Kipp：《发展心理学》第九版，邹泓等译，中国轻工业出版社2016年版。

其二，倡导权威型的教养方式。权威型教养方式的突出特点是灵活、民主，父母在温暖、接纳的情感氛围中对子女进行指导和控制，同时在决定如何更好地应对挑战和履行义务时，给予孩子发言权。①青少年面临的主要的发展任务是获得成熟而健康的自主性，也就是说，青少年要在不过于依赖他人的情况下独立地做出决定并管理自己的生活事务。此时，如果父母认识到并承认青少年有更大的自主性需求，并逐渐放松管制，青少年很可能会获得适当的自主性、成就定向及其他的良好适应。

其三，提高父母教育卷入的质量。研究者认为高质量的父母教育卷入具有6个特征：（1）结构化，即父母对子女的教育、教学活动的指导应当具有清晰、明确、一致的特点，子女知道相应事件中父母的态度（如对听讲的重视）及事件的后果（如未完成家庭作业）。（2）自主性，是指在子女的教育教学活动中，充分发挥子女的主动性，积极地解决相关问题。（3）强调过程，即父母要强调努力完成学习任务，坚持不懈的学习过程，鼓励掌握知识、解决问题，而不是以成绩为目标。（4）情感支持，父母在参与孩子的教育活动时，表达出对孩子的欣赏、信任以及对孩子不足的接纳，给予孩子足够的积极情感支持。（5）父母共同卷入，不仅仅是母亲，父亲也应该参与子女的教育，并且提高父母在教育卷入行为中的一致性。（6）积极感知，让子女感受到父母的自主性、过程性和情感性支持，促进子女接受父母的教育卷入。②

二 路径四：珍视益友，缔结良性的同伴关系

（一）什么是同伴关系

桑特洛克认为同伴（peer）就是一群年龄相仿或成熟度相同的儿童或青少年。同伴交往最显著的特点在于交往的个体具有相同的社会地位，而且同伴之间往往具有共同的兴趣或目标。同伴交往不仅发生在现实的情景

---

① ［美］约翰·W. 桑特洛克（John W. Santrocks）：《发展心理学：桑特洛克带你游历人的一生》，田媛等译，机械工业出版社2017年版。
② 罗良、吴艺方、韦唯：《高质量父母教育卷入的特征》，《北京师范大学学报》（社会科学版）2014年第1期。

中，它也依赖信息技术的革新，以同伴网络社交的形式存在。我们把青少年的同伴、同伴关系以及同伴网络社交的活动视为青少年生活中的同伴背景。在父母与青少年的亲子关系中，父母与青少年的社会互动并不是对等的，父母一般拥有更多的权力，青少年则处于从属地位。而在同伴交往中，青少年拥有同等的地位和权力，他们必须学会理解彼此的观点，相互协商、妥协、合作，才能完成共同的目标。

青少年的同伴往往以同伴群体（peer group）的形式出现，它是一个相对固定的交往联盟，限定了成员资格，制定有群体规范，并且具体规定群体成员的穿着、思维和行为方式。在同伴群体中，青少年定期互动，产生了自己的规范和等级组织，同时这个同伴群体还为个体提供了归属感。通常关系更为紧密的4—8个同性别的青少年会组成一个"小帮派"，他们拥有相似的价值观和活动兴趣。在更大的范围内，具有相似规范和价值观的几个"小帮派"常常结合成更大的、更松散的小团体。当青少年开始脱离家庭，塑造自我统一性时，这些非正式的团体就给他们提供了一个环境，容许青少年表达自己的价值观，并且不断尝试新的角色。同性别的群体为青少年个体探索如何与异性交往提供了一个安全基地和"智囊团"，而伴随着性别界限的打破，当异性的小团体形成时，青少年则有更多的机会在非正式的社会情境中了解异性，这无疑会有利于青少年的社会性发展。这些各种不同的非正式团体就构成了青少年生活的重要同伴背景。与此同时，在信息化的时代中，这些同伴交往常常以网络社交的形式进行。我们的调查研究显示，大多数青少年都有使用社交软件进行同伴交往的经历，而且有时青少年与线上朋友聊天的时间比线下朋友还要多；他们都认为网络上的交往是他们与同伴进行交往的重要组成部分。

当青少年与同伴群体中的某个个体开展持续的、深入的交往时，友谊就诞生了。这里的朋友关系比同伴关系更亲密，相互卷入也更多。有些青少年会有好几个亲密的朋友，有些只有一个，甚至没有。研究发现青少年友谊的功能可分为以下6种：（1）陪伴友谊为青少年提供一个熟悉的、参与合作活动的伙伴。（2）刺激友谊为青少年提供了有趣的信息和娱乐。（3）物质支持友谊为青少年提供了资源和帮助。（4）自我支持友谊提供了支持、鼓励和反馈,有助于青少年保持良好的自我形象。(5)社会比较友谊提供一些与他人对比的信息。(6)亲密/情感友谊在青少年与另一个个体之间确立了温暖的、亲密的、信任的关系。①

(二)为什么同伴关系会影响幸福感

青少年的同伴、同伴关系以及同伴网络社交的活动构成了青少年生活、学习的重要背景,这个同伴背景涉及青少年的认知性发展、社会性发展、性别认同及其他一系列重要主题,也会对青少年的幸福感产生重要影响。根据本课题提出的青少年幸福感影响机制作用模型,同伴背景作为青少年社会支持系统的重要部分,不仅能够缓解压力系统的消极影响,而且还可以直接促进青少年形成积极的人格特质,并采用积极的调节方式,从而增强青少年的幸福感。本课题的调查研究发现,良好的同伴关系、较高的同伴质量可以显著地预测青少年的幸福感,其中重要的中间环节是教师支持的增强。但是,与家庭相比,同伴背景对青少年幸福感的影响更为复杂,除了积极的一面,实际上还具有中性和消极的一面。例如,我们的调查研究发现合理地使用网络社交会提升青少年的幸福感,因为这里的网络社交让青少年获得了更多的社会支持。而在现实生活中经历的同伴欺负则会明显削弱青少年的幸福感,同伴欺负具有明显的消极影响。同伴背景的这些复杂作用主要取决于以下三个因素:

其一,同伴关系质量。较高的同伴关系质量反映了青少年较高的人际能力,这样的青少年更容易被同伴接纳,能够在群体中有效地发起互动,并且也能对其他青少年的邀请做出积极回应。因此,他们在融入群体活动时,会更容易地理解正在进行的相关活动,并对进行的活动提出有建设性的意见。相反,那些爱出风头、自私自利的个体经常破坏群体活动,也就很难建立良好的同伴关系。这种青少年较高的"人际能力"实际上就是个体较高的社会认知技能和社交技巧,它促使青少年建立起良好的同伴关系,而这种同伴关系正是青少年社会支持系统的核心成分之一。

---

① [美]约翰·W.桑特洛克(John W. Santrocks):《发展心理学:桑特洛克带你游历人的一生》,田媛等译,机械工业出版社2017年版。

其二，网络社交使用。网络社交对青少年的影响呈现出双面的特点，其影响的结果是积极还是消极在很大程度上取决于使用网络社交的方式以及网络社交的内容。比如，在线交流为青少年营造了一个更为"私密"和"安全"的交流环境，在这个情境下，青少年可以更好地探索如友谊、烦恼或令人羞愧的事情，因此，网络社交使用会对青少年的各方面产生积极影响。但是，如果青少年沉溺于电子游戏或网络上的色情信息中，就会增加青少年在冲突问题解决中使用攻击性行为的可能性，并且不利于青少年在现实世界中建立良好的异性关系。

其三，同伴欺负经历。青少年受欺负的经历通常与青少年的攻击行为联系在一起。这种意图从身体、言语或关系层面伤害他人，并且被受害者尽力避免的行为，是导致青少年幸福感降低的负面因素。欺负经历不仅使青少年产生敌意归因偏见，导致个体倾向于将模糊情景中的伤害行为解释为由他人的敌意造成的；而且，还会引发青少年出现各种适应问题，例如孤独、焦虑、抑郁，不断降低的自尊以及严重的厌学情绪。

（三）如何缔结良性的同伴关系

经过上文的分析，我们认为缔结良性的伙伴关系应当从三个方面着手：

其一，提高同伴关系质量。提高同伴关系质量的关键在于提升青少年的社会能力，即青少年在同伴交往中保持与他人积极关系的同时达成个人目标的能力。这需要从认知和情绪两个方面着手。在认知层面，需要提升青少年的观点采择能力，促使青少年达到社会角色采择的水平。在这个水平上，青少年将他人的观点放在自己建构的社会系统（即对"概化他人"的看法）中加以比较，也就是说，青少年已经意识到处于相同社会群体或地位的个体会有相似的观点。在情感层面，需要提升青少年的情绪能力，它包括情绪表达、情绪理解、情绪调节能力。[①] 在幼儿阶段进行角色扮演游戏是促进幼儿间亲密关系发展的关键，学龄阶段与他人适宜玩耍是发展社交技巧与友谊的重要方式，青少年阶段与朋友良性互动、保持良好的友谊

---

① ［美］Shaffer & Kipp：《发展心理学》第九版，邹泓等译，中国轻工业出版社2016年版。

有利于发展他们的自我认同与归属感。① 这些均能提高同伴关系质量。

其二，合理使用网络社交。良好的网络社交促进了青少年的幸福感，而同时网络社交中的电子游戏以及色情、暴力信息则会带来负面影响，因此，促进青少年幸福感的关键在于如何合理使用网络社交。研究者给家长提供了5条教育建议：（1）父母要学会使用网络工具，了解其中的规则和限制。（2）把计算机放在家人经常走动的地方，让青少年有更多的机会参与家庭活动。（3）提前计划家庭活动，并让孩子参与其中。（4）适度限制孩子的上网时间，规定用于上网的时间必须和参与其他活动的时间差不多。（5）适当监控上网活动，并积极交流。留意孩子的浏览内容，进行相互尊重的、积极的交流。

其三，预防同伴欺负。首先，对于教师来说，在班级管理中要制定明确的规则，进一步培养青少年的自律道德。在惩罚技术中倡导更多地使用引导说服，主要说明具体不当行为的原因及其给他人带来的不良影响，通常也会向青少年提供弥补过失的建议。在个体层面，教师和家长应当帮助青少年解决冲突，抵制攻击行为，例如：（1）创造非攻击性的环境，家长和教师可以拿走具有攻击性意味的物品，并限制青少年接触暴力电视节目以及电子游戏的机会和时间。（2）忽视并非非常严重的攻击行为，取消"关注"奖赏的同时，对合作和分享（这类行为与攻击行为不能同时并存）进行强化。（3）进行一系列的认知技能训练：寻找与伤害相关的非敌意线索；学会控制愤怒情绪；找到应对冲突的非攻击性解决方式。

三 路径五：润物育人，打造优质的学校环境

（一）什么是学校环境

在家庭之外，学校是对青少年影响最大的正式机构。很显然，青少年需要在学校里进行系统的学习，才能适应他们所处的时代。青少年在学校里获得了大量的知识和学业技能，例如阅读、写作、数学、外语、自然科

---

① 曾光、赵昱鲲等：《幸福的科学：积极心理学在教育中的应用》，人民邮电出版社2018年版。

学和社会科学的知识等。不仅如此，各个国家的教育主管部门都十分重视青少年的培养目标，例如我国在基础教育领域就提出了青少年应具备的适用于可持续发展的"核心素养"教育目标，它涵盖了文化基础、自主发展、社会参与三个方面。在"核心素养"培育目标的指引下，学校通过提供正式课程和非正式的各种活动，全面促进青少年的健康发展。在正式的课程里，学校通过传授给青少年的基本知识、策略和解决问题的方法（包括概括和抽象能力），促进他们的认知和元认知能力的发展，这些能力帮助青少年更好地适应当前的信息化社会。在非正式的活动里，教师、家长教会青少年如何适应自己的文化，期待学生能够遵守规范制度，与同学合作，尊重权威，做一个合格的社会成员。

学校是青少年社会化的最重要的场所，学校不仅向学生传授知识，帮助青少年为日后继续接受教育、工作以及经济独立做好准备，还会影响他们的社会性和情绪发展。学校的正式教育具备很多不可替代的作用，例如正式教育对于智力发展、思维方式以及问题解决方法的促进，在缺乏学校教育的环境是基本不可能实现的。研究[1]认为有效的学校教育应该可以提高学生的学业成绩和社交技能，培养社会公德和社交礼仪，形成积极的学习态度和健全人格，并且让学生在达到义务教育所规定的年限后仍能继续学习，并最终获得就业所需要的技能，培养所需要的素质。对于青少年来说，学校并不是一个抽象的存在，它是青少年生活的重要情景，青少年的绝大多数时间都是在学校度过的。他们能够直接感知到与教师的关系、与班级中同学们的关系以及与学校的关系。我们认为青少年所处的学校氛围就是指师生关系（包括教师支持）、班级氛围、学校认同，这些因素共同构成了青少年在学校生活的重要环境。其中师生关系主要是指教师与青少年之间的、以师生为角色进行互动的人际关系。班级氛围指班级的和谐稳定程度，表现为积极互动，频繁冲突少等不同层次差异。[2] 学校认同指个

---

[1] ［美］Shaffer & Kipp：《发展心理学》第九版，邹泓等译，中国轻工业出版社2016年版。
[2] Gazelle H., "Class Climate Moderates Peer Relations and Emotional Adjustment in Children with an Early History of Anxious Solitude: A Child × Environment Model", *Development Psychology*, Vol. 42, No. 6, 2006.

体意识到成为学校成员给自己所带来的情感和价值意义。[①]

(二) 为什么学校环境会影响幸福感

青少年在学校学习、生活的过程中，对学校氛围的感受具有层级性：与青少年直接接触的同学，不仅构成了青少年成长重要的同伴背景，并且这些同学在班级情境中变为重要的班级氛围，即在我国初中和高中的教育实践中所讨论的"班风问题"。同样，在学校中，与青少年接触最多的成年人是教师，从维果斯基提出的社会文化理论来看，教师作为成熟的社会成员，其在教育情境中最大的作用，就是将适应于这个文化的认知方式和认知工具传授给青少年，从而促使他们更好地融入社会，成为一个合格的社会成员。在抽样的层面上，青少年对学校的归属感也是学校氛围中不可或缺的部分。我们的调查研究发现，良好的同伴关系、较高的同伴质量可以显著地预测青少年的幸福感，其中重要的中间环节是教师支持的增强。而青少年感受到的感知班级氛围则会促进幸福感，其中最为重要的是感知氛围提高了青少年的自尊水平。同样，学校认同也会通过提高学生的自尊，从而促进其幸福感。学校氛围的积极作用主要取决于以下三个因素：

其一，师生关系（包括教师支持）。师生关系主要是指教师与青少年之间的、以师生为角色进行互动的人际关系，教师作为教育者以及青少年心目中的权威人士，对青少年的认知发展以及社会性发展都具有重要的影响。教师作为社会规则和社会道德的"代言人"，对于学生的支持，具有正强化的作用，会让学生认为自己的所作所为是正确的，是受人欢迎的，因而会提高青少年的幸福感。

其二，班级氛围。班级氛围是校园心理环境的重要组成部分。[②] 积极的班级氛围在很大程度上可以为青少年提供一个良好的同伴群体，从而为青少年提供了一个可以使用的社会支持系统，为其提供接纳与情感支持，

[①] 黄四林、韩明跃、宁彩芳、林崇德：《大学生学校认同对责任感的影响：自尊的中介作用》，《心理学报》2016年第6期。

[②] Gazelle H., "Class Climate Moderates Peer Relations and Emotional Adjustment in Children with an Early History of Anxious Solitude: A Child × Environment Model", *Development Psychology*, Vol. 42, No. 6, 2006.

从而帮助青少年应对各种压力事件。同时，良好的班级氛围有利于青少年发展他们的自我认同与形成较好的归属感。

其三，学校认同。学校认同是指个体意识到成为此学校成员给自己所带来的情感和价值意义。[①] 青少年时期的学生对父母的依赖逐渐减少，他们的生活环境与心理环境主要围绕学校展开。基于社会认同理论，学校认同可以提升青少年的个体自尊和集体自尊，尤其是集体自尊会让青少年感受到作为学校的一分子的自豪感和荣誉感，因此会提升其幸福感。

（三）如何打造优质的学校环境

经过上文的分析，打造优质的学校环境可以从以下三个方面着手：

其一，提升师生关系质量。由于在提升师生关系的互动中，教师的社会地位相对较高，属于在关系互动中占据客观优势的一方，因此，研究者认为提升师生关系的质量应该主要从教师这一方着手。[②] 主要的策略包括：（1）建立平等的师生互动关系，保障学生合理、合法的权益，让学生有机会发表自己的观点，并积极地参与班级管理。（2）学会使用强化技术。比如对正面的、积极的行为，教师应该通过口头表扬等形式进行正强化。而对于负面的、消极的行为，教师应当撤销对学生的有益刺激，进行负强化。（3）激发学生学习的主动性。通过激发学生的学习兴趣，提高学生的学习动机，促使青少年将主要的学习任务完成好。（4）尊重学生的个体心理差异。考虑到不同学生的不同人格特点，在交往以及教育时，应使用不同的策略，做到因材施教。

其二，改善班级氛围。班级氛围主要是指班级中同学之间的关系，改善班级氛围需要从三个层面入手：（1）教师层面，应该制定适合班集体的"班规"，并监督同学们严格执行。（2）班级层面，应鼓励班干部积极执行"班规"，建构班级的特色与文化。（3）个体层面，学习如何以非暴力的手段解决同学之间的冲突。

其三，增强学校认同。有研究针对如何增强大学生的学校认同提出了

---

① 黄四林、韩明跃、宁彩芳、林崇德：《大学生学校认同对责任感的影响：自尊的中介作用》，《心理学报》2016年第6期。

② 韩江：《优化师生关系 提升教学质量》，《教育理论与实践》2007年第27期。

若干建议,① 我们认为其中的几条对于提高青少年对学校的认同具有十分重要的借鉴意义。这些建议包括:(1)重视学校文化的建设;(2)营造良好的学习学术氛围;(3)建立校园互动交往渠道;(4)构建学生参与管理决策平台。

---

① 丁甜:《大学生学校认同前因及结果的实证研究》,硕士学位论文,湘潭大学,2012年。

第六章

青少年幸福感研究的结论及展望

第一节 青少年幸福感的研究结论

一 总体幸福感的概念与测量

在梳理已有文献的基础上，通过对幸福感概念的整合，将总体幸福感界定为既包括评价者根据自定的标准对其生活质量的整体性评估而产生的体验，也包括那些不以自己主观意志为转移的自我完善、自我实现、自我成就，还包括个体对自己与他人、集体、社会之间关系质量以及对其生活环境和社会功能的自我评估。当个体有较高的生活满意度，且积极情感多于消极情感时；当人的心理机能处于良好状态，人的潜能得以充分实现时（具体来说，即重视积极的自尊、社会服务、生活目的、友好关系的普遍意义）；当个体能融入社会，感觉到归属感、认同感、贡献感、实现感以及和谐感时，他都能体验到幸福。总体幸福感的测量维度包括主观幸福感、心理幸福感与社会幸福感。青少年幸福评价体系包含总体幸福感、总体幸福指数与具体生活满意度。

二 青少年幸福感的现状与特点

采取整群随机抽样法，以全国东北、中部、西南14所学校的5249名中学生为研究对象进行的问卷调查发现：青少年的总体幸福感处于中等偏下水平，青少年的幸福指数处于中等偏上水平，具体生活满意度中，由高到低依次为家庭满意度、学校满意度、环境满意度、友谊满意度、自由满意度、学业满意度。总体而言，青少年幸福状况不容乐观：幸福感的平均水平不高，低幸福感青少年比例较大，表明青少年的幸福状况还有很大的提升空间。

青少年总体幸福感在人口学变量上的差异分析表明：（1）其性别差异显著，男生总体幸福感要高于女生；具体生活满意度方面，学业满意度与自由满意度上男生显著高于女生；家庭满意度、环境满意度以及学校满意度方面，女生显著高于男生。（2）青少年总体幸福感的年级差异显著，初中生的幸福感高于高中生，高一的幸福感高于高二、高三年级，即青少年幸福感随年龄增长呈下降趋势。（3）青少年总体幸福感的生源地差异显著，来自城镇学生的总体幸福感显著高于来自农村学生。（4）担任班干部的青少年在总体幸福感上显著高于不担任班干部的青少年。（5）父母未外出打工的青少年的幸福感要高于父母外出打工的青少年。（6）家庭类型为双亲家庭的青少年幸福感要高于单亲家庭和组合家庭。（7）父母双亲的受教育程度越高，青少年的幸福感越强。（8）家庭经济收入越高，青少年幸福感越强。（9）独生子女与非独生子女青少年在总体幸福感上差异不显著，但在学校满意度上存在显著差异，独生子女的学校满意度要低于非独生子女。

青少年总体幸福感在人格类型上的特点表现为：（1）严谨性、宜人性、外向性和开放性人格与青少年幸福感呈正相关关系，神经质人格与青少年幸福感呈负相关关系。（2）严谨性、宜人性、外向性和开放性可以正向预测青少年的幸福感，神经质可以负向预测青少年的幸福感，即人格类型为严谨性、宜人性、外向性或开放性的青少年幸福感更高，而人格类型为神经质的青少年幸福感更低。

三　青少年幸福感的影响机制

在梳理已有研究成果的基础上，本书从压力、支持、认知、动力、行为、控制六大系统来揭示青少年幸福感的影响来源及其作用机制，并提出青少年幸福感影响机制综合作用模型（见图6-1）。该模型从个体行为及其结果的控制源角度出发，分为内外两个系统，青少年幸福感正是在内外系统综合作用下的结果。首先，青少年会面临压力系统的巨大冲击，青少年幸福感会受到严重影响。但作为社会中人,也必定会以各种不同的方式与他人进行互动,形成不同的关系。同伴关系、亲子关系、师生关系形成的社会支持会提升青少年的幸福感。当个体面对压力系统时,可以通过两条通道来进行应对与化解。一是个体的认知与控制系统,这是内源性系统;二是寻求外部的支持系统,外部的压力与支持两大系统既可以直接对幸福感产生影响,又会对青少年个体内部系统产生作用。内部系统的动力、认知、行为、控制系统既直接作用于青少年幸福感,又可以成为其影响幸福感的中介机制。内外情境、认知、行为等要素在动力、控制与支持系统的应对调节与缓冲下共同作用于青少年幸福感。总而言之,青少年个体的各个子系统之间既可以直接作用于青少年幸福感,又可以合力对其产生影响。六大系统对青少年幸福感影响机制的具体结果见以下内容。

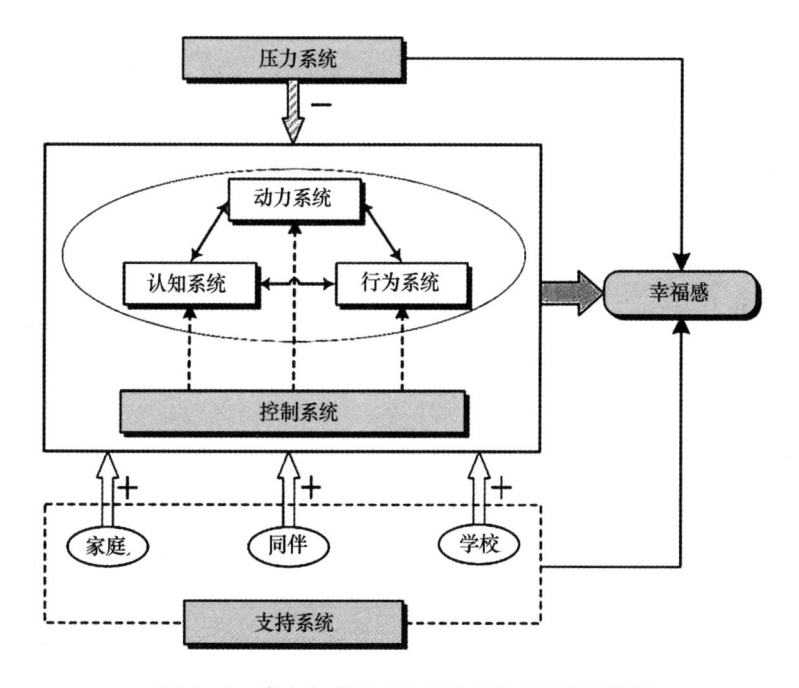

图 6-1 青少年幸福感影响机制综合作用模型图

(一)压力系统对青少年幸福感的影响

(1)生活事件不仅直接负向预测青少年总体幸福感,还通过社会支持间接预测青少年总体幸福感,社会支持可以缓冲生活事件对青少年总体幸福感的消极影响。(2)考试压力对青少年总体幸福感有显著的负向预测作用,学业自我效能感正向预测青少年总体幸福感,高学业自我效能感可以减缓考试压力对青少年总体幸福感的影响。(3)同伴欺负对青少年幸福感具有显著负向预测作用,同伴欺负会降低青少年幸福感。积极应对方式在同伴欺负与青少年幸福感之间起部分中介作用,即同伴欺负在直接影响青少年幸福感的同时,也可以通过积极应对方式间接对青少年幸福感产生影响,即积极应对方式可以缓冲同伴欺负对青少年幸福感的消极影响。

(二)支持系统对青少年幸福感的影响

(1)同伴关系对青少年幸福感具有显著正向预测作用,即同伴关系对青少年有重要影响,和谐的同伴关系能够促进青少年幸福感。教师支持在同伴关系与青少年幸福感之间起部分中介作用,即同伴关系在直接影响青少年幸福感的同时,也可以通过教师支持间接对幸福感产生影响。(2)亲子关系对青少年幸福感具有显著正向预测作用,安全的亲子依恋有助于提升青少年幸福感。(3)青少年感知班级氛围能直接正向预测幸福感,即感知和谐的班级氛围能促进青少年的幸福感;自尊在感知班级氛围对幸福感的影响中起部分中介作用,即感知班级氛围在直接影响青少年幸福感的同时,也可以通过自尊间接对青少年幸福感产生影响。(4)青少年学校认同能直接正向预测幸福感,即学校认同能促进青少年的幸福感;自尊在学校认同对幸福感的影响中起部分中介作用,即学校认同在直接影响青少年幸福感的同时,也可以通过自尊间接对青少年幸福感产生影响。

(三)认知系统对青少年幸福感的影响

(1)自尊能够直接预测青少年幸福感,即高自尊能促进青少年的幸福感;生命意义感在自尊和青少年幸福感之间起到部分中介作用,即自尊在直接影响青少年幸福感的同时,也可以通过生命意义感间接对青少年幸福感产生影响。(2)青少年学业自我效能感能直接正向预测生活满意度,即学业自我效能感能促进青少年的幸福感;学习动机在青少年学业自我效能感对生活满意度的影响中起部分中介作用,即学业自我效能感在直接影响青少年幸福感的同时,也可以通过学习动机间接对青少年幸福感产生影响。

（四）行为系统对青少年幸福感的影响

（1）亲社会行为对青少年幸福感具有显著正向预测作用，即亲社会行为能促进青少年的幸福感；性格优势在亲社会行为与青少年幸福感之间起部分中介作用，即亲社会行为通过性格优势间接影响人们的幸福感。（2）体育锻炼对青少年幸福感具有显著的正向预测作用，即体育锻炼能促进青少年的幸福感；积极情绪在体育锻炼与青少年幸福感之间起中介作用，即体育锻炼通过积极情绪间接影响青少年的幸福感。（3）网络社交对青少年幸福感具有显著正向预测作用，即适度的网络社交能促进青少年的幸福感；社会支持在网络社交与青少年幸福感之间起中介作用，即网络社交通过社会支持间接影响青少年的幸福感。

（五）动力系统对青少年幸福感的影响

（1）青少年物质主义价值观能直接负向预测幸福感，即物质主义价值观能降低青少年的幸福感。（2）性格优势在青少年物质主义价值观对幸福感的影响中起中介作用，即性格优势可以缓冲青少年物质主义价值观对幸福感的不良影响。

（六）控制系统对青少年幸福感的影响

（1）坚毅对青少年幸福感具有显著的正向预测作用，即坚毅对于青少年有重要影响，坚毅品质能促进青少年的幸福感；情绪调节中的认知重评在坚毅与青少年幸福感的关系中起着部分中介作用，即坚毅在直接影响青少年幸福感的同时，也可以通过情绪调节中的认知重评间接对青少年幸福感产生影响。（2）希望对青少年幸福感具有显著的正向预测作用，即希望对于青少年有重要影响，希望能促进青少年的幸福感；情绪调节中的认知重评在希望与青少年幸福感的关系中起着部分中介作用，即希望在直接影响青少年幸福感的同时，也可以通过情绪调节间接对青少年幸福感产生影响。（3）感恩对青少年幸福感具有显著正向预测作用，即感恩能促进青少年的幸福感；社会支持在感恩与青少年幸福感之间起部分中介作用，即感恩通过社会支持间接影响人们的幸福感。

四　青少年幸福感的培育路径

基于青少年幸福感影响机制的研究结果，提出青少年幸福培育路径的双螺旋模型（见图6-2）。该模型从内外两个层面涵盖了青少年幸福培育的控制系统与支持系统两大系统（分别对应内部与外部）与五大路径。五条路径分别为：（1）积累优势，培养积极的人格模式；（2）应对变化，升级乐观的调节方式；（3）注重温情，建构良好的家庭网络；（4）珍视益友，缔结良性的同伴关系；（5）润物育人，打造优质的学校环境。控制系统包括前两条路径，支持系统包括后三条路径。

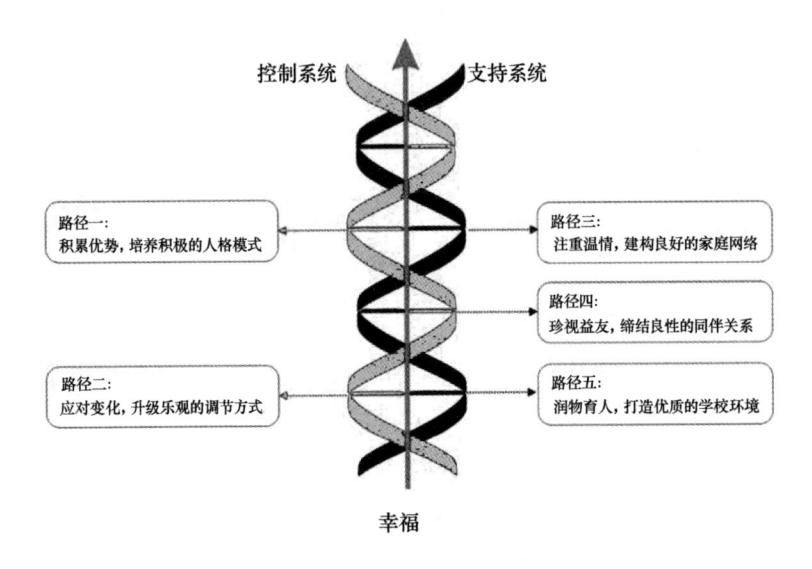

图6-2 青少年幸福培育路径的双螺旋模型图

其中，自我优势探索、增强积极体验、提供支持网络有助于积极人格模式的培养。培养激发适度动机、运用合理归因方式、习得积极应对方式有利于升级乐观的调节方式。建构安全型的依恋关系、倡导权威型的教养方式、提高父母教育卷入的质量可以促进良好家庭网络的建立。提高同伴关系质量、合理使用网络社交、预防同伴欺负有助于缔结良性的同伴关系。提升师生关系质量、改善班级氛围、增强学校认同则有利于打造优质的学校环境。

控制系统与支持系统既可以独立提升幸福感，也会交互共同作用于幸福感，从而促进青少年的幸福感呈螺旋上升态势。

第二节 幸福感研究展望

一 存在的问题

本书按照"一条主线、两个目标、三大板块、四个问题"的逻辑主线,整合幸福感的概念、构建多方面测量指标,在全国开展大范围的调查,考察了青少年幸福感的现状与特点,探究了其幸福感的影响机制,并据此开发了双螺旋模型的青少年幸福感培育路径。然而,也存在一些不足,有待后续研究改善。第一,对青少年幸福概念的界定缺乏中国人文化心理倾向性的考虑,在集体主义文化中,幸福的标准是否与西方个人主义文化标准不同?第二,本研究的调查采用的是横断设计,横断设计揭示的是压力、支持、认知、动力、行为、控制六大系统要素对青少年幸福感的同时性关系,长期影响还有待考察。如已有研究表明,同伴欺负、侵害对青少年的身心发展可能存在长期影响。[①] 第三,经过探索,提出了幸福感的培育路径的双螺旋模型,但这些路径的实效性还有待后续实证数据的检验与支持。

二 研究展望

根据对研究存在问题的分析,后续研究可以在这些方面进一步深入:第一,要更多考虑中国人文化心理的倾向性,比如,彭凯平教授指出中国人更集体而不是个体;中国人更强调行为而不是理念;中国人更加讲究辩证而不是线性,中国人更容易受到情境的影响而不是个人特质的影响。我们或许可以建立一个辩证的幸福感模型,从平衡状态来评价一个人生活的满意度;从整体感受而不是强烈的情绪体验来反映幸福体验;从低唤醒的积极情感(例如,感到冷静、平和以及满足)来体验幸福;从积极的行动来定义幸福的体会。例如,Hitokoto 和 Uchida 在东亚文化的背景下,提

[①] Ostrov, J. M., "Prospective Associations Between Peer Victimization and Aggression", *Child Development*, Vol. 81, No. 6, 2010.

出互依幸福感（interdependent happiness）的概念，即以文化接受和人际取向目标获得为特征的一种幸福感。包括人际和谐幸福感（relationship oriented happiness），即基于一个人与他人的社会交往质量；规范符合幸福感（quiescent happiness），即基于一个人在社会文化情境中满足规范期望的能力；成就趋同幸福感（ordinary happiness），即基于一个人与他周围的人有着相似成就的程度。[①] 这是融合文化背景所做的有益探索。未来的研究需要结合中国文化（包括传统文化与当代文化）的特有底蕴与特点，对中国青少年的幸福标准进行更深入的挖掘。第二，未来可以采取纵向追踪调查以及交叉设计，能更加深入地考察各影响因素与幸福之间的因果模型及其对幸福感的长期影响。在影响机制部分中，还可以注重考察文化变量对青少年的影响。例如，伴随着全球化的时代大背景，人类社会的文化与民众心理也随之发生着相应的改变，其中的一个基本趋势是传统的集体主义相对式微，而个人主义正日益流行。传统文化的集体主义价值在一定程度上具有延续性，多元文化共存已成为当前人类社会发展的显著特色。[②] 在各种文化冲击和交融中成长的中国青少年，兼具集体主义文化下的依存自我和个体主义文化下的独立自我，因此，社会的变迁、文化的融合一定也会对青少年的幸福产生新的作用。第三，未来的幸福培育路径研究可以在已有模型的基础上，选取试验学校，采用实验法，设计标准的培育方案，通过实验组与控制组的动态数据追踪，为培育研究的有效性与科学性提供更好的佐证，以期能在全国范围推广幸福培育工程。

---

① Datu, J. A. D., & Lizada, G. S. N., "Interdependent Happiness is Associated With Higher Levels of Behavioral and Emotional Engagement Among Filipino University Students", *Philippine Journal of Psychology*, Vol. 51, No. 1, 2018.

② 黄梓航、敬一鸣、喻丰等：《个人主义上升，集体主义式微？——全球文化变迁与民众心理变化》，《心理科学进展》2018年第11期。

参考文献

一 中文专著

陈琦、刘儒德：《教育心理学》，高等教育出版社2005年版。

郭本禹、姜飞月：《自我效能理论及其应用》，上海教育出版社2008年版。

郭永玉：《人格心理学纲要》，教育科学出版社2018年版。

何先友：《青少年发展与教育心理学》，高等教育出版社2016年版。

贾晓波、李慧生：《高中生心理适应能力训练教程》，天津教育出版社2002年版。

林崇德：《发展心理学》，北京出版社1983年版。

彭聃龄：《普通心理学》，北京师范大学出版社2012年版。

曾光、赵昱鲲：《幸福的科学：积极心理学在教育中的应用》，人民邮电出版社2018年版。

佐斌：《社会心理学》，高等教育出版社2009年版。

二 中文期刊

高良、郑雪、严标宾：《当代幸福感研究的反思与——幸福感三因素模型的初步建构》，《华南师范大学学报》（社会科学版）2011年第5期。

姜晓文、姜媛、田丽、方平：《青少年压力与主观幸福感的关系：一个有中介的调节模型》，《心理与行为研究》2018年第3期。

彭怡、陈红：《基于整合视角的幸福感内涵研析与重构》，《心理科学进展》2010年第7期。

任志洪、叶一舵：《国内外关于主观幸福感影响因素研究述评》，《福建师范大学学报》（哲学社会科学版）2006年第4期。

宛燕、郑雪、余欣欣：《SWB和PWB：两种幸福感取向的整合研究》，《心理与行为研究》2010年第3期。

王焕贞、江琦、侯璐璐：《大学生性格优势对主观幸福感的影响：优势运用和压力性生活事件的作用》，《心理发展与教育》2017年第1期。

许颖、林丹华：《家庭压力与青少年抑郁、孤独感及幸福感——家庭弹性的补偿与调节作用》，《心理发展与教育》2015年第5期。

杨慊、程巍、贺文洁、韩布新、杨昭宁：《追求意义能带来幸福吗？》，《心理科学进展》2016年第9期。

杨莹、寇彧：《亲社会自主动机对青少年幸福感及亲社会行为的影响：基本心理需要满足的中介作用》，《心理发展与教育》2017年第2期。

姚若松、郭梦诗、叶浩生：《社会支持对老年人社会幸福感的影响机制：希望与孤独感的中介作用》，《心理学报》2018年第10期。

曾红、郭斯萍：《"乐"——中国人的主观幸福感与传统文化中的幸福观》，《心理学报》2012年第7期。

张荣伟、李丹：《如何过上有意义的生活？——基于生命意义感理论模型的整合》，《心理科学进展》2018年第4期。

张永欣、周宗奎、朱晓伟等：《社交网站使用对青少年幸福感的影响：一个有调节的中介模型》，《心理与行为研究》2017年第2期。

三 学位论文

冯琳琳：《亲社会行为对幸福感的影响：基本心理需要的中介作用和动机的调节作用》，博士学位论文，山东师范大学，2017年。

苗元江：《心理学视野中的幸福：幸福感理论与测评研究》，博士学位论文，南京师范大学，2003年。

王青华：《社会幸福感心理结构的跨群体研究》，硕士学位论文，南昌大学，2011年。

王文：《从快乐到希望——青少年幸福感结构、发展特点和相关因素研究》，博士学位论文，东北师范大学，2015年。

徐赛亚：《自尊、归因方式、学习动机、主观幸福感与学业成就的关系研究》，博士学位论文，上海师范大学，2009年。

四 外文专著

Andrews, F. M., and Withey, S. B., *Social Indicators of Well-being*, New York: Plenum, 1976.

Bradburn, N. M., *The Structure of Psychological Well-being*, Oxford: Aldine, 1969.

Peterson, C., & Seligman, M. E. P., *Character Strengths and Virtues: A Handbook and Classification*, New York: Oxford University Press, 2004.

Seligman, M. E., *Authentic Happiness: Using the New Positive Psychology to Realize Your Potential for Lasting Fulfillment*, New York: Free Press, 2002.

五 外文期刊

Anusic, I., and Schimmack, U., "Stability and Change of Personality Traits, Self-Esteem, and Well-Being: Introducing the Meta-Analytic Stability and Change Model of Retest Correlations", *Journal of Personality and Social Psychology*, Vol. 110, No. 5, 2016.

Best Paul, Manktelow Roger, and Taylor Brian, "Online Communication, Social Media and Adolescent Wellbeing: A Systematic Narrative Review", *Children and Youth Review*, Vol. 41, 2014.

Castellacci, F. and Tveito, V., "Internet Use and Well-being: A Survey and a Theoretical Framework", *Research Policy*, Vol. 47, No. 1, 2018.

Chen, F. F., Jing, Y. M., Hayes, A., and Lee, J. M., "Two Concepts or Two Approaches? A Bifactor Analysis of Psychological and Subjective Well-Being", *Journal of Happiness Study*, Vol. 14, No. 3, 2013.

Diener, E., "Subject Well-being: The Science of Happiness and a Proposal for a National Index", *American Psychologist*, Vol. 55, No. 1, 2000.

Diener, E., Eunkook, M. S., and Riehard, E., "Subjective Well-Being: Three Decades of Progress", *Psychology Bulletin*, Vol. 125, No. 2, 1999.

Diener, E., "New Findings and Future Directions for Subjective Well-being Research", *American Psychologist*, Vol. 67, No. 8, 2012.

Dinisman, T., and Ben-Arieh, A., "The Characteristics of Children's Subjective Well-Being", *Social Indicators Research*, Vol. 126, No. 2, 2016.

Fredrickson, B. L., "The Role of Positive Emotions in Positive Psychology: The Broaden-and-Build Theory of Positive Emotions", *American Psychologist*, Vol. 56, No. 3, 2001.

Headey, B., and Wearing, A., "Personality, Life Events, and Subjective Well-being: Toward a Dynamic Equilibrium Model", *Journal of Personality and Social Psychology*, Vol. 57, No. 4, 1989.

Joshanloo, M., "Eastern Conceptualizations of Happiness: Fundamental Differences with Western Views", *Journal of Happiness Studies*, Vol. 15, No. 2, 2014.

Karaś, D., and Cieciuch, J., "The Relationship Between Identity Processes and Well-being in Various Life Domains", *Personality and Individual Differences*, Vol. 121, 2017.

Keyes, C. L. M., "Social Well-being", *Social Psychology Quarterly*, Vol. 61, 1998.

Peterson, C., and Seligman M. E. P., "Strengths of Character and Well-being", *Journal of Social and Clinical Psychology*, Vol. 23, No. 5, 2004.

Ronen, T., Hamama, L., Rosenbaum, M., and Mishely-Yarlap, A., "Subjective Well-Being in Adolescence: The Role of Self-Control, Social Support, Age, Gender, and Familial Crisis", *Journal of Happiness Studies*, Vol. 17, No. 1, 2016.

Ryff, C. D., and Keyes, C. L. M., "The Structure of Psychological Well-being Revisited", *Journal of Personality and Social Psychology*, Vol. 69, 1995.

Ryff, C. D. , "Happiness Is Everything, or Is It? Explorations on the Meaning of Psychological Well-being", *Journal of Personality and Social Psychology*, Vol. 57, No. 6, 1989.

Twenge, J. , M. , Martin, G. , N. , and Campbell, W. K. , "Decreases in Psychological Well-Being Among American Adolescents After 2012 and Links to Screen Time During the Rise of Smartphone Technology", *Emotion*, Vol. 18, No. 6, 2018.

Watson, D. , and Clark, L. A. , "Development and Validation of Brief Measures of Positive and Negative Affect: The PANAS Scales", *Journal of Personality and Social Psychology*, Vol. 54, No. 6, 1988.

后　　记

本书是我主持的国家社会科学基金项目"积极心理学视角下青少年幸福的影响机制及培育路径研究"的结题成果。

自 2013 年 6 月收到立项获批通知书后，团队随即按照研究计划，邀请校内外专家进行开题论证并落实任务分工。中期汇报后，在梳理与汇总前期工作的基础上，就专家提出的建议进行了深度拓展。历经国内外文献检索、资料收集整理、实地调查访谈、学术交流学习、学术论文与著作撰写等过程，最终，结题成果经过专家匿名评审和全国哲学社会科学规划办审批，获批结项并鉴定为"良好"等级。回首这四年的项目研究历程，无不历历在目，感慨万千。

首先，要感谢课题组主要成员华中农业大学张陆，湖北第二师范学院孙利，湖北经济学院赵菊，长江大学教育与体育学院李小光、甘雄等老师，长江大学社会心理研究中心胡修银、严磊、郑雪艳等老师以及研究生杨冉、朱小梦、李永雪、陈千癸、陈赛、向洲、吴博文、陈婉仪等团队成员。从项目的立项、方案的优化到项目的执行，再到数据的收集，最后到成果的撰写与完善，凝聚着大家对项目的无比热爱，洒下了团队无数个日夜的辛勤汗水。感谢长江大学教育与体育学院的朱晓伟、连帅磊博士与彭先桃副教授对我项目成果提出了宝贵的建议。也要感谢我的研究生陈思园、罗学敏、周勇琴、吴新丽，他们为本书参考文献的整理做了大量工作。

感谢华中师范大学社会心理研究中心主任，也是我的导师佐斌教授与我的同门温芳芳博士。他们在我毕业之后，对我的教学、科研等工作一如

◇ 后　记 ◇

既往地给予了莫大的支持与宝贵的指导。

感谢中国心理学会积极心理学专业委员会主任、北京师范大学心理学部许燕教授于百忙之中为本书作序。这是对我开展幸福研究的莫大鼓励，也给予我在今后对幸福心理继续探索的信心与勇气。

我还要感谢四川省甘孜藏族自治州人民政府冯俊锋、眉山市教育局廖仁军、共青团长春市委徐志成、天津市宝坻区牛家牌镇李强、共青团天津市南开区委韩铮、荆州市实验中学汤祖军等同志。他们在项目组实地调研与数据采集的过程中，给予了大力支持与帮助。中国社会科学出版社刘艳主编为本书的顺利出版付出了辛勤的劳动，在此表达我诚挚的谢意。

最后，感谢我亲爱的父母、爱人杨春、女儿杨璨宇，你们永远是我最温暖的港湾，每一项成果的诞生都凝聚了家人的默默支持与无私付出。

幸福是一个神秘无比却也充满挑战的千古难题，在积极心理学蓬勃发展的浪潮下，我将继续开启幸福的探索之旅。